红色档案研究

中国档案学会档案整理鉴定学术委员会◎编

中国文史出版社

图书在版编目(CIP)数据

红色档案研究/中国档案学会档案整理鉴定学术委员会编.
—北京:中国文史出版社, 2024.5.
—ISBN 978-7-5205-4746-8

Ⅰ. D23

中国国家版本馆 CIP 数据核字第 202491NL29 号

责任编辑: 戴小璇　詹红旗

出版发行: 中国文史出版社
社　　址: 北京市海淀区西八里庄路 69 号　　邮编: 100412
电　　话: 010-81136606　81136602　81136603 (发行部)
传　　真: 010-81136655
印　　装: 北京温林源印刷有限公司
经　　销: 全国新华书店
开　　本: 787×1092　1/16
印　　张: 24.5
字　　数: 466 千字
版　　次: 2024 年 8 月北京第 1 版
印　　次: 2024 年 8 月第 1 次印刷
定　　价: 78.00 元

出版说明

档案是历史的真实记录，也是连接过去和未来的纽带。红色档案是档案资料的重要组成部分，记录了中国共产党和中国人民的奋斗历程和伟大成就、党的光荣传统和优良作风、党的历史经验和实践创造，是我们回顾历史、铭记先烈、传承精神的重要载体，具有极高的历史价值和学术价值。通过研究红色档案，我们可以更加深入地了解历史的真相，理解历史的发展规律。通过学习和传承红色档案，我们可以增强文化自信、推动文化创新、建设文化强国。我们应该加强对红色档案的收集、整理、保护和利用工作，让更多人了解红色档案、传承红色基因、弘扬革命精神，共同为推进社会主义文化繁荣发展贡献力量。为推进红色档案资源的开发利用，把蕴含党的初心使命的红色档案保管好、利用好，中国档案学会整理鉴定学术委员会组织开展红色档案的整理与鉴定的论文征集活动，各领域各部门档案工作者积极响应，结合工作实践中的经验总结和理论探讨，踊跃提交论文。经择优选取编就《红色档案研究》。入选的论文围绕红色档案的收集、整理、鉴定、保管、利用等方面阐述如何厘清红色档案资源“家底”，旨在发掘其内在价值，把红色档案保管好、利用好，用活红色档案、讲好红色故事、赓续红色血脉。

目 录

红色档案的收集鉴定与管理

山东省疾病预防控制中心　江丽丽

摘　要：随着中国社会主义革命的发展和红色政权的确立，红色档案便成了记录这段历史的重要载体。红色档案的收集、鉴定和利用对于研究中国社会主义革命和建设历史，拓展革命文化遗产意义重大。本研究旨在探究红色档案的收集、鉴定和利用，以便更好地传承红色基因，挖掘红色资源，同时对于红色档案的数字化处理与应用进行探索，进一步提高红色档案的保护与利用水平。随着社会的发展，红色档案在文化遗产保护方面具备着众多的独特优势。同时，红色档案的数字化处理与应用也已成为目前档案学领域的热点方向。因此，未来需要进一步深入探究红色档案的数字化应用，提高红色档案的传承效力，保障红色文化遗产的可持续发展。

关键词：红色档案；收集鉴定；利用；档案管理；历史研究

1. 红色档案的收集

1.1　红色档案的定义

红色档案是指反映中国共产党领导和人民群众革命斗争历史、重大历史事件的文件、图片、录音、视频、实物等一切文献资料[1]。红色档案不仅仅是共产党员和革命者的光荣历史，更是整个民族的宝贵资产。其内容涵盖中国共产党成立以来的各个历史时期，具有非常重要的文献价值、历史价值和史料价值。这些档案具有极高的历史研究价值和文物价值，在研究和反思历史、加深了解中国共产党的历史和现实、加强党性修养中具有重要意义。红色档案的定义，不但有利于提高对历史的认识，更为我们之后的继续研究、探索中国进行革命与发展等问题提供指导和宝贵的参考。

1.2 红色档案的收集渠道

红色档案的收集途径是多种多样的，但是根据其特殊性和珍贵性，红色档案的收集也更加考验收集者的能力和质量。同时，在红色档案的收集中要注意分析其研究对象的不同需求，以便为红色档案的收集提供更有价值的方向和趋势。

1.2.1 红色档案作为一种特殊的文献材料，由于其材料的极其重要性和珍贵性，红色档案的收集不像普通文献材料那样便利。除了与这些文献材料有密切关系的机构和人员外，一般人很难接触到这些珍贵的档案材料。但是，随着社会的进步和技术的不断更新，红色档案的收集途径也日益多元化。比如，有些红色档案的相应资料和材料已经得到解密，因此可以通过国内外的图书馆、档案馆、博物馆和出版机构等途径进行收集[2]。此外，一些拥有丰富红色档案资源的研究机构也为研究者们提供了便利的检索和查阅条件，从而打通了红色档案的收集渠道。

1.2.2 我们需要注意到，对于红色档案的收集渠道，不同的研究目的和需求也会对其产生不同的影响。比如，随着对某些特定历史事件和人物的研究深入，一些原本并不为人所知的红色档案也被逐渐挖掘并为研究者所关注，因此对研究目的和需求的认真分析，可以为红色档案的收集提供更加明确的方向和去处[3]。

1.3 红色档案的保护与管理

红色档案的保护与管理，是保障红色档案安全的重要组成部分，也是保护和弘扬红色文化的必要措施。在红色档案保存和利用的过程中，必须严格遵守国家法律法规和相关规定，确保红色档案的完好无损、安全可靠。

一方面，应该采用合适的措施进行物理保护，防止红色档案被自然环境、人为破坏等因素损害。并且应当建立完善的档案安全制度，规定档案的保密等级、保管期限、档案使用权限等内容，以实现对红色档案的严格管理。在防火、防水、防盗、防虫等方面，也应该建立相应的措施和制度，保证红色档案的安全保存[4]。

另一方面，红色档案还需要进行数字化保护和管理。数字化技术可以使红色档案得到进一步的保存，并使档案的利用和传播得到扩大，这也是当前红色档案保护和管理的重要手段之一。数字化保护和管理包括数字化复制、数字化整理、数字化防伪、数字化传播等方面，可以为红色档案保护和利用提供更为广阔的空间。

同时，还需要通过加强对红色档案利用的监管，确保红色档案的利用依据法律、科学、规范的原则进行，切实发挥红色档案在文化遗产保护、国家安全和文化建设中的作用。只有在加强红色档案保护和管理上做出实际成效，才能把红色档案这一珍贵的文化遗产留给子孙后代。

2. 红色档案的鉴定

2.1 红色档案的属性鉴定

红色档案的属性鉴定是指对红色档案的性质和形态进行鉴定。也就是说，属性鉴定是在红色档案的种类、形式、数量、大小、保存方式、结构、制作工艺等方面进行的鉴定。红色档案的属性鉴定是红色档案鉴定的第一步，是判断档案的真实性、完整性、价值等方面的重要依据[5]。

红色档案的属性鉴定应遵循以下原则：

2.1.1 依据法律规定鉴定

红色档案的属性鉴定必须依据《中华人民共和国档案法》《中华人民共和国国家档案局关于鉴定档案真实性的规定》等法律规定进行。在鉴定中要严格遵守法律规定，不能随意更改档案的名称、形式、种类等属性。

2.1.2 根据档案的内容进行鉴定

红色档案的属性鉴定应根据档案的内容进行鉴定，而不能忽视档案内容进行鉴定。更重要的是，应该关注档案内的物品、文物等实物，以更为客观的方式进行鉴定。

2.1.3 依据档案特点进行鉴定

不同种类的红色档案，其属性鉴定的重点也有所不同。例如，对于纪实性档案，应重点鉴定其文字记录的真实性；而对于影像档案，则要鉴定其影像、音频内容是否真实，对档案内容进行评价等。

2.2 红色档案的真实性鉴定

在鉴定红色档案真实性的过程中，应该注重档案本身的内容逻辑关系，排除内部矛盾，同时兼顾外在环境的因素。只有在这样的前提下，我们才能真正拥有一份真实可依、可靠可信的红色档案。

在红色档案鉴定的三项主要任务中，真实性鉴定是其中之一。对于红色档案而言，真实性是最基本的要求之一。因此，真实性鉴定的工作显得尤为重要。在实际操作中，真实性鉴定可以依据档案本身内容的逻辑关系、内部矛盾、外在环境等方面进行。档案本身的内容逻辑关系应当符合一定的标准，否则便会使得档案流于虚构。例如，在某些档案中，存在着明显的重大矛盾之处，这往往是真实性问题的一种表现[6]。因此，对于这类档案，必须进行深入细致的调查和分析，以保证其真实性。

此外，外在环境也是真实性鉴定的一个重要方面。红色档案是反映我国历史和政治变迁的宝贵资料，其中所记录的政治事件、人员轨迹、社会环境等，必须能够与当时时代的背景相符合。因此，在鉴定过程中，我们必须将档案内容与当时的政治、文化、社会背景相结合，对于真实性存在争议的档案，必须穿透表象，深入挖掘背后的真实性。

2.3 红色档案的历史价值鉴定

2.3.1 在红色档案的鉴定中，历史价值鉴定是至关重要的一项。红色档案作为革命历史的见证，承载着珍贵的历史信息和文化遗产，因此其历史价值的鉴定必须认真进行。对于历史价值的鉴定，首先要明确红色档案的历史背景和意义。其次，还需对红色档案的内容进行深入分析和评估。最后，要结合相关文献，进行比较和验证，从而得出鉴定结论。

2.3.2 就红色档案的历史背景和意义而言，其作为革命史的见证，记录了中国共产党领导中国革命、建设和发展的历程，也记录了中国人民在各个历史时期中的奋斗和牺牲。红色档案中的珍贵信息，反映出当时的社会政治状况、经济发展情况、文化生活及群众生活等各个方面的情况，有着重要的历史价值[5][6]。

2.3.3 对于红色档案的内容分析和评估，要考虑其时代性和代表性。时代性是指红色档案所反映的历史事件和时代背景，是否能够客观地反映当时的社会主义革命和建设，并且是否有一定的普遍性。代表性是指红色档案是否能代表当时某个历史时期的特点和本质。此外，红色档案的记录形式、媒介，以及存放时的完整性、原始性等方面都需要进行评估，从而得出更加准确的结论。

2.3.4 在鉴定红色档案的历史价值时，还需结合相关文献进行比较和验证。这里的相关文献主要包括其他史料、研究成果等。与其他史料和相关成果进行比较，可更全面地认识红色档案，从中发现其价值所在，做出准确的鉴定结论。需要指出的是，在比较和验证过程中，也需根据具体情况而定，不能机械地套用标准答案，需遵循科学的鉴定方法和原则。

3. 红色档案的利用

3.1 红色档案的学术研究价值

红色档案是中国革命历史文化的重要组成部分，具有极高的学术价值。首先，红色档案的收集和鉴定可以对革命史和党史的研究提供有力支撑。红色档案中有大量关于历史事件和人物的翔实材料，是研究历史、了解历史风貌的重要资源。其次，红色档案记录和反映了一段特殊历史时期内各级领导机关的组织、职能和工作制度等信息。这些信息不仅可以提供研究国家机构变迁、制度模式演变的材料和依据，还有助于学术研究者深入了解和研究党和政府机构的发展历程。同时，红色档案中也包含许多关于民间组织和个人的情况、活动、表现等信息，在掌握当时社会、群众组织运作状态、政策效果等方面，提供了重要的历史资料。

3.2 红色档案在教育教学中的应用

红色档案在教育教学中具有广泛应用价值。一方面，红色档案以其丰富的历史资料、文化价值和思想内涵，成了教育教学活动不可或缺的重要资源。另一方面，通过学生对红色档案的学习、分析和解读，可以增强其对于国家、民族和社会的认知，提高其思维规律的把握和实践操作能力，同时也具备观念的创新性和获得真知的能力。

3.3 红色档案在社会发展中的作用

红色档案是中国共产党和革命人民斗争历程的重要记录和见证。它的价值不仅仅在于学术研究和教育教学，更在于它在社会发展和文化遗产保护中发挥着重要作用[7]。

首先，红色档案作为历史文献具有不可替代的价值，它记录了中国革命、建设和改革的历史发展过程，反映了中国各个时期的社会、政治、经济、文化和民生变迁。这些珍贵的历史资料，对中国现代化的进程和国际事务的了解都具有非常重要的意义。

其次，红色档案在社会发展中的作用越来越受到重视。它不仅仅是历史文献，更是社会建设和发展的重要资源。通过对红色档案的挖掘和研究，可以更好地推动文化、科技、经济、教育、环保等社会领域的发展和进步。

除此之外，红色档案在文化遗产保护中也具有不可或缺的作用。它不仅是宣传中华文化和加强国家文化认同的载体，还是中国历史文化遗产的重要组成部分。对于红色档案的保护与传承，不仅仅是一项文化遗产保护的任务，更是一项社会责任和义务。

综上所述，红色档案在社会发展和文化遗产保护中发挥着重要的作用，需要得到我们的更多重视和关注。通过更好地挖掘、管理、保护和利用，红色档案的现实价值和历史价值将得到更好的传播和传承。

3.4 红色档案在文化遗产保护中的意义

红色档案在现代文化遗产保护工作中具有非常重要的地位，它是我们了解并继承历史文化遗产的重要载体，也是国家、社会和个人价值观念传承的重要方式。从文化遗产的保护、利用与可持续发展的角度，研究和利用红色档案，填补民间史料和正史的空白，对于客观、真实地反映历史事实，丰富社会公众的文化生活，维护国家文化安全和提升国家文化软实力具有重要的意义[8]。

4. 红色档案数字化处理与应用

4.1 红色档案数字化处理的必要性

随着数字技术的不断发展和应用，以红色档案为代表的档案资源数字化处理已经成为时代的必然趋势。红色档案具有丰富的历史价值、政治价值和文化价值，这些价值的挖掘和保护需要利用现代数字技术对其进行数字化处理。数字化处理可以将红色档案的内容转化为数字形式，并对其进行规范化编码和建档，以确保其信息的安全性、可靠性和稳定性。

4.2 红色档案数字化处理的技术手段

在数字化时代，红色档案数字化处理不仅提升了红色资源的安全储存与长期保存能力，也为相关领域研究提供了便利。数字化技术手段主要有扫描数字化、数字摄影、数字化录像和数字化建模等。

4.2.1 扫描数字化是红色档案数字化处理中最基础也是最常见的手段。借助于扫描设备对纸质档案进行扫描，经过图像处理和文本识别，将纸质资源转化成数字信息，从而实现了文本的易读、检索和利用。其中，文本识别技术是整个过程中最为关键的环节之一，能够有效地解决文本识别精度不高、流程复杂等问题，提升数字化处理的效率和准确性。

4.2.2 数字摄影是另一种重要的数字化技术手段。数字摄影技术不仅是数字化拍摄和图像处理的重要手段，还可以在传统档案复制中发挥更重要的作用。数字化摄影所得到的图片拥有高分辨率、高保真度、高可读性等特点，能够更加真实地反映档案文献、文物的细节和特征。

4.2.3 数字化录像。通过数字化录像，将档案文献、红色资源转化为数字影像。数字化影像所蕴含的信息相对于传统模式的文献报告更具有可靠性、速度也更快。比如，利用数字化录像技术可以将红色电影、电视节目、纪录片等视频材料数字化储存，方便存储与使用。

4.2.4 数字化建模是通过三维扫描仪对文物、红色文化遗址等进行数字化三维建模，以实现遗产的数字保护、传承与开发。数字化建模不仅可以非常真实地反映出遗物的外形、结构等特征，而且可以让观众通过虚拟现实等手段进行真实场景的体验，提升红色资源文化的传播度。

简而言之，红色档案数字化处理的技术手段多样且互相补充，在数字化技术的基础上，不断从红色资源的特点和价值出发，探索优化数字化处理工作流程，真正实现对珍贵红色文献和材料的保存、使用和传承。

4.3 红色档案数字化处理在利用中的应用

现代信息技术的快速发展给红色档案数字化处理的应用提供了有利条件。数字化处理可以使红色档案在宣传、教育和科研中的应用更加便捷、高效。数字化处理将红色档案数字化成为可访问、可检索的红色档案资源，极大地丰富了其利用价值。红色档案数字化处理的首要应用是数字化展览。此外，红色档案数字化处理还可以在科研中得到广泛应用。

5. 总结

在当今社会，红色档案的收集、鉴定与利用已经成为一件非常重要的事情。红色档案代表了一段特殊的历史时期，也是无法再生的珍贵历史文化遗产。因此，红色档案的收集、鉴定与利用对文化遗产保护具有非常重要的意义。红色档案的收集鉴定与利用有助于传承红色文化，宣传伟大的革命精神和主题。红色档案的收集鉴定与利用可以促进相关产业的发展。红色档案的收集鉴定与利用对于弘扬民族精神，推进国家文化软实力具有重要作用。同时也将为整个社会经济发展做出重要的贡献。

注释及参考文献

[1] 侍琴,宋神恬,卞晶晶,范一洲.红色档案资源的保护与开发——以扬州市档案馆为例[J].档案与建设,2021:(3)53-54,49.

[2] 申灿,李瑶.红色档案信息资源的开发利用研究[J].档案管理,2021(04):19-20.

[3] 李君,王芬.红色档案资源的保护与开发研究[J].档案管理,2022(01):71-72.

[4] 周国行.红色档案资源建设实践分析——以绍兴市为例[J].浙江档案,2021(08):52-53.

[5] 侯富乐.红色档案征集利用要做到"四个强化"[J].陕西档案,2022(03):19-20.

[6] 张珊珊.红色档案资源的开发利用研究[J].办公自动化,2020(15):52-55.

[7] 赵丽彩.浅谈红色文化档案的收集保护与开发利用——以剑川县红色文化档案为例[J].云南档案,2018(02):52-54.

[8] 孙哲.地方红色档案资源保管利用研究——以山东省淄博市淄川区为例[J].中国档案,2022(04):46-47.

红色档案的收集和利用

广 东 省 鹤 山 市 第 一 中 学 张德文
广东省鹤山市沙坪菁菁档案管理服务部 张菁蕾

摘　要：红色档案是记录中国共产党和革命先烈的历史文献，对于了解中国革命的历史、保护红色文化遗产具有重要意义，加强对红色档案的收集和利用，目的是传承红色精神、弘扬革命传统。本文分析了红色档案的最初形态，总结了红色档案收集和利用的重要意义及实践方法，目的是在红色档案的开发和利用中，将红色档案的凭证功能、参考作用和开发价值充分地利用起来，提高对红色档案的收集和利用效率，促使我国红色档案的传播和应用。

关键词：红色档案；收集；利用；记录

红色档案作为一种特殊的历史档案，与我国的历史研究和国家发展密切相关，其中记录着中国共产党和革命先烈的宝贵经验和奋斗历程。收集和利用红色档案的实践研究中，要弘扬革命精神，传承红色文化，了解红色档案的最初形态，探索可行的收集路径和利用方法。

1. 红色档案的最初形态

红色档案记录了中国共产党和中国人民解放军在革命战争和建设事业中的重要事件、人物和政策，其本质是中国共产党和中国人民解放军的历史文件和档案，档案中包含了党的决策、组织活动、战略部署、政治斗争、军事行动等方面的资料。因此红色档案是珍贵的历史遗产，具有重要的保存价值和历史意义。可以用于研究和还原历史事件、人物和思想的真实面貌，还能够展示中国共产党的光辉历程和革命传统，为爱国主义教育、革命传统教育等提供生动的教材和实例，有助于培养和传承社会主义核心价值观，满足人们对历史的追溯和认识的需求，激发人们对于中国共产党和革命先烈的敬仰和崇高情感。在红色档案的收集、整理和利用中，提高公众对红色档案的认知度和重视程度，让更多的人了解和学习革命历史，传承红色基因，为实现中华民族伟大复兴的中国梦贡献力量。

红色档案最初的形态是指在革命斗争时期产生的实际物质，作为革命遗留下来的实物，承载着革命历史的痕迹和记忆，包括革命遗址、根据地、传递情报的信息、书信、革命先辈所穿的服装等，都属于红色档案中的重要资源素材。革命遗址和根据地是红色档案最初形态中的重要构成部分，见证了中国共产党和革命力量的战斗、生活和奋斗历程。传递情报的信息、书信是当时革命者与同志之间沟通和交流的重要途径，依据此类信息，还原当时的思想交流和战斗部署，深入了解革命时期的情感和精神风貌。随着时间的推移和社会的变迁，红色档案的形态发生了变化，人们开始将革命历史和红色资源进行整理、保护和利用，衍生出了革命题材的影视作品、戏剧、小说剧本等艺术作品。在艺术作品的创作和传播中，红色档案的故事得以广泛传播，并引发人们对革命历史的思考和学习。人们也通过参观、学习和讨论等方式与红色档案进行交流。例如，参观红色遗址、革命纪念馆等，通过导览、展览等形式，了解革命历史和红色档案的珍贵价值。在学术研究、讨论和教育活动中，人们与红色档案展开互动，深入地学习和讨论红色档案，理解和传承红色精神[1]。

2. 红色档案收集和利用的重要意义

2.1 红色档案具有凭证作用

红色档案具有凭证作用，是原始资料转化而来，在历史问题的研究中具有可靠的依据功能，其中记录了中国共产党及其他革命力量在革命斗争中的具体活动和历史事件，是反映历史真相的重要来源。档案可以提供具体的证据和资料，帮助研究者还原历史场景和解答历史问题，对于研究和了解革命历史具有重要的参考价值。

2.2 红色档案具有参考作用

红色档案具有参考作用，凝聚了共产党人的经验教训和成果，可以还原历史原貌，具有借鉴和参考价值。红色档案记录了中国共产党在革命斗争中所取得的经验、教训和成果，包括组织建设、思想理论、战略决策等方面的内容，研究红色档案，可以深入了解共产党人的奋斗历程、革命策略和成功经验，为当代革命事业和社会发展提供宝贵的借鉴和参考。

2.3 红色档案具有开发价值

红色档案具有开发价值，社会作用辐射面广，例如政令和文件的多角度开发，可以用于现实生活中，为当前的社会提供服务，红色档案中包含了大量的政令、文件、决策等内容。通过对档案的挖掘和研究，可以获取宝贵的历史经验和智慧，为当前的社会治理、政策制定和问题解决提供有益的参考和指导[2]。

3. 红色档案的收集路径和利用方法

3.1 加强档案管理部门之间协作

加强档案管理部门之间的协作，为收集、整理和利用红色档案创造良好的条件，有必要构建联动机制，实现红色档案管理过程的有机衔接和协同推进，确保红色档案的全面性和准确性，为还原革命事件的全貌提供有力支持。在协作模式下，促进各级档案管理部门之间的互相学习和共同进步，提高红色档案工作的水平和影响力。建立协调沟通机制，各级档案管理部门可以定期召开会议或工作座谈会，以便就红色档案的收集、整理和利用等方面进行经验交流和合作协商，通过有效的沟通和协商，解决工作中的问题，共同制定工作计划和目标，确保各级档案管理部门之间的协作顺畅。

共享经验和资源，不同档案管理部门在红色档案收集和利用方面可能存在着不同的专业知识和资源，对经验和资源进行共享，各级档案管理部门可以互相借鉴和学习，提高工作效率和质量。例如，建立红色档案数据库或信息平台，将各级档案馆的红色档案信息整合在一起，方便互相查询和共享。加强协作合作，档案管理部门可以共同参与红色档案的调研、征集和整理工作，共同策划和实施相关的红色档案项目和活动，例如，共同举办红色档案展览、研讨会或培训班，加强交流和合作，提高红色档案的研究和利用水平。建立系统化的工作体系，各级档案管理部门可以制定统一的红色档案收集、整理和利用标准和方法，建立档案工作流程和指导文件，确保工作的规范和高效。加强对档案管理人员的培训，提升其专业能力，使其树立对红色档案工作的理解和认识，提升工作质量和效果。

3.2 加强对特色档案的利用

加强对特色档案的利用，提高红色档案影响力和知名度，要挑选有重要价值的红色档案进行加工和重点打造，制作档案特色专题进行宣传和推广，将红色档案的重要信息和价值传递给公众、推动红色精神传承。进行深入研究和加工，对于红色档案中的特色内容，档案管理部门可以组织专业团队进行深入研究和分析，挖掘其独特的历史价值和文化内涵，对红色档案加强深入理解，准确把握其所包含的重要信息和故事，为后续的加工和利用奠定基础。提炼出专题内容，根据红色档案的特点和特色，挑选具有重要历史意义和独特特色的红色档案，进行加工和重点打造。

在筛选、整理和组织中，分类和编排相关的红色档案材料，形成具有专题性的内容，突出其独特性和重要性。制作档案特色专题进行宣传和推广，利用多种媒体和传播渠道，如电视、报纸、网络等，推广制作好的档案特色专题，加强宣传力度。通过精心设计的宣传方案和策划活动，将红色档案的故事和价值传递给更广大的群众，增强红色档案在社会上的影响力。加强与相关机构和合作伙伴的合作，档案管理部门可以与出版社、电视台、电影制作公司等合作伙伴进行合作，共同推出红色档案相关的出版物、纪录片、电视节目等作品，借助合作伙伴的专业力量和媒体影响力，将红色档案的故事生动地呈现给观众，提高其关注度和传播效果[3]。

3.3 增进与社会的沟通，推广红色档案

增进与社会的沟通，广泛推广红色档案，提高红色档案的渲染力和影响力，该过程中，要借助各种媒体和展览等方式，提高公众对红色档案的关注程度，促进红色档案在社会上的传承和应用，让更多人了解和珍视红色档案的历史意义和文化价值。利用各种媒体进行报道和宣传，通过电视、报纸、网络等媒体渠道，将红色档案的重要信息和故事传递给更广大的群众。邀请专家学者、相关领域的权威人士或相关亲历者进行访谈和解读，以丰富的内容和生动的形式介绍红色档案的价值和意义。借助社交媒体平台进行推广，通过精心设计的宣传活动和内容，吸引人们关注和了解红色档案。

举办红色档案相关的展览和活动，组织红色档案展览，将红色档案的珍贵资料和故事呈现给公众，选择具有代表性的红色档案进行展示，以图文并茂的方式展现红色档案的历史背景、主要内容和重要人物。此外，还应促进学术交流和公众参与，组织相关的主题讲座、座谈会和研讨会等活动，提高对红色档案的认知度。与相关机构和合作伙伴合作，扩大红色档案的推广范围和影响力，与电视台、广播台、出版社、博物馆等机构展开合作，共同推出红色档案相关的节目、出版物和展览。借助合作伙伴的专业力量和资源优势，广泛传播红色档案的故事和价值，引起人们的关注和参与。

3.4 丰富档案馆藏资源

丰富档案馆藏资源，加强红色档案的收集、整理和保管，要积极与社会各界合作，扩大红色档案的馆藏范围，丰富红色档案的内容和种类，打造合作关系，充分利用各方的资源和专业知识，提高红色档案工作的水平和效果，保护红色档案的完整性和安全性，促使人们了解和研究红色档案的历史价值和意义。建立合作关系，档案管理部门可以与政府机构、学校、研究机构、企事业单位等建立合作，共同合作收集、整理和保管红色档案。与相关单位的合作，共同承担红色档案的征集工作，分享资源和经验，提高红色档案的收集质量和效率。

加强征集和整理工作，与合作伙伴一起，制定征集和整理红色档案的工作计划和标准，联合征集和整理，扩大红色档案的范围和数量，收集到更多珍贵的红

色档案资料，对红色档案进行分类、编目和整理，使其更好地为后续利用做准备。做好保管和数字化工作，为保护红色档案的完整性和安全性，档案管理部门可以与相关单位合作，共同建设具备优良环境和设施的档案保管库。在合作中，制定保管规范和标准，确保红色档案的长期保存，借助数字化技术，对红色档案进行数字化处理，建立电子档案库，提高红色档案的可访问性和利用效率。加强宣传和推广，与合作伙伴通过各种渠道和活动，宣传和推广红色档案的收集和保管工作，举办宣传活动、展览、讲座等，向公众介绍红色档案的重要性和价值，引起人们对红色档案的关注和参与[4]。

3.5　保护纸质档案，构建电子化档案平台

保护纸质档案是确保红色档案长期保存和使用的基础，应采取杀虫处理、湿度控制、去污和修复等措施，有效延长纸质档案的使用寿命，保护红色档案的完整性和可读性，保留红色档案中重要历史信息和价值，确保后代能够继续研究和学习红色档案所承载的重要历史内容。进行杀虫处理，纸质档案容易受到虫害侵蚀，影响其完整性和可读性，为了保护纸质档案，要使用专业的杀虫剂或设备对档案存放区域进行定期消毒处理，防止虫害的侵袭，保护纸质档案的完整性。着重控制湿度和温度，因为湿度和温度是影响纸质档案保存的重要因素，过高的湿度会导致纸张变形、发霉和腐朽，而湿度过低，会导致纸张干燥脆化，因此，建议在档案存放区域内安装湿度调控设备，保持适宜的湿度和温度条件，以延长纸质档案的使用寿命。

加强去污和修复，纸质档案容易受到污渍和破损，影响其可读性和保存状态，为了保护纸质档案，要采用专业的去污技术和修复方法，对受损的纸质档案进行处理。去污可以清除档案表面的污渍和污染物，修复可以修补破损的纸张，使纸质档案保持良好的保存状态。制定定期检查和保养计划，定期检查纸质档案的保存状态，发现问题及时采取措施进行修复或调整，进行档案的定期翻阅，以防止长期不使用造成的纸张变质和老化，按照合理的频率更换存放纸质档案的文件夹、盒子等存储材料，确保其质量良好[5]。

3.6　增强档案价值，与出版社、拍摄组合作

与出版社、拍摄组合作，生成红色档案回忆录、纪实片等作品，可以将红色档案的故事和价值以生动和多样的方式展现给观众，从而进一步弘扬红色精神和革命传统，让越来越多的人了解和铭记红色档案所代表的历史时期和精神风貌。为增强红色档案的价值和影响力，可与出版社合作，将红色档案的珍贵内容整理出版成红色档案回忆录、纪实著作等作品，合作过程中，充分挖掘和利用红色档案的资料，通过精心的编辑和包装，将红色档案的故事和价值以书籍的形式呈现给读者，解读红色档案的历史意义和故事，扩大红色档案的影响范围。

与电影制作公司合作，将红色档案的内容拍摄成纪实片、纪录片，合作中，选择有代表性的红色档案进行拍摄，通过真实的画面和故事，生动地展现红色档案中的英雄事迹和革命历程，将红色档案的价值和感人之处通过影视作品传递给观众，增强其感染力和影响力。与纪录片摄制组合作，将红色档案的内容制作成纪录片，纪录片是展现真实事件和历史的重要形式，合作中，可以借助专业的摄制技术和手法，将红色档案的故事还原和展示给观众，以真实的影像和声音记录红色档案的重要历史，使红色档案的价值得到广泛的传播和认可[6]。

4. 结语

综上所述，红色档案是记录中国共产党和革命先烈历史的珍贵遗产，在收集和利用中，要帮助人们深入了解中国革命的历史，激励人们弘扬革命精神，坚定理想信念，为实现中华民族伟大复兴的中国梦而奋斗。积极收集红色档案，保护和传承红色文化，加强研究和实践，不断增强国家凝聚力和人们的民族自豪感。

注释及参考文献

[1] 鄢嫦. 红色档案教育价值的实现路径研究[J]. 山西档案,2020(6):158-163.

[2] 王向女,姚婧. 长三角地区红色档案资源整合探析[J]. 浙江档案,2020(2):30-32.

[3] 张珊珊. 红色档案资源的开发利用研究[J]. 办公自动化,2020,25(15):50-53.

[4] 刘晓宇. 父亲的红色档案[J]. 档案记忆,2020(9):20-22.

[5] 张艳. 从大连建新工业公司的三份红色档案说起[J]. 兰台世界,2020(4):145-148.

[6] 李光铣. 中央苏区红色档案文献建档保护体系构建浅探[J]. 兰台内外,2020(6):9-11.

四个“好”目标下高校红色档案收集整理的时代意义与路径

百色学院　陈洪诚

摘　要：高校红色档案是我国红色档案资源体系的重要组成，是广大师生的集体记忆。抓好收集整理是开发利用的基础。文章以习近平总书记关于档案工作的重要批示精神为指导，对高校红色档案进行界定，分析收集整理的时代意义和存在问题，从完善收集整理工作机制、深挖馆藏摸清“家底”、做好校内外收（征）集探讨高校红色档案资源体系建设，在此基础上从把好鉴定关、抢救性修复、数字化整理方面探讨高校红色档案整理方法。

关键词：高校红色档案；收集；整理

1．引言

红色档案是党带领全国人民艰苦奋斗的历史见证，记录了党带领全国各族人民艰苦奋斗、筚路蓝缕的光辉历程。习近平总书记强调，把蕴含党的初心使命的红色档案保管好、利用好，把新时代党领导人民推进实现中华民族伟大复兴的奋斗历史记录好、留存好，更好地服务党和国家工作大局、服务人民群众！”[1] 四个“好”是做好新时代红色档案工作的目标。

2022 年，习近平总书记考察中国人民大学时强调，要加强校史资料的挖掘、整理和研究，讲好中国共产党的故事，讲好党创办人民大学的故事，激励广大师生继承优良传统，赓续红色血脉。[2] 凸显了高校红色档案的收集整理的重要性和必要性。

高校红色档案是高校宝贵精神财富，把这些弥足珍贵的红色文化资源弘扬与传承下去，是一件功在当代，利在千秋的事业。习近平总书记关于档案工作的重要批示精神是其思想在档案领域的具体体现。以学习贯彻习近平新时代中国特色社会主义思想主题教育为契机，以四个“好”为目标，开展高校红色档案收集与整理工作，为开发利用奠定扎实的资源基础。

2. 高校红色档案的形成、界定

2.1 高校红色档案形成

在我国发展历程上，许多高校历经百年风雨，把自己的发展与国家民族命运紧密相连，广大师生投身党领导的救亡图存斗争和社会主义建设，留下了大量红色档案。这些红色档案蕴含着学校的光荣传统和红色基因，成为学校一笔宝贵的精神财富。如西安交通大学广大师生服从服务党和国家战略部署，一代代西迁师生扎根西部、服务国家，为西部发展和国家建设作出了卓越贡献。集中保管在西安交通大学西迁博物馆的红色档案文献资源，正是“西迁精神”的见证。习近平总书记参观西迁博物馆时所指出：“西迁精神的核心是爱国主义，精髓是听党指挥跟党走，与党和国家、与民族和人民同呼吸、共命运，具有深刻现实意义和历史意义。”[3]

2.2 高校红色档案界定

笔者分别以“高校红色档案”“红色校史档案”为关键词进行搜索，在近年中文期刊发表的论文仅有5篇。以“高校红色档案”为关键词，仅能搜索到28篇相关论文。更多的学者倾向于把高校“红色校史档案”称为“高校红色档案”。“红色校史档案”与“高校红色档案”仅仅是叫法不同，在内涵和外延上都有较高的一致性。近年来，学术界倾向以“高校红色档案”进行讨论。代表性观点有：耿硕从时间进行界定，指出在中国共产党领导下，在新民主主义革命时期、社会主义革命和建设时期、改革开放和社会主义现代化建设新时期、中国特色社会主义新时代，高校组织及个人所形成的具有保存价值的文字、图表、实物、声像等不同形式的历史记录。[4] 费鸿虹从形成主体进行界定，认为高校红色档案为高校的组织或师生个人在各种形式的革命政治活动和斗争中形成的并且具有保存和利用价值的，以及在改革开放和社会主义现代化建设中高校涌现的红色人物、红色典型以各种载体和形式存在的历史记录。[5]

本人所要讨论的高校红色档案，是高校在中国共产党领导下，在新民主主义革命时期、社会主义革命和建设时期形成的历史记录。

3. 高校红色档案收集整理的时代意义

3.1 为推进大思政课建设、增强立德树人提供资源

习近平总书记强调，思政课是落实立德树人关键课程，并提出大中小学循序

渐进、螺旋上升的思想政治理论课建设要求。[6] 高校红色档案蕴含的精神内涵在政治上与思政课目标高度契合，具有思想政治教育价值。在当前国家推进大中小学思政课一体化建设实践中，用好用活高校红色档案资源，丰富“大思政课”内容体系，增强立德树人效果，是“大思政课”改革建设应有之义。

3.2 为深化“四史”教育、增强实效提供素材

“档案作为原始记录，见证了一百年来中国共产党各个历史时期重大事件，有助于还原一百年来中国共产党重要历史场面的真实情景，有利于弘扬一百年来优秀共产党人的革命精神。”[7] 高校红色档案是“四史”的缩影，见证了党领导下学校艰辛而辉煌的奋斗历程，所记载着校友前辈真人真事，有利于增强师生的可信度。在深入推进“四史”教育进程中，将红色档案中记录的可歌可泣的感人事迹宣传好、讲述好，把校友的光辉形象真实地展现出来，引导大学生树立正确的价值观、历史观，增强抵制历史虚无主义能力。

3.3 为传承红色基因、赓续红色血脉提供动力源泉

新时代高校安身立命在于为党育人、为国育才。高校红色档案资源见证学校奋斗历程，镌刻着红色记忆，流淌着红色基因，蕴含着革命精神，这是高校赓续不断、代代相传的红色血脉，是不忘初心、继续前进的精神动力源泉。用红色档案说校史、讲故事、见精神，展现学校扎根中国大地办学的实践历程，引导大学生弘扬校友前辈把个人发展与国家命运紧紧联系在一起的优秀品质，传承校史红色基因，坚定报效祖国的理想信念。

3.4 为校园红色文化建设、增强大学生文化自信提供文化资源

档案前辈吴宝康先生指出，从一定意义上讲，档案是“文化之母”。[8] 2023年，习近平总书记在文化传承发展座谈会上强调，在新的起点上继续推动文化繁荣、建设文化强国、建设中华民族现代文明，是我们在新时代新的文化使命。[9] 高校应该在新时代文化强国建设中做出独特的贡献。把高校红色档案开发成各种新潮档案文化产品，建设校园红色文化，打造高校精神标识，加强大学生文化自信教育，为文化强国建设添砖加瓦。

4. 高校红色档案收集整理存在问题

4.1 思想认识不足

由于历史和高校档案工作长期被边缘化原因，高校红色档案收集整理一直处于被遗忘的角落。随着高等教育的不断发展进步，高校新业务形成的资料越来越多。高校档案人员配备严重不足，档案专业人才缺位，平时忙于新形成资料的收

集整理归档和查询利用工作，很难关注到历史档案的清理、检查与保护。[10] 总之，缺少从政治站位高度认识红色档案的价值。

4.2 资源数字化建设滞后

国家对高校档案工作的指导、政策支持不足，高校档案工作总体上滞后于国家各级综合档案馆建设步伐。在专业背景方面，高校档案人员来自不同专业岗位。在培训方面，高校对档案人员参加国家层面的档案业务培训支持不够，档案人员无法及时了解档案管理发展趋势和最新知识技术。人员专业结构的复杂情况决定高校红色档案资源数字化建设方面滞后。

5. 高校红色档案收集整理的路径

5.1 建设高校红色档案资源体系

首先，完善收集整理工作机制。我国不少高校具有鲜明的红色基因，在悠久的办学过程中形成大量红色档案资源。由于当时的认识有限，红色档案的收集整理并不完整。当下，高校红色档案收集作为一项系统性工作，要统筹全校力量，形成各部门协同机制。建立工作小组，档案部门牵头，协同图书馆、校史馆、博物馆、宣传部、校友办、离退休办、团委、学工处等。制定工作制度纪律，保证组织有力、运行高效。制定收（征）集计划，明确收（征）集对象、收（征）集范围、收（征）集载体、收（征）集技术手段、收（征）集路径、收（征）集方式，做到应收尽收。

其次，深挖馆藏摸清"家底"。红色档案资源由于收藏时间较早，一代又一代档案管理人员不断变更，对尘封馆"底"的红色档案不够清楚。由于管理职能不同，各种载体的红色档案散存于图书馆、校史馆、博物馆、研究机构。组织档案馆、图书馆、校史馆、校友办、党史研究机构等，本着对高度负责任精神，彻底清理本部门收藏的历史资料并爬梳剔抉，拭去浮尘，盘活资源，清楚"家底"。

再次，做好校内外收（征）集。因年代久远、战争动乱、学校撤并、"文革"十年等历史原因，学校红色档案能完整保留下来的并不多，许多有价值的资料呈分散保管。学校要制订一个完整的收（征）集方案，明确人员、经费、范围、路径、方法等。

（1）开展校内收集。向学校教职工征集，包括离退休老干部、老专家、老教师、老模范或家属，征集个人私存的历史资料。对有价值的重要人物，尤其是重要历史事件的当事人、见证者或家属进行采访笔录、录音，建立口述档案并辨考。通过知情单位、知情人采集到有价值资料。组织研究力量检索网上文献，收集与本校有关的文献信息并析出辑录，汇编成册。利用大数据技术在网络的海量“数据宝库”搜索，搜集、挖掘有关文献资料，虽片言只字，却保证巨细靡遗。

（2）拓展校外收（征）集。由于当时学校保管条件有限，有些散存在社会各级档案馆、图书馆、博物馆、党史研究机构等机构及民间收藏家，有些流落海外。向上述机构发函协助调查。向社会发布征集公告，把散存于民间个人的相关史料收集上来。梳理革命年代的师生名单，确定调研对象，把组织红色社团、暑期“三下乡”社会实践团队、红色研究课题团队以校友前辈革命活动轨迹为线，实地走访相关烈士陵园、革命遗址、烈士纪念碑、战斗旧址、烈士生活学习的场所等，通过拍摄、收集文献、数据、照片、图片、实物等方法收集校友前辈革命活动的相关记录。如有必要，还要查阅地方志红色相关的记载，并复印、抄录与校友革命活动相关的记载。收集相关影视资料。

总之，高校红色档案收集要创新思路、穷尽办法，做到资料应收尽收、系统完整、内容丰富、载体齐全。

5.2 高校红色档案整理方法

首先，把好鉴定关。真实可靠是档案的生命所在。对所有收集到的历史资料加以辨别与考证。口述史料中可能存在着误、伪、隐等问题，出现“记忆的真实”与“历史的真实”的差异。需要我们要做好正误、辨伪、发隐工作，依托“人证”“物证”进行交互检验，确保内容真实有效。[11] 从档案专业角度对资料是否具有保存利用价值进行科学鉴定，划定保管期限。

其次，抢救性修复。因年代较久，保管方法欠妥，出现纸质霉变、脆化与酸化、残破、字迹褪化等问题。散存校外尤其是民间的资料缺少有效保护，出现破损等问题。需要清洁、脱酸加固、修复、装裱，延长寿命。在此基础上编页、编号、编目等处理，装入装具入库保存。

再其次，数字化整理。习近平总书记指出，人民大学馆藏红色文献，见证了我们党创办正规高等教育的艰辛历程，是十分宝贵的红色记忆，要精心保护好，逐步推进数字化。[12] 这为高校红色档案数字化提供启示。

高校红色档案是高校档案的珍品，是不可再生资源，首要任务是保护。运用数字化技术对红色资源进行整体性挖掘与结构性整合，不断增强红色资源育人的针对性和实效性，是大势所趋，也是必由之路。[13] 针对不同载体制定详细数字化管理标准，明确数字化业务规范标准、技术规范标准、管理规范标准，依据实物、文献资料、歌曲、红色景点、历史遗迹等各类红色资源特性，分门别类进行全景拍摄、扫描、录像、录音等，将其转化为数字化档案信息。[14] 如将文献扫描、转录成数字化成果，使散乱无章的文献资料成为有序的信息产品。实物档案，除了翻拍，扫描外，还可利用 VR、3D 打印、三维实景模型、全息投影、

html5 网页等技术对实物类档案的外观信息、背景信息进行深度加工。[15] 对故居、遗址、革命文物等，可通过 3D 建模、虚拟现实、数字孪生技术进行全景记录形成的数字化成果。对口述史料“采用数字采集、数字储存、数字处理、数字展示、数字传播等技术，将文化遗产转换、再现、复原成可共享、可再生的数字形态”。[16] 对模糊老旧照片，可使用 AI 修复技术使之变成清晰明亮的数码彩色照片。总之，数字化的技术方法多样化，高校应该结合实际选取。在此基础保护上建立数据库，为信息共享和开发利用奠定史料基础。

6. 结语

习近平总书记指出，档案工作是一项基础性工作，经验得以总结，规律得以认识，历史得以延续，各项事业得以发展，都离不开档案。[17] 深刻认识这一讲话的重大意义，聚焦四个“好”目标，在收集整理基础上下足功夫，使高校红色档案在党的第二个百年奋斗征程上彰显更大价值。

注释及参考文献

[1] 伊部. 国家档案局印发《通知》要求认真学习贯彻习近平总书记对档案工作重要批示[N]. 中国档案报,2021-07-29(1).

[2][12] 习近平. 坚持党的领导传承红色基因扎根中国大地走出一条建设中国特色世界一流大学新路[N]. 人民日报,2022-04-26(1).

[3] 史瑞琼,慕倩茜. 用好红色档案文献资源绽放西迁精神时代光芒[J]. 陕西档案,2022(5):11.

[4] 耿硕. 高校红色档案资源融入课程思政的路径研究[J]. 兰台世界,2023(5):92.

[5] 费鸿虹,王金兰. “三全育人”视角下高校红色档案资源建设及开发利用研究[J]. 兰台内外,2023(3):9.

[6] 习近平. 在学校思想政治理论课教师座谈会上的讲话[J]. 思想政治工作研究,2019(04):2-3.

[7] 徐拥军. 挖掘档案价值 读懂百年党史[J]. 中国档案,2021(3):74.

[8] 徐拥军,郭若涵.《档案法》修订草案的特点[N]. 中国档案报,2019-11-22(2).

[9] 习近平. 在文化传承发展座谈会上的讲话[N]. 人民日报,2023-06-03(1).

[10] 彭揷三. 高校档案馆红色档案开发利用现状、问题及对策[J]. 兰台世界,2022(6):106.

[11] 黄明嫚. 中共党史口述档案资料收集整理与开发利用研究[J]. 兰台世界,2019(1):85.

[13] 罗方述.数字化赋能红色资源育人探赜[J].学校党建与思想教育, 2023(8):33.

[14] 申峥峥,任晓刚.科技创造红色资源新图景[N].经济日报,2022-10-31(2).

[15] 赵梓轶.广西壮族自治区档案馆红色档案资源开发研究[D].南宁:广西民族大学,2022:26-27.

[16] 王耀希.民族文化遗产数字化[M].北京:人民出版社,2009:103.

[17] 习近平.在考察浙江省档案局馆时的讲话[J].浙江档案,2003(6):5.

多机构合作背景下红色人物史料类型及管理研究

天津市烈士陵园　詹思鹏
天津市北辰区档案馆　周　持

摘　要：党史教育开展以来，红色档案、红色文物等红色史料，特别是与红色人物有关的史料日益受到社会各界重视，包括档案馆、纪念馆在内的各类机构在广泛征集、研究、开发红色史料。为了发挥出档案、文物等红色人物史料的最大价值，档案馆、纪念馆等史料收藏机构和高等院校、社科院、党校等科研机构应增强联系，利用技术手段联合进行红色人物史料的征集、保管、编研、陈展、利用，真正做到利用红色人物史料存史、资政、育人。

关键词：红色人物；红色档案；红色文物；口述史；档案信息资源开发

1. 引言

习近平总书记指出，要广泛开展先进模范学习宣传活动，营造崇尚英雄、学习英雄、捍卫英雄、关爱英雄的浓厚氛围。[1] 党史教育开展以来，全社会形成了学习中共党史、共和国史、改革开放史、社会主义发展史、中华民族发展史的浓厚氛围，很多人选择通过阅读书籍、参观博物馆等方式学习“五史”、接受爱国主义教育，特别是一些红色人物的故事被发掘出来，在社会上引起了强烈反响。各级各类档案馆、博物馆、纪念馆等红色史料收藏机构也日益重视红色人物史料的管理，从征集接收、保管保护、编研宣教等各方面下了很大功夫，取得了一些成绩，但依然有一些不足之处，需要通过红色史料收藏机构和红色史料研究机构共同努力，真正发挥红色人物史料的最大价值。

2. 常见红色人物史料类别

通过分析现有各类文献，红色人物史料应指红色人物在社会活动中形成的，及其他人形成的可以反映红色人物生平的档案、文物和其他史料。综合史料性质及保管部门，可以将其分为红色人物档案、红色人物文物、红色人物史志文献、红色人物口述史等。

2.1 红色人物档案

人物档案是相对于机构档案的特殊档案概念，这类档案在档案管理上并不属于任何一个全宗单位，而是将某个人的文件、书信、日记、手稿、作品、证书、奖杯等值得保存和利用的档案资料归纳到一起形成的。有的档案机构为每位人物设置了独立全宗，有的档案机构则设置“人物档案”全宗，在此全宗下为每位人物设置专卷。

近年来，红色人物一直是各级各类档案机构关注的重点，很多档案部门在“改革开放四十周年”“共和国成立七十周年”“中国共产党建党百年”等重要年份和重要时间节点开展红色人物档案的征集、编研、宣教活动。例如，天津市北辰区在新民主主义革命时期、社会主义革命和建设时期、改革开放和社会主义现代化建设新时期等各个历史时期涌现出“革命先驱”安幸生、“登高英雄”杨连第、“最美奋斗者”邢燕子等一批杰出红色人物，为了留存党史、区史，北辰区档案馆常年坚持征集包括红色人物档案在内的各类档案文献，并抢救性发掘了安幸生档案资料、汇编出版了杨连第档案资料，尽最大努力开发馆藏红色人物档案。

2.2 红色人物文物

文物是人类在社会活动中遗留下来的具有历史、艺术、科学价值的遗迹和遗物。[2] 据此概念，红色人物文物应指红色人物在社会活动中形成的具有“五史”记录价值、研究价值的遗迹和遗物。红色人物文物主要收藏于各类纪念馆、博物馆及其他革命历史纪念场馆内，部分同时具有档案属性的红色人物文物也作为红色人物档案被保存在档案馆的红色人物全宗内。

以天津市为例，天津地区最主要的两个红色人物文物集中收藏基地是周恩来邓颖超纪念馆和平津战役纪念馆。前者收藏有周恩来、邓颖超相关藏品 1.5 万余件（套），后者收藏平津战役时期各类文物 6000 余件。除了两个大型纪念馆外，天津博物馆、天津觉悟社纪念馆、天津市烈士陵园及各区烈士陵园、市内各红色人物故居等文化场馆均收藏有红色人物文物。天津市各级档案馆也保存有书信、日记、传记等同时具有档案性质的红色人物文物。

2.3 红色人物史志文献

红色人物史志文献主要指记录红色人物信息的地方志、年鉴、地情资料、人物志等党史研究室、地方志编修委员会等官方编修的史志文献，这类文献会记录本地区、本系统、本行业杰出人物基本情况及事迹。特别是地方志会专门设立“人物”类目，例如，在天津市北辰区小淀镇的地方志《小淀镇志》中的“人物·烈士”类目中收录了小淀镇籍的四名烈士生平及牺牲事迹。[3]

2.4 红色人物口述史

近年来，口述史作为一种历史研究方法开始普遍应用于“五史”研究领域。由于口述历史是个人记忆，而非公共记忆，其真实性受到质疑。[4] 因此到目前为止，口述史的概念和认可度依然存在争议。红色人物口述史是通过红色人物本人及其他人士关于红色人物社会活动的记忆。

“口述史”一词虽然是近几年被频繁使用的，但主要针对“五史”研究的口述史料早已出现，最为典型且数量庞大的是各级人民政协组织编纂的政协文史资料。政协文史资料是由政协文史委编辑出版的政协委员或其他统战对象对重要历史人物和历史事件的记述，这类史料遵循“三亲”原则，即应为历史当事人、见证人和知情人亲历、亲见、亲闻的第一手资料，具有“存史、资政、团结、育人”的作用。在各级党委的支持下，各级政协文史资料编纂、出版量较大，以天津市政协文史委为例，截至目前共出版《天津文史资料选辑》133 辑，刊载文章 3000 余篇，可谓是研究天津历史文化的宝贵资料库，其中不乏关于红色人物研究的口述史料。例如，天津市北辰区政协编纂的《北辰文史资料（第八辑）》中收录了志愿军赴朝作战五十周年时采访“登高英雄”杨连第遗孀阎福珍的专访记录，这篇记录通过阎福珍之口讲述了杨连第的童年生活、从军经历、牺牲时的情况及牺牲后家庭生活。[5] 这篇文史资料可以作为研究杨连第，乃至以小见大地研究党史、军史的重要口述史料。

3. 各类红色人物史料特点及存在问题

3.1 各类红色人物史料的特点

通过上述对各类红色人物史料的分析可知，目前我国红色人物史料的最大特点是由于我国在长期革命和建设过程中涌现出众多红色人物，且各类红色史料收藏机构合理规划了收集范围，因此留存的红色人物史料种类丰富、数量众多。

3.2 红色人物史料在管理方面存在的问题

不同类型红色人物史料在征集、保管、编研、开发利用等管理工作中存在各种各样的问题，综合起来有以下几点：

3.2.1 红色人物界定存在争议

目前对红色人物的界定一直存在争议，有的观点认为红色人物指在中共党史上做出突出贡献的人物，但也有观点认为在中国近现代史上为国家复兴、民族独立、社会进步做出贡献的人物即可界定为红色人物。不同红色史料收藏机构对红色人物界定不同导致其在史料征集工作中产生差异。

例如，张伯苓是近代著名爱国教育家，南开系列学校创办者，在抗战时期为了给国家保留文化和教育的火种，在大后方参与创办国立西南联合大学，其子张锡祜在淞沪战役中壮烈殉国。但由于张伯苓是国民党员，还曾经出任国民政府考试院院长，到底能否将其归入红色人物行列一直受到质疑。这样就会导致不同类型红色史料收藏机构在征集张伯苓史料时产生工作方法差异，比如博物馆将其作为红色人物，征集了张伯苓相关文物；而档案馆没有将其作为红色人物，放弃征集张伯苓相关档案或将其档案作为其他类型档案处理。

3.2.2 红色人物史料收藏机构分布较广

如上文所述，我国红色人物史料类别较多，分布较广，纪念馆、博物馆、档案馆、烈士陵园、方志馆、图书馆等均收藏有不同类型的红色人物史料，且按照我国行政体制，博物馆、纪念馆、图书馆大多属于文旅部门，烈士陵园属于退役军人部门，档案馆、方志馆大多属于党委办公厅（档案局），导致红色人物史料跨部门利用或联合利用存在一定不便。

例如，“登高英雄”杨连第的史料分别保存在沈阳抗美援朝烈士陵园、天津市烈士陵园、天津市北辰区档案馆、平津战役纪念馆、中铁十一局集团（原铁道兵第一师）等单位，单独研究某一单位内的史料难以“窥全豹”，容易导致人物研究因史料不齐全出现错误。

4. 红色人物史料管理的改进措施

基于红色人物史料管理的现实情况，为了使红色人物史料更好地服务“五史”研究，应该对各红色史料收藏机构的红色人物史料管理模式进行改进，并融入高等院校、社科院、党校、政协文史委等红色人物研究机构的力量。

4.1 积极推动各类红色史料收藏机构的交流合作

如前文所述，红色人物史料收藏机构涉及博物馆、纪念馆、档案馆、方志馆等不同类别，同时一位人物可能在全国各地活动，在不同地区均留下红色记忆。例如，抗日战争胜利后，国民政府在全国各地修建了烈士陵园及忠烈祠，以纪念在此地牺牲的抗日烈士，张自忠、郝梦龄、佟麟阁、赵登禹、谢晋元等30余位在抗战中牺牲的高级军官入祀全国各地忠烈祠。[6] 如果要研究张自忠的生平，仅到天津一地查阅红色人物史料显然不能反映其一生经历，还应搜集山东、北京、河北等张自忠生活、战斗过的地方相关机构收藏的相关史料，[7] 才能真正做到客观、全面地反映张自忠的一生。

因此，应积极推动各类红色史料收藏机构的交流合作，通过赠送史料副本、仿真复制、制作数字化副本、交换编研材料等方式弥补各机构仅收藏部分红色人物史料的不足，完善各机构红色人物史料，真正达到“1+1>2”的效果。

4.2 提高红色史料收藏机构工作人员综合素养

为了实现红色人物史料的高效利用，红色史料收藏机构应加强对工作人员的培训，将红色史料相关法律法规、本地区红色史料概况、本地区红色人物生平等作为相关工作人员的业务培训必修课，努力培养一批既具备史料实体管理业务能力，又掌握红色史料信息资源开发知识的“学科馆员”，通过宣教、编研、陈展等方式开发本单位收藏的红色人物史料。例如，开国少将方槐是共和国民航事业的缔造者、军委民航局第二民用航空学校（现中国民航大学）首任校长。中国民航大学档案馆郭振华馆长等同时具备档案和党史、军史知识的学者为了研究、宣传方槐将军事迹，征集、研究方槐将军相关档案资料，采访方槐将军家属及身边工作人员录制口述史，拍摄了专题片《方槐将军档案》、编写传记《方槐将军》，使方槐将军事迹为世人所知。[8]

4.3 与红色人物研究机构通力合作

高校、社科院、党校、社会主义学院等教学科研单位和党委宣传部、政协文史委、研究室等党政机关均将理论研究作为其职责之一，近年来形成了一系列关于“五史”，特别是红色人物的优秀研究成果。红色史料收藏机构可以积极与上述红色人物研究机构对接，共同进行红色人物研究。红色史料收藏机构可以提供红色人物史料，由红色人物研究机构的专家学者对史料进行分析、研究，在研究过程中，注意通过各种方式与其他红色史料收藏机构进行史料共享，并注意吸收红色人物最新研究成果。例如，为了纪念共和国成立 70 周年和惠安暴动 90 周年，福建省惠安县委宣传部决定编纂一本关于中共泉州特委军委书记、福建红军惠安总指挥部总指挥、福建红军第一师第一团团长兼政委陈平山烈士事迹的书籍。经过县委宣传部牵头，县档案馆提供馆藏陈平山烈士档案资料，县委党史和地方志研究室在搜集口述史等其他史料的基础上进行编研，最终形成了《革命烈士陈平山》一书，这本书追忆了陈平山烈士的革命生涯，收录了纪念陈平山烈士的文章、亲历者的回忆录等，特别是披露了关于 1930 年“厦门大劫狱”、惠安暴动失利后红军余部斗争情况等史实，不仅是爱国主义教育的生动课本，也为党史军史研究提供了翔实、有价值的史料。[9]

4.4 充分发动社会力量

随着全社会对“五史”，特别是对红色人物的关注度不断提高，社会上涌现出一批由爱心企业出资、热心人士参与的非公研究机构；一些社会人士特别是红色人物后代也在积极从事红色人物史料收集和红色人物研究工作。目前社会力量参与红色人物研究已经成为一股不容忽视的力量。例如，南开大学校友胡海龙借助非公研究机构——天津市张伯苓研究会这一平台，与多位南开大学校友一起走访南开系列学校老校友，搜集口述史，汇编为《口述津沽：南开学子语境下的功能精神》一书，为当下研究张伯苓、喻传鉴等近代爱国教育家提供了丰富的口述史料。[10] 红色人物档案收藏机构应积极发展同社会力量的合作，通过提供专业技术、背景资料等方式支持社会力量投入红色人物研究中去，并将研究成果以适当的方式征集进馆。

4.5 充分发挥媒体宣传作用

红色人物史料的编研和宣教离不开各类媒体的宣传报道，红色人物史料收藏机构应积极对接各类媒体，通过公布红色人物史料、发布红色人物编研文章、录制红色人物宣教视频等方式加强宣传。只有借助媒体的力量，才能让红色人物事迹真正进入寻常百姓家，感染每一位中国人。例如，《中国档案报》始终坚持刊登档案反映红色人物事迹的文章，并与深圳市档案局合作，将这类文章汇编为《红色档案揭秘》一书，不仅收录了毛泽东、周恩来、刘少奇、朱德、任弼时、邓小平、陈云等老一辈革命家鲜为人知的小故事，还有叶挺、左权、瞿秋白、李振瀛、赵一曼、周文雍等革命先烈的事迹。[11] 另外，“学习强国”APP 等新媒体也通过开设“党史”专栏等方式向受众传播党史国史知识和红色人物事迹。

5. 结语

党的十八大以来，党和国家高度重视英烈人物的褒扬纪念宣传工作。作为红色史料的收藏、保管及宣传机构，收集、鉴定、保管、编研、陈展、宣传、利用包括红色人物史料在内的红色史料是一项日常性工作，应当长期坚持、不断拓展并在新时代赋予其新的内涵，特别是推动红色史料的研究、宣教工作与“大思政课”建设融合发展。只有各相关党政部门、红色史料收藏机构、红色史料研究机构、各类媒体机构共同努力，发挥自身优势，打破部门壁垒、学科壁垒，才能最大限度发挥红色人物史料存史育人的价值。

本文系 2023 年度天津市档案学会科研项目“档案馆内人物档案全流程馆里研究——以天津地区为例”（项目编号：TDX2023-004）成果之一。

注释及参考文献

[1] 习近平. 自觉承担起新形势下宣传思想工作的使命任务[C]//中共中央党史和文献研究院. 论党的宣传思想工作. 北京:中央文献出版社,2020:337-342.

[2] 李晓东. 文物学[M]. 北京:学苑出版社,2005:3-6.

[3] 小淀镇志编修委员会. 小淀镇志[M]. 长春:吉林人民出版社,2016:324-332.

[4] 陈墨. 口述史学研究:多学科视角[M]. 北京:人民出版社,2015:67-68.

[5] 赵树檩. 访革命烈士杨连第夫人阎福珍[C]//中国人民政治协商会议天津市北辰区委员会文史资料委员会. 北辰文史资料(第八辑). 2001:105-113.

[6] 王勇则. 碧血英魂:天津市忠烈祠抗日烈士研究(上)[M]. 天津:天津古籍出版社,2016:155-163.

[7] 中国人民政治协商会议山东省临清市委员会文史资料研究委员会. 民族英烈·纪念张自忠将军诞辰一百周年[M]. 1991:207-218.

[8] 郭振华. 方槐将军[M]. 北京:中国民航出版社,2020:163-177.

[9] 中共惠安县委宣传部,惠安县档案馆,中共惠安县委党史和地方志研究室. 革命烈士陈平山[M]. 福州:福建人民出版社,2019:1-2.

[10] 胡海龙. 口述津沽:南开学子语境下的公能精神(上)[M]. 天津:天津古籍出版社,2020:1-6.

[11] 中国档案报社,深圳市档案局. 红色档案揭秘(上)[M]. 北京:现代出版社,2015:1-3.

"铁道游击队"红色档案的征集与开发利用实现路径研究

枣庄市公共就业和人才服务中心　郭金鹏

摘　要：在山东省内抱犊崮、微山湖为主要象征的枣庄老区是全国著名的红色火种发源地，"铁道游击队"是枣庄最红的资源、最美的传奇、最亮的名片。作为其重要载体的红色档案无疑承载着更重要的历史使命和现实责任，因此必须充分挖掘红色档案的当代价值，发挥红色档案在弘扬"铁道游击队"精神、促进枣庄地区社会和谐发展等方面的优势作用，加强对红色档案的开发利用研究。

关键词：红色档案；铁道游击队；征集；开发

枣庄是一座具有光荣革命传统的英雄之城，"铁道游击队"是枣庄最红的资源、最美的传奇、最亮的名片。为了充分挖掘"铁道游击队"红色廉洁文化元素，打造"铁道游击队"红色廉洁文化教育基地，需要用丰富翔实的重要文献、珍贵照片、物品用具等档案资料，诠释铁道游击队斗争史中蕴含的丰富廉洁文化内涵，对党员干部进行红色革命教育洗礼。一切事物的发展都受到客观规律的支配，"铁道游击队"红色档案的传承与发展也有着它自身发展的特殊规律。"铁道游击队"红色档案资源的征集和开发利用，必须尊重客观规律与事实、发现客观规律并以合理利用。

1. 创新红色档案征集方式

红色档案征集工作是丰富"铁道游击队"红色廉洁文化教育基地资源、完善馆藏结构的重要途径，关系档案事业的可持续发展。近两年，"铁道游击队"红色廉洁文化教育基地以开放的姿态，在传统档案接收方式的基础上，紧紧围绕地区"特点"、时代"重点"、馆藏"缺点"，积极探索与进行档案资源征集，扩大红色档案征集范围，创新征集方式，征集了一批具有地方特色、反映时代风貌的档案资料，档案馆藏进一步丰富、馆藏特色更加彰显。

1.1 行政手段

枣庄市众多的"铁道游击队"红色档案散落、隐匿于枣庄市的各个角落，虽然我们有时以通知的方式要求各区县单位上报"铁道游击队"红色档案，但是不具有强制性，依然有不少档案留存在各部门、单位和个人手中。为此，"铁道游击队"红色廉洁文化教育基地经过研究决定，成立红色档案征集工作小组，由基地主要领导任组长、分管领导为副组长、相关科室（单位）科室负责人为成员的试点工作领导小组，全面负责对业务红色档案征集的组织领导。而且制订了《枣庄市"铁道游击队"红色档案征集暂行办法》等制度，为红色档案征集工作实现规范化打下制度基础，红色档案征集的管理机构、征集时间、工作流程、服务手段等方面，进行了全面规范和细化落实，得到上级部门的充分肯定。

1.2 鼓励捐赠

从捐赠获得"铁道游击队"红色档案也是重要的征集手段。我们鼓励和接受公民、法人和其他组织将其所有或持有的对国家、社会具有保存价值的档案资料，无偿捐赠给"铁道游击队"红色廉洁文化教育基地。通过加大对于"铁道游击队"红色廉洁文化教育基地的宣传、鼓励社会部门或者人士，主动捐赠，既可以增加馆藏，又可以让"铁道游击队"红色档案得到很好的保护，同时又方便人民群众，丰富枣庄市"铁道游击队"红色档案中心，更好地为群众服务。

1.3 有偿征购

对于具有文物价值且属个人所有的档案资料，如果持有者愿意出售给省档案馆的，经双方协商，我们对其进行有偿收购、征购。收集人员积极主动深入社会，将红色档案征集起来，大力展开调查研究，摸清对"铁道游击队"红色档案在社会上的分布情况、保存现状、存世数量等重要资料和数据。在此基础上制定更合理、更具体的征收方案。通过加强对于红色档案征集的重要性以及紧迫性的宣传，让人们更深入地了解"铁道游击队"红色档案的价值，和明白将"铁道游击队"红色档案交于"铁道游击队"红色廉洁文化教育基地保管的意义，积极主动做好"铁道游击队"红色档案的征收活动。同时，扩大征集的范围，扩展征集的渠道，做好和有关部门的合作，和档案馆、图书馆、博物馆、文化馆等单位做好馆间互借，争取征集在这些单位所拥有的"铁道游击队"红色档案。对于原件征购方面，要做好计划，用发展的眼光舍得花大价钱，征购有价值的"铁道游击队"红色档案。

1.4 应用现代技术

对于有较大收藏保存价值但持有者不愿意捐赠和出售的珍贵资料，在征得持有者同意后，我们采取数字化扫描或者对原件仿真复制的方式进行征集。利用数字影像技术对珍贵的“铁道游击队”红色档案的内容进行复制和转移。数字影像技术包括数字照相技术和数字摄像技术。数字影像技术与传统技术不同。传统微缩和照相技术都是使用的信息模拟技术。而数字音像技术是将原始音像信息进行数字化，再将数字化以后的音像信息输出，存入计算机等存储设备中。传统音像保存技术形成的胶片保管条件要求高，对温度、湿度等环境因素的要求都很高，复制的工艺也很复杂，而且很容易造成信息变形，查询也十分不便。而音像技术的优点主要表现在，一是可以网络互通，方便与共享。由于数字音像技术将信息完全数字化。可以直接在局域网连接，在网络上流通，突破了时间和空间的限制。可以让征集工作更便利和更少的经费。二是数字化储存大大节省了储存空间。几十万张照片都可以储存在一张光盘上，甚至现在可以直接储存在网络上，不需要任何空间，这项技术是红色档案征集工作所急需的。

1.5 严格移交手续

各单位保存的“铁道游击队”红色档案是各自的公物财产，为此，在依据当地政府政策法规向纪念馆、档案馆、图书馆或博物馆等专业文献整理机构移交时，要严格履行移交手续，双方填写移交清册，填写项目包括：移交或接收单位、移交档案的数量和目录、移交双方的负责人和移交、接收人的签字，以作为“铁道游击队”红色档案移交的凭据。

1.6 实行奖励补偿

各单位、个人散存的“铁道游击队”红色档案在征集工作中，都消耗了被征集单位和个人一定的人力和财力，为此，接收单位要按照国家政策应给予物质、经费或精神鼓励方面的补偿，并颁发奖励证书，以鼓励“铁道游击队”红色档案散存单位将保存原件移交到“铁道游击队”红色廉洁文化教育基地集中保护。

1.7 实现资源共享

在不方便收购和征购的情况下，“铁道游击队”红色廉洁文化教育基地鼓励持有者采取委托保管的方式将具有较大研究利用价值的档案资料寄存进馆，拓展了红色档案征集渠道。同时，推动“铁道游击队”红色廉洁文化教育基地与档案馆、博物馆、图书馆、纪念馆等单位加强合作，相互交换重复件、复制件或目录等。

2. 红色档案价值实现路径

随着"铁道游击队"红色档案资源的当代价值日益凸显，如何进一步发掘与利用红色档案资源，为"铁道游击队"精神、枣庄红色文化注入新鲜血液，加强枣庄红色精神的传播与弘扬力度，推动枣庄红色文化、"铁道游击队"精神传播与发扬建设，成为当前迫切需要解决的重要课题。

2.1 加强红色档案管理，助推学术研究开展

"铁道游击队"红色档案资源是对以往真实历史事件的真实反映，成为后人学习、研究相关历史问题的可靠依据，给我们当今的工作提供诸多线索和启示。"铁道游击队"红色档案承载着革命先辈为我们留下的宝贵精神财富和伟大革命信仰。枣庄革命老区所保存下来的红色档案作为历史研究的第一手资料，为史学界关于枣庄地区的革命历史研究方向的正确性提供了保障，也有利于对"铁道游击队"精神的价值进行精准深刻的定义。这需要"铁道游击队"红色廉洁文化教育基地协同社会各界的力量进行红色档案的收集、整理、分类形成系统，以供社会公众查阅和历史研究的开展，助推学术研究的进行。此外，学术研究人员和档案管理人员在对待相同的档案价值上有着来自自身工作和研究的不同侧重点。档案管理人员更注重档案资料的规范和保存以及现阶段档案信息的传递，而学术研究者更侧重于运用档案资料解决和寻找一些历史问题的答案，处理历史遗留问题。其实，档案作为一种具有原始记录性的凭证，其在当代主要作用就是帮助社会大众弄清历史过程和还原历史真相，而且在政府职能向"服务性"转变的过程中，"铁道游击队"红色廉洁文化教育基地作为政府的职能部门之一就应为社会或公众解决问题而存在。反之，如果档案资源长期束之高阁成为一种陈列品，那必将是资源的极大浪费，致使一些史学问题长久得不到答案，历史真相难以厘清。从学术研究的角度来说，档案史料是学术观点诞生的源泉，而从档案服务的角度来说，"铁道游击队"红色廉洁文化教育基地里为学术研究的开展提供方便也是教育基地本身所具备的职能和责任所在。加快推进档案资源走进学术研究领域是学术的期待和时代的呼唤，定会助推学术研究的开展。"铁道游击队"红色廉洁文化教育基地应走出去，主动与学术界、文艺界等相关部门交流合作。

2.2 建立档案利用平台，建设资源信息系统

建立一个全面实用的资源信息系统，首先要对枣庄地区的"铁道游击队"红色档案信息资源进行深入实地勘察。枣庄革命老区"铁道游击队"红色资源丰富，分布广泛，以邹坞、沙沟、抱犊崮等发生过战役的地区居多，但是大部分"铁道游击队"红色档案资源聚集地区至今经济条件较为落后，对资源的保护力

度极度欠缺，使资源受到不同程度的破坏，再加上交通不便、基础设施限制等外在因素都给当地“铁道游击队”红色资源的普查带来很大困难。因此，对枣庄革命老区“铁道游击队”红色档案资源的勘察以实地调研为主，以走访当地党史研究院等相关部门的相关学者、专家以及寻访当地民众、革命后代为辅的形式进行，同时查阅收录“铁道游击队”红色廉洁文化教育基地、“铁道游击队”红色廉洁文化教育基地、台儿庄战史纪念馆等相关资料，对枣庄地区现存的红色档案资源各方面的信息予确认。建立档案利用平台，充分转化“铁道游击队”红色廉洁文化教育基地的工作职能，逐步向服务型转变，为档案的利用提供场所和条件。在这一过程中，“铁道游击队”红色廉洁文化教育基地无疑是档案利用最主要的阵地。“铁道游击队”红色廉洁文化教育基地作为“铁道游击队”红色档案最原始、最丰富的保管基地之一，同时也作为爱国主义教育基地，应率先从单向的保管利用工作转变为积极有效利用，从被动服务转变为主动服务，借着红色旅游和红色文化发展的大好契机，开拓思路，创新做法，促进爱国主义教育、红色旅游、红色文化及档案馆自身的结合发展。根据“铁道游击队”红色档案资源信息系统，我们可以清晰地了解红色档案的分布情况及具体包含内容，为红色档案后续的开发利用提供资源概况，在此基础上结合枣庄地区红色旅游的开展，对于挖掘枣庄地区的红色档案价值，发展枣庄地区的红色旅游具有重要意义。

2.3 支持红色资源开发，服务地方经济发展

“铁道游击队”红色档案的直接经济价值属于国家公有资产，仅供我们参观，不能拿出拍卖而私人直接获取其经济价值。“铁道游击队”红色档案间接经济价值的开发利用都处在初期的摸索与实践中，需要进一步发扬“铁道游击队”精神，延续“铁道游击队”红色档案在当代社会主义建设中的“生命”，发挥其独特的红色资源优势，服务枣庄老区的经济发展。第一，“铁道游击队”红色档案资源与旅游产业相结合而产生间接经济价值。“铁道游击队”红色档案资源在社会主义经济全面发展的今天，不仅要作为中华民族的宝贵财富一直延续，更要发挥其作为旅游资源的作用。只要遵循有序开发、注重社会效益与经济效益并行的原则，完全可以发挥其巨大的经济力量，促进枣庄老区的经济发展。“铁道游击队”红色档案资源与文化产业相结合而产生间接经济价值。“铁道游击队”红色档案资源通过与文化产业的结合和市场化运作，从而产生反映枣庄革命战争时期的专著著述、文艺作品、影视剧作品等，既发挥了档案的作用又获得了相应的经济效益。经过艺术创作而被改编成的文学作品、影视剧作品一经买卖成功就具备了自身的经济价值，而那些优秀的、具备正能量的作品一经传播便能获得理想的经济和社会双重效益。

2.4 还原历史真实面貌，发挥宣传教育功能

“铁道游击队”中的共产党人在革命时期留下的会议记录、革命手稿、实物档案等都集中反映了一代代共产主义事业接班人的光辉业绩和丰硕成果，是中华民族世代相传的精神财富。为此，“铁道游击队”红色廉洁文化教育基地、档案部门、旅游管理部门、政府部门在各司其职的同时协同合作，共同打造枣庄红色教育体系，充分发挥“铁道游击队”红色档案的宣传教育功能。首先，挖掘“铁道游击队”红色廉洁文化教育基地服务潜力，彰显红色档案魅力。将馆藏丰富、红色资源集聚地区的“铁道游击队”红色廉洁文化教育基地作为爱国主义教育基地，积极与政府相关职能部门加强合作，将爱国主义教育作为一种社会责任，强化服务意识，提升工作动能。另一方面，提高“铁道游击队”红色廉洁文化教育基地自身工作作为，利用各种重大事件纪念日，整理馆藏特色红色档案，制作爱国主义专题展览，把大众不了解而又不具备保密价值的档案整理公开展览，对丰富历史人物的英雄形象，提升大众对真实历史认知的准确度，形成让社会大众认识档案、接近档案、利用档案的新局面，使爱国主义教育更深入人心。其次，政府部门应协同旅游部门、档案部门致力于多样化的红色教育产品开发。根据当前精神文明建设的实际需要，构建以“铁道游击队”精神为主线具有枣庄特色的枣庄红色革命文化，并在整合、研究、提炼的基础上制作出影视、图书形式的红色教育产品，并且运用信息化的手段加以传播。而且针对青少年团体，在举办展览活动时充分结合声电光等因素，丰富展览形式，搞活展览内容。

“铁道游击队”红色档案在当代价值的实现还任重道远，需要社会各界的不断努力，作为其主要保存单位的“铁道游击队”红色廉洁文化教育基地，更要强化档案意识，打造独特的“铁道游击队”红色档案，多方合作，加强红色档案的推广，使“铁道游击队”红色档案积极“走出去”，在更宽阔的平台上促进红色档案的发展，以利于弘扬“铁道游击队”精神。

注释及参考文献

[1] 杨磊. 沂蒙红色旅游发展的问题与对策研究[J]. 文化创新比较研究,2017(10):64-65.

[2] 胥思省,龙茂兴. 贵州省红色旅游发展的 SWOT 分析及对策研究[J]. 安徽农业科学,2010(12) 23-24.

[3] 刘红梅. 红色旅游发展的历史阶段研究[J]. 井冈山大学学报,2016(1):18-28.

[4] 纪峰. 井冈山红色文化旅游营销成功的启示[J]. 合作经济与科技,2018(2):80-81.

[5] 谢爱良,解东,刘忠秀,等.临沂市红色旅游发展模式探讨[J].湖北农业科学,2018(12):134-139.

[6] 焦世泰.左右江区域红色旅游开发模式研究[J].改革与战略.2017(12):149-152.

[7] 金鹏,卢东,曾小乔.中国红色旅游研究评述[J].资源开发与市场,2017(6):1026-1031.

[8] 卢双鹏.智慧旅游背景下红色旅游发展现状及对策研究——以巴中市、达州市为例[J].乡村旅游,2017(5):103-105.

红色档案创新性征集整理和创造性保护利用路径研究
——以沂水县为例

中共沂水县委机关政务保障中心　刘殿强
沂　水　县　档　案　馆　赵文廷
中共沂水县委机关政务保障中心　李明扬

摘　要：红色档案是传承革命精神、锤炼党性修养的重要资源，是中国共产党带领全国人民在革命斗争中创造的宝贵财富，红色档案见证了中华民族血与泪的奋斗史，在当代仍散播着高尚的价值引导力，对涵养中国特色社会主义核心价值观有着非凡的意义。沂水县作为沂蒙山革命根据地，红色档案资源十分丰富，抓好红色档案征集鉴别和利用工作意义重大。本研究组以《红色档案创新性征集整理和创造性保护利用路径研究》为题，以沂水县红色档案征集鉴别和利用经验为例，对红色档案创新性征集和创造性利用路径进行了探索研究，以期对各级征集鉴别红色档案、传承利用红色资源，助力高质量发展具有一定理论和实践意义。

关键词：红色档案；征集利用；路径；研究

1. 红色档案创新性征集和创造性利用现实意义

红色档案创新性征集和创造性利用，不仅是赓续红色传承红色基因的本质要求，更是激发其育人价值、精神价值和经济价值的现实需求。

1.1　红色档案创新性征集整理和创造性保护利用是提升文化自信的重要支撑点

红色档案是革命战争年代中国共产党带领全国人民在对抗外来侵略、争取全国解放斗争中形成的不可复制的特色档案，其蕴含的内涵和文化不仅是中华民族的灵魂，更是全体中国人民的精神图腾。所以，“坚定文化自信，是事关国运兴衰、事关文化安全、事关民族精神独立性的大问题”[1]。通过红色档案创新性征集和创造性利用，可以增强全民族文化自信，形成抵御资本主义文化错误思潮侵蚀的政治自觉，提高人民正确价值观的判断力和选择力。

1.2 红色档案创新性征集整理和创造性保护利用是涵养社会主义核心价值观的重要着力点

文化思想斗争是意识形态斗争的关键阵地，当前国际关系复杂，国际意识形态斗争形势严峻，面对西方资本主义国家对意识形态的猛烈攻击，如果我们不占领意识形态制高点，就很容易被敌人抢夺阵地。在新的历史时期，强化红色档案创新性征集和创造性利用，将红色档案转化为红色教育资源，发挥其独特的精神引领和教育引导作用，是当前各级充分挖掘红色资源，以文聚心、以文育人，以红色文化涵养倡导正确社会主义核心价值观的重要抓手。

1.3 红色档案创新性征集整理和创造性保护利用是振奋老区经济的重要落脚点

红色档案创新性征集和创造性利用，可以引导革命老区人民将红色革命精神转化为社会主义建设的强大力量，沿着社会主义市场经济的改革思路正确发展，将强大的精神财富转化为丰富的物质财富。同时，大力开发红色档案资源，可以转化为市场产品，为市场经济增加有效供给，带来客观经济效益。

2. 以沂水县为例探索红色档案创新性征集整理和创造性保护利用路径研究

沂水县档案部门立足部门主责，深入实施“红色档案”挖掘、“红色沂水”宣传、“红色资源”利用三大工程，守住红色根脉，赓续红色基因，用好红色资源，弘扬沂蒙精神，激发干事创业活力。

2.1 实施“红色档案”征集整理工程，追寻红色印记

习近平总书记在山东临沂考察时指出，沂蒙精神与延安精神、井冈山精神、西柏坡精神一样，是党和国家的宝贵精神财富，要不断结合新的时代条件发扬光大。沂水县是著名的革命老区、红嫂的故乡、沂蒙精神的重要发祥地之一，红色历史文化资源丰富，加强对不同历史时期的一手红色档案的征集、整理工作，是守护红色根脉的迫切需要。

2.1.1 推进“红色堡垒”革命档案征集整理行动

开展“星火沂蒙·红色堡垒”档案挖掘征集活动。聚焦全县 75 个红色堡垒

村，联合组织、宣传、文旅等部门下发文件，积极征集红色档案文件，如沂蒙山革命根据地留存最早的一面党旗，作为见证党的事业在沂蒙山革命根据地星火燎原不断发展的实物档案，就是在红色堡垒村沂水县泉庄镇马头崖村刘洪秀家发现征集到的。发现征集到这面党旗之后，沂水县档案馆专业人员及时介入，对这面底色斑驳的党旗第一时间进行专业化整理鉴定，收进县档案馆进行专业化整理保存，使其重新散发光芒，成为爱国主义教育的珍贵实物。

2.1.2 开展“红色历程”专题档案征集整理行动

做好不同历史时期专题性档案史料的征集活动，开展南下干部专题档案史料挖掘征集整理活动，对全县南下干部现存档案资料进行系统整理，全面记录沂水县南下干部的辉煌历史和奋进足迹，编纂书目发行，展现沂水党组织支援新解放区建设作出的重大贡献。开展整山治水专题档案挖掘征集整理活动，围绕社会主义革命和建设时期整山治水历史，开展专题研究和档案征集整理，再现沂水儿女战天斗地、以昂扬姿态开启社会主义建设的光辉历程，弘扬沂水人民艰苦奋斗、攻坚克难的开拓精神。目前已查阅收集整理沂水县夏蔚镇整山治水档案文献资料8.5万字，完成了照片原始档案资料初步征集整理。开展抗美援朝专题史料挖掘征集整理活动，启动抗美援朝专题档案史料征集整理工作，展现沂水人民对抗美援朝作出的贡献，弘扬抗美援朝精神。目前，通过查阅档案文献、采访抗美援朝老兵，挖掘征集烈士名录、典型材料等2.8万字，照片档案20余幅。联合县退役军人事务局，开展《沂水烈士英名录》征编工作，征集记载沂水籍烈士及外籍在沂水牺牲烈士的基本信息和照片、家书等实物档案，缅怀先烈丰功伟绩。

2.1.3 推动“红色记忆”文献档案征集整理行动

成立工作专班，开展红色记忆档案资料征集整理工作，为广大干部群众提供鲜活党史教材。目前征集回忆录手迹及文献、报刊等档案资料450余册，110万字。如在沂水县院东头镇西墙峪村战斗工作过的将军王建安，于1977年手写《忆济南战役》。经过沂水县档案工作人员努力，联系到其儿子王东波、王海波，最终同意将手稿档案捐赠给沂水县，经过专业化鉴定整理，留存在院东头镇西墙峪村红色纪念馆。

2.2 实施“红色档案”宣传工程，传承红色基因

习近平[2] 总书记强调，要用好红色资源，传承好红色基因，把红色江山世世代代传下去。围绕“红色沂水”主题，沂水县创新宣传形式，让红色档案开口多维度、多载体讲述红色故事。

2.2.1 建好红色档案宣讲队伍，宣传团队下基层

加强专业宣讲团队建设，提升团队综合素质，打造精品课程，围绕七一、

国庆及沂蒙党史上的重要纪念日等时间节点，深入全县各级、各部门巡回宣讲，广泛开展“七讲七进”，先后到沂水县圈里乡、沙沟镇、县供销社及崔家峪镇磨峪社区等开展红色档案巡回宣传活动 12 次，受教育群众 6000 余人次。发挥专家顾问团队作用，积极开展红色档案学术交流及红色文化挖掘，开展沂水红色精神内涵提炼暨红色档案征集利用研讨活动，结集形成研讨成果 4.5 万字，推动红色精神内涵提炼、红色档案场馆打造和红色文艺创作。打造农村宣讲员队伍，积极探索基层红色档案、红色历史宣讲途径，发挥农村“五老”队伍熟悉党史的优势，在全县遴选、聘任 120 余名红色故事宣讲员，壮大红色档案资源宣传工作力量，推动红色资源宣传教育紧接地气、“声” 入人心。

2.2.2 用活红色档案专业课堂，红色故事入人心

将红色档案展示、红色故事宣讲纳入支部主题党日全过程，并遴选百名农村宣讲员围绕“三个课堂”，讲好红色故事，激发农村党员在乡村振兴中发挥先锋模范作用。开设身边课堂，将农村“五老”队伍、先模人物请上讲台，结合红色档案展示，为广大农村党员讲述发生在本地的党史故事、英雄故事、村庄发展故事，开展身边红色故事宣讲 220 余场次，激发农村党员在乡村振兴中发挥先锋模范作用。上好专题党课，组织党员干部以红色档案宣传利用为主题，结合“我来讲党课”活动，推动红色档案展示教育走进党员日常课堂，让沂蒙精神之光照亮前行之路。全县 18 个乡镇街道以管理区为单位开展党课比赛 130 余场次。在竞赛选拔的基础上，征集红色档案展示好党课 56 个，开展“优秀课堂观摩”6 次。开展现场教学，利用红色档案场馆、红色教育基地，组织党员开展红色走读和寻访活动，现场体验感悟红色档案中蕴藏的革命精神。今年以来，沂水县各农村党支部组织党员到红色档案场馆和教育基地开展党性教育和党史专题学习教育 150 余场次。

2.2.3 用好红色档案推广媒介，红色声音进万家

打造流动“图媒”品牌，制作红色档案展示流动照片展板，结合庆祝建党、建国等节日，到沂水县移动公司、长虹社区、实验中学等开展巡回展览 20 余场次，让基层党员群众近距离接受红色教育。打造传统“视媒”品牌，在沂水电视台设立红色档案展示讲解栏目，增强红色档案展示的可视性、实用性和吸引力，打造红色档案学习教育红色阵地。打造现代“网媒”品牌，向“沂水首发”推送红色档案利用宣传信息 50 余篇。

2.3 实施“红色档案”利用工程，激活红色引擎

习近平[3] 总书记要求，各级党组织要充分用好红色资源，教育引导广大党员、干部赓续红色血脉，做到学史明理、学史增信、学史崇德、学史力行。临沂市提出“以红带绿、以绿映红、红绿接蓝、古今辉映”文旅发展思路，要求各

县区不断优化研学旅游“红线”，全景式讲好沂蒙故事。沂水县积极推进红色档案研究成果开发利用，创新红色资源融合发展模式，激活红色引擎，助推“文旅活县”战略实施，服务经济社会发展。

2.3.1 实施党建“强基固本”融合提升行动

树牢抓党建是最大政绩的理念，立足部门职能优势，推动档案业务工作与党建深度融合。沂水县档案馆积极配合县委组织部，提供红色档案资料，参与全县党性教育基地深化提升工作，确定4项重点工作任务，制定详细节点计划，抓好推进，以“红色引擎”助力全县经济社会高质量发展。为史志部门提供红色档案影像、照片资料，配合史志部门编纂《星火沂蒙 红色沂水》沂水党史县情概览，脉络式叙述沂水党史发展历程，要点式介绍县情概况，为县委决策提供参考借鉴，为外出招商引资、推介沂水铸造名片。配合史志部门开展《中共沂水历史大事记》征编工作，梳理沂水党组织带领全县人民在现代化进程中取得的重大成果，即时记录和反映历史。

2.3.2 开展“红色廉洁”警示教育行动

沂水县档案馆积极参与县纪委廉政教育基地打造工作，帮助提供部分红色档案图片资料。深挖沂水红色廉洁文化元素，助力“清廉沂水”建设。与县委宣传部、县关工委等联合，推出清明特别节目《缅怀革命先烈 传承红色基因——勿忘来时路奋进新征程》，宣讲人员做客沂水融媒直播间，为全县中小学生线上直播红色档案讲解展示、弘扬沂蒙精神，受到一致好评。

2.3.3 助力“以红带绿”旅游开发行动

沂水县档案馆围绕“以红带绿”精品旅游线路打造，帮助院东头镇开展红嫂纪念馆、沂蒙军史馆、西墙峪村鱼水情深村史馆及夏蔚镇沂蒙山革命根据地纪念馆建设工作，安排专人参与搞好红色档案资料提供工作。围绕精品线路，讲好红色故事，利用红色档案中反映的革命先辈和时代先锋为救亡图存、建设和发展中国特色社会主义事业奋斗过程中体现出的忠诚担当、信仰坚定、崇高理想等红色元素，积极激发民众的理想信念和对共产主义事业的必胜信念。

3. 红色档案征集整理和保护利用存在的主要问题

3.1 红色档案征集鉴定保护机制尚不健全

对于红色档案征集鉴定保护工作，尚没有完善的引导激励机制，缺乏资金保障、社会征集办法、保护开发方案、专业技术人员配备等完善的政策文件，党委政府部门联动机制不畅，全社会对于红色档案的征集鉴定保护意识不强，保护开发合力凝聚不够。

3.2 红色档案开发利用方式创新不够、方法陈旧

对红色档案的开发利用，各地基本局限在政府单方甄别、征集、保护层面，对红色档案的社会资金合作、开发文创、文旅融合、公益征集方面研究不够，同时通过线上开发展示利用不够，未能充分利用线上青年网民主体发挥好红色档案开发利用作用。未能通过开展线上线下联动、设立红色档案数字馆、线上开展公益性红色档案征集保护等活动进一步拓展红色档案资源开发利用平台。

3.3 红色档案开发利用理论研究层次不高

从现有红色档案开发利用成绩来看，对于红色档案的展示、宣传较多，而在红色档案征集、甄别、鉴定、整理、保护等可持续利用实践工作中缺少深度研究，高层次理论研究成果少。

4. 红色档案征集整理和保护利用路径提升建议

4.1 加大红色档案资源征集鉴定力度

加强红色档案资源征集鉴定体系建设和机制创新，党委政府牵头，通过成立档案、史志、宣传、文旅、群团组织等部门组成的红色档案资源征集鉴定利用工作专班，强化专业技术人员培训教育，强力推动红色档案资源征集鉴定利用工作进入规范化、持续化发展轨道。

4.2 加强红色档案资源数字化保护利用

聘请红色档案数字化保护利用专业化队伍，加快档案管理系统数字化改造，将照片、报刊、手稿、证书、影音资料等红色档案作数字化处理，开设数字展馆，利用数字化档案管理系统更好保护和展示利用红色档案。

4.3 加快建设红色档案保护利用实践基地

依托红色文化展馆、爱国教育基地、廉政教育基地、各级党校、各类学校，积极强化红色档案内容填充展陈，以革命先辈遗存红色档案进一步锤炼参观群众党性修养，激发党员群众投身经济社会发展强大动力。通过建立红色档案文创产品孵化基地、红色档案甄别征集鉴定实践基地，不断提升专业人员技术水平。

4.4 探索红色档案资源共同开发路径

充分凝聚利用科研机构、地方高校、文化学者等各方力量，加强对红色档案征集开发利用等技能和理论研讨。联合企业家、文创公司、旅游公司、数字化开发公司等社会力量，共同对红色档案开发利用进行精心研究，对其经济价值、文化价值进行深度开发，实现合作共赢。

注释及参考文献

[1] 习近平. 在中国文联十大、中国作协九大开幕式上的讲话[M]. 2016. 11

[2] 习近平. 用好红色资源,传承好红色基因,把红色江山世世代代传下去[J].《求是》杂志,2021. 05(10).

[3] 习近平. 用好红色资源、赓续红色血脉,努力创造无愧于历史和人民的新业绩[J].《求是》杂志,2021. 09(19).

图书馆大型活动红色档案收集与利用研究

——以重庆市“红岩少年”阅读活动为例

重庆市少年儿童图书馆　李沁娟

摘　要：文章分析了图书馆大型活动红色档案相关研究现状，以重庆市“红岩少年”阅读活动为例，对重庆市“红岩少年”阅读活动红色档案收集与利用情况进行介绍，总结了图书馆大型活动红色档案收集与利用存在的问题，提出图书馆大型活动红色档案收集与利用的策略：从推进档案全面收集、强化档案质量管控；坚持科技兴档、加强数字化建设；加强合作交流，实现资源整合；注重红色档案阅读推广，传承红色文化。

关键词：图书馆；红色档案；收集利用；“红岩少年”阅读活动

1. 引言

习近平总书记对档案工作的重要批示中强调“要把蕴含党的初心使命的红色档案保管好、利用好，把新时代党领导人民推进实现中华民族伟大复兴的奋斗历史记录好、留存好，更好地服务党和国家工作大局、服务人民群众[1]。为加强红色资源的保护传承，弘扬红岩精神，赓续红色血脉，培育和践行社会主义核心价值观，重庆制定了《重庆市红色资源保护传承规定》，对规范全市红色档案资源的传承保护工作提供了有力的法治保障。习近平总书记 2019 年在重庆考察工作结束时的讲话指出重庆是一块英雄的土地，有着光荣的革命传统。重庆拥有大量的红色资源包括红色档案，要充分运用这些红色资源对广大少年儿童进行红色教育，彰显红色档案的魅力和价值。

2. 图书馆大型活动红色档案相关研究现状

笔者 2023 年 7 月以 CNKI 数据库“期刊”为检索源，以“图书馆+红色档案”进行主题检索，查出相关结果34篇，进行筛选后与主题相关的文献有5篇。相关研究主要是在档案学视域下，对红色档案的开发、利用、传播等方面进行探讨：翟乐、李金格从数据、技术、平台和需求四个维度提出了红色档案资源开发策略[2]；周林兴、崔云萍以长三角为分析对象分析了区域性红色档案资源开发利用路径[3]；周耀林等依据叙事传输理论，在总结和反思这两种模式的基础上从建立协调机制、完善法规标准、审核叙事成果、重构叙事表达四个方面探索该模式的实现路径[4]。而对图书馆红色档案的研究比较少，仅有几篇也是从区域合作、开发利用方面进行了分析，更多的是集中于对图书馆红色文献的研究与分析。熊伊凡、陈艳红从雷锋红色档案资源为例，从资源基础、协作模式和标准化建设三个方面对基于LAM协作的红色档案资源开发利用进行了分析，提出了其开发利用路径[5]；周林兴、姜璐从基于LAM融合服务提出了我国红色文化资源协同阅读推广实现策略[6]。

以“图书馆+活动+红色档案”进行主题检索，未查询出相关文献，说明从图书馆大型活动角度进行红色档案的研究比较缺乏，而只能从红色档案、阅读推广等诸多相关主题下探索相关内容研究。因此，本文将从图书馆的角度出发，围绕大型活动相关的红色档案收集整理开展分析，为图书馆红色档案相关研究提供参考，同时发挥红色档案对青少年儿童的“四史”教育作用，用红色档案滋养青少年儿童的心灵，传承红色文化。

3. 重庆市“红岩少年”阅读活动红色档案资源

重庆市“红岩少年”阅读活动是由重庆市文化和旅游发展委员会、重庆市教育委员会、共青团重庆市委员会、重庆市妇女联合会等部门主办，重庆市少年儿童图书馆承办的全市性少年儿童阅读活动。活动自2009年开展以来，持续开展了14届；活动主题每年围绕中国共产党在革命、建设、改革征程中的各项事业确定，蕴含着重庆独特的红色文化内涵；活动系列内容包括读书征文比赛、经典诵读比赛、读书知识竞赛、科普绘画比赛、讲故事比赛等；活动的目的是引导少年儿童在诵读中了解党的历史，致敬革命先烈，讴歌伟大时代，活动宗旨是通过诵读传承革命精神，坚定理想信念，将红色基因牢固地根植在广大少儿的心中，让红色薪火代代相传。

重庆市少年儿童图书馆围绕“红岩少年”阅读活动这一大型活动收集整理相关红色档案，掌握现存档案数量、保管状况和开发情况等，目前收集整理到2021年的所有活动档案811件，全市活动参与人次2715898人，视频档案360件。活动持续14年，产生了大批红色档案，在收集整理的同时注重对红色档案的开发利用，让红色档案活起来。

4. 重庆市“红岩少年”阅读活动红色档案收集与利用情况

4.1 加大收集利用力度、扩充收集利用形式

重庆市“红岩少年”阅读活动红色档案随着活动内容、活动形式的丰富，活动参与单位及人数的增加，相关红色档案的数量、内容也不断增加，为能完整全面地收集保存活动相关的档案，重庆市少年儿童图书馆加大收集利用力度，确保各个环节的红色档案得到收集整理与保存，使其能真实完整地呈现出活动从开始到结束的全过程，因此，对“红岩少年”阅读活动品牌定位档案、主题策划档案、活动实施档案、宣传与推广档案、优化完善档案进行了全面收集，将活动过程中涉及的红色档案应收尽收。在收集利用形式方面，随着活动开展形式的不同，特别是随着信息技术的发展、新媒体的出现，活动的开展除了现场进行之外，还有直播、录影的形式进行，因此作为承办单位可以收集到各个参赛单位、参赛者作品的纸质、视频、照片资料，推动了档案资源的收集，推出一批主题鲜明、制作精良、感染力强的红色档案精品力作，用“红岩少年”活动生动阐释党的奋斗伟大历程，大力宣传新时代新征程新重庆的新变化，让红色档案绽放出新时代的光芒。

4.2 部门合作收集，建立专题档案

一个大型活动的组织开展需要各个单位、部门协调合作进行。“红岩少年”阅读活动就活动的筹备、组织、开展需要主办单位、承办单位、协办单位、参与单位的协调完成；就承办单位方面来看需要活动部、网络技术部、办公室等各个部门的配合完成，整个活动从策划、开展到结束需要收集到各个单位、部门关于“红岩少年”阅读活动的资料，且要求各单位各部门关于此活动的资料要细致、完整地收集整理。重庆市少年儿童图书馆档案整理部门在收到各个单位、部门关于“红岩少年”阅读活动的资料后，依据活动概况、活动亮点、活动成效等程序将“红岩少年”阅读活动资料整理成品牌活动专题档案。“红岩少年”阅读活动专题档案的收集整理，既能系统全面完整记录活动开展及发展的历程，又能为红色档案在少年儿童思想教育中的开发利用提供支持。

4.3 规范档案管理，重视档案安全

“红岩少年”阅读活动资料的收集方面，参与活动的单位、部门指定工作人员进行资料收集保管，收集好的资料移交给专门的档案整理工作人员进行资料的登记、审核，对不合格的档案予以退回并补充，对合格的档案分门别类进行加工、整理并移交综合档案室。在档案查阅方面，重庆市少年儿童图书馆有相应的规章制度，需经过本部门负责人、馆领导的审批后方可查阅。当然在红色档案的

管理方面要将安全放在首位，加强防火、防盗、防潮、防强光、防虫鼠、防霉、防尘、防腐蚀、防高温，并在综合档案室设置专门的档案柜存放“红岩少年”阅读活动相关档案。同时，注重“红岩少年”阅读活动视频电子档案的数据安全，专业档案保管人员使用专用计算机储存档案电子数据，实行物理隔离，并做好档案数据备份工作，确保档案数据安全，使大型活动红色档案在安全有效的环境下保存，对红色文化的传承、红色档案的利用奠定物质基础[7]。

5. 图书馆大型活动红色档案收集与利用存在的问题

5.1 红色档案资源数字化水平低

大型阅读活动虽然已经成为图书馆公共文化服务的品牌活动，注重对活动中各项红色档案的收集、整理，但是收集整理的红色档案多为纸质的，缺少数字化档案，且对纸质档案的收集利用数字化程度较低，不利于档案的进一步开发利用。

5.2 红色档案资源整合利用不足

图书馆大型阅读活动的开展形成了大量的红色档案，很多与各个区县红色文化相关的作品产生，但是这些档案没有与相应的红色文化历史资源相结合，没有与其他单位、其他地区的相应资源有机融合，如没有与博物馆、纪念馆、档案馆等机构就红色档案深入合作，发挥红色档案的应有作用。

5.3 红色档案资源研究缺少

图书馆大型阅读活动中产生的档案被大量收集、整理、保管，但是缺少对这些红色档案的研究利用，只是“藏”在档案室里，没有大量的研究，没有形成可以更好宣传传播的优秀档案开发成果，如举办展览、出版书籍、形成项目等。

6. 图书馆大型活动红色档案收集与利用的策略

6.1 推进档案全面收集，强化档案质量管控

为全面记录图书馆红色文化阅读活动的筹备与开展，赓续红色血脉，要对图书馆红色档案进行全面收集，图书馆各部门、各单位要按活动开展的全过程将其中产生的红色档案按时移交给档案收集部门，档案收集部门要按规范收集整理各种红色档案，全面完整记录图书红色阅读活动的开展历程。同时，档案收集与管理部门要按分类管理、档案保管期限等制度对红色档案进行收集管理，全面掌握红色档案数量、保管状况和开发情况，推进建设系统完整红色档案目录数据库。定期开展红色馆藏到期档案鉴定处置工作，加强对红色档案利用的指导监督，以

此全面提升档案质量和管理水平。

6.2　坚持科技兴档，加强数字化建设

党的二十大报告指出，“坚持科技是第一生产力，深入实施科教兴国战略，加快建设网络强国、数字中国”。习近平总书记强调，“要提高档案信息化水平，运用现代技术做好档案管理工作。”随着科技的进步，互联网、云计算、大数据、人工智能技术等不断出现与发展，图书馆红色文化活动的开展也将随着改变，因此在数据作为新的生产要素时代，图书馆红色档案的收集、利用等将与不断发展的科技相结合，例如打造图书馆“红岩少年”阅读活动档案数字平台，整合 14 年间“红岩少年”阅读活动的档案，按活动时间、活动类型为标准形式数字资源共享与服务平台，为广大读者提供红色档案利用服务。在档案室建设方面，通过完善顶层设计、优化共享服务等方式，拓展图书馆数字化网络化智能化应用场景，全面提升全市数字档案室建设整体水平，以更大力度、更实举措加快推进档案信息化建设和数字化转型。

6.3　加强合作交流，实现资源整合

为提高图书馆红色档案开发利用效率，发挥红色档案的价值与作用，应与红色档案资源相关的各部门、各单位、区域应加强合作。就图书馆作为红色资源档案的保管单位来说，应加强与其他相关单位的合作交流，例如加强与其他图书馆、博物馆、档案馆等机构的合作，充分开发利用馆藏红色档案，深入挖掘红色档案的内涵，打造有特色的品牌红色档案精品，让红色档案绽放出新时代的光芒[8]。同时，应加强区域合作，图书馆将各区域相关的红色档案进行资源整合，加大对红色档案的开发利用程度，能更好地传承和弘扬红色档案资源中蕴含的红色基因，例如重庆地区的图书馆应加强与成渝双城经济圈、西部陆海新通道、长江经济带沿线地区的沟通联系，运用这些地区相关的红色档案进行跨区域协同服务，为深度服务国家战略、传承红色文化作出档案贡献。加强合作在有利于资源互鉴的同时，还能吸收其他单位、地区红色档案收集、利用的经验，以此提升对红色档案资源的专题研究和探讨水平。

6.4　注重红色档案阅读推广，传承红色文化

图书馆如何将红色档案的意义发挥出来，在开发利用红色档案的过程中，推广效果好且读者乐于接受的阅读推广活动成为重要方式。图书馆红色档案不应该只是在活动中产生，还应该在图书馆阅读推广活动中得到运用，可以通过举办主题展览展示、创作宣传视频、出版文献汇编、组织公益讲座、打造“云课堂”等多种方式，推出一批主题鲜明、制作精良、感染力强的红色档案精品力作，用红色档案生动阐释党的奋斗伟大历程，大力宣传新时代新征程新变化，让红色档

案成为传承红色文化的重要资源。在红色档案阅读推广方式上，可以采取线上线下相结合的方式，充分利用官方微信、官方微博、馆场阵地等开展各种红色档案阅读推广活动，提高红色档案的利用效率，将丰富的红色档案资源转化为读者的红色文化教育资源，扩大红色档案对读者的影响力。

注释及参考文献

[1] 大江网. 省档案局以开展“档案里的江西红色故事”展播活动为抓手扎实推动主题教育走深走实[EB/OL].(2023-07-01)[2023-07-15]. https://baijiahao.baidu.com/s? id=1770146905505238718&wfr=spider&for=pc.

[2] 翟乐,李金格. 数字人文视阈下红色档案资源的遴选、组织与开发策略研究[J]. 情报科学,2021(12):174-178,186.

[3] 周林兴,崔云萍. 区域性红色档案资源的协同开发利用探析——以长三角区域为分析对象[J]. 档案学通讯,2021(5):4-13.

[4] 周耀林,张丽华,刘红. 叙事传输视角下红色档案资源社会共建模式与实现路径研究[J]. 档案学研究,2023(1):82-90.

[5] 熊伊凡,陈艳红. 基于图情档协作的红色档案资源开发利用研究——以雷锋档案为例[J]. 图书馆,2021(9):92-96,102.

[6] 周林兴,姜璐. 基于LAM融合服务的红色文化资源协同阅读推广研究[J]. 图书馆,2023(1):88-95.

[7] 张珂. 桐柏山歌中红色档案资源的发掘研究[J]. 档案管理,2021(5):86-87.

[8] 胡仁浩. 跨区域红色档案资源协作开发利用实践与研究——以川渝地区档案馆为例[J]. 档案学研究,2023(2):87-94.

基于综合档案馆红色档案资源征集工作的实践与研究

——以天津市档案馆征集红色档案为例

天津市档案馆　郭文春　王文举　刘　昱

摘　要：红色档案资源记录了中国共产党波澜壮阔的发展历程和取得的伟大成就，凝结着革命先辈们可歌可泣的奋斗精神，蕴含着党的初心和使命。做好红色档案资源的征集、整理等工作，对于保护利用好红色档案资源，开展党史学习研究、进行革命传统和爱国主义教育，传承红色基因、赓续红色血脉具有重要的意义。

关键词：档案馆；红色档案；资源；征集

1. 引言

天津是一座具有丰富红色资源的城市，多年来，天津市档案馆在红色档案资源建设方面做了有益的实践和探索。特别是在深入学习习近平总书记 2021 年 7 月 6 日关于档案工作重要批示后，积极落实“四个好”“两个服务”要求，在红色档案资源建设方面加大力度，广开渠道，取得了明显成效。本文以天津市档案馆红色档案资源征集工作为例，对征集的范围、路径、整理方式、资源开发、面临的困境、解决思路进行研究分析，探讨新时代红色档案征集的策略，为红色档案资源建设与整理保护，提供源生素材。

2. 红色档案资源征集范围

2.1　红色档案资源的定义

参考《天津市红色资源保护与传承条例》中对红色资源的定义，笔者认为红色档案资源通常是指在中国共产党领导下，新民主主义革命时期、社会主义革命和建设时期、改革开放和社会主义现代化建设新时期、中国特色社会主义新时代发生的重要历史事件、活动和人物所形成的反映中国共产党和中国人民英勇奋斗历程、伟大革命精神和辉煌成就的具有重要历史价值、教育意义和纪念意义[1]的档案资料。

2.2 红色档案资源的征集范围

基于天津市在党史中的地位、天津市档案馆职责和馆藏内容，笔者分析征集范围维度应包括以下内容：

2.2.1 时间维度

百年中国，看天津。我党的创始人之一李大钊先生就是在天津北洋法政学堂毕业的；周恩来和邓颖超同志的青年时代在天津求学，并从此走上革命之路。因此，天津红色档案资源的时间应早于1919年“五四”运动。

2.2.2 内容维度

征集工作是档案馆在接收进馆范围之外补充馆藏内容的重要方式。以天津市档案馆向社会发布红色档案史料的征集公告为例，笔者认为主要包括以下方面：

（1）档案载体形式。分为纸质类、声像类（照片、录音、视频）和实物类。

（2）档案内容形式。主要包括各个历史时期地方党组织建设、发展和重大历史事件、重要会议、重要活动形成的各种综合性（专题性）文件、会议决议、报刊、图书等档案史料或党史人物形成的书信、日记、笔记、回忆录、证件证书、题词、徽章、胸章、纪念品、慰问品等实物、图片、照片、录音、录像等档案资料。

2.2.3 方式维度

依照《档案法》的规定，档案馆除按照国家有关规定接收移交的档案外，还可以通过接受捐献、购买、代存等方式收集档案[2]。结合红色档案形成特点和资源价值，笔者认为档案馆宜采取以下方式：

（1）捐献。档案所有人可直接向档案馆捐赠。档案馆可向其颁发捐赠证书。捐献进馆的档案资料由档案馆永久保存。

（2）复制。对于特别珍贵的档案资料，所有者不愿意捐赠的，可通过对原件仿真复制的方式征集进馆。

（3）录制口述史。对参与各个历史时期重要活动、重大事件的亲历者、见证者或其亲属子女、身边工作人员，可录制口述档案。

3. 红色档案资源征集的路径

3.1 主动作为，科学谋划

征集工作为丰富馆藏红色档案资源提供源生材料，是一个综合档案馆红色档案资源建设的重要手段。为此，要主动作为，做好征集工作的科学谋划。

3.1.1 规范征集红色档案基础工作

坚持把蕴含党的初心使命的红色档案史料作为征集工作的长期重点内容，每年均要制订红色档案征集计划，制发红色档案征集公告，明确红色档案征集范围、方法、要求等内容，制定《预征集进馆档案资料情况表》，设置档案资料概况、捐赠者简介、鉴定意见等项，并由专人负责红色档案的征集，不断规范征集工作。

3.1.2 选择关键时间节点开展红色档案征集

围绕具有重大意义的纪念日或革命历史事件的时间节点，集中开展红色档案资料征集。如天津市档案馆在2019年开展了建国70周年红色档案征集工作，2020年开展了迎接机要交通成立100周年专题档案征集工作，2021年开展了建党百年红色档案史料征集工作。通过聚焦节点事件，提升了红色档案征集效果，扩大了征集影响力。

3.1.3 及时开展重大活动和突发事件档案征集工作

重大活动和突发事件是新时代党领导人民推进实现中华民族伟大复兴的奋斗历史中具有重大意义和重要影响活动（事件），是新时代红色档案中珍贵的组成部分，基于重大活动（事件）的重要价值，综合档案馆在依法接收有关档案进馆的同时，还要对参与重大活动和突发事件的社会公众和相关单位开展征集工作，补充完善活动（事件）责任部门形成的档案与活动（事件）历史本身印迹之间存在的空白点。例如：在2020年新冠肺炎疫情发生后，天津市档案馆第一时间向社会发放公开征集抗击新冠肺炎疫情档案资料的启事，向市卫生部门等有关单位制发征集抗击新冠肺炎疫情档案资料的函件，并将征集抗击新冠肺炎疫情档案列入市绩效目标任务，全力做好疫情防控档案的征集工作，各部门积极响应，如：天津护理学会，将其为1400余名抗“疫”一线人员制作的天津市新冠肺炎疫情防控一线护理人员光荣册、支援武汉护理人员签名防护服等一批珍贵档案捐赠给市档案馆，征集成果显著。

3.2 多方协作，广辟征集渠道

在面向社会征集的基础上，征集部门要积极开拓思路，加强与档案移交单位、宣传媒体和相关部门合作，广辟征集渠道，增强征集效果。

3.2.1 依托移交单位，增强征集力度

综合档案馆在依法开展档案接收工作的同时，要加强对移交单位其他档案的征集工作。如2019年，天津市档案馆向移交单位印发了征集改革开放四十年暨落实习近平总书记对天津提出“三个着力”重要要求档案的函，并筹备召开了档案资料征集媒体通报会，取得了很好的征集成效。在征集脱贫攻坚档案时，改

变直接面向社会公开征集的常规思路，积极与市合作交流办、市扶贫办（农委）合作，实施点对点的“精准征集”，向两个单位制发了《关于征集精准扶贫档案史料的函》，明确了征集的内容、范围、方式以及有关标准；再由市合作交流办、与市扶贫办分别向全市范围内有扶贫任务的单位下发通知，全方位开展扶贫档案资料征集，增强了脱贫攻坚档案征集的力度。今年，市档案馆在全市接收工作部署会上，对移交单位宣传红色档案征集工作，倡导各单位积极开展红色档案征集。这种有组织地开展专题征集工作与向社会征集方式相比，更有针对性和实效性。

3.2.2 利用宣传媒体优势，以宣促征

宣传媒体具有传播广、受众多的特点，在征集红色档案的实践过程中，笔者深切感受到这种优势拓宽了征集工作渠道，增强了征集效果。如在征集机要交通档案时，征集部门联合天津市交通广播电台推出了《开启红色档案，追寻党的故事》直播访谈栏目，在天津市交广频道宣传机要交通档案征集工作，并向社会公开征集该类档案，栏目共播出20多期，收听率达到了同时段广播栏目第一名，掀起了红色档案征集热潮；征集部门同时还接受天津广播电视台《都市报道60分》专题采访，讲述红色档案征集工作；在抖音新媒体上播放了“一封鸡毛信”的红色故事宣讲视频；在中国档案报、中国档案网、学习强国天津平台、天津日报、今晚报等省级以上的媒体刊物上撰写红色档案征集信息报道，开展红色档案征集活动。通过这些宣传报道，扩大了社会影响力，增强了社会关注度，促进了红色档案征集效果的提升。

3.2.3 加强相关部门合作交流，拓展征集领域

依照《天津市红色资源保护与传承条例》的规定，建立红色资源保护与传承工作联席会议制度，档案部门负责红色资源中档案保护和利用工作，因此，档案馆要加强联席会议组成部门的合作与交流，拓展征集领域，以此丰富馆藏红色档案资源。如在开展建国70周年红色档案征集时，天津市档案馆联合津云新媒体、平津战役纪念馆，开展“人民的胜利”解放战争亲历者口述史档案录制工作；在开展机要交通档案征集时，又主动与各区党史办合作，根据党史办提供的线索，征集到了包括抗战时期传递我党地下情报的“鸡毛信”及其主人公的影像资料等一批珍贵红色档案，并协助推动了各区的红色档案资源的挖掘工作。

3.3 借势造势，营造社会公众参与氛围

档案馆对珍贵档案的捐赠者举办捐赠仪式并进行宣传，既是对捐赠行为的肯定与鼓励，也是对社会档案意识的宣传与普及，让更多的公众参与到档案建设中来。如天津市档案馆开展新冠肺炎疫情档案的征集时，对天津市护理协会、天津

市非遗传承人等捐赠单位和个人分别举办了隆重的捐赠仪式。庄严隆重的仪式增强了捐赠者的荣誉感和认同感，吸引了更多的单位和个人将手中的珍贵档案捐献出来，通过捐赠方式将个体记忆转化为国家记忆，丰富国家馆藏，共同守护国家和社会记忆。

4. 红色档案资源整理的方式

档案整理工作，就是按照一定的原则和方法，使处于相对零乱状态的文件档案系统起来，以便于保管和利用[3]。红色档案的整理质量的高低，也关系着红色档案能否得到最好的保护，最大限度地保存下去。

4.1 实体整理

为做好红色档案的整理工作，征集部门要与保管部门进行沟通协调，根据国家档案整理保护的标准规范，紧密结合红色档案载体形式特征，确定红色档案整理方式。笔者认为，主要包括以下内容：

4.1.1 确定全宗

征集来的红色档案资料宜按照捐赠单位（即一户）或捐赠人（即一个人物）进行整理，以一户、一个人物为单独的全宗，分别保存。

4.1.2 全宗内分类排列

首先按照文件、手稿、照片、光盘、实物等载体或形式分类，其次在各类下，依据事由或时间进行排列。实物档案按照奖状、奖杯、锦旗、证书、印章等分类，每一类下再按照时间排列。

4.1.3 编号

对于文件手稿等档案，为了保持红色档案的原貌，不宜在原件上加盖档号章等内容，一般在档案袋（盒）外表加盖，并填写归档编号信息。照片、光盘、实物档案按照国家档案整理规范标准，编写顺序号。

4.1.4 编目

按照档案整理标准，分类编写目录，并汇成总目录。对于实物档案，除了常规著录项目外，还要将材质、尺寸、形状等内容列入必著项目内。

4.1.5 编写档案征集情况说明

征集来的档案与按期接收移交单位进馆的档案不同，它是散存在社会或个人手中的档案，因此，在接收这些档案时，一定要将档案的背景、征集的过程、档案的内容和数量等情况以文字形式记录，以备日后查考利用，与全宗介绍作用相仿，但内容不同。以捐赠形式为例：一般包括捐赠单位或捐赠人情况、征集档案过程、档案整理情况（其中一般应包括档案分类及件数）、档案利用权限等事项，并将说明放入全宗卷中。

4.2 数据管理

对于能够开展数字化的档案，依照国家有关规范要求，将其他载体档案转化为数字形式，便于利用和保护原件。但这项工作务必征求征集对象的同意。在整理归档同时，对于征集来的电子文件、电子照片等数据信息，及时导入档案馆资源网进行集中保管。与档案馆其他馆藏红色档案，共同建立专题数据库，实现数据集中管理，方便提供利用。同时，在省级档案馆建立红色档案专题数据总库，汇集本地红色档案资源，实现数据共建共享。目前，天津市在市馆已建立红色档案数据库，市辖各区档案馆馆藏红色档案已完成第一批数据归集。

5. 征集的红色档案资源开发成果

5.1 深入研究，挖掘红色档案历史印记

习近平总书记要求，把蕴含党的初心使命的红色档案保管好、利用好。因此，征集的红色档案不仅要保管好，还要做好开发利用工作，才能把红色传统发扬好，把红色基因传承好。

征集人员作为接触征集的红色档案资源的第一人，熟悉红色档案来源、内容和形式，因此对红色档案的开展研究，有着得天独厚的优势。如：天津市档案馆征集人员挖掘征集进馆的机要交通档案资料，与馆藏档案相结合，编撰《天津机要交通史料选编》一书，共计4万余字，收录40多幅照片图片。同时，还撰写了《创建天津地下交通站的胡国定》《智取城防图的张克诚》《从静海走出的机要战线姐妹花》[4] 等党史类宣传文章，并且在《纵横》《天津工作》《天津日报》等报刊上刊登。这些红色故事，揭示了我党地下工作者峥嵘岁月中鲜为人知的历史事件，重现了艰苦卓绝的奋斗历程，宣传了我党地下工作者无私无畏的牺牲奉献精神，材料翔实，内容感人，受到了社会广泛关注。

5.2 用活资源，实现红色档案育人功能

习近平总书记指出，档案工作是存史资政育人的工作。如何让红色档案活起来，发挥好档案育人的功能，是档案工作者不懈奋斗的使命。天津市档案馆征集部门开展了红色档案宣讲“三进”工作，充分发挥红色档案育人作用。

5.2.1 进社区

征集部门以“红色微党课+志愿服务”为主题到所在支部联系的社区开展主题党日活动，让社区百姓通过档案更加了解红色文化，了解党和国家的峥嵘岁月与奋斗历程，赢得了社区百姓的赞赏。

5.2.2 进单位

征集部门充分利用到各接收单位开展档案指导服务的时机，积极到机关、企

事业单位开展档案中的红色故事宣讲，不仅加强了红色故事宣讲，还增强了档案征集工作的宣传，取得了良好的效果。

5.2.3　进电台

征集部门主动联合市交通广播电台推出直播访谈栏目，通过档案馆征集工作人员做客直播间的形式，讲述红色交通隐蔽战线一些鲜为人知的故事，接受主持人的采访，并通过微信平台与广大听众进行交流互动[5]，得到了广大听众的一致好评。

6. 红色档案征集工作面临的困境及解决思路

6.1　面临的困境

尽管在红色档案的征集过程中，有了一些成效和经验，但是对照习近平总书记对红色档案工作的要求，对照社会公众对档案利用的需求还存在差距，在实践中还面临着一些困境。主要体现在以下三个方面：

6.1.1　主观性

关于红色档案价值鉴定尚无明确的规定或标准，《档案法》《〈档案法〉实施办法》只是对征集的方式做了规定，在这方面，上海档案部门做了有益的探索，《上海市红色档案资源管理办法》对红色档案的范围、重点征集的红色档案资源内容、红色档案的认定等方面做了明确规定，但全国大部分省市档案部门尚未出台相关规定。因此，在征集过程中，依赖于征集人员的业务素质、档案馆聘请的专家能力和水平。新修订《〈档案法〉实施办法（征求意见稿）》中明确征集工作要经过专家鉴定，但专家鉴定是需要鉴定标准的，但目前，档案征集工作缺乏具体的规范标准。因此，征集工作的主观层面占比显著。

6.1.2　紧迫性

鉴于红色档案跨越百年，一部分档案因战乱、灾害等原因，已淹没在历史长河中，所以尤显幸存档案的珍贵。特别是那些散失在民间的、年代久远的档案，已陷于濒危状态，需要征集人员及时抢救挖掘，这种紧迫性是红色档案征集过程中面临的一个难题。例如：一些经历过战争，见证过重大历史事件和历史决策仍健在的老同志，他们大都年事已高，如不抓紧时间进行征集或进行口述史料采集，很多鲜为人知的历史细节就会被淹没，再也无法重现。

6.1.3　竞争性

红色档案是红色资源的一部分，近年来，多地出台红色资源保护条例，博物馆、纪念馆、历史研究所等单位不断加大收集红色资源的力度，收集的范围也包括具有档案属性的手稿、照片甚至是文件。例如：新冠肺炎疫情期间，全国多家博物馆向全社会征集抗“疫”见证物，其范围与档案向社会征集的范围重叠。

如何合理规范这些包括红色档案在内的红色资源的合理流向，文博档各单位的收集资源的界限划分，同样成为征集红色档案面临的困境。

6.2 解决思路

基于征集工作的特点和面临的主要问题，笔者认为要从顶层考虑和设计，主要有以下几个方面：

6.2.1 制定规范标准

包括两个部分：

(1) 依照国家档案局《档案征集工作规范》，各综合档案馆要制定本馆的征集工作的组织、流程、程序等规章制度，进一步规范档案征集工作，为依法有序开展提供依据和保障。

(2) 制定红色档案鉴定标准。根据本地红色资源特点，结合本馆档案馆藏内容，划定红色档案征集范围、重点征集内容；从来源、时间、内容、载体形式等方面明确判断档案的价值参考依据，包括系统性、代表性、稀缺性、独特性；明确等级划分范围和等级认定标准及程序。这些有助于提升征集红色档案操作性和指导性，避免主观性。

6.2.2 建立工作机制

包括档案系统内部和外部两个部分：

(1) 档案系统内部是指档案主管部门、档案馆和各接收单位之间要建立征集工作的长效机制。主管部门做好组织协调，监督指导红色档案征集各项工作的开展，规范红色档案资源数据管理；各接收单位在依法向档案馆移交档案的同时，推进红色档案在本行业、本领域征集工作，让这项工作更有组织化；档案馆是征集工作的主体，发挥主导作用。三者相互配合，共同推进。

(2) 档案系统外部是指档案部门与社会公众、文博图等同业单位及与宣传媒体等单位之间建立协作机制。档案馆要与社会公众特别是民间一些收藏团体及个人建立良好的联络渠道；与文博图等同业单位建立良好的沟通渠道，搞好协作，优势互补，资源共享，共同构建红色资源；与各类媒体建立好宣传渠道，营造氛围，增强关注，扩大影响，让红色档案征集工作成为全社会共同参与的事业。

7. 结语

习近平总书记强调“把红色基因传承好”“让红色代代相传”。红色档案承载着红色基因的原始密码，记录了红色印迹，我们不仅要将前人留下的红色档案保存好、利用好，更要将淹没在历史长河中的鲜为人知的红色档案挖掘出来，征集到档案馆这个宝库中，揭示于世人，才是完整全面地落实习近平总书记对档案工作批示要求。我们与时间赛跑，竭力抢救即将消失的印迹；我们与时代同行，努力谱写兰台人的新篇章。

注释及参考文献

[1] 要闻. 天津市红色资源保护与传承条例[N]. 天津日报，2021-11-30（1）.

[2] 刘东斌,吴雁平. 从档案馆馆藏档案看档案馆的性质[J]. 档案，2021(12).

[3] 桑毓域,杨秀茹. 论档案整理的本质[J]. 档案与建设，2016(1).

[4] [5] 要闻. 天津市档案馆扎实开展红色档案征集活动[N]. 中国档案网，2022-03-22（1）.

馆藏红色档案资源认定标准和整理模式刍议

——以中国第二历史档案馆为例

中国第二历史档案馆　张江义

摘　要： 习近平总书记关于红色档案的批示和《"十四五"全国档案事业发展规划》，为中国第二历史档案馆（以下简称二史馆）红色档案资源数据库的筹划和建设指明了前进的方向。依据馆藏档案实际，二史馆可从批示标准、法律标准、时间标准、内容标准等方面来认定红色档案资源，同时亦可按照"264"整理模式来整理馆藏红色档案资源，进而建立起一个专业、安全、开放、共享的专题数据库。

关键词： 红色档案资源；认定标准；整理模式

2021年6月初，中共中央办公厅、国务院办公厅联合印发的《"十四五"全国档案事业发展规划》提纲挈领地擘画道，"深入挖掘红色档案资源，建立'四史'教育专题档案资料库，传承红色基因，充分发挥档案在理想信念教育中的重要作用。"[1] 7月6日，习近平总书记在祝贺中国第一历史档案馆新馆开馆的批示中语重心长地指出，"要把蕴含党的初心使命的红色档案保管好、利用好"。[2] 对于作为民国中央机关档案典藏中心的二史馆来说，习近平总书记关于红色档案的批示和《"十四五"全国档案事业发展规划》的擘画，为筹划和建立馆藏红色档案资源数据库指明了前进的方向。

如何从馆藏"1354个全宗及保管单位，240万卷，约4500万件，2亿2000万页"[3] 的总量中准确而又及时地鉴定出红色档案资源，进而建立起红色档案资源数据库，服务党和国家的中心工作，服务人民和社会的利用需求，成了二史馆亟须解决的一项迫切而又全新的课题。鉴于学术界对于红色档案资源的认定标准及其整理模式暂时还没有形成统一看法的情况，[4] 本文拟结合二史馆馆藏档案实际，试从红色档案资源的认定标准及其整理模式两方面来简述一孔之见。

1. 馆藏红色档案资源的认定标准

1.1 批示标准

党的十九届六中全会审议通过的《中共中央关于党的百年奋斗重大成就和历史经验的决议》指出，中国共产党自1921年7月成立以来，“始终把为中国人民谋幸福、为中华民族谋复兴作为自己的初心使命”。[5]

在一百年来践行初心使命的革命、建设和发展过程中，中国共产党及其领导下的人民军队、人民政府、人民团体及其相关组织和团体形成了数量巨大的档案。其中，有相当一部分形成于新民主主义革命时期的反映我党、我军、我政权情况和我党领导下的人民革命斗争情况的档案，就散藏在二史馆浩如烟海的民国中央机关档案之中。

具体来看，这些档案包括两大来源，一是“被敌人搜获的我党我军我政权以及党领导下的革命组织的文件、报刊资料、照片等”[6] 档案；二是我党我军我政权以及党领导下的革命组织和团体与民国时期中央政府及其所属机关和团体来往的档案。这些档案是由我党我军我政权以及党领导下的革命组织和团体为了践行初心使命而作为直接责任者形成的档案，大致相当于革命历史档案。

如前所述，习近平总书记的批示中对红色档案的表述中有一个限定语，即“蕴含党的初心使命的”。依据总书记的这一批示限定语，我们可以确定馆藏红色档案资源的第一个认定标准，即凡是蕴含有党的初心使命的馆藏民国中央机关档案，都可以认定为红色档案资源。根据这一标准，上述两大来源的档案毫无疑问地就可以认定为馆藏红色档案资源。

如南京国民政府训练总监部和军事委员会政治部档案第七七二全宗第673卷国民党军队搜获的1940年10月刊载八路军百团大战胜利的《新中华报》、第680卷国民党军队于1941年搜获的中国共产党领导的闽东游击队所张贴的闽东指挥部政治室《告屏南同胞书》，汪伪行政院档案第二〇〇三全宗第6865卷中含有1943年中国共产党领导的新四军二师党委机关报、中共淮南区委机关报《新路东报》的抄件等，均应该属于第一种来源的红色档案资源。

又如南京国民政府国防部史政局及战史编纂委员会档案第七八七全宗第1846卷中1940年第十八集团军驻重庆办事处抄送朱德彭德怀关于八路军新四军英勇抗击日军战报致国民政府军事委员会委员长蒋介石和军令部部长徐永昌电等，农林部档案第二三（2）全宗第55卷中1941年4月陕甘宁边区政府关于报告边区农业生产工作总结致农林部全国农业促进会咨（抄件）、第110卷中1941年6月董必武关于补助陕甘宁边区农村副业推广费及农具推广补助费等事宜致农林部农产促进会主任委员穆藕初来往函件等，均应该属于第二种来源的红色档案资源。

1.2　法律标准

2021年1月1日正式实施的《中华人民共和国档案法》第一章总则部分第二条规定，档案“是指过去和现在的机关、团体、企业事业单位和其他组织以及个人从事经济、政治、文化、社会、生态文明、军事、外事、科技等方面活动直接形成的对国家和社会具有保存价值的各种文字、图表、声像等不同形式的历史记录”。[7]

根据这一条文规定，二史馆所藏民国中央机关档案属于“过去”的档案，或者说是历史档案，是“过去”的“机关、团体、企业事业单位和其他组织以及个人”，在“从事经济、政治、文化、社会、生态文明、军事、外事、科技等方面活动直接形成的对国家和社会具有保存价值的各种文字、图表、声像等不同形式的历史记录”。

具体到二史馆馆藏红色档案资源，应该是馆藏民国中央机关档案的一个重要组成部分，是和《档案法》规定的范围和形式一致的档案，是“过去”的我党我军我政权以及党领导下的革命组织和团体在“从事经济、政治、文化、社会、生态文明、军事、外事、科技等方面活动直接形成的对国家和社会具有保存价值的各种文字、图表、声像等不同形式的历史记录”。

以此标准来认定馆藏红色档案资源，则可以确定馆藏红色档案资源的范围和形式。如馆藏南京国民政府国防部史政局及战史编纂委员会第七八七全宗中的部分档案，系全面抗战时期八路军和新四军在敌后战场抗击日军战斗中形成的而又上报给国民政府军事委员会委员长蒋介石和军令部部长徐永昌的战报，则属于军事方面的红色档案资源。

1.3　时间标准

目前，学术界对于红色档案的形成时间主要有两种观点。一种是从革命史角度出发，认为自1919年五四运动时起至1949年10月1日中华人民共和国成立时止的新民主主义革命时期，由我党我军我政权以及党领导下的革命组织和团体作为直接责任者而形成的档案，属于红色档案，即革命历史档案。同时亦包括一些红色历史人物在中华人民共和国成立之后撰写的回忆录等。这一种时间标准属于狭义的时间标准。另一种是从整体史角度出发，认为自1919年五四运动至今，凡是由我党我军我政权以及党领导下的革命组织和团体作为直接责任者而形成的档案，均属于红色档案。并且，随着历史的延续，这种红色档案还在不断的增加之中。这一种时间标准属于广义的时间标准。

具体到二史馆，作为大陆地区民国中央机关档案典藏中心，自然是以典藏民国中央机关档案为主体，但同时也典藏了一些晚清时期的部分档案和中华人民共和国成立初期的部分档案。典型的如招商局档案，既有1872年直隶总督兼北洋大臣李鸿章奏请设立招商局的奏折抄件等珍贵档案，也有形成于1952年招商局回到人民怀抱，利用自身航运优势为人民谋幸福的档案等。在这80年时间里所形成的数量可观的档案中，有相当一部分是形成于1949年10月1日中华人民共和国成立前后的档案，包括人民解放军军事代表接管招商局的档案，包括招商局在中华人民共和国成立之后开展航运的档案。这些档案应该都是属于馆藏红色档案资源的范畴。

以此参照来认定馆藏红色档案资源的时间标准，则可以遵从学术界的第二种观点，即广义的时间标准。自1919年五四运动时起至今，凡是在此期间由我党我军我政权以及党领导下的革命组织和团体作为直接责任者而形成的档案，均属于馆藏红色档案资源。

1.4 内容标准

红色档案的内容是认定档案是否是红色档案的决定性因素。从概念的定义来看，凡是能够反映红色档案特有属性的档案，应该都属于红色档案，即由我党我军我政权以及党领导下的革命组织和团体作为直接责任者而形成的档案，均属于此类，这是其内涵。凡是能够反映红色档案相关属性的档案，应该都属于红色档案资源，即由敌方或友方所形成的档案，均属于此类，这是其外延。

以前常说的敌、我、友三方，如果套用在此处，则可能更好地理解红色档案的内容标准。我方所形成的档案，无疑就是红色档案。但是敌方和友方所形成的关于我方的档案，究竟算不算红色档案？这里需要区分两个概念，一个是红色档案，一个是红色档案资源。前者从属于后者，后者包含前者。如果说我方所形成的档案属于正宗的纯红色档案，那么敌方和友方所形成的关于我方的档案，如“敌人有关我党我军我政权活动情况和其他革命活动情况的重要报告和情报”“敌人破坏我党组织和我军作战的重要文件”“敌人镇压群众运动、迫害进步文化事业、迫害民主人士、迫害民主党派的重要文件”[8] 等，则属于涉红档案，应该算作红色档案资源，这也是红色档案的外延所在。

如民国北京政府内务部档案一〇〇一（2）全宗第1154卷中1922年9月国务院关于严防中国共产党在上海鼓吹社会主义等事宜致内务部函，南京国民政府教育部档案第五（2）全宗第23卷中1941年1月行政院关于八路军名义早经取消不得沿用事致教育部训令，司法行政部档案第七（2）全宗第92卷中1949年11月行政院关于“通缉”中国人民政治协商会议主席团成员毛泽东、刘少奇、周恩来等致司法行政部训令等，均属于红色档案的外延档案。

这一看法也是基于二史馆馆藏档案的实际而言。二史馆所典藏的主要是民国时期历届中央政府及其所属机关和团体的档案，我们亦可称之为“敌方”的档案。但是其中不乏我党我军我政权以及党领导下的革命组织和团体与这个“敌方”来往的档案，更有大量的“敌方”镇压和迫害我方和友方的档案。而后者所涉及我方的档案，如果不算作红色档案资源，那么二史馆究竟能典藏多少纯正的红色档案呢？有，但是典藏量可能不太多。如果与中央档案馆所典藏海量的红色档案相比，二史馆的红色档案馆藏量可以说是少之又少。

所以，从内容标准来认定二史馆馆藏红色档案资源，应该是包括红色档案内涵和外延在内的所有红色档案资源。只有这样认定，才是符合二史馆馆藏实际的认定，才能够建立起一个档案数据信息丰富的馆藏红色档案资源数据库。

2. 馆藏红色档案资源的整理模式

设想中的二史馆馆藏红色档案资源的整理模式，既与馆藏一般民国中央机关档案具有相同的整理模式，也有自身独特的整理模式。概括来说，设想中的馆藏红色档案资源的整理模式可简称为“264”整理模式，“2”指的是2条红线，即安全和保密，“6”指的是6个核心流程，即定、调、鉴、编、检、交，“4”指的是4个补充流程，即培、咨、考、研。

2.1 安全和保密——2条红线

馆藏红色档案资源的整理，有2条不可逾越的红线，即安全和保密。这是红线，也是底线，更是高压线。无论是整理实体档案还是电子档案，无论是馆内自己整理还是外包整理，无一例外的都要遵守2条红线的规定。一旦逾越红线，则一切都无从谈起。

以外包为例，鉴于许多馆藏红色档案资源夹杂在民国中央机关档案之中的特殊性，所以在二史馆民国档案数字化前整理过程中，这些红色档案资源是和所在全宗档案一起整理的。在外包公司正式开始整理之前，二史馆整理编目处首先与外包公司签订《民国档案数字化前整理项目安全管理协议书》和《民国档案数字化前整理项目保密协议书》，其次要求外包公司与所属员工也签署同样内容的安全和保密协议书，再次是强化安全保密教育。所有参与红色档案资源整理的人员都要定期参加安全保密教育，增强安全保密意识。接着是强化“技防”和“物防”。整理现场安装多个360度摄像头，全方位无死角地监控现场。最后是加强日常安全保密巡查的“人防”，整理编目处和外包公司安排专人负责，并做好安全保密巡查日志。

通过扎实有效的制度，二史馆馆藏红色档案资源的整理工作就可以守住红线，守住底线，远离高压线。

2.2 定、调、鉴、编、检、交——6个核心流程

6个核心流程是馆藏红色资源整理的系统性流程。定是指定全宗、定方案、

定人员等；调是指调阅纸质档案或电子档案；鉴是指鉴定所整理的全宗中哪些档案属于红色档案资源；编是指对所认定的红色档案资源进行文件级编目；检是指对上述编目进行质检；交是指将整理完的档案移交或交还。

具体来说，定的流程首先是由馆领导根据年度整理计划和红色档案资源数据库建设的需要，确定待整理全宗，其次是由整理编目处确定整理方案和整理人员等，再次是从保管处调取纸质档案或从信息化处调取电子档案，接着是由馆学术委员会安排专人鉴定红色档案资源，然后再由整理编目处按照《整理编目处案卷级整理项目质检流程》《整理编目处案卷级整理项目“1040”量化质检标准》《中国第二历史档案馆民国档案文件级著录细则》等规定进行二检、三检、总检，之后由馆学术委员会指定专人进行抽检，最后由整理编目处将包括所认定红色资源在内的纸质档案移交给信息化处进行数字化扫描，或是将所认定红色档案资源在内的电子档案交还给信息化处，再由信息化处将所认定的红色档案资源调入馆藏红色档案数据库。

2.3 培、咨、考、研——4个补充流程

4个补充流程是为了更好地做好6个核心流程的有益补充。培是指培训，包括岗前培训、定期培训和不定期培训。咨是指现场咨询。考是指编目考证、质检考证等。研是指理论研究和实践研究，理论研究包括档案学研究、历史学研究、档史结合研究等，实践研究包括整理模式、方法、理论等研究。

具体来说，培的流程是由整理编目处和外包公司共同负责参与人员的岗前培训，包括整理编目处的工作人员和外包公司员工。两方共同制订培训计划、培训方案和培训内容。其中，培训内容是依据《民国档案数字化前整理工作手册》为基础而新修订的《整理编目处民国档案数字化前整理培训手册》。所有需要培训的内容都汇总在最新的《培训手册》之中。此外，根据工作需要，整理编目处和外包公司还进行定期培训和不定期培训。

咨的流程是由外包公司在整理过程中，针对整理疑难进行现场咨询。有时候也有整理编目处工作人员在质检时针对疑惑之处对外包公司进行现场咨询。

考的流程是由整理编目处和外包公司针对整理过程中的整理疑难进行考证。多数情况下是由整理编目处的工作人员进行考证。考证内容可能是民国行政区划，可能是民国政要的字号别名，也可能是民国时期党政军警宪特等各种机构，不一而足。

研的流程是由整理编目处根据所整理的实践和理论进行的研究。从实践角度出发的有《整理编目处民国档案数字化前整理培训手册》《中国第二历史档案馆“地图库”文件级著录细则》等。从理论角度出发的有《对民国档案文件级整理工作的思索》《对民国档案数字化前整理工作的几点思考》等。

综上所述，二史馆馆藏红色档案资源可按照批示标准、法律标准、时间标准、内容标准等方面来进行认定，同时通过“264”整理模式来整理馆藏红色档案资源，进而就可以建立起一个专业、安全、开放、共享的专题数据库，更好地服务党和国家的中心工作，服务人民和社会的利用需求。

注释及参考文献

[1]国家档案局官网. 中办国办印发《“十四五”全国档案事业发展规划》[EB/OL].[2021-06-09].

[2] 国家档案局办公室:习近平关于档案工作、历史学习与研究、文化遗产保护重要论述摘编(增补版)[Z]. 2021:3.

[3] 马振犊. 中国第二历史档案馆馆藏档案数字化与开放利用[C]//拾珠集——中国第二历史档案馆档案工作研究文集. 南京:南京大学出版社,2018:3-14.

[4] 李娟. 国内红色档案研究现状与展望[J]. 杭州电子科技大学学报(社会科学版),2019(1):70-73,78;姜惠丹:2011-2021 年中国红色档案研究综述[J]. 档案天地,2022(2):22-26.

[5] 人民网. 中共中央关于党的百年奋斗重大成就和历史经验的决议[EB/OL].[2021-11-16].

[6][8] 曹必宏主编:光辉历程——中国第二历史档案馆 70 年[M]. 北京:九州出版社,2021:128.

[7] 中华人民共和国档案法[M]. 北京:中国法制出版社,2020:3.

加强红色档案收集、整理和运用问题研究

——以湖西革命老区为例

山东省单县社会保险事业服务中心　丁春玲　侯培培

摘　要： 加强红色档案收集、鉴定和管理工作，是贯彻习近平总书记重要讲话重要指示精神的内在要求，是档案系统深化开展学习习近平新时代中国特色社会主义思想主题教育的重要载体，是传承红色基因、赓续红色血脉的自觉行动。湖西革命老区红色档案资源丰富，收集好、整理好、运用好，可为各地提供重要遵循和实践指导。

关键词： 红色档案；整理管理；实际运用

习近平总书记对档案工作作出重要指示批示："把蕴含党的初心使命的红色档案保管好、利用好，把新时代党领导人民推进实现中华民族伟大复兴的奋斗历史记录好、留存好，更好地服务党和国家工作大局、服务人民群众。""发挥好革命文物在党史学习教育、革命传统教育、爱国主义教育等方面的重要作用。"党的二十大报告提出：弘扬以伟大建党精神为源头的中国共产党人精神谱系，用好红色资源，深入开展社会主义核心价值观宣传教育，深化爱国主义、集体主义、社会主义教育，着力培养担当民族复兴大任的时代新人。加强红色档案收集、鉴定和管理工作，是贯彻习近平总书记重要讲话重要指示精神的内在要求，是深化开展学习习近平新时代中国特色社会主义思想主题教育的重要载体，是传承红色基因、赓续红色血脉的自觉行动。湖西革命老区蕴藏着丰富的红色档案资源，将本地红色档案保管好、利用好，把党领导人民实现中华民族伟大复兴的重大历史记录好、留存好，用活红色档案、讲好红色故事、赓续红色血脉，可为各地提供重要遵循和实践指导。

1. 湖西革命老区蕴藏着丰富的红色档案资源

湖西革命根据地位于苏鲁豫皖四省结合部，从 1938 年 7 月徐西北区委与

鲁西南特委合并组建苏鲁豫特委，到1953年7月湖西专区撤销，完成历史使命，先后存在16年时间，历经抗日战争、解放战争与新中国成立初期三个历史阶段，呈现出鲜明的地方特点，同时也积累了丰富的红色档案资源。

1.1 湖西革命老区发展历史

1.1.1 初创阶段（1938年5月—1938年6月）

1937年7月7日，日本帝国主义发动蓄谋已久的全面侵华战争。8月，中共中央通过《抗日救国十大纲领》，确立了放手发动群众，独立自主开展敌后游击战争的方针。中共山东省委中共北方局发出“脱下长衫，拿起武器”的号召，积极发展党的组织，领导发动群众，大力开展抗日救亡运动。湖西各地党组织不断扩大，党员人数发展至近万人。1937年11月，中共山东省委建立鲁西南工委(后改称鲁西南特委)。1938年4月，中共苏鲁豫皖边区建立徐西北区委。1938年7月，中共徐西北区委与鲁西南特委合并，成立苏鲁豫特委，至此，湖西区有了统一的党组织。同时建立了湖西区统一武装——湖西人民抗日义勇总队，下辖23个县大队。

1.1.2 鼎盛阶段（1938年6月—1939年8月）

1938年6月13日，徐西北区委与鲁西南特委调集苏鲁豫皖边区10余县地方抗日武装1000余人，在丰县华山镇尹小楼会师，组建苏鲁人民抗日义勇队第二总队，这是湖西地区第一支统一的人民抗日武装。1939年5月，中共苏鲁豫特委扩建为苏鲁豫区党委，亦称湖西区党委，下辖两个地委、三个中心县委和三个直属县委，共计22个县单位。1940年7月湖西专员公署在单县张油坊宣告成立。在方圆近400公里的广袤土地上，除县城和铁路沿线为敌占区外，其余均为我抗日根据地。

1.1.3 “肃托”阶段（1939年8月—1939年11月）

正当革命形势发展的大好时机，湖西发生了严重的“肃托”事件，日伪军、国民党地方顽固派、反动会道门、土匪对湖西革命根据地进行进攻打击，致使根据地压缩到从单县东部至丰县北部为中心的一块狭小地区，被称为“一枪被打透的根据地”，苏鲁豫区党委降格为湖西地委。1939年11月，一一五师政委罗荣桓来湖西，迅速制止和处理了湖西“肃托”事件。1942年9月刘少奇过湖西，指示湖西地委：“放手发动群众，实行减租减负；做好统战工作，孤立打击敌人；加强党的建设，巩固革命政权”。1942年10月，湖西地区划归冀鲁豫边区领导。湖西党政军民在上级党委的正确领导下，加强武装建设，精兵简政，实行党的一元化领导；开展减租减息和大生产运动；组织平原游击战，开展反封锁、反蚕食、反扫荡斗争，转入战略大反攻。

1.1.4 接续阶段（1939年11月—1953年8月）

八年中，共对敌作战3000余次，消灭日伪军4.5万余人、顽军1万余人，抗日武装发展到近2万人、民兵5.5万人。解放战争时期，湖西军民开展地道战、游击战，阻滞国民党军队北上，策应刘邓大军南下，全力支援淮海战役，迎来新中国的诞生。新中国成立后，湖西区积极开展生产自救、抗美援朝、土地革命、镇压反革命、互助合作等运动，巩固新生人民政权，直到1953年7月湖西专区撤销。

1.2 湖西革命老区红色档案资源的主要来源

目前社会各界对红色档案的定义和范围还未有明确的界定，更多的是在研究和学术层面的探索下提出的观点，其载体包括但不限于书籍、期刊、报纸、档案、手稿、书信、日记、回忆录、笔记、照片、音视频以及奖章、勋章、证书、纪念品等各类具有红色意义的物品。红色档案资源主要来源包括三个方面，主要包括红色根据地、重要历史事件和重要历史人物。

1.2.1 湖西革命老区形成了众多红色根据地

湖西根据地位于苏鲁豫皖四省结合部，濒临战略要地徐州，是南北通衢之区，历来为兵家必争之地。抗日战争时期，湖西直接威胁着敌人占据的徐州、济宁、菏泽、商丘等重镇的安全，而且控制着津浦、陇海两条铁路交通命脉的咽喉，同时又是华中、冀鲁豫、山东根据地与大后方延安来往交通的必经之地，因而成为敌我双方反复激烈争夺的地区。八年抗战期间，湖西抗日军民抗击着苏鲁豫皖边区日伪军14万余人，作战3000余次，其间甚至一度出现了刘少奇所指出的“日、伪、顽、会、匪‘五鬼’闹湖西”的严峻局势。

1.2.2 湖西革命老区发生过一系列革命斗争

湖西党组织从诞生之日起，始终站在革命斗争的最前沿，带领湖西人民走过了一条艰难曲折、复杂多样和不断取得胜利的革命道路，自身也经历了从草创到鼎盛到受挫，而后再发展壮大的过程。特别是1939年的湖西“肃托”事件，使湖西党组织一度出现瘫痪状态。为适应湖西地区艰苦复杂的斗争环境，湖西党组织在领导人民进行革命斗争中，组织过多种形式的斗争：既有武装斗争，又有政治斗争、经济斗争、文化斗争；既有挽救民族危亡的学生运动，也有在农村建立苏维埃的农民革命；既有隐蔽的地下斗争，也有公开的合法活动；既有在沦陷区激烈而复杂的斗争，也有建设和保卫根据地的工作和战斗；既有分散的游击活动，也有大兵团的集中作战。

1.2.3 湖西革命老区是老一辈革命家的斗争地和革命先辈的培养孕育地

抗战时期，湖西党组织建立了两条秘密交通线，使华中、晋冀鲁豫根据地能够始终保持联系，确保了各根据地与延安之间有一条安全的通道。刘少奇、陈毅、朱瑞等老一辈革命家都曾安全地从湖西地区来往通过。湖西革命老区先后有数十万儿女参军、参战、参加革命工作，数万革命英烈献出了宝贵生命，仅单县的湖西烈士陵园就安葬烈士 2600 多名。2014 年，国家民政部颁布的“中国首批 300 名著名抗日英烈和英雄群体名录”，湖西专署李贞乾和湖西子弟兵为核心的刘老庄连 82 烈士同时入选。新中国成立后，曾在湖西地区工作和战斗过的革命先辈，100 多人被授予将军军衔，如上将唐亮，中将梁兴初、王秉璋、张国华、彭明治，少将戴润生、邓克明、胡炳云等；60 多人成为省部级领导干部，如云南省委书记兼省长、南大党委书记兼校长、人大党委书记兼副校长郭影秋，铁道部部长陈璞如，驻赞比亚特命全权大使葛步海等。

2. 红色档案资源收集整理中存在的问题

2.1 资金保障不够充足

红色档案资源收集整理是一个系统工程和长期工程，需要强大而持久的资金支撑，单凭档案管理部门正常办公经费无法保证工作质量，致使红色档案征集工作难以很好开展。

2.2 红色档案质量不高

湖西革命老区革命历史漫长而丰富，积累了丰厚的红色档案资源，但在实际征集工作过程中，很多红色档案还停留在老物件、老货币等较低层次，对重要的革命根据地、重大历史人物、重大斗争的历史记载和直接记录相对较少。

2.3 红色资源应用不力

红色档案资源的生命力在于广泛应用运用，从目前情况来看，虽然通过举办主题展览、建立实践基地等方式进行了运用，但是实际效果有限。前来参观学习的多为党政机关单位，社会公众前来参观的不多，难以发挥红色档案的育人作用。

3. 关于湖西革命老区红色档案资源收集、整理和运用的几点思考

红色档案资源收集、整理和运用是一项系统工程，涉及方方面面，要充分发挥档案管理部门的关键主体作用，始终牢记“档案工作姓党”，坚持以习近平新时代中国特色社会主义思想为指导，深入贯彻落实习近平总书记对档案工作的重要指示批示精神，认真落实党的二十大重大决策部署，坚决拥护“两个确立”、树牢“四个意识”、坚定“四个自信”、做到“两个维护”，深刻认识档案工作的政治属性和政治特点，积极践行“为党管档、为国守史、为民服务”职责使命，准确理解档案工作在党和国家事业发展中的基础性、支撑性作用，自觉把政

治标准、政治要求贯穿到档案工作全过程、各方面，整合党史、教育、退役军人等主管部门力量，从讲政治的高度做好档案保管利用、编研出版、宣传展览等工作，传承红色基因，赓续红色血脉。

3.1　加强组织领导

组织宣传、档案、党史、退役军人等部门，成立湘西革命老区史料征集工作领导小组，探索建立部门主要领导亲自抓，分管领导具体抓，史料摸排工作专班深入抓，做到目标任务具体，紧扣发扬光荣传统、赓续红色血脉这条主线，研究制定工作方案和联席会议制度，进一步明确工作职责，从加强红色档案收集整理、整合红色档案资源等方面入手，着力提升红色档案保管保护和开发利用水平。同时，按照文献类、回忆类、手稿类、研究类、宣传类等进行征集整理归类，与红色档案抢救与保护项目同部署同开展同落实。

3.2　组织征集活动

红色档案征集是做好红色档案工作的基础。新时代新征程，红色档案征集工作同样面临着新挑战新要求，要主动适应信息化要求，充分发挥“三微一端”以及抖音、快手等新媒体在红色档案征集、挖掘、宣传等方面的阵地作用，继续通过多种形式向社会公开征集红色史料，鼓励个人向档案管理部门捐赠红色档案原件、复印件，对重要根据地、重大历史斗争和重要历史人物开展口述档案征集全面深入挖掘，形成立体式红色资源储备。要鼓励政府设立专项资金，专门保障红色档案资源征集，切实推进红色档案资源征集工作。要广泛开展口述湘西革命老区革命历史采集、红色故事和革命人物事迹征集、红色遗址发掘等工作。加强与宣传、党史、融媒体、退役军人、文旅等相关单位合作，深入寻访当年历史见证人，录制回忆视频，搜集口述历史以及有关史料遗存等，成立红色史料摸排专组走村入户，与当地群众交谈，了解情况，走访烈士后人和当年历史见证人，重点征集反映各个历史时期中国共产党湘西革命老区的执政、组织建设和发展的重大历史事件、重要活动、重要会议、代表性人物工作和生活图片；反映各个历史时期中国共产党在湘西地区执政、组织建设和发展过程当中具有较大影响的事件、举措、活动和各种综合性或专题性文件、政策法令汇编等；反映各个历史时期不同版本的党章、奖章、勋章、证书；反映各个历史时期代表性人物的论著、传记、事迹资料、生活用品等；各个历史时期重大历史事件当事人、见证人、知情人或其亲属子女提供的有关录音、录像、资料等。

3.3　整理红色档案

一方面，对现有红色档案进行整理。各地档案管理部门通过排查摸底，切实摸清红色档案数量，编制案卷目录清单，做好整理准备工作。在特藏库房划出特定区域，整理档案密集架，实现红色档案集中存放，对红色档案鉴定划控，形成开放目录，及时向社会提供利用，切实发挥红色档案作用。另一方面，各地档案管理部门重新编辑红色档案目录库，制作红色档案纸质目录，完善便民利民的红色档案利用服务体系。组建了解历史、了解档案的复合型人才队伍，深入挖掘红色资源。对征集的各类红色档案资源全面梳理、挖掘整理，分类纳入现有档案目录和数据分门别类，建立数字档案，依托档案信息化成果，建立红色档案资源名录，定期更新红色档案的数量和保存状况，奠定红色档案开发利用工作基础。

3.4 大力开展红色档案资源应用运用

3.4.1 打造主题主体展览

通过主题宣讲、举办红色展览、开展历史编研、制作微视频等形式，讲述红色档案背后的故事，为红色档案开发利用注入新活力。基于现有资源全力以赴打造红色档案主题展览，展览主题突出、内容丰富，为党员干部开展主题教育、学习党史、学习湖西革命史和发展史提供一个好平台。在节假日为社会公众提供展览预约参观服务，让公众感受湖西的红色文化气息，接受红色精神洗礼，激发爱党爱国情怀。

3.4.2 加强与教育部门合作

充分发挥当地软硬件资源优势和红色资源优势，与学校、单位合作共建“学生社会实践基地”，定期开展红色文化进校园活动，组织中小学生开展爱国主义教育，将学校的思政课引进现场教学，通过红色档案了解红色文化，了解党的百年非凡历程，引导广大青少年学生学好百年党史、传承红色基因、赓续红色血脉，帮助中小学生树立正确的世界观、人生观、价值观，让红色基因代代相传。

3.4.3 大力推动红色档案服务发展

深化运用红色档案资源服务经济社会发展，推动红色档案的宣传利用向末端延伸，在凝心铸魂、推动发展中发挥红色档案作用。指导各地将红色档案资源纳入地方展览和规划建设以及打造“红色小镇”，既体现红色档案的教育功能、引领乡风文明新风尚，也为乡村旅游赋予文化内涵，打造富有本土特色的乡村红色旅游路线，同步提高红色档案影响力的提升。加强与教育主管部门合作，充分发挥“第二课堂”的作用，引导青少年学生通过沉浸式体验吸引更多年轻人的目光。

注释及参考文献

[1] 曹晓丽,葛俊. 守护红色记忆 传承红色基因——如东县档案馆探索推进红色档案保护与开发[J]. 档案与建设,2020(3):51-53.

[2] 季梦佳,王裕明,俞皓耀,陈小琼. 新媒体环境下红色档案与大学生“四史”教育再探讨[J]. 兰台内外,2021(7):76-78.

[3] 季红军,李舟. 以红色档案打通“红色脉搏”——打造富有南京特色的红色档案文化品牌[J]. 中国档案,2021(1):44-45.

[4] 陈忻,房小可,孙鸣蕾. 社会记忆再生产:北京香山红色档案编研成果的细粒度挖掘研究[J]. 山西档案,2021(1):80-87.

[5] 王向女,姚婧. “互联网+”时代长三角地区红色档案资源开发与利用的新方向[J]. 档案与建设,2020(8):4-8.

[6] 张姚俊. 红色档案资源服务党员教育培训的新路径——以上海市档案馆为例[J]. 党政论坛,2020(5):37-39.

[7] 李光铣. 中央苏区红色档案文献建档保护开发利用体系建设初探[J]. 办公室业务,2020(9):65-66.

接管上海：上海市档案馆藏“上海调查资料”档案整理开发研究

上海市档案馆　邱志仁

摘　要：上海市档案馆藏“上海调查资料”档案是近代革命历史长河中国家与民族的珍贵记忆，记录了党在新民主主义革命时期的卓越历程，是当前主题教育内容的深刻体现、近现代党史研究的重要支撑和红色档案整理开发利用的全新实践。针对档案形成过程、数量和内容，对档案进行了整理分析研究，得出档案体现了时效性与实用性、真实性与历史性、保护性与使用性统一的特点。2023 年 6 月 9 日，“上海调查资料”档案向社会公布开放。

关键词：上海市档案馆；上海调查资料；档案整理

档案具有客观实在的留存形体，是贯穿古今的重要纽带，因此，当档案参与到历史记忆的构筑中，便具有了真实稳定与权威价值的特性。从历史记忆和文化传承功能来看，红色档案中文献、图像、音频、视频正是记忆物化后的客观产物，只有将它们以档案形式进行长期保存，才能完成革命文化的传承与脉络的延续。

上海市档案馆藏“上海调查资料”档案是近代革命历史长河中国家与民族的珍贵记忆，记录了党在新民主主义革命时期的卓越历程，通过整理和开发，不仅能充分呈现红色档案的历史与社会价值，使人感受到栩栩如生的历史细节与永垂不朽的家国情怀，更能深刻体现红色档案的资助育人效用，为后人提供历史借鉴，以资当代。

1. “上海调查资料”档案整理开发的意义

1.1　当前主题教育内容的深刻体现

从历史背景来看，调查研究上海各方面的情况，是 1949 年初中共上海局布置给各级党组织的一项极为重要的任务。1949 年 1 月，中共上海局就指出："我军在大江南北两岸歼灭敌人主力的胜利战斗是不会很远了，这一胜利的发展，就是京沪的解放"，"对于管理与接收的具体准备，从今天就要开始了。这里有头等重要意义的事，就要具体的进行调查研究，为将来接收与管理准备好材料及初步意见"。[1]

由此，各系统的支部、党员广泛投入这一工作，他们利用各种合法身份和社会关系从多方面获得材料，对军事、政治、经济、文化、地理、生活等诸领域的问题做了大量系统细致的调查研究。这些通过大量调研出版的"上海调查资料"为华东局的接管干部、高级军事干部提供了了解上海基本情况的读本，为我党顺利解放上海、接管上海作出了不可磨灭的贡献，同时也是中国共产党为什么会胜利，而国民党为什么会失败的一个鲜明例证。

2023 年 3 月 19 日，中共中央办公厅印发《关于在全党大兴调查研究的工作方案》并发出通知，要求各地区各部门结合实际认真贯彻落实。在中国特色社会主义进入新时代，习近平总书记高度重视调查研究，指出"调查研究是谋事之基、成事之道，没有调查就没有发言权，没有调查就没有决策权"。回顾党的百年历史，调查研究就是我们党的"传家宝"，也是做好各项工作的基本功。

我们党正是在调查研究中，不断解决实践中遇到的问题，不断丰富完善党的指导思想，不断带领中国人民从胜利走向胜利，"上海调查资料"的诞生不仅作为历史佐证，更是当前主题教育内容的深刻体现。

1.2 近现代党史研究的重要支撑

1948 年底至 1949 年初，随着中国人民解放军连续取得辽沈战役、淮海战役和平津战役的胜利，国民党反动派一溃千里。中国共产党吹响了"打过长江去，解放全中国"的号角。1949 年 3 月，毛泽东主席在中国共产党七届二中全会上指出："从现在起，开始了由城市到乡村并由城市领导乡村的时期，党的工作重心由乡村转移到了城市。"

为了顺利接管上海、南京、杭州等大城市，中国共产党从军事、政治、文化、社会等方面做了全方位的准备。上海地下党的工作非常细致，收到各基层上报的材料后，上交给刘长胜和张承宗，由他们汇总给中央和第三野战军。各系统送来的调查材料和情报非常多，有军事、政治、经济、生活各方面的，甚至包括物价指数都有。

许多单位对于人员的情况，进行了尤为详细的调查。其中包括主次要负责人及仓库、会计负责人的情况，重要机器、器材、档案、账册的实际保管人，搞统战工作、策反工作以及各战线的同志，还将群众领袖、地方绅士、各界名流、党派人士的来历、政治认识、家庭状况、社会关系、最近动向，乃至他们的住址、电话号码、可能的去处等，都努力调查清楚。[2]

正是这些一手调查资料，不光为党顺利解放上海、接管上海奠定了基础，更为我们进行近现代党史研究提供了重要的史料支撑，影响至今。

1.3 红色档案整理开发利用的全新实践

国家重点红色档案保护与开发是国家保护和利用档案资源的重要战略。上海市档案馆馆藏红色档案数量众多，形式多样，内容丰富，并涉及多语种文字。由于年代久远，部分档案幅面大小不一，出现了破损、霉变、虫蛀、档案砖等不同程度的问题。

由于红色档案文化资源地位显著、学术研究价值重要，系统研究红色档案资源建设和开发问题，建立档案元数据规范、数据管理、数据分析、可视化等技术的新技术应用体系，将为重点档案抢救与开发积累经验，从而有利于开展红色档案整理开发利用的全新实践。

2. “上海调查资料” 档案整理分析

2.1 档案形成过程

1949 年 1 月中旬，淮海战役一结束，中共中央即指示华东局社会部，配合解放、接管江南城市，做好江南城市的调查和材料工作，并附发了《京沪调查提纲》。时任社会部部长是舒同，副部长是李士英、李国斌、胡立教和扬帆。2 月，华东局社会部决定由副部长扬帆调集情报、材料干部 60 余人，先行南下。14 日，扬帆一行离开山东青州的华东局社会部驻地，经济南、徐州等地于下旬抵达苏北淮阴许庄，派人建立了扬州、六合、靖江、南通工作站。[3]

在部署和开展对江南情报工作的同时，责成华东社会部一室三科（调研科）科长钟望阳具体负责对沪、宁等江南大城市的调查和材料编写工作。[4] “上海调查资料”的资料来源主要有两个方面：一是上海地下党组织通过秘密渠道并冒着生命危险收集、送出来的情报资料，包括公开出版的上海电话簿、各种年鉴，以及获悉的有关消息。从政权机构到许多重要企、事业单位，从历史沿革、基本概况到主要人物，都准备了详尽的材料。二是华东局社会部将济南战役中和济南解放后缴获的国民党档案，平、津、沪等地的图书、报刊等公开出版物，通过秘密情报渠道所获得的材料，从刚解放的南通国民党县政府、文化馆、南通学院、图书馆等处搜集到的有关资料，都集中到淮阴。[5]

2.2 档案数量

关于“上海调查资料” 的数量，时任华东局社会部副部长的扬帆在其“自述”中回忆“《上海概况》分门别类各行各业的调查资料就有三十六册”，又称

"其中（上海调查资料）等二十六种"[6]，前后矛盾；刘统在《战上海》中提及三次，分别为30册、26册、36册[7]；马长林在《1949年百年瞬间》以"30册上海资料的收集"为题，认为"上海调查资料"有30册，另有四行两局一库各编有一本专册（7册）[8]。以上诸说有关"上海调查资料"的册数莫衷一是。

"上海调查资料"32开，由于是在各地分头印刷，因此各册尺寸并不完全一致，每册31页到143页不等，机制木浆纸印制，江南问题研究会编印，1949年3月出版。在实体整理中，工作人员发现这批档案的封面上均印有"江南问题研究会编印""上海调查资料""对内参考 不得外传"的字样及"编号No"（应为分发登记编号），日期均为"一九四九年三月"，书内还夹有"勘误表"。

以"四行二局一库调查资料"为例，32开，每册12—85页不等，由于四行二局一库的总行（总局、总管理处）和工作重心多在上海，"四行二局一库调查资料"亦可说是中共华东局为接管上海而出版的调查资料，且封面印刷内容与上文一致。

通过梳理馆藏，逐一比对实体和目录，最终确认，实际出版了24册，"四行两局一库调查资料"出版了7册，加起来一共是31册，全部为本馆所收藏，并全部完成数字化高清扫描。

2.3 档案内容构成

"上海调查资料"涵盖了上海政府机构、官办企业、医院、公用事业、金融机构、宗教团体、工商业团体等方面。其中的工业调查对象不仅包括战后南京国民政府经济部、资源委员会下属的国有工业企业，还涉及了中央信托局、农林部、交通部、社会局、卫生署、善后事业保管委员会等下属的上海国有工业企业经营状况。具体情况见表1。

同时，"江南问题研究会"也收集了大量金融机构的情报材料，国民党的四行两局一库都各出了一个专册，共7册，分别是《中央银行》（四行二局一库调查资料之一）、《中国银行》（四行二局一库调查资料之二）、《交通银行》（四行二局一库调查资料之三）、《中国农民银行》（四行二局一库调查资料之四）、《中央信托局》（四行二局一库调查资料之五）、《邮政储金汇业局》（四行二局一库调查资料之六）、《中央合作金库》（四行二局一库调查资料之七）。

"四行二局一库调查资料"的内容主要是各家金融机构的沿革、地址等基本情况。例如《交通银行》一册44页，主要内容为该行之沿革、总管理处、分支行处之地址、组织系统、人事配备及业务概况等方面的调查材料。附录：1. 交通银行三十六年度营业报告；2. 其他各分支处负责人姓名一览。《邮政储金汇业局》一册12页，主要内容为对该局之沿革、总局及分支机构的地址、组织概况与人事配备、财务概况等方面的调查。附录：1. 在南京的房地产；2. 行动储汇局。

表1 上海市档案馆馆藏“上海调查资料”档案目录

	书　名	卷　次
1	《伪行政院分配在沪各单位房屋概况》	特篇之一
2	《上海反动政治机构人名录》	特篇之二
3	《上海邮电概况》	交通事业篇之一
4	《招商局轮船股份有限公司附中国邮轮、台湾航业及中华驳运三公司》	交通事业篇之二
5	《上海海陆空交通事业》	交通事业篇之三
6	《上海电力公司》	公用事业篇之一
7	《上海各种公用事业概况》	公用事业篇之二
8	《上海蒋匪军事机关》	军警篇之一
9	《上海市警察局》	军警篇之二
10	《上海各种宗教团体》	社会团体篇之一
11	《上海工商业团体》	社会团体篇之二
12	《上海各团体》	社会团体篇之三
13	《官僚资本各工业单位》	工业篇之一
14	《中国纺织建设公司》	工业篇之二
15	《上海公私医药卫生事业概况》	卫生事业汇篇
16	《主要官僚资本企业附联营公司》	商业篇之一
17	《上海市各医院》	社会事业篇之一
18	《上海外侨暨使领馆、联合国、美军驻沪各机构》	外侨篇之一
19	《伪上海市政府及各区保概况附伪上海市参议会》	政治机构篇之一
20	《伪上海市政府各局》	政治机构篇之二
21	《伪中央各院部会驻沪机关附伪法院特刑庭及监狱》	政治篇之三

续表

	书　名	卷　次
22	《省市银行、小四行、南三行、北四行及农商银行》	金融篇之一
23	《证券交易所及其他 附联合准备会、银行协会、票据交换所、六联印刷公司、联合征信所、四行两局员工联谊会、银行业工会、银钱业同人联谊会》	金融篇之六
24	《上海黄金市场与钱兑、金号、银楼》	金融篇之七
25	《中央银行》	四行二局一库调查资料之一
26	《中国银行》	四行二局一库调查资料之二
27	《交通银行》	四行二局一库调查资料之三
28	《中国农民银行》	四行二局一库调查资料之四
29	《中央信托局》	四行二局一库调查资料之五
30	《邮政储金汇业局》	四行二局一库调查资料之六
31	《中央合作金库》	四行二局一库调查资料之七

3. “上海调查资料”档案主要特点

3.1　时效性与实用性的统一

1949 年 4 月 24 日，南京解放后第二天，渡江战役总前委、华东局机关、第三野战军指挥部相继进驻丹阳。中共华东局指示在进入上海前要“在全体人员中进行思想教育”，“加强全体人员纪律性的教育”，“贯彻接管政策学习计划”，“整理与健全组织”[9]，即加强“政策教育与思想纪律教育”，“建立机构，配备干部”。在丹阳集训的“连华野接管军事干部在内全部接管上海干部约五千人”。[10]

集训中一项重要的工作就是给接管干部、军事干部、六十万第三野战军战士下发各种资料、书籍、文件规定，让他们熟悉大城市的工作。当时许多南下接管干部，发愁不了解上海情况，如何执行接管任务是个很大问题。在当时的背景下，正是这些“上海调查资料”，为接管上海各方面的工作提供了重要参考，甚至对国民党大批要员的办公、住宅地址、路号、电话号码均记载得清清楚楚，这便于接管干部们进入上海后“按图索骥”，分别进行工作，体现了时效性与实用性的统一。

王尧山回忆说，“华东局就把这些材料刊印成册，使组织的配备与材料的准备相结合，做到心中有数。此后，各接管队伍分别具体研究，分工接管，熟悉情况，提出疑问，解决难题。这是做好接管工作的有力措施，使中央的政策能结合各单位的特点和具体情况予以落实。当时组织问题最突出的是缺乏干部，特别是熟悉城市工作的干部，因此要求广大干部抓紧学习”。[11]

3.2 真实性与历史性的统一

1949 年 4 月 20 日，中国人民解放军发起渡江战役，毛泽东和朱德发布了《向全国进军的命令》，二野三野百万大军横渡长江。国民党军队一触即溃，中国人民解放军于 4 月 23 日占领南京，并迅速占领了镇江、常州、无锡等地。解放上海的准备工作也大大提前了。所以，在编写过程中出现一些计划调整和小失误也在所难免。

比如，“上海调查资料”政治机构篇之一、政治机构篇之二分别为《伪上海市政府及各区保概况 附伪上海市参议会》《伪上海市政府各局》，其主要内容为国民党上海市政府、下辖各区、各局的基本情况。而卷次标注为“政治篇之三”的《伪中央各院部会驻沪机关附伪法院特刑庭及监狱》，检阅其目次，包括“行政院直辖机构、善后救济总署、经济部（工商部）、资源委员会、财政部附海关、交通部、农林部、粮食部、社会部、卫生部、外交部、其他各部会、各省市机关、其他机关，附伪法院、特刑庭及监狱”等十五部分。因此，可以判定“政治篇之三”应为“政治机构篇之三”之误。

恰是这些在所难免的小失误和小错误，使这批档案无形中达到了真实性与历史性的统一。由于编写“上海调查资料”的时候不仅时间紧迫，人手不足，而且他们头顶国民党飞机的不断骚扰轰炸，每天起早摸黑工作 14 至 18 小时，生活和工作条件都非常艰苦，编写用的都是土纸和自己泡制的“土墨水”，但瑕不掩瑜，历史不会忘记编写人员的艰难，更不会忘记这些调查资料在历史进程中所发挥的重要作用，鉴于内容的真实性而具备了卓越的历史性。

3.3 保护性与使用性的统一

保护是档案获得合理使用的基础条件。当前，各级档案馆都极其重视红色档案的管理与建设，只有对于红色档案管理与保护意识不断增强，才可达到档案保护与合理利用两者并重的效果。纸质档案的防范与保护工作非常重要，必须提高对这类档案材料的防灰、防潮、防热、防压、防虫工作的重视程度。

要做好这一点，就需要对红色档案的管理与建设加大资金投入，不断改善地方特藏红色档案的专室或专柜的条件，并进行各种先进的温湿度调控、防盗报警、消防抗震设施的建设，从技术和设备两方面保证档案安全，创造红色档案建设的良好条件。

同时，档案数字化是保护、抢救这批红色档案的唯一途径，也是开展整理的先决条件。上海市档案馆顺应新形势下数字化、规范化、智能化的发展趋势，大力建设红色档案数据库，把数字档案资源建设和数字档案馆建设作为重中之重，增加资源数量、提升数据质量。

4. "上海调查资料"档案的开放利用

档案开放不仅是社会开放进步和文明程度的重要标志，也是国家综合档案馆开展档案利用服务的主要手段。1980 年 5 月 19 日，中共中央书记处召开的第 21 次会议做出了开放历史档案的重要决定，1987 年《中华人民共和国档案法》颁布，明确提出："国家档案馆保管的档案，一般应当自形成之日起满三十年向社会开放。"根据档案法的规定及中央相关政策，上海市档案馆在 1987 年 12 月向社会开放了第一批档案，计 64 个全宗、近 10 万卷（册）历史档案。

上海市档案馆的档案开放鉴定工作是一个不断发展和完善的过程，开放的档案从单纯的历史档案逐步延伸到建国后档案，1987 年开放的第一批历史档案以馆藏汪伪政权机构档案为主，以后逐步扩展到政权、同业公会、企业和社会团体档案。1991 年，公共租界工部局和法租界公董局的外文档案出现在第三批开放档案目录中。从 1994 年第四批开放档案开始，大批量集中鉴定开放建国后档案。截至 2023 年，上海市档案馆已向社会开放了 36 批档案，总计 95 万 7000 卷。

6 月 9 日，2023 年上海市"国际档案日"系列宣传活动启动。启动仪式上，首先举行了"人民的城市——珍档发布"，由市档案局局长、市档案馆馆长徐未晚向社会发布了一批市档案馆和长宁、虹口、静安等区档案馆馆藏的珍档。其中，在公布和开放的珍档中，就有这批"上海调查资料"档案，作为中国共产党人始终重视调查研究，把调查研究这个"传家宝"作为"谋事之基、成事之道"的重要佐证，陈列在市档案馆新馆活动大厅对公众展示，使广大市民朋友得以一饱眼福。

注释及参考文献

[1] 京沪一般形势的特点及当前的基本方针与我们具体工作(1949 年 1 月)[C]//中共上海市委党史研究室.中共上海党史大典.上海:上海教育出版社,2001:411,413.

[2] 刘明逵,唐玉良.中国工人运动史[M].广州:广东人民出版社,1998:370.

[3] 扬帆.保卫全市人民安宁的日日夜夜——回忆解放初期的公安工作[M]//扬帆自述.北京:群众出版社,1989:44.

[4] 上海市公安局公安史料征集研究领导小组办公室. 接管上海的材料准备工作[M]//上海解放四十周年纪念文集. 上海:学林出版社,1989:222.

[5] 管寒松. 建国初接管上海纺织业[M]//中共中央党史研究室,中央档案馆. 中共党史资料(第79辑). 北京:中共党史出版社,2001:37.

[6] 扬帆. 保卫全市人民安宁的日日夜夜——回忆解放初期的公安工作[M]//扬帆自述. 北京:群众出版社,1989:44,309.

[7] 刘统. 战上海[M]. 上海:学林出版社,2018:23-24,199.

[8] 马长林. 1949年百年瞬间[M]. 上海:东方出版中心,2015:301-303.

[9] 中共中央华东局直属党委关于进入上海前后的政治工作的指示[C]//上海市档案馆. 上海解放(中). 北京:中国档案出版社,2009:182-183.

[10] 饶漱石关于接管上海准备工作的情况致中央电[C]//上海市档案馆. 上海解放(中). 北京:中国档案出版社,2009:190-191.

[11] 王饶山. 回忆接管上海的准备工作[M]//中国人民解放军上海警备区,中共上海市委党史资料征集委员会. 上海战役. 上海:学林出版社,1989:210.

浅析泰山区红色档案的整理与鉴定

泰山区文化和旅游局　殷复青

摘　要：通过文献、党史资料、调查研究、口述资料，专家鉴定等方法定为红色档案。结果证明，具有教育价值、传承价值和经济价值的红色档案资源丰富，有着地方特色价值，充分整理与鉴定好泰山区红色档案资源，探索文旅融合，切实把红色档案资源保护好、管理好、运用好，高质量服务于党史学习教育，让红色革命文物活起来。生动形象地讲好当地红色故事，用好红色资源，传承好红色基因。在城市经济发展中，红色档案发挥着极其重要的作用。

关键词：红色档案；整合利用

习总书记曾经明确指出："要把红色资源运用好，把红色基因传承好。"为了切实加强对保护泰山区红色历史档案文化资源的有效开发利用与综合保护和历史文化遗产传承，要加大对推进泰山区红色历史档案文化资源整合的支持力度，有效推进红色档案资源的利用。让全区红色档案资源工作再上新台阶，讲好泰山区红色故事，红色革命文物"活"起来。

1. 我区概况

为深入学习贯彻习近平总书记对档案工作重要批示指示和党的二十大精神，认真落实《"十四五"全国档案事业发展规划》的重要指示，泰山区委、区政府高度重视、针对文物开展拉网式全面普查、调研工作，制定普查方案、成立专班：现有不可移动文物69处，其中古遗址15处、古建筑19处、石窟寺及石刻6处、近现代重要历史遗迹及代表性建筑29处；非国有博物馆10家；红色纪念馆6家。分别建立纸质档案并录入全国文物信息登录平台。其中根据红色档案资源的类别不同分为：

1.1 不可移动红色革命文物档案

每一处革命文物，都是一座丰碑。镌刻着时代印记，承载着一段革命历史故事。一个个红色印记，让人们铭记和传承的，是先烈们坚贞、无私、信仰、责任的精神。

泰安革命烈士陵园：泰安市第一批不可移动革命文物，34 米高的“革命列士纪念碑”一座，建筑面积1500 平方米的革命史展览馆 1 处、镌刻“为人民利益而死重于泰山”尾碑一座。其中，庄严肃穆的泰安烈士陵园里，安葬着抗日战争中英逝司令员洪涛烈士，山东著名的泰安徂徕山抗日武装起义的主要领导之一，泰安人民爱戴的司令员，革命烈士陵园是埋葬抗日战争和解放战争时期革命烈士的地方，也是国民进行爱国主义教育的地方。

萃英中学建筑群：省级革命文物，1926 年 3 月，马守愚、王仲修和省里派来的于赞之成立了泰安支部，马守愚任书记。是年冬，马守愚、于赞之在泰安萃英中学开展学生运动，先后发展刘德林、朱玉淦、孟宪尧、郝希风等 20 余名师生为中共党员并成立了中共萃英中学支部。

1.2 博物馆红色档案

泰安市泰山军事博物馆：由山东省文化和旅游厅批准成立，分为军事理论、陆军、空军、海军、航天火箭军、信息战、兵器广场七大展区，藏品包含飞机、坦克、舰船等不同类型、时代的武器装备；并建有独立的军事武器模型制造基地，可以 1∶1 还原坦克、飞机、导弹等军事装备模型。结合激光打靶，WAR-GAME 野战游戏、AR、VR 环境下的战斗机、坦克模拟驾驶，陆海空各种兵器装备科技的讲解互动，以普及全民国防教育，传承红色文化、宣传军事科普知识。红色档案及红色音像档案资料 3286 件。

山东泰山文化博物馆：馆内共有红色展品 548 件，分为“盘古化岱”“人类起源”“帝王封禅”“汶阳耘织”“红色基因”等，再现泰山文化的博大精深，系统呈现中华文明渊源发展史，增强人们的民族自信和文化自信。

1.3 红色纪念馆红色档案

泰安革命史展览馆：以红色历史文物为主体，按时间、顺序和历史不同时期进行展示。布展共设六个展区、四大内容，即“泰汶星火”“抗战壮歌”“解放风云”“光耀泰山”；运用文字、图片、实物、场景、声光电子等多媒体先进手段，详细记录了不同时期泰安人民在党的领导下，与敌人进行斗争的艰苦卓绝的奋斗历程。馆内保存着大量的红色文字档案资料 1321 件，红色图片档案资料 1856 件，红色音像档案资料 825 件。

岱峰红色纪事馆：展览内容共分为六个部分，分别是抗日烽火燃泰汶、浴血抗战泰北（历）县、抗战前哨岱峰区、敌工英雄鲁宝琪、泰山“红嫂”张培芝、革命先烈励后人。通过展示485幅珍贵的历史文献、照片、实物、场景，红色档案以及152个抗战时期的红色革命故事，生动地展现了泰北县和岱峰区那段红色历史。

中共泰安第一支部展室：室内收录珍贵红色历史图片315幅，按照泰安党组织创建、发展和壮大的历史顺序，划为“在蒿里山点燃泰汶星火、在白色恐怖下曲折发展、在抗日烽火中淬炼成长、在解放战争中发展壮大”四个部分。2020年全省“100个红色故事追述历史——革命文物背后的故事”短视频创作《我眼中的薪火》入选，聚焦建党100周年主题，以革命文物和其承载的故事为切入点，制作拍摄了主题鲜明、内容新颖的红色短视频作品。

每个展馆各有特色，展示不一，各有不同的泰安红色革命历史故事，见证了共产党人的艰苦奋战和革命历程。

1.4 红色标语类革命文物

省级革命文物：泰安火车站房专项红色标语类革命文物“社会的财富是工人、农民和劳动知识分子自己创造的。只要这些人掌握了自己的命运，又有一条马克思列宁主义的路线，不是回避问题，而是用积极的态度去解决问题，任何人间的困难总是可以解决的。——毛主席”文字标语：社会主义革命和建设时期（1949—1978），2022年革命文物工程修缮过程中新发现，共有16条，现保存不完整，找专家研究认定后建立纸质档案和电子档案，录入全国革命文物专项信息平台。并加以保护利用和下一步完善红色标语修缮工程工作。

红色标语是党政军民开展政治宣传、加强思想动员的创新形式和重要手段，是中国革命史的独特文化现象，是不可再生、不可替代的革命文物资源。我区将加强对红色标语类革命文物的调查研究，讲好红色标语故事，传承好红色基因，强化成果运用，推动我区红色标语类革命文物保护管理运用再上新水平。

2. 强化档案征集，有效整合红色资源鉴定和利用

2.1 红色档案资源征集鉴定

近几年，泰山区不断增强红色档案资源的保护意识，积极组织开展红色档案征集工作，多措并举推进红色档案征集，建立专业队伍，集思广益从多方面入手，面向所管辖内各个街道镇、村，为保持它的真实性，多次采访老党员干部，原住民口述红色档案资料，为传承红色基因提供生动鲜活的教材，同时深挖红色档案背后的精神和故事，加大对红色档案的接收和征集力度，保管好、利用好红色档案，记录好、留存好，通过查找文献、党史研究调查、研究价值、找相关专家多次鉴定等方法定为红色档案并分类建档保存，将红色档案资源转化为爱国主

义教育、党史学习教育资源，用红色档案讲话、讲好每个红色故事。

2.2 有效整合红色革命文物资源有利于开发利用

泰山区革命文物资源丰富，反映不同历史时期的革命运动，于 2020 年列入山东省第一批不可移动革命文物名录 5 处；2021 年第一批泰安市级革命文物 7 处；2022 年第二批山东省革命文物 1 处。“分批公布全国革命文物名录，建立革命文物大数据平台，推进革命文物资源信息开放共享”，深入开展红色档案资源专项摸底清查，针对红色文献、图片、纪录片、声音等进行数据收集、梳理与整合，还有红色档案馆、纪念馆等，建立红色档案资源基础数据平台。这些革命文物资源承载着泰安人民在党的领导下英勇奋斗、艰苦创业的光辉历史，是党员干部和人民群众学习党史的鲜活教材。

近年来，为了让革命文物“活”起来，让红色基因得以代代传承，推动革命文物修缮工程，我区做了大量工作，于 2022 年省级革命文物泰安火车站站房修缮工期为 3 个月竣工，今年上半年：开展第一届山东省优秀革命文物保护工程推介活动、山东省关于组织开展以革命文物为主题“大思政课”优质资源建设推广工作、山东省第三批红色文化特色村的申报工作、山东省不可移动革命文物标识展示信息工作等等；2021 年 12 月，省级革命文物泰安火车站站房和萃英中学建筑群入选山东省文化和旅游局出版的《山东革命文物图鉴》。

泰安历史悠久，文化灿烂，各纪念馆和博物馆聚焦建党 100 周年，深入学习二十大精神，学习党史教育主题活动 48 项，制作红色革命文物故事宣传片，为讲好泰安红色故事，培养了数名红色讲解员，以各种形式宣讲党史、弘扬红色文化，同时，利用红色资源大力发展红色旅游和文创产品，将革命文物与旅游融合发展，充分发挥革命旧址和纪念馆的资源优势，打造地方特色红色旅游重点景区，构建红色旅游精品线路。

“下一步，泰山区将认真贯彻落实习近平总书记关于革命文物工作的重要指示和全国革命文物工作会议精神，以开展党史学习教育为契机，继续加强革命文物保护利用，切实把革命文物资源保护好、管理好、运用好，高质量服务于党史学习教育，让红色革命文物“活”起来。

3. 下一步工作措施

3.1 强化人才支撑

要把红色档案资源利用好，必须加强档案相关专业人才队伍建设，以提高专业水平和创新能力为重点，全面实施全区档案管理专业人才体系建设，加快领军人才、技能人才、复合型档案人才培养与招考。加强基层档案管理机构和队伍建设，落实好档案管理机构和人员编制，加快培养各级各类档案管理专业技术人才，提高红色档案资源的有利优势，展示地方的特色资源。

3.2　加大宣传力度

深入挖掘重点红色档案资源丰富的历史内涵、文化内涵，讲好泰山区故事，让历史文物“活”起来。充分利用报纸、电视、网络、微信等新闻媒体，大力宣传全区红色档案资源保护利用，提升影响力和知名度。依托区融媒体中心，策划推出红色档案资源专题片展播活动，以红色档案资源为切入点，坚持以文塑旅、以旅彰文，推进文化和旅游深度融合发展，让广大群众在领略博大精深历史文化的同时，感悟文化之美、陶冶心灵之美。

3.3　提升展示水平

充分利用红色档案资源优势，发挥革命文物“生动教材”作用。围绕重大党史节日、重要革命事迹，把中共泰安第一支部展室、岱峰红色记忆馆、岗上村红色记忆馆等一批主题突出、导向鲜明、内涵丰富的陈列展览与文物保护工作深入结合起来，坚持创造性转化、创新性发展，丰富展陈手段，探索文旅融合，生动形象地讲好红色故事，用好红色资源，传承好红色基因。

3.4　创新保障机制

推进红色档案资源领域的科技创新，利用新媒体、新形势、新创意，大力宣传革命文物保护工作，推介传播文化遗产保护、考古发掘、革命文物展览展示、革命文物知识普及、革命文物交流合作与征集等内容。坚持正确政治方向和舆论导向，宣传内容要丰富多彩、制作精良，手段新颖、受众广泛，强力推动全区红色档案资源工作再上新台阶。

资源整合视角下红色档案整理、认定与利用的思考

临沂大学　王东雨

摘　要：红色档案是中国革命历史的珍贵遗产，其整理工作对于推进国家文化建设和民族精神的传承和发展具有重要意义。文章从红色档案整理工作的特点、重要性以及收集、保管和开发利用等方面进行了探讨。同时，针对当前红色档案整理工作、开发与利用提出了相应的解决方案。

关键词：红色档案；整理工作；开发利用

1. 引言

红色档案是中国革命历史的珍贵遗产，是记录中国共产党及其领导下的人民军队、人民群众进行革命斗争、建设事业和社会主义现代化建设的文献资料。红色档案包括各级党政机关、军队、群众组织、企事业单位和个人收集的与革命历史相关的各类文献资料，如党内文件、通讯录、会议记录、个人档案、照片、音像资料等。这些文献资料具有重要的历史价值、文化价值和政治价值，是中华民族宝贵的历史遗产，对于推动国家文化建设和民族精神的传承和发展具有重要的意义[1]。

红色档案整理工作是保护这一历史遗产，推动国家文化建设的重要举措。红色档案整理工作需要整合各方面的资源和力量，建立统一的红色档案资源库，实现红色档案资源的共享和交流。同时，红色档案的认定和定级是红色档案整理工作的基础，应根据红色档案的种类、范围、时期、价值等方面进行准确定义，制定相应的定级标准[2]。红色档案资源的收集、保管和开发利用是红色档案整理工作的核心和重点，应加强对红色档案原始资料的收集和整理，建立规范的红色档案保管体系，推动红色档案资源的开发利用。

首先，红色档案资源的整合是红色档案整理工作的前提。红色档案资源的整合是指将分散在各地、各部门的红色档案资源进行整合，建立起统一的红色档案资源库。红色档案资源的整合需要政府、机构、人民群众的共同参与，需要建立一套科学、完整、可靠的信息系统。在红色档案资源整合的过程中，需要对红色档案资源进行初步分类和整理，为后续的认定和定级工作提供支持。

其次，红色档案的认定是红色档案整理工作的基础。红色档案的认定是指对红色档案资源进行鉴定，明确其历史价值、文化价值和政治价值，并划分为不同的等级。红色档案的认定需要依据一定的标准和方法，如历史价值、文化价值、社会价值、技术水平等方面进行评估。同时，红色档案的认定需要根据不同类型的红色档案资源进行分类和鉴定，如党内文件、通讯录、会议记录、个人档案、照片、音像资料等。红色档案的认定是红色档案整理工作的前提，是保护红色档案资源的重要手段。

定级标准的制定是红色档案整理工作的重要环节。红色档案的定级是指对红色档案资源按照其历史价值、文化价值和政治价值划分为不同等级，以便进行有针对性的整理和保护。红色档案的定级需要制定相应的标准，包括定级的依据、原则、程序和标准等方面。红色档案的定级标准需要考虑历史背景、时代特征、文化价值、技术水平、社会价值等多方面因素，同时需要与国际上的档案管理标准相衔接。红色档案的定级是红色档案整理工作的重要环节，是保护红色档案资源的基础[3]。

红色档案资源的收集、保管和开发利用是红色档案整理工作的核心和重点。红色档案资源的收集是指对红色档案原始资料进行搜集、征集、收购和捐赠等方式，建立红色档案资源库。红色档案资源的保管是指对红色档案资源进行分类、整理、鉴定、装订、存储和保护，建立规范的红色档案保管体系。红色档案资源的开发利用是指对红色档案资源进行数字化、展览、宣传、研究和教育等方面的利用，推动红色档案资源的开发和利用。

2. 红色档案资源的整合

红色档案的整理、鉴定、保管和利用是一个复杂的系统工程，需要整合各方面的资源和力量。红色档案资源整合的主要内容包括：

2.1　整合红色档案的物质资源

红色档案的物质资源主要包括各类文献、图片、音视频等资料。要加强各方面的力量，整合红色档案的物质资源，建立统一的红色档案资源库，实现红色档案资源的共享和交流。

2.2 整合红色档案的人才资源

红色档案是我国珍贵的历史文化遗产，对于保护和利用红色档案资源，需要有一支专业的人才队伍来支持。建立红色档案人才库，整合红色档案整理、鉴定、保管和利用方面的专业人才，提高红色档案整理工作的质量，保障红色档案资源的安全，推动红色档案资源的开发利用。

2.3 整合社会资源

红色档案整理工作是一项重要而复杂的工作，需要社会各方面的支持和参与。在红色档案整理工作中，政府需要制定相关的政策、法规和标准，明确红色档案整理工作的目标和方向。文化机构提供专业的技术和人才支持，为红色档案的认定、定级、整理、保管和利用提供指导和帮助。社会团体发挥自身的专业和地域优势，加强红色档案资源的收集和整理。企业利用红色档案资源进行文化、旅游和经济方面的开发，推动红色文化的传承和发展。

3. 红色档案的认定

红色档案的认定是指对于红色档案的种类、范围、时期、价值等方面进行准确定义。红色档案的认定是红色档案整理工作的基础，也是红色档案资源开发利用的前提。

3.1 红色档案的种类

红色档案的种类包括：中央党政机关的文件、军队文件、地方党政机关文件、企事业单位文件、个人手记、照片、影像资料、物品等。应当根据红色档案的种类制定不同的整理、鉴定和保管标准。

3.2 红色档案的范围

红色档案的范围包括：中国共产党及其领导下的人民军队、人民群众进行革命斗争、建设事业和社会主义现代化建设的文献资料。应当根据不同历史时期、不同革命斗争阶段，对红色档案的范围进行明确。

3.3 红色档案的时期

红色档案的时期包括：中国共产党成立前、中国共产党成立后、新民主主义革命时期、社会主义革命和建设时期等。应当根据不同历史时期、不同革命斗争阶段，对红色档案的时期进行明确。

3.4 红色档案的价值

红色档案的价值主要包括历史价值、文化价值和政治价值。应当根据红色档案的价值特点，制定不同的鉴定标准，准确评估红色档案的价值。

4. 红色档案定级标准的探讨

红色档案的定级是指对红色档案的价值进行评估、分类和定级，为红色档案资源的整理、保管和利用提供依据。红色档案的定级应当以红色档案的历史价值、文化价值和政治价值为基础，制定相应的定级标准，确保红色档案的分类、鉴定和保管工作的科学性和规范性。

4.1 红色档案的定级标准

红色档案的定级标准应当包括内容、形式、时期、价值等方面的评估标准。具体包括：

（1）内容：红色档案内容的重要性、代表性、完整性等。

（2）形式：红色档案形式的多样性、稀缺性、完整性、可读性等。

（3）时期：红色档案所处时期的历史背景、历史地位等。

（4）价值：红色档案的历史价值、文化价值和政治价值等。

4.2 红色档案的分类

为了更好地保护和管理红色档案，需要对红色档案进行定级分类。根据红色档案的定级标准，可以将红色档案分为不同的类别和级别，以便进行更加科学和规范的管理、保管和利用。例如，可以将红色档案分为一级、二级、三级等不同级别，以便对红色档案的保护和利用进行分类管理。

一级红色档案是指对中国共产党的创立、领导和发展具有重要影响的档案，以及对中国革命和建设具有重要影响的档案。这些档案具有非常重要的历史价值和文化价值，需要进行严格的保护和管理。二级红色档案是指对中国共产党的领导和发展、对中国革命和建设有一定影响的档案，具有较高的历史价值和文化价值。三级红色档案是指对中国共产党的领导和发展、对中国革命和建设有一定影响的档案，具有一定的历史价值和文化价值。

对于不同级别的红色档案，需要采取不同的管理措施。一级红色档案需要进行最为严格的保密和保护，只有经过特殊的审批程序，才能进行查阅和利用。二级红色档案和三级红色档案的保密程度相对较低，但仍然需要进行严格的保护和管理，只有经过规定的程序，才能进行查阅和利用。

对于红色档案的保护和利用，需要采取一系列的措施。首先，需要建立完善的红色档案管理制度和工作机制，明确各级管理部门和人员的职责和权限。其次，需要建立专门的红色档案保管机构，配备专业的保管人员和设施，确保红色档案的安全和完整。同时，还需要加强红色档案的数字化保护和管理，采用先进的数字化技术和手段，提高红色档案的利用效率和安全性。最后，还需要加强红色档案的宣传和利用，推动红色文化的传承和发展，发挥红色档案的积极作用。

总之，对红色档案进行定级分类，是加强红色档案保护和利用的重要措施。只有采取科学、规范和有效的管理措施，才能更好地保护和利用红色档案，推动红色文化的传承和发展。

5. 红色档案资源的收集、保管和开发利用

红色档案资源的收集、保管和开发利用是红色档案整理工作的核心和重点。要加强对红色档案原始资料的收集和整理，建立规范的红色档案保管体系，推动红色档案资源的开发利用。

5.1 红色档案资源的收集

红色档案资源的收集是红色档案整理工作的首要任务，只有保证红色档案资源的完整性和真实性，才能更好地推动红色文化的传承和发展。下面将就这一主题进行深入阐述。

5.1.1 红色档案资源收集的重要性

保证红色档案资源的完整性和真实性。红色档案资源的完整性和真实性是红色档案整理工作的基础，只有保证这些资源的完整性和真实性，才能更好地推动红色文化的传承和发展。

满足社会需求。红色档案资源的收集不仅是为了保护历史文化遗产，更重要的是为了满足社会需求。社会对红色文化的关注度不断提高，红色档案资源的收集和整理工作愈加重要。

推动红色档案整理工作的深入开展。红色档案资源的收集是红色档案整理工作的首要任务，只有通过收集工作，才能深入开展红色档案整理工作，挖掘和展示更多的珍贵资源。

5.1.2 红色档案资源收集的管理措施

积极寻找、征集、收购和接收红色档案原始资料。政府应当积极寻找、征集、收购和接收红色档案原始资料，包括党和政府机关、军队、企事业单位、个人家庭、社会团体等各个方面的资源，确保红色档案资源的完整性和真实性[4]。

建立规范的红色档案资源收集管理制度。政府应当建立规范的红色档案资源收集管理制度，明确红色档案资源的收集标准和流程，规范红色档案资源的收集工作，确保资源的完整性和真实性。

加强红色档案资源的分类、鉴定和登记工作。政府应当加强红色档案资源的分类、鉴定和登记工作，对红色档案资源进行分类、编号、标识等工作，确保红色档案资源的可管理性和可利用性。

引导社会力量参与红色档案资源收集工作。政府应当引导社会力量积极参与

红色档案资源的收集工作，鼓励社会团体、爱好者等积极参与，共同守护和传承红色文化。

5.2 红色档案资源的保管

红色档案资源的保管是红色档案整理工作的重要环节，应当加强对红色档案资源的保管和管理，建立规范的红色档案保管体系，确保红色档案资源的安全和完好。下面将就这一主题进行深入阐述。

5.2.1 红色档案资源保管的重要性

避免红色档案资源的丢失和损坏。红色档案资源是珍贵的历史文化遗产，一旦丢失或损坏，将会对我国历史文化产生不可挽回的损失。因此，保管红色档案资源对于防止其丢失和损坏具有至关重要的意义。

保证红色档案资源的利用价值。红色档案资源的保管不仅是为了保存这些资源本身，更重要的是为了保证其利用价值。只有保管好这些资源，才能更好地发挥其历史文化、学术研究和教育培训的价值。

保障红色档案资源的安全。红色档案资源的保管还能保障其安全，防止这些资源被盗、被损坏或被恶意利用，维护国家安全和社会稳定。

5.2.2 红色档案资源保管的管理措施

建立规范的红色档案保管体系。政府应当建立规范的红色档案保管体系，制定相关的规章制度，明确红色档案资源的保管标准和流程，确保红色档案资源的安全和完好。

加强红色档案资源的防火、防盗、防潮、防虫等措施。政府应当加强红色档案资源的防火、防盗、防潮、防虫等措施，采用先进的技术手段，如温湿度自动控制系统、视频监控系统等，提高红色档案资源的保管水平。

加强红色档案资源的鉴定、登记、标识和存储。政府应当加强红色档案资源的鉴定、登记、标识和存储工作，对红色档案资源进行分类、编号、标签化管理，确保每个红色档案资源都能够被准确识别和定位。同时，政府应当优化红色档案资源的存储环境，选择合适的存储设施和储物柜，对红色档案资源进行分类存储，避免重叠叠放，减少资源受损的可能性[5]。

加强红色档案资源的监管和检查。政府应当加强对红色档案资源的监管和检查，制定专门的检查标准和流程，对红色档案资源的保管情况进行定期检查和评估，发现问题及时整改，确保红色档案资源的安全和完好。

5.3 红色档案资源的开发利用

红色档案整理工作的重要目标之一就是推动红色档案资源的开发利用，实现红色档案资源的数字化、网络化和共享化，促进红色档案资源的广泛传播和利用。下面将就这一主题进行深入阐述。

5.3.1 红色档案资源的开发利用意义

丰富历史文化资源。红色档案资源是我国珍贵的历史文化遗产，开发利用可以丰富历史文化资源，促进历史文化的传承和发展。

推动人们的爱国主义教育。红色档案资源反映了我国革命历史的光辉和英雄，可以用于推动人们的爱国主义教育，激发人们的民族自豪感和爱国热情。

5.3.2 红色档案资源开发利用的实施措施

建立红色档案资源数字化平台。政府可以投资建立红色档案资源数字化平台，整合红色档案资源，实现数字化、网络化和共享化处理，方便公众和学者查阅和利用。

推动红色档案资源的网络传播。政府可以加大网络传播力度，通过各种渠道，如网络直播、微信公众号、手机客户端等，推动红色档案资源的网络传播，让更多人了解和认识红色档案资源。

建立红色档案资源开发利用的评价指标体系[6]。政府可以建立红色档案资源开发利用的评价指标体系，根据指标体系评价红色档案资源开发利用的效果，并加以优化和改进。

加强红色档案资源的宣传推广。政府可以加强红色档案资源的宣传推广，通过电视、广播、报刊、网络等多种媒介，让更多人了解和认识红色档案资源，提高公众对红色档案资源的认知度和重视程度。

注释及参考文献

[1] 林梅娥. 红色档案资源与社会主义核心价值观融合发展实现路径[J]. 陕西档案,2023(3):21-23.

[2] 陈永斌. 红色档案资源开发困境的多维解构与化解对策[J]. 档案天地,2023(6):32-35.

[3] 廖利香,贾丽君. 论新时代红色档案文化价值及实现路径[J]. 湖南科技学院学报,2023(2):88-90.

[4] 杨帆. 新媒体环境下红色档案开发的内涵与路径研究[J]. 北京档案,2023(5):41-42.

[5] 宋敬娜. 数字人文视角下红色档案资源开发利用研究[J]. 兰台内外,2023(12):21-23.

[6] 李彩丽,王金连. 逻辑与历史相统一在红色档案信息资源开发中的应用研究[J]. 兰台世界,2023(4):60-62,66.

大数据时代红色档案鉴定工作中存在的隐患及解决途径

国防科技大学档案馆　何　敏

摘　要： 红色档案鉴定工作是档案管理的关键过程。随着大数据时代的到来，鉴于红色档案在整理鉴定过程中发生的特殊问题，本文阐述了红色档案的概念，指出红色档案应遵循的原则，深入剖析红色档案在鉴定过程中存在的隐患，明确了红色档案的管理模式，最后将大数据管理方式投入红色档案管理之中，提出红色档案整理鉴定管理的解决途径。

关键词： 红色档案；鉴定；隐患；解决途径

1. 引言

毛主席最早从事档案工作，他十分重视档案，视档案文献为生命。在红军长征时期，毛主席有两个装有档案文献的竹箱子，他说性命可以牺牲，这两个箱子不能丢。由此可见，毛主席非常关注红色档案文献的管理。大数据条件下，红色档案仍具有跨时代意义，拥有重要的历史查考、文化传承和教育实践的价值。但是，红色档案受到以往收集整理人手有限、红色资源离散、传播手段单一等问题的制约，红色档案的闪光价值未被充分挖掘。新形势下，数字技术的迅猛发展使红色档案鉴定工作面临着前所未有的机遇和挑战。

2. 红色档案鉴定的概念和特征

红色档案反映了从 1919 年新民主主义革命时期到新中国成立，再到现在改革开放的今天，我党组织机关和党员同志历经抗战年代的血雨腥风、和平年代的励精图治，在此期间形成具有特殊保存与纪念意义的实物、口述档案和文字史料、图片、影像等历史记载[1]。随着大数据时代的到来，红色档案逐渐被搬上“小视频”，成为大众瞩目的焦点。

2.1 红色档案鉴定的概念

红色档案鉴定工作是指通过高科技手段抢存、修复和展现红色档案，从入馆归档前的收集整理，管理过程中的价值鉴定、销毁鉴定和开放鉴定等工作，到入馆后的整理、立卷、保存、利用服务管理，以及后期销毁鉴定、销毁统计等一系列的闭环管理工作。

红色档案鉴定工作大致分为两个过程：

一是从红色档案收集整理完毕到汇总入馆前展开的价值鉴定工作。由档案管理部门成立红色档案鉴定工作领导小组，在鉴定专家或鉴定负责人的指导下，对即将移交入馆整理的红色档案真实性进行甄别，利用馆藏资源和科学方法对红色档案的准确性进行史料考证。

二是红色档案入馆归档后，对所保管即将到期的红色档案重新进行销毁鉴定管理[2]。鉴定专家小组成员对没有继续保存价值的红色档案，进行定位摘选、抽卷剔除、销毁登记和降密保存管理。通过专家小组的慧眼考察，红色档案是否具有保存利用价值，同时，依据红色档案的价值和实效性，确定其保管时限和密级。

2.2 红色档案鉴定的原则

红色档案不同于普通的文书档案、业务档案，应遵循全局原则、沿革原则、关键原则和效能原则[3]。

第一，全局原则。在开展红色档案鉴定工作时，要有全局思想和大局意识，摒弃“各自为政”的做法。以红色事件的发生时间为坐标轴，明确各红色事件之间的联系与区别，将有历史意义的档案整理成一个有序的整体。经过精心分类和归纳整理，挑选出既能满足本单位工作需求，也能满足社会长远发展需求的红色档案。

第二，沿革原则。红色档案具有实时性与延展性相结合的特点。虽然红色档案的独特价值在短时间内暂未得以展现，但随着人们观念的不断更新，年复一年，这些红色档案的价值会日益凸显。所以，档案鉴定人员要用发展的眼光看待红色档案鉴定工作，不仅要有扎实的鉴定整理专业知识，而且也要有放眼未来、与时俱进为大众服务的工作热情和干劲。

第三，关键原则。档案鉴定人员在对红色档案进行鉴定时，应遵循关键原则，依据档案鉴定标准，对红色档案的保存期限和留存销毁问题进行价值鉴别、评析。针对一些关键的红色档案，根据鉴定规范合理有序地进行整合并永久存放。把一些非关键且鉴定为定期的红色档案整理归档入库，把逾期红色档案或无价值的档案按规定进行封存或销毁处理。

第四，效能原则。在进行红色档案鉴定时，应充分发挥红色档案的极大效能，避免造成不必要的人力、物力、财力的浪费。这样一来，既实现了投入与产出、成本与效能，也充分体现了红色档案的经济效益和社会价值。

3. 红色档案鉴定工作中存在的隐患

3.1 鉴定管理缺乏顶层设计

大数据条件下，多数档案管理部门运用“三审制[4]”工作流程进行档案鉴定，严格按照“初鉴—互鉴—复鉴”三个流程步骤进行。但实际情况是，由于各档案馆的人力、物力有限，往往出现某些鉴定环节无法落实到位的现象。此外，还缺乏系统的规划和顶层设计，时常出现各种红色档案利用服务方式之间相互重合而彼此又不能完全替代的情况，以至于无法充分发挥其自身优势。如此“有制度、没落实”的情况，不仅浪费了诸多人力、物力、财力，没有达到预期目标，还严重影响红色档案鉴定工作的进一步开展。

3.2 鉴定制度不健全和鉴定规范匮乏

3.2.1 鉴定制度不健全

鉴定制度不健全是制约红色档案均衡发展的重要因素。目前，我国红色档案种类繁多，数量巨大，不同类型的红色档案应采用不同的保存期限和划分方法，要根据具体情况运用相应的鉴定制度。面对庞杂的红色档案，不能采取“一刀切”的方式运用统一的标准进行档案鉴定。

3.2.2 鉴定规范匮乏

档案鉴定标准是开展档案鉴定工作的关键环节，是评判红色档案是否具有保存价值的标杆。大数据条件下，我国红色档案的鉴定理论少之又少，专业的文书档案鉴定条例也才有 2 个。如此一来，这种红色档案鉴定标准匮乏的现象，既无法满足鉴定工作的要求，也严重影响了红色档案鉴定工作的有序开展。

3.3 鉴定专业人才缺乏

由于某些原因，档案管理机构不够重视档案鉴定工作，投入比例不大。多数档案馆还存在少编、缺编的现象。

一是有一部分档案馆的鉴定人员是兼职人员或临时抽调基层档案人员，还有一些鉴定人员并不是档案学专业的毕业生，还有一部分鉴定人员虽然所学专业是档案学，但不具备精通的档案鉴定专业知识。

二是在开展鉴定工作时，若稍有偏差，一旦凭借直觉和以往经验很可能会造成误判，错把本应继续留存的档案销毁，势必造成无法挽回的巨大损失。

三是不能因缺乏高水准、熟悉业务的专业鉴定人才，就有畏难情绪和保守、怕出错的思想，把本应销毁的红色资料继续保存。这种工作模式不仅增加了工作量，导致档案鉴定工作不规范，也给红色档案鉴定工作带来了困扰。

4. 红色档案鉴定工作的解决途径

4.1 加强组织领导

红色档案鉴定工作会耗用一定的物力、财力，还会调配各相关业务部门的人员。因此，我们必须加强组织领导，要从源头上重视档案鉴定工作。通过成立红色档案管理部门与档案形成单位合作领导小组，创建组织协同和业务协同模式，积极协调配合做好红色档案鉴定工作。

4.1.1 创建组织协同模式

一是构建红色档案管理部门与档案形成单位的一致化运转模式[5]。在组织管理层面，努力使红色档案管理部门与档案形成单位，实现一致化运转。按照互利互惠的原则，积极协调红色档案管理部门与档案形成单位，建立合作共赢机制。因档案形成单位对红色档案实际情况了如指掌，可以负责红色档案初审，对红色档案提出开放鉴定和归档、销毁鉴定的初始建议。通过建立红色档案管理部门与档案形成单位之间业务、体系、数据等方面的深度协同，实现长期合作、共同发展。

二是成立红色档案管理部门与档案形成单位合作领导小组。通过成立红色档案管理部门与档案形成单位合作领导小组的模式，指定负责人、划分业务组与小组成员，明确各业务相关人员的职责分工，建立长效沟通协同合作机制，定期召开组织协调沟通会议，强化档案管理部门与档案形成单位领导和业务骨干的业务互通，从而确保红色档案管理部门与档案形成单位间的协同合作。

4.1.2 搭建业务协同模式

红色档案管理部门与档案形成单位应依据红色档案鉴定工作要求，提前制订鉴定计划，并运用“三审制”工作流程鉴定红色档案。

一是由档案馆牵头，相关部门协同制订鉴定工作规划，明确红色档案的数量、类型、管理部门、鉴定工作流程和时间节点等，红色档案形成单位对档案进行初审。

二是将形成单位鉴定组的初审建议交由档案管理部门，档案馆依据初鉴情况，组织各方档案鉴定专家开展复审与三审，建立与档案形成单位领导和业务骨干的业务互通。

三是档案馆将审查鉴定结果予以公示，归档审查资料。在三审鉴定工作流程中，红色档案管理部门与档案形成单位之间应各司其职，努力做到分工明确、各司其职，积极协调配合做好各环节的鉴定工作。

4.2 完善鉴定制度建设

当前，我国红色档案鉴定制度、鉴定标准的不健全，很大程度上阻碍了红色档案鉴定工作的大力发展。因此，健全档案鉴定标准，规范开放鉴定、价值鉴定和销毁鉴定的品类和对象，是做好红色档案鉴定工作的首要任务。

一是进一步制定出细化的实施细则。依据现有档案的法律法规，各地区应根据实际情况在此基础上制定出相应的规章制度和管理办法，各政府机构也应研究出相应的实施细则[6]。

二是要明确鉴定专业术语和鉴定标准。针对不同的价值鉴定、销毁鉴定和开放鉴定的情形，制订相应的鉴定标准，同时界定“红色档案鉴定”等概念。

三是制定对应的价值鉴定、销毁鉴定和开放鉴定工作流程。根据不同类型的鉴定情况，更好地发挥鉴定程序中二审环节的评鉴作用。

四是明确界定各鉴定程序中的档案划分范围。开放鉴定要划清应当放开和控制利用的范围，价值鉴定要划清应当归档和控制归档的范围，销毁鉴定要划清应当销毁和继续留存的范围。逐步建立红色档案各鉴定环节的类目体系，明确各类目和子类目的类目名、概念、整理方法等详细内容。

4.3 加速鉴定人才队伍建设

档案鉴定是一项专业性极强的工作，鉴定过程中可能要销毁一部分过期无价值档案，这就要求鉴定人员在甄别过程中，要具备专业的鉴定知识，不仅要全面掌握红色档案的历史背景、由来，对被鉴定的红色档案的属性、特征和价值非常熟悉，还能熟练运用档案鉴定标准进行价值甄别，能准确评估红色档案的真实价值和历史贡献，确定档案是否有继续保存价值。

由此可见，拥有精通业务的鉴定人才在红色档案鉴定工作中起到了至关重要的作用。大数据条件下，红色档案鉴定人员相比以上高要求还有一定差距，所以我们必须加速档案鉴定人才队伍建设工作。

4.3.1 参加鉴定知识和技能集训

为了提高红色档案鉴定人员的理论水准，档案鉴定人员必须接受鉴定专业知识和实践经验方面的集中培训[7]。通过学习档案鉴定方面的资料，逐渐掌握档案鉴定理论知识和实际操作经验。档案管理部门既可以聘请鉴定方面的档案专家来馆进行档案鉴定知识培训，也可以委派档案工作人员到专业的档案鉴定管理培训机构，参加档案鉴定知识和技能集训。档案工作者通过持续不断地学习新技能、新方法、新知识，方能逐步成为档案鉴定方面的人才。

4.3.2 引进档案鉴定专业人才

对现有档案管理人员进行鉴定技能培训，比较耗费时间、精力，周期较长，收效缓慢。档案管理部门可以适当引进档案鉴定专业人才，通过外聘档案鉴定专家或招录档案鉴定人才的方式，建立长期合作关系。这样既解决了鉴定专业人才的问题，也能为档案馆提供业务咨询。

5. 结语

红色档案鉴定工作是档案管理的关键过程。价值鉴定、销毁鉴定、开放鉴定等工作不仅能大力提升红色档案管理效率，也能充分优化红色档案管理资源配置。做好红色档案鉴定管理，要充分将大数据治理理念融入红色档案的管理之中，不仅要加强组织领导，重视顶层设计，还要健全鉴定制度建设，加速培养和引进专业鉴定人才队伍。

注释及参考文献

[1] 董志梅. 浅析国有企业档案鉴定工作存在的问题与应对策略[J]. 案例分析，2021(6):24-26.

[2] 费鸿虹,王金兰."三全育人"视角下高效红色档案资源建设及开发利用研究[J]. 兰台内外. 2023(3):09-11.

[3] 杨健. 新时代下加强地方红色档案建设研究[J]. 城建档案,2021(11):127-128.

[4] 刘幸幸. 档案鉴定工作中存在的问题及优化策略[J]. 档案工作. 2022(9):133-135.

[5] 曾德宏. 文书档案鉴定工作问题分析[J]. 兰台内外,2021(5):21-22.

[6] 朱军. 浅谈新时期军工企业科技档案的鉴定工作[J]. 档案学研究,2008(5):57-59.

[7] 刘鸿浩,邹华. 档案开放鉴定刍议——困境和出路[J]. 档案学研究,2011(2):46-50.

红色档案范围界定与分级建议

杭州市萧山区档案局　黄全来

摘　要：做好红色档案是习近平总书记对新时代档案工作的新要求，档案界应在对红色档案的内涵进行研究和梳理的基础上，明确红色档案的界定原则，并结合历史价值、珍稀程度、教育意义等不同维度对红色档案进行分级管理。

关键词：红色档案；革命历史档案；档案文化

习近平总书记强调，档案部门“要把蕴含党的初心使命的红色档案保管好、利用好”，对新时代档案工作提出了新要求。做好红色档案工作，是档案部门在新时代的重要使命担当。尽管当前红色档案普遍受到重视，但人们对于红色档案的定义、内容的认识却并不统一，实践中的范围界定存在较大差异。同时，由于红色档案数量较大，为了凸显其价值，也有进行分级管理的必要。

1. 红色档案的内涵辨析

我国对于红色档案向来都比较重视，但研究工作起步比较晚，学术期刊上直到 2001 年起才有零星相关论文发表，近年才稍多起来。[1] 郑慧、农扬宇《红色档案：认知、交集与辨析》一文对档案学术界、档案实践部门、文学影视界等对“红色档案”的认知进行了总结，对有关的术语进行了辨析，从形成主体、形成时间、形成来源及档案种类四个方面对该词进行了界定，认为“红色档案”应该是中国共产党自 1921 年 7 月成立至今 100 年来，由党领导的单位、组织、个人开展关于在经济、政治、文化、科技、军事、社会、生态文明、外事等方面的活动形成的档案，不仅包括历史档案，也包括现行文件（即将来的历史档案）。[2] 此文是目前档案学界对“红色档案”进行的最为全面的辨析，虽然其结论笔者并不完全同意。

2021 年 10 月，上海市公布了新修订的《上海市档案管理条例》，该地方法规首创红色档案专章，该条例第三十七条第二款对“红色档案”进行了清晰的界定：“本条例所称的红色档案，是指中国共产党领导下，在新民主主义革命时期、社会主义革命和建设时期、改革开放和社会主义现代化建设新时期、中国特色社会主义新时代所形成的具有历史价值、教育意义、纪念意义的档案。”[3]这也是目前唯一对红色档案进行清晰界定的法规规章，该定义充分吸收了学界的成果，具有较强的指导、参考意义。

纵观学界和实践部门的各种观点，首先有一点是有共识的，即红色档案首先是在中国共产党的领导下所形成的档案，这是红色档案的本质属性。关于红色档案的载体形式，学界一般也主要以《档案法》的定义为依据，没有大的差异。

关于红色档案的形成时间，最主要的争议在于是否以 1949 年 10 月为节点，只承认新中国成立之前的革命历史档案为红色档案，还是承认当代社会主义革命、建设中的档案也可以是红色档案[4]。前者将红色档案局限在一个封闭的时间段，并不恰当，特别是经过“四史”学习教育的洗礼，此观点坚持者可能会更少。后者认同度更高，但对于红色档案的上限日期则有一定的争议。《上海市档案管理条例》采纳了按照党史历史分期法进行罗列，将其起始时间上溯至新民主主义革命的开端，郑慧、农扬宇则严格按照中国共产党成立时间也即 1921 年 7 月为限，这也是目前最主要的两种观点，二者各有一定的道理。笔者基本认同《上海市档案管理条例》的做法，但并不认同一些研究者所说的 1919 年至今的提法，认为我们对于红色档案的上限不宜严格限制在一个非常明确的时间节点。因为虽然中国共产党的领导是红色档案产生的前提，但在中国共产党正式诞生之前的准备期，同样有大量珍贵的档案应归入红色档案的范畴，比如 20 世纪初马克思主义在中国的传播中形成的档案，特别是创刊于 1915 年 9 月的《新青年》，无疑是最为重要的红色档案之一，在考虑红色档案的年代上限时必须将该刊考虑在内；再如记载早期党的领导人如何选择马克思主义道路的档案，以及各地共产主义小组成立的有关档案，同样也是红色档案的重要组成部分。中国革命从旧民主主义革命过渡到新民主主义革命，本身是有一个过程的，所以红色档案的时间节点也可以在 1919 年基础上适当向前延伸，这是必须补充说明的。

关于内容方面，郑慧、农扬宇将红色档案界定为“由党领导的单位、组织、个人开展关于在经济、政治、文化、科技、军事、社会、生态文明、外事等方面的活动”，按此标准，基本上可以将当代中国的所有档案都归入红色档案的范畴，因为当代中国的一切工作，都是在中国共产党的领导下开展的，这明显会导致红色档案的泛化，实际将其等同于通常所说的革命历史档案加新中国成立后的档案，也就很难突出红色档案的重要性和特殊性。《上海市档案管理条例》对其做出了“具有历史价值、教育意义、纪念意义”的界定，比一般档案的“对国家和社会具有保存价值”的要求更高。其罗列历史分期的做法似乎没有必要，且没有为以后的发展演变比如共产主义阶段等留出余地。

综上，笔者尝试定义如下：所谓红色档案，是指新民主主义革命时期和中华人民共和国成立以来各个时期中，在中国共产党领导下各单位、组织和个人形成的，蕴含党的初心使命的，记录党和国家革命和重大建设活动的，具有重要历史价值和教育意义的档案。

2. 红色档案的确定原则

2.1 党的领导原则

红色档案必须是在中国共产党的领导下形成的，这是其政治属性的根本保证。在确定一份档案是否能归类为红色档案时，首先要看它是否是在党的领导下形成的，如果不是，则不能归为红色档案。当然，这里的党的领导不能作狭隘的解释，认为只有党的组织和共产党员所直接形成的档案才是红色档案，而是在中国共产党领导下的新民主主义革命团体、革命活动中形成的都可以认定为红色档案，比如新民主主义革命时期党领导的农民运动、工人运动，其参与者绝大多数并不是中共党员，但党的领导保证了其先进性和革命性，运动所形成的有关档案则可以认定为红色档案。新中国成立以来因为是中国共产党领导一切的，所以当代的各类档案理论上都具有红色属性。相反，在新民主主义革命时期，反动政府的历史档案中也会留存一些和中国共产党有关的档案，这些档案除了直接由共产党员形成的自传性档案，其他一般是以否定的形式出现的，虽然可以从反面证明中国革命的艰辛，但因其主导者是国民政府，所以不能认定为红色档案。

2.2 正面典型原则

党领导下形成的档案数量是非常庞大的，这些档案都具有红色属性，但这些档案没有必要都认定为红色档案。红色档案首先是从宣传教育的角度提出的，认定的一个很重要的考量还是其典型的教育意义，是这些档案在党史、新中国史、改革开放史、社会主义发展史的学习教育中具有突出的代表性和典型性，在爱国主义、集体主义、中国特色社会主义教育中能发挥重要的作用，能够使看到这些档案的人们受到教育和洗礼。所以红色档案的认定应突出其典型代表性，也即以是否蕴含党的初心使命为判断标准，普通档案一般不宜认定为红色档案。同时，典型代表的前提是正面典型，不能是反面典型。中国革命的道路是曲折的，党和国家曾经也有一些错误的路线和政策，有的还造成了严重的后果，党的权威文件已经对这些历史有明确定性。比如收藏界有“红色收藏”的概念，很多人的收藏以“文革品”为主体，但既然“文革”已经被党的权威文件所否定，当时执行错误路线的有关档案就不宜列入红色档案的范畴。红色档案和“红色收藏”的边界是不同的，这是必须要明确的。

2.3 开放为主原则

红色档案的一个重要价值是宣传教育，而宣传教育注定了其具有一定程度的公开性。这并不是说所有的红色档案都需要公开，也不是说红色档案要一直保持公开，一项特别重要的活动所形成的档案会非常多，其完整档案都有可能被认定为红色档案，而且该活动的部分档案在一定时期内很可能是不适合公开的，但其主要的有代表性的档案，起码是结果性、成果性的档案，应当在合适的时间和场合进行一定范围的宣传，以发挥其宣传教育的价值。如果完全是不适合开放的档案，则直接按照常规保密档案进行管理即可，也没有认定为红色档案的必要。

2.4 适时调整原则

红色档案认定后并不是一成不变的，而是可以根据形势的变化和宣传的需要进行调整。比如对于一些党的历史事件和历史人物，在不同时期可能会有不同的定性，这就导致有一些曾经被认为是红色档案的在定性变化后就不宜再进行宣传，这样就要根据党中央的权威文件进行适当调整，作出合理排除（开始认定时已经被权威文件作出负面定性的则直接排除）。再如根据党和国家大政方针的调整，有一些原本重视不够的档案的作用和价值可能会被激活，此类档案就需要进行重新认定，及时确认其红色档案的身份。

3. 红色档案的分级原则

红色档案的范围虽然进行了限制，但数量相对来说还是比较庞大的，不同的红色档案其价值、功用也会有一定的区分，就需要考虑对这些档案进行分级。分级原则建议主要从以下三个方面进行考量：

3.1 历史价值

每一件档案都在记录历史，都有一定的价值，但不同的档案价值也是各不相同的，红色档案之所以突出，就是因为它所记载的历史有着特别重要的意义。一份记录普通会议的档案和一份记录党的重要会议的档案相比，无疑后者的价值要相对更大；记录常规重要会议的档案和记录关乎党和国家的生死存亡的重要会议的档案相比，后者则价值要更大一些；重要党史人物的档案一般要比普通党员的档案价值更大。档案不同于文物的一个很重要方面就在于它所记载的内容决定了它的价值，记录的内容越是重要，其历史价值越大，在档案分级中自然要适当靠前。

3.2 珍稀程度

这一点和文物、古籍的分级相似，特别是对于新民主主义革命时期的档案来说，具有时间较久、历史价值大、收集难度高等特点，是红色档案管理工作中的重点，也是难点，相对而言也最有看点，其价值无疑更加重要。新中国成立至改革开放前的红色档案，由于当时我国的档案事业处于曲折发展阶段，档案的齐全完整程度也还不够，也比较珍贵。改革开放以来的档案则相对齐全完整，很多档案甚至不止一份，且大多并不难见到，珍稀程度一般要相对低一些。

3.3 教育意义

既然强调红色档案的重要目的是凸显其宣传教育功能，那么红色档案分级时也必须要考虑其教育意义的大小。比如同是革命烈士的家书，谈到自己理想信念的无疑要比一般的家书更有教育价值，也更加适合作展览宣传。

进行分级时，应综合考虑以上三条原则，如果同时符合三原则，则等级就要适当上调，如果只符合其中一条，则等级适当下调。同等条件下历史价值优先考虑，珍稀程度次之，教育意义又次之，但也应根据实际灵活掌握。

4. 红色档案分级建议

结合现行《中华人民共和国档案法实施办法》有关规定，参考文物、古籍等分类方法，结合红色档案的实际情况，笔者建议将红色档案划分为一、二、三共三个等级，三级之下，再根据分级原则酌情考虑，分为六等。具体等级建议如下：

4.1 一级红色档案

具有特别重要历史、文物、教育价值的档案。

4.1.1 一级红色档案甲等

——反映早期共产主义运动和中国共产党创建过程的档案。

——一大至七大档案。

——八七会议、古田会议、遵义会议、瓦窑堡会议、七届二中全会、十一届三中全会等关系党和国家前途命运的重要会议和事件的档案。

——中央领导集体特别是领袖人物等党和国家主要领导人的全部档案。

——记录中国共产党人精神谱系形成过程的主要档案。

4.1.2 一级红色档案乙等

——新中国成立后历次党的代表大会及其他有重大历史影响的会议的档案。

——开国将帅的档案。

——新民主主义革命时期党中央重要人物的档案。

——新民主主义革命时期党中央在政治、军事、经济（含土地改革）、司法、文化、宣传等领域开展的重大活动的代表性档案。

——新民主主义革命时期党领导下开展的有重大历史影响的工人运动的档案。

——新民主主义革命时期革命烈士、老红军、老八路及新中国成立后抗美援朝烈士的代表性档案。

4.2 二级红色档案

具有重要历史、文物、教育价值的档案。

4.2.1 二级红色档案甲等

——新民主主义革命时期为革命事业作出重要贡献的军事将领的档案。

——新民主主义革命时期地方党组织建设发展的主要档案。

——新民主主义革命时期党领导的地方各级红色政权（包括革命根据地、老解放区等）建设的主要档案。

——新民主主义革命时期党领导下开展的有一定历史影响的工人运动的档案。

——当代中央领导集体外其他党和国家领导人的档案。

——1949年至1978年间国家在政治、经济、文化、社会、科技、军事、外交等领域取得的重要成就的主要档案。

——具有国内、国际重大影响和突出贡献的典型人物的档案。

4.2.2 二级红色档案乙等

——新民主主义革命时期普通党员的代表性档案。

——新中国成立以来省级以上党组织建设的代表性档案。

——改革开放以来党和国家在经济、政治、文化、社会、生态文明、军事、外事、科技等方面取得的重大历史成就的代表性档案。

——改革开放以来省级以上的重大活动、重大项目、重要事件的代表性档案。

——当代革命烈士的代表性档案。

——七一勋章、时代劳模、全国劳动模范、全国三八红旗手等国家级荣誉获奖人员的代表性档案。

——获得国家级以上奖项的重要成果的档案。

4.3 三级红色档案

具有比较重要历史、文物、教育价值的档案。

4.3.1 三级红色档案甲等

——新中国成立以来市一级党组织建设的代表性档案。

——红色企业家的代表性档案。

——省级先进典型人物的代表性档案。

——改革开放以来市级重大活动、重大项目、重要事件的代表性档案。

4.3.2 三级红色档案乙等

——后人所记录的革命先辈档案。

——新中国成立以来县级党组织，有典型性的乡和村一级党组织，大型国有企业和民营企业党组织建设的代表性档案。

——改革开放以来县级重大活动、重大项目、重要事件的代表性档案。

——反映各地城乡建设成就的代表性档案。

注释及参考文献

[1] 王娅，王向女. 我国红色档案资源研究综述[J]. 兰台世界. 2019(2):34-37.

[2][4] 郑慧，农扬宇. 红色档案：认知、交集与辨析[J]. 档案管理. 2021(4):19-21.

[3] 上海人大微信公众号. 上海市档案管理条例 [EB/OL]. [2021-11-01]. https://view.inews.qq.com/a/20211101A035Z800.

基于“范式”理论的红色地质档案价值分析

——以山东省级地质档案馆藏为例

山东省自然资源资料档案馆　于海　路焕　陈玉菡　董涛　杨晓东

摘　要：红色地质档案是1917年至今，在地质调查、矿产勘察和科研工作过程中践行红色思想、传播红色文化、服务革命建设，形成的对国家和社会具有保存价值的各种文字、图片、声音、表格、标本等不同形式的历史记录。文章基于“范式”理论框架，以山东省级地质馆藏为例，分析了红色地质档案在历史凭证、文化传承、情感维系、思想引领方面的价值，希图探索红色地质档案价值分析的新范式、新路径。

关键词：范式；红色地质档案；价值分析

1. 红色地质档案

1.1 概念的界定

学术界关于红色档案的概念并无定论，存在几种不同意见，分歧点集中在对红色档案形成时间跨度的不同认知。本文对红色档案的界定采用倪晓春、张蓉的论述，二者提出“红色档案是在过去和现在的红色思想践行和传播活动中直接形成的对国家和社会具有保存价值的文件、照片、影像、数据、实物以及遗迹等历史记录，是记录民族解放和社会主义建设的宝贵文化遗产”[1]，认为红色档案形成时间应该始于1917年十月革命之后，随着红色思想、红色文化的传入，在传播和实践红色思想的过程中产生，并跟随时代的变迁而不断发展变化。这一理论打破了关于红色档案概念的传统认知，增加了红色档案产生的时空广度，丰富了红色档案的内涵和外延。

地质档案是科技档案的一种，是“在地质调查、矿产勘察和科研工作过程中直接形成的对国家和社会具有保存价值的各种文字、图片、声音、表格、标本等不同形式的历史记录”[2]。根据前文论述，我们可以将红色地质档案界定为：1917 年至今，在地质调查、矿产勘察和科研工作过程中践行红色思想、传播红色文化、服务革命建设，形成的对国家和社会具有保存价值的各种文字、图片、声音、表格、标本等不同形式的历史记录。时间上不局限于中国共产党成立以后，形成主体不局限于中国共产党，凡是带有红色基因的地质档案都可以归入红色地质档案。

1.2　山东红色地质档案

20 世纪初期，以丁文江、翁文灏、章鸿钊等为代表的中国地质事业先驱从国外学成归来之后，在全国范围开展了大量地质勘查工作。随后，北京大学、北洋大学先后设立了地质学科。1913 年，前农商部地质研究所成立并招生，标志着大量本土培养的地质学者涌现。自此由中国人完成的地质考察报告成为国内地质行业的主流，国内现存地质档案亦是从此时发端，可以说，红色地质档案的形成时期与地质档案的大量形成时期是基本重合的。

另外，山东省矿产资源丰富、品类繁多、地质构造典型，是中国近代地质科研和矿业开发的发端地之一，截至目前，山东省省级地质档案馆馆藏自 1907 年以来完成的各类地质档案 15000 余卷。山东还是革命老区，在这里红色基因与中华传统文化水乳交融，这里是沂蒙精神的发源地，与延安精神、井冈山精神、西柏坡精神并称为党和国家的宝贵精神财富。因此，山东地质档案在全国具有较强的代表性，以山东为案例研究分析红色地质档案的价值具有较强的典型性。

2. 基于“范式”理论的红色地质档案价值分析

2.1　档案“范式”理论

“范式”（paradigm）一词源于拉丁文，于 1959 年由美国人托马斯 · 库恩引入科学研究。1987 年，加拿大档案学家休 · 泰勒最早提出了档案学范式转型理论。2011 年，特里 · 库克发表《四个范式：欧洲档案学的观念和战略的变化——1840 年以来西方档案观念与战略的变化》一文，在梳理西方档案理论和档案史的基础上，他提出 19 世纪以来档案工作者对其工作、职能、活动及社会作用认知的四个大的思想范式：“证据、记忆、认同、社会/社区”，而且这四个范式是超越时间的，非线性的、层层递进的、相互取代的[3]。2013 年特里 · 库克在《证据、记忆、认同和社区：四种档案范式的转换》[4] 一文中进一步完善了这一理论。

2.2　从“证据范式”看红色地质档案的历史凭证价值

证据属性是档案的基本属性。红色地质档案是时代的产物、历史的凭证，是中国地质矿产行业从无到有，由弱变强的见证，记录了在中国共产党的领导下中国地质矿产行业的发展历程，每一份红色地质档案的背后都是一段中国地矿事业的故事。例如馆藏吴藹宸先生的一份书信档案，虽然只有短短数页，两千余字，却是山东乃至中国黄金事业在新中国成立后发展历程的历史见证。

吴藹宸是福建闽县人，8岁随父到山东求学，学习期间积极参加革命，并与济南章丘学生高盘之结为好友，共同参与反清组织“乐群学会”，而高盘之正是此后引导周恩来走上革命道路的启蒙导师。吴藹宸后来考入北京大学，学习采矿冶金专业，毕业后从事工矿专业十余年，后弃矿从政，先后任南京国民政府多个要职。后来，吴藹宸深感国民党政府无能，离职赴英国留学。1954年在周恩来总理的亲自关怀下，吴藹宸归国，先后担任北京地质学院教授、欧美同学会总干事、国务院文史研究馆馆员[5]。1957年9月4日，《国务院关于大力组织群众生产黄金的指示》发布。当时，国家百废待兴，亟需增加黄金储备。为了解决这个问题，《指示》要求把“各省、自治区黄金生产作为一项重要的生产事业来领导……必须用极大力量，并且给予一切方便条件，积极地组织这种生产……为加强黄金资源的地质勘探工作”[6]。得知这一消息后，吴藹宸于1957年9月8日给冶金工业部去信，详谈了自己的工矿学习工作经历，希望能够帮助国家开采黄金。由于吴藹宸曾在山东工作，而山东又是黄金主产区，冶金工业部将他介绍给了地质部山东办事处。当年12月18日、12月25日，吴藹宸与地质部山东办事处多次书信往来，帮助山东拟定了《开采山东招远平度金矿计划书》[7]，随后山东省黄金大开发揭开了序幕。经过几十年的努力，当前山东金矿资源储量和产量均高居全国首位，吴藹宸老先生的两封信正是山东黄金生产走向辉煌的历史见证。

2.3 从“记忆范式”看红色地质档案的文化传承价值

鉴定是“记忆范式”的决定性特征，20世纪30年代以后，随着档案数量的急剧增加，档案工作者需要通过解读历史发展大势来判断哪些文件应该作为档案来保存。近代以来，中国地矿事业的巨大进步，特别是矿业开发的巨大成就，绝大部分都是新中国成立以后在中国共产党的领导下完成的，这一时期地质档案数量呈几何倍数增加。因此，梳理鉴定红色地质档案也就明晰了中国地矿事业学术发展史和理论技术传承发展路线。

以胜利油田的发现和发展为例，根据红色地质档案《胜利油田勘探与发现》记录，1961—1965年，依照李四光提出的在松辽、华北平原等开展石油普查的意见，1961年4月16日，在山东省广饶县发现了华北平原第一口工业油流井，胜利油田从此诞生，进一步验证了陆相生油理论。随后，结合我国实际情况，地质科研工作者不断钻研，油气勘探理论随时代发展不断更新，形成一套我国独有的油气成果理论。根据红色地质档案《济阳坳陷复式油气聚集（区）带勘探与突破》记录，1983—1995 年，面对济阳坳陷“油田越找越小，越找越贫，路子越走越窄”的困局，广大地质工作者解放思想、大胆创新、苦干实干，提出并实践了复式油气聚集（区）带勘探理论，最终将胜利油田建成我国第二大油田，形成的成果获得国家科技进步特等奖、二等奖各一项。根据红色地质档案《济阳坳陷隐蔽油气藏勘探与突破》记录，1996—2010 年，地质工作者提出了“断坡控砂、复式输导、相势控藏”新理论，实现了油气勘探从“碰”到“找”，从“定性预测”到“定量评价”的质变，成果获国家科技进步一等奖。在这一理论指导下，胜利油田新发现 7 个油气田，新增探明储量 18.5 亿吨，将胜利油田产量稳定在 2700 万吨。根据红色地质档案《济阳坳陷油气藏精细勘探与稳定增储》记录，2011—2020 年，形成了“咸化富烃、酸碱控储、有序成藏”为核心的断陷盆地精细勘探理论，指导发现 2 个新油田，新增储量 15.8 亿吨，为老油田持续发展开辟了新路径，打开了胜利油田开采新局面，获得国家科技进步二等奖。[8]

可以看出四个油气相关的红色地质档案，前后呼应，相互传承，形成了一脉相承的中国油气矿产理论技术发展之路，为我国甩掉贫油落后帽子作出了重要贡献，也改变了世界油气行业发展格局，具有极高的学术价值和文化传承意义。

2.4　从“认同范式”看红色地质档案的情感维系价值

20 世纪 70 年代以后，档案在专家型学者的手中变成为维系情感的纽带，成为历史的重要组成部分，融入民族文化之中。以“影响山东的 100 部重大地质成果遴选”为例，此次遴选以庆祝中国共产党成立 100 周年为契机，从 1.5 万多卷馆藏地质成果中遴选 100 部影响山东的重大地质成果。这些记录不同时期地质工作者战天斗地、筚路蓝缕为建设国家、发展经济不断奋斗历史的红色地质档案，为文化自信提供了丰富红色文化资源，为行业内“四史教育”提供了鲜活的素材。第一，遴选深入挖掘了地质工作的重要意义。遴选与党史学习教育活动紧密结合，回顾新中国成立以来，石油、矿产从卡脖子到自立自强，到支撑起国家建设和国民经济的高楼大厦，展现了地质工作在党的领导下蓬勃发展、不断壮大的光辉历程。第二，遴选推动了山东地质精神的传承。山东地质百年，地质工作者以找矿报国为己任，艰苦奋斗、矢志为国。特别是新中国成立以后，在党的坚强领导下，山东地质人坚定弘扬“三光荣”“四特别”地矿精神，传承红色基因，激荡奋进力量，成就了一批“有重大功勋的地质队”“找矿功勋单位”，为助推全省经济社会高质量发展贡献不竭力量。发掘重大地质成果背后的历史和技术价值，是对前辈地质人精神的最好讴歌和传承。第三，遴选梳理了山东地质事业发展脉络。重新梳理百年来地质工作，并评选影响山东的 100 部重大地质成果，可以理清山东地质事业发展脉络，展现山东地质人的风采，学习总结先进经验，为今后的工作指明方向。第四，遴选激励了地质工作者担当和创新。山东地质事业的发展与国家经济发展是同频共振的，通过遴选活动，让社会各界认识到地质工作的重要作用，鼓舞激励地质工作者继承传统，勇于担当，不断开创地质工作新局面，取得新成果。

2.5 从“社会范式”看红色地质档案的思想引领价值

2022 年 10 月 2 日，习近平总书记给山东省地矿局第六地质大队全体地质工作者回信，充分肯定六队地质工作者取得的丰硕找矿成果和展现出的使命担当，勉励地质工作者在新一轮找矿突破战略行动中发挥更大作用。在全国地矿系统中掀起了践行总书记重要回信精神、学习山东地矿六队先进事迹的热潮。与六队相关的红色地质档案成为挖掘六队相关事迹的重要资源之一，在山东省自然资源厅举办的“学习贯彻习近平总书记给山东省地矿局第六地质大队全体地质工作者的重要回信精神专题展”中，就展出了多份六队的地质勘察报告，包括《九曲矿段地质勘探报告》《最高指示三山岛金矿区地质勘探报告》《焦家金矿区地质勘探报告》等。

总书记在给六队的回信中指出：“希望同志们大力弘扬爱国奉献、开拓创新、艰苦奋斗的优良传统，积极践行绿色发展理念，加大勘查力度，加强科技攻关，在新一轮找矿突破战略行动中发挥更大作用，为保障国家能源资源安全、为全面建设社会主义现代化国家作出新贡献，奋力书写‘英雄地质队’新篇章。”[9] 红色地质档案一一印证了总书记的回信精神。20 世纪五六十年代，六队完成了山东省第一份金矿勘探地质报告——《山东招远玲珑金矿田九曲矿段地质勘探报告及补充报告》。六七十年代，六队打破“大断裂带只导矿不储矿”的传统认识，完成了焦家金矿带的第一份勘查报告——《山东掖县焦家金矿区地质勘探报告》，填补了国际金矿类型空白，丰富了金矿成矿理论。2006 年，完成了《山东省莱州市寺庄矿区深部金矿详查报告》，迈出深部找矿第一步，2007 年 9 月 19 日，时任国务院总理温家宝亲自批示：“请国土资源部转告山东六队职工，祝贺他们在金矿勘探中取得重大发现，向大家致以亲切的问候。”六队创立的“焦家式”蚀变岩型金矿成矿理论与模式荣获国家科技进步特等奖，金矿“热隆—伸展”成矿理论和“阶梯式”成矿模式获国家科技进步二等奖。1992 年 10 月 19 日，六队被国务院授予“功勋卓著无私奉献的英雄地质队”称号[10]。

3. 小结

习近平总书记说：“文化是一个国家、一个民族的灵魂。文化兴国运兴，文化强民族强。没有高度的文化自信，没有文化的繁荣兴盛，就没有中华民族伟大复兴。”[11] 红色地质档案作为我国独有的档案形态，贯穿于我国地矿事业的发展进程之中，是民族文化的重要组成部分，在历史凭证、文化传承、情感维系、思想引领方面等方面存在普遍价值，但开发利用深度、广度尚不足，是下一步挖掘红色资源的富矿，需要开展系统性的开发，而基于“范式”理论的价值分析，为数字时代红色地质档案开发利用工作带来了新方向和新挑战。

注释及参考文献

[1] 倪晓春,张蓉.大数据背景下红色档案数据治理的突破方向和实现路径探析[J].档案学研究,2022(6):63-70.

[2] 樊艳霞.新时代地质资料档案信息化建设的问题与对策[J].档案管理,2021(5):124-126.

[3] 特里·库克.四个范式:欧洲档案学的观念和战略的变化——1840 年以来西方档案观念与战略的变化[J].李音,译.档案学研究,2011(3):81-87.

[4] COOK T. Evidence, memory, identity, and community: Four shifting archival paradigms[J]. Archival science,2013(2):95-120.

[5] 曾江.闽侯清廉人物谱[M].福州:福建美术出版社,2006:239-241.

[6] 国务院关于大力组织群众生产黄金的指示[J].中华人民共和国国务院公报,1957(40):832-833.

[7] 招平金矿有限公司借款合办节略[A].山东省自然资源资料档案馆馆藏,档案号:914.

[8][10] 影响山东的 100 部重大地质成果[M].济南:山东省地图出版社,2023:2-81.

[9] 习近平给山东省地矿局第六地质大队全体地质工作者的回信[EB/OL].[2023-09-13].https://www.gov.cn/xinwen/2022-10/04/content_5715801.htm.

[11] 习近平.决胜全面建成小康社会 夺取新时代中国特色社会主义伟大胜利——在中国共产党第十九次全国代表大会上的报告[N].人民日报,2017-10-28.

关于红色文学档案认定的思考与探析

中国现代文学馆　徐　莹

摘　要：明确红色档案的认定标准，是做好红色档案资源摸底、建设红色档案资源名录、展览展示、出版文献汇编、档案保护与开发等工作的前提。红色文学档案作为一种专门档案，是红色档案的重要组成部分，目前关于红色档案认定标准方面没有统一界定，现基于中国现代文学馆所藏作家手稿，从概念、时期和类别三方面界定红色文学档案，为红色档案认定标准的制定提供一点思考与建议。

关键词：红色档案；红色文学档案；认定标准

1. 引言

近年来，习近平总书记多次强调“把红色基因传承好”“把红色基因一代代传下去”[1]。新征程上，将面对许多具有新的历史特点的斗争，只有不断激活与传承好红色基因，才能让革命事业薪火相传、弦歌不断。2021 年 7 月 6 日，习近平总书记对档案工作作出重要批示，突出强调，“推动档案事业创新发展，特别是要把蕴含党的初心使命的红色档案保管好、利用好”。[2] 用红色档案传承红色基因是时代命题，用好红色档案传承好红色基因是时代使命。2023 年 2 月全国档案局长馆长会议上要求加大红色档案资源抢救、征集和保护力度，研究制定红色档案定级标准，在全国范围组织开展珍稀红色档案认定工作。[3] 明确红色档案的认定标准，是做好红色档案资源摸底、建设红色档案资源名录、展览展示、出版文献汇编、档案保护与开发等工作的前提。目前全国范围内未有全面、明确、细化的红色档案认定标准，上海市 2021 年 12 月 1 日施行的新修订的《上海市档案条例》中首创“红色档案的保护利用”专章，明确了红色档案概念和保护利用的基本要求，强调要开展红色档案调查与认定，加强发掘、整理、研究工作，制定分级保护与抢救保护措施等。[4] 虽有宏观性的指导可以参考，但档案本身性质特殊，尤其种类多样的专业档案，在认定红色档案过程中仍是毫无头绪，步履维艰。在档案事业要求高质量发展的今天，笔者从工作实践出发，基于中国现代文学馆所藏作家手稿，从概念、时期和类别三方面界定红色文学档案，为红色档案认定标准的制定提供一点思考与建议。

2. 概念界定

目前社会各界对红色档案的定义和范围还未有明确统一的界定，更多的是在研究和学术层面的探索过程中提出的观点。虽然还未有科学统一的认知，但可以通过对“红色档案”“红色经典（红色文学）”“革命文物”等易于混淆的专有名词进行对比分析，对“红色文学档案”做出相对科学的界定。

2.1 关于“红色档案”的几种论述

程巧（2009）对“红色档案”进行了定义，认为红色档案是特指在革命年代中，关于“红色人物与红色革命事件”两方面内容形成的革命历史档案。[5] 刘淑玉、陈才（2014）认为是记载革命年代（1927—1949 年）有关红色人物与红色事件的历史档案。[6] 对于形成红色档案的时期，黄明嫚（2014）认为红色档案指的是新民主主义革命这一时期（1919—1949 年）产生的档案。[7] 吕慧（2015）认为在革命过程中及社会主义建设中形成、产生和保存了红色档案。[8] 李争婕（2017）认为是中国共产党成立以后。[9] 对于档案的来源，黄明嫚（2014）认为限于政治活动和对敌斗争。[10] 徐艳芬（2012）认为除了政治活动，还包括军事、经济、文化等活动。[11]

2011 年 6 月由姜文明和张治共同导演，以中央档案馆国家档案局珍藏的建党以来的珍贵历史文献为切入点，制作了 7 集历史人文类纪录片《红色档案》，可以看出中央档案馆国家档案局对红色档案的定义为中国共产党成立以来，领导中国人民进行革命斗争所形成的重要革命历史档案，以及中华人民共和国成立后形成的与中国共产党有关的重要档案。

2021 年新修订的《上海市档案条例》所称的红色档案，是指中国共产党领导下，在新民主主义革命时期、社会主义革命和建设时期、改革开放和社会主义现代化建设新时期、中国特色社会主义新时代所形成的具有历史价值、教育意义、纪念意义的档案。[12]

概而言之，红色档案概念有狭义和广义之分。

狭义的红色档案，即革命历史档案，特指新民主主义革命时期（1919—1949 年）形成的，由中国共产党领导的机关、组织和个人在各种对敌斗争和政治活动中形成的具有保存价值且能够反映红色精神的文字、图像、音视频、实物等各种形式和载体的历史记录。

广义的红色档案，指自中国共产党成立以来（1921年至今），由中国共产党领导的机关、组织和个人在革命战争时期、社会主义建设时期、改革开放时期和中国特色社会主义新时代形成的具有保存价值的各种文字、图表、声像等不同形式的历史记录。

2.2 红色档案≠革命文物

革命文物，《实用法律词典》解释为“历史上革命活动中遗存下来的反映革命斗争，英雄人物，革命事件的遗物和遗迹。他对革命历史起着见证作用，是进行革命传统教育的生动教材”。革命文物的概念是中国特有的概念，是中国文物概念中的一个类别，以政治性质为划分标准。主流界定革命文物的时期包括中国近现代民主革命、社会主义革命、建设、改革开放和中国特色社会主义新时代的历史进程，在此进程中保留下的具有典型时代特征、反映革命历史时期社会变动特性，承载着中华民族精神、爱国主义精神、开创首倡精神、进取奋发精神的革命遗址、遗迹、旧址、纪念建筑等不可移动文物、可移动革命文物等物态遗产。革命文物没有时代下限。

红色档案与革命文物隶属不同种属，有本质的属性差异，不能因为中国对“红色”一词的理解为“象征革命和政治觉悟高”，就简单地认为二者可以等同。

2.3 红色经典（红色文学）≠红色文学档案

中国当代文学中“十七年文学”这一时期（1949—1966）产生的与革命历史相关的小说等文学作品被称为“红色经典”。杨匡汉在《惊鸿一瞥：文学中国1949—1999》中对“红色经典”概念进行了归纳和总结，他认为：“1949年新中国成立之时，那些被称为‘红色经典’的小说并且获得人民高度赞誉的，构成了最早的中国当代文学骨架。”[13] 2004年，国家广电总局指出红色经典是曾在全国引起较大反响的革命历史题材文学名著。[14]如经常被提及的“三红一创，山青保林”八部长篇小说，即《红岩》（罗广斌、杨益言）、《红日》（吴强）、《红旗谱》（梁斌）、《创业史》（柳青）、《山乡巨变》（周立波）、《青春之歌》（杨沫）、《保卫延安》（杜鹏程）、《林海雪原》（曲波），还有与这些长篇小说诞生于同一时期的其他经典作品，如长篇小说《战斗到明天》（白刃）、《铜墙铁壁》（柳青）、《风云初记》（孙犁）、《铁道游击队》（知侠）、《小城春秋》（高云览）、《战斗的青春》（雪克）、《野火春风斗古城》（李英儒）、《烈火金刚》（刘流）、《敌后武工队》（冯志）、《苦菜花》（冯德英）、《三家巷》（欧阳山）等共同构成了新中国文学史上著名的“红色文学经典”，也被称为“革命历史小说”。那么与“红色文学经典”相关联的档案能否都认定为红色档案范畴呢？对红色文学档案的理解可以分三个维度，一是红色的文学档案，即该档案可以作为承载历史的原始记录，例如巴金的《赴朝日记》，王礼锡的《笔征日记》。二是红色文学的档案，特指在红色经典文学范围内的文学作品在创作过程中形成的文字、图片、素材等具有保存价值的资料。例如杜鹏程创作《保卫延安》过程中形成的全部书稿一至九稿。三是红色文学本身具备档案属性，符合档案的基本要求，也应认定其为红色文学档案。如“三红一创”等文学作品。

中国现代文学馆（以下简称“文学馆”）收藏有中国现当代作家的著作、手稿、译本、日记、信札、藏书、照片等众多文学档案资料，这其中以文学家为主的历史著名人物在中国共产党领导中华儿女，为了争取民族独立、人民自由、国家富强的奋斗历程中，形成蕴含中国共产党人的初心使命的具有保存价值的档案，可以被认定为红色文学档案。一般包括自传、回忆录，论著、译著的手稿和样本，文学创作手稿、书法手迹、笔记、日记、书信、照片、音视频等。

3. 时期界定

上文提到关于“红色档案”的论述中出现三个时间段：一是新民主主义革命时期（1919—1949年）、二是国民政府时期（1927—1949年）、三是中国共产党成立以来的各个时期（1921年至今）。关于红色档案的形成时期的界定，其中接受度较高的是1921年至今，也是各界各部门在征集编研活动中常常界定的征集范围。

脍炙人口的小说从不同的方面和角度反映新民主主义革命时期和社会主义革命与建设时期艰苦卓绝的斗争，真实地展现了各个历史时期中国人民在中国共产党的领导下所走过的光辉而艰巨的历程，为我们留下了许多典型形象，《青春之歌》中洋溢着青春气息、勇敢追求民主与自由的林道静；《红岩》中忍受酷刑、坚贞不屈，怀着崇高理想、不怕牺牲的江姐；《创业史》中勤劳朴实、坚韧不拔，遭遇磨难仍坚持创业的梁生宝……栩栩如生的人物，向我们展现了中华民族不屈不挠、英勇奋斗的革命精神，激励影响着几代人。除了长篇小说，还有其他体裁文学名篇，短篇小说、散文、报告文学、通讯特写等。进入新时期以来，红色题材的文学创作再掀热潮，在新的时代背景下有了新的发展与拓展，产生了《东方》和《地球的红飘带》（魏巍）、《高山下的花环》（李存葆）、《历史的天空》（徐贵祥）等经典名作。在新的历史起点上，习近平总书记强调：“对历史最好的继承就是创造新的历史，对人类文明最大的礼敬就是创造人类文明新形态。”[15] 中国文学在新时代的伟大征程上开启了崭新阶段，不断更新思想范式、艺术形式、话语方式，推进新时代文学的高质量发展。随着文学领域对“红色”时期界定下限延伸，红色文学档案的时期界定也应以纵深视野从历史观出发，对红色文学档案赋予新的时代意义。当下红色文学档案的认定应该包含见证中国特色社会主义新时代取得的历史性成就，如脱贫攻坚、全面建成小康社会、抗击疫情、抗洪救灾等重大成就和重大事件。

在认定红色文学档案时有时会出现时期错位的现象，如魏巍的《地球的红飘带》。这部长篇小说创作于1987年，是我国第一部描写红军二万五千里长征的长篇小说，描绘了中央红军长征的完整过程。1987年是形成书稿的时间，也就是魏巍创作过程中形成文学档案的时间，而档案内容涉及的是红军长征时期，对于这种档案是否属于红色文学档案，认定的关键是涉及的时期，要理清是以形成档案的时间为认定重点，还是档案内容涉及的时间更有认定意义。换言之，红色文学档案涉及的时间均应在中国共产党自1921年7月成立起至今这个时间范畴中权衡分析。

4. 类别界定

红色档案载体形式，与其他各类档案几乎相同，为书籍、期刊、报纸、档案、手稿、书信、日记、回忆录、笔记、照片、音视频以及奖章、勋章、证书、纪念品等各类具有红色意义的物品。而红色文学档案一般是以作家手稿为主，在手稿这一大类下可以再划分几个类别，有利于具体认定工作中的把握，比如细化为文学作品的书稿、书信、题词、笔记、日记、书法绘画作品的原稿等。

5. 容易忽视的几个问题

虽然论述了从三个方面认定红色文学档案的建议，旨在清晰归属红色文学档案的具体范畴。但在实际工作中，还是存在不少争议，无法明确是否纳入红色档案之中。根据整理作家手稿的工作实践，在此总结几个容易被忽视的问题。

5.1 以偏概全

闻一多是著名诗人、学者、民主战士，1946年7月15日在昆明街头被国民党特务枪杀。他生前对于中国的民主事业和文化事业作出了巨大贡献。他所著《〈九歌〉古歌舞剧悬解》是一部大型学术著作，它不仅是闻一多学术研究和文艺创作的最后成果，而且体现了闻一多《楚辞》研究的最高成就。然而这部著作的手稿却不适合认定为红色文学档案，不能因为闻一多民主战士的身份就忽视手稿本身的内容。因作者的身份，就笼统认为所有的档案自然是“红色”，这属于盲目认定，根本原因是对作者本人所处的生活环境、成长经历掌握不详尽，对档案具体情况不了解。

5.2 过于严苛

我们通常会认为符合一定标准的程度就是判断和衡量的依据，在认定过程中符合标准就是红色档案，如果不能很好地符合每一条标准的档案，就不是红色档案。其实不同领域的专业档案有不同的特性，标准不可能将所有的特别是隐含的特质都作出详尽规定，如果有对档案的“解码”能力，就可以作出较为准确的判断。

比如罗广斌、杨益言的《红岩》手稿认定。罗广斌、杨益言都曾被关押在渣滓洞和白公馆，是历史的亲历者，两人在1961年完成长篇小说《红岩》的创作，这部小说是在真人真事的基础上进行集中概括的创作。文中描写的环境、人物、事件在历史上真实存在的，但因人和事实际中会有零散之感，小说中需要适当的艺术加工，所以《红岩》并不是回忆录。如果认为《红岩》手稿是作者增加了主观感受的一部文学作品，不是真实客观记录，缺少对当时历史的凭证作用，就认定其不是红色文学档案，这是只对档案作出了直观评介，而缺少对档案价值尤其是预见性价值的感知。红色基因蕴含的精神与智慧，需要依托客观的红色资源载体的物化呈现与表达，《红岩》中的典型人物，不仅反映了所代表的群体发展历程，而且表现了时代发展、社会变化的一个侧面，鲜明的红色人物形象更是受到全社会的关注，其作为革命历史与精神的承载者，既传承了红色精神，也代表了公众对红色历史文化的认同。所以《红岩》手稿是红色历史精神的载体之一，是镌刻中国共产党人初心使命最直接、最形象、最震撼的历史凭证，它可以让人记住那段红色的岁月，也可以激励人去学习历史，并深刻理解和感受中华民族精神的核心内涵。

5.3　思维固化

档案工作者容易出现思维固化的现象，缺少大档案观，坚持从实体本身出发从而忽略掉实体中蕴含的更为重要的信息，以至于经常纠结于判断实体是否为档案。纠结如此不如去正视实体中诸多要素之间的契合点，去平衡出现的矛盾点。笔者对外宣传杜鹏程的《保卫延安》书稿时，在档案这个大范围内的强制约束下曾多次被质疑该书稿不是档案。

杜鹏程《保卫延安》是当代文学中第一部大规模和正面描写解放战争的长篇小说。小说展现了延安保卫战的全局风貌，并辐射到解放战争的总体历史进程。冯雪峰评价《保卫延安》“是够得上称为它所描写的这一次具有伟大历史意义的有名的英雄战争的一部史诗的”。[16] 这样一部史诗性的作品诞生离不开作者的心血浇筑，现存手稿就是作者倾注心血的具象化。《保卫延安》是长篇小说，手稿却包括报告文学版两稿，小说版四稿，摞起来有两尺多高，十几斤重，几乎每一页上都有修改的痕迹。杜鹏程的创作初衷就是要表现延安保卫战这一场艰苦卓绝的斗争以及无数英雄人物的自我牺牲精神，要用手中的笔热情讴歌伟大的党伟大的革命战士，并以此昭示后人。杜鹏程广泛接触全军各级指挥员，与战士们一道行军作战，吃住在一起，积累了大量第一手资料，成为日后创作《保卫延安》的宝贵素材。杜鹏程跟随部队行军作战，艰苦卓绝的西北解放战争和无数震撼人心的英雄事迹促使他要把这一切都写出来告诉世人。四年多的时间里，

《保卫延安》经历了体裁的改变，九次大的修改，数百次的增添删削，由最初上百万字的报告文学，改为六十多万字的长篇小说，又压缩为十七万字，再变成四十万字，最终又变为三十多万字。这期间有多少次遇到难以跨越的困难，杜鹏程也曾后悔过，埋怨自己不自量力，每当沮丧颓唐时都是那些死去和活着的战友，那些激动人心的战斗场景，给了他强大的精神动力。手稿中可见初心，能够看到一个战士化的作家，一腔热忱爱党爱国，他忘不了战士们，忘不了人民群众，忘不了那一场壮烈的战争，忘不了战斗生活对自己的教育，忘不了几千年来中华民族流血斗争的历史，呕心沥血反复打磨《保卫延安》，是一个党员对初心的坚守，对使命的自觉履行。今天透过手稿看杜鹏程，他燃烧生命奋发忘我的革命精神，扎根人民的工作作风，正直刚强的战士风骨，依然能给不断开创事业新局面的各条战线的人们以精神力量，激励人们不忘初心，踔厉奋发，笃行不怠。

此外，关于尚存争议的历史事件、历史人物相关的档案需要慎重论证，建议暂不划入红色档案范畴。领袖人物、军政人物、英雄、模范、烈士、左翼作家艺术家这些历史人物的相关档案，即使没有收藏原件，也可适当放宽认定标准，将复印件纳入其中。文学馆藏有毛泽东致舒群信的复印件。毛泽东在 1942 年 4 月延安文艺座谈会召开前夕致信舒群，明确表示希望听到更多反面的意见。信中寥寥数语却反映了毛泽东不止一次和舒群谈论文艺方针的事实，表现出毛泽东对反面意见的重视，听取意见的诚恳态度。同时这封信也证明了毛泽东为了找准延安文艺界的问题，做到有的放矢，在文艺座谈会前曾进行细致的调查研究工作。不只是舒群，从 1942 年 4 月初起近一个月的时间内，毛泽东通过约谈、写信的方式和丁玲、萧军、艾青等多位文艺界人士就文艺诸问题交换看法，征求意见。正是因为前期做了充分的调查研究，毛泽东弄清了延安文艺界的问题，提出了中国共产党解决这些问题的一系列理论和政策。毛泽东是践行和推动调查研究的光辉典范，中国共产党注重调查研究的优良传统和作风在新的时代依然彰显着生命力。

6. 结语

对于红色文学档案的认定，具体到工作中，实际操作的难度比理论上的阐述要大得多，一方面文学档案情况比较复杂多样，自身又不具有直观叙事功能，有的外观可视性也不高，难以生动传达红色基因的深刻内涵，另一方面则囿于工作人员的认定能力。对红色文学档案的认定是一项细致的工作，不仅要求工作人员掌握档案工作的理论与方法，而且要求工作人员具有丰富的知识储备，包括又不限于中国近代史、历史学、中国文学史等各学科各领域，知识储备越丰厚，在面对一件文学档案时，才能作出更为全面、客观的判断，将文学档案放置于近代以来中国人民不懈斗争、中华民族伟大复兴的历史进程中考量，充分发挥红色文学档案的时代价值。

注释及参考文献

[1] 习近平. 把红色基因传承好,把红色江山世世代代传下去(2016 年 1 月—2020 年 6 月)[G]//习近平. 论中国共产党历史. 北京:中央文献出版社,2021:107-111.

[2] 国家档案局印发《通知》要求认真学习贯彻习近平总书记对档案工作重要批示[EB/OL]. [2021-07-29]. https://www.saac.gov.cn/daj/yaow/202107/4 447a48629a74bfba6ae8585fc133162.shtml.

[3] 陆国强. 全面贯彻落实党的二十大精神 奋力书写档案事业现代化和高质量发展新篇章——在全国档案局长馆长会议上的报告[N]. 中国档案报,2023-02-27(1).

[4] [12] 上海市人民代表大会常务委员会. 上海市档案条例[EB/OL]. [2023-01-12]. https://www.archives.sh.cn/zcfg/daflfg/202301/t20230112_67872.html.

[5] 程巧. 红色档案的开发与红色旅游的可持续发展[J]. 兰台世界,2009(20):34-35.

[6] 刘淑玉,陈才. 海南红色档案资源信息系统的开发与旅游利用[J]. 兰台世界,2014(23):104-105.

[7] [10] 黄明嫚. 以产业链促进红色档案资源经济价值的开发[J]. 兰台世界,2014(32):108-109.

[8] 吕慧. 社会主义核心价值观与红色档案资源的功能及实现路径——基于广西红色档案资源的分析[J]. 中共桂林市委党校学报,2015(1):21-24.

[9] 李争婕. 红色档案资源在高校思想政治教育中的运用[J]. 管理观察,2017(24):133-134.

[11] 徐艳芬. 加强地方红色档案建设刍议[J]. 广西民族师范学院学报,2012(3):145-147.

[13] 杨匡汉. 惊鸿一瞥:文学中国 1949-1999[M]. 西安:陕西人民教育出版社,1999:23.

[14] 国家广电总局关于“红色经典”改编电视剧审查管理的通知[EB/OL]. [2023-06-15]. https://m.lawtime.cn/law/d377160382254.html.

[15] 习近平. 在文化传承发展座谈会上的讲话(2023 年 6 月 2 日)[J]. 求是,2023(17):11.

[16] 冯雪峰. 论《保卫延安》[M] //冯雪峰. 冯雪峰论文集:下册. 北京:人民文学出版社,1981:253.

“红色档案”分级鉴定若干问题思考

广州卫生职业技术学院　邓丽欢

摘　要：“红色档案”分级管理的实施，是对传统的档案实体管理模式的一种突破，其关键在于红色档案的科学分级鉴定。本文以“红色档案”为例，详细探讨了分级鉴定的理论依据、技术路线、标准原则、等级内容及策略路径，对指导新时代“红色档案”分级鉴定具有重要的现实指导意义。

关键词：红色档案；分级鉴定；档案价值

1．概述

经 2017 年 3 月 1 日国务院令第 676 号《国务院关于修改和废止部分行政法规的决定》，修正后《中华人民共和国档案法实施办法》依然保留了“各级国家档案馆馆藏的永久保管档案分一、二、三级管理”。这是从行政法规的高度提出并具体落实档案分级管理的具体体现，这也是档案管理发展到一定阶段、满足档案管理特点和规律而提出的新的理念、新的管理方法。永久保管档案未实行“一、二、三级”分级管理之前，诸如江西档案馆建立了“档案特藏库”、“珍品陈列馆”、崂山区档案馆、宁海档案馆建立了“档案特藏室”等等，这些其实体现了档案分级管理的精神实质，也为档案分级管理积累了成功的实践经验。2021 年 1 月 1 日正式实施的新修订的《档案法》，明确提出档案工作“实行统一领导、分级管理的原则”，其中也包括了馆藏档案资源，尤其是永久档案的分级管理。红色档案记载了党的奋斗历程和伟大成就、体现光荣传统和优良作风、彰显实践创造和历史经验的重要史料[1]。红色档案则是中国共产党从其诞生、成长、奋斗历程的真实见证，涵盖了革命战争时期、抗日战争时期、解放战争时期、新中国建设时期、改革开放时期和新时代中国特色社会主义建设时期所形成的具有保存价值的档案资料。即从中国共产党诞生一直到当下[2]。红色档案分级管理的实施，是对传统的档案实体管理模式的一种突破，其关键在于红色档案的科学分级鉴定。近年来，红色档案研究成为理论界的热点，笔者以中国知网数据库为检索源，以“红色档案”为检索词进行主题搜索，不限定发表时间及文件类型，截至目前“红色档案”共511篇，红色档案资源373篇，而且呈现出逐年增长之势（见表1）。但罕有红色档案定级鉴定研究。

表1　“红色档案”年度文献发表情况统计表

2013	2014	2015	2016	2017	2018	2019	2020	2021	2022
11	17	9	22	16	16	73	48	335	348

2. 红色档案分级鉴定的理论依据

红色档案定级鉴定的实质就是基于“永久保存”范围内的红色档案，根据相应标准、程序和方法判定其价值大小、高低。红色档案定级鉴定所运用的理论依然是档案价值论，而有关红色档案价值论的探讨又涉及哲学问题。哲学中有关价值论包括“主体价值论”“客体价值论”，以及“主客体价值论”。红色档案定级鉴定则主要依据其“历史文化价值”，即判断红色档案价值的大小、高低，主要是考察实体红色档案所承载着的历史文化价值。以实体红色档案所承载着的历史文化价值作为判断红色档案价值大小、高低或珍贵与否的主要理论依据。

其一，文物分级理论。我国文物分为珍贵文物和一般文物，其中珍贵文物又分国家一级文物、二级文物、三级文物，每个等级都有其不同划分标准。文物分级所依据的正是不同等级文物所承载着的历史文化价值不同。其历史价值是指文物承载着的能够描述、反映和印证历史的真实程度，而文化价值则是指文物所能够描述、反映和印证文化发展的脉络及演变过程，等等。红色档案与文物二者密切联系，有的红色档案也是珍贵文物。红色档案没有青铜器、瓷器、陶器文物那样悠久历史，但现存的红色档案大多具有甚至超过同时代文物的价值。红色档案数量较多，其中一些红色档案同样兼具文物价值特性。可见，判断文物等级的历史文化价值理论及方法也可作为红色档案定级的重要参考。

其二，档案本质理论。红色档案反映的是中国共产党机关、组织及个人在政治、军事、经济、文化等活动中产生的具有保存价值的真实记录。通常认为，红色档案所反映的中国共产党团结带领广大人民进行革命战争以及新中国成立后所形成的重要革命历史档案，各级党组织、社会机构，甚至是个人的层级、地位及活动越重要，这些红色档案的价值相对就越高。以历史唯物主义分析，判断红色历史记录所具有的信息的重要程度，是红色档案进行定级的必然行为。一般情况下，将那些记录和反映党组织在某一时期、某一阶段乃至个人最重要活动的红色档案作为比较重要或有价值的红色档案来对待，而将那些记录和反映次要活动的红色档案视为非重要档案或一般档案，这种判断过程，也正是以是否反映重要的红色信息为转移。

其三，历史文化理论。从广义文化概念出发，红色档案是中国共产党成立后团结带领广大人民群众开展一系列活动的产物，各种形态的红色档案无不透露出种种政治、经济、军事、文化等重要信息，对红色档案定级鉴定时只有牢牢地把握历史文化这一特性，才能够把握主要矛盾以及矛盾的主要方面，排除一切假象，找出其真正的价值所在，实现客观、全面、科学地确定其价值等级。由于红色档案承载着的内容及形态丰富多样，历史文化价值不是红色档案定级鉴定的唯一理论依据。鉴定丰富多样红色档案价值，将它们划分或确定为相应等级时，还需要从印证价值、教育价值、主流价值等理论考虑。

3. 红色档案分级鉴定的技术路线

红色档案分级鉴定是对馆藏永久红色档案资源进行价值评估的过程，也是红色档案管理中重要且难度极大的工作。红色档案分级鉴定不同于红色档案单纯鉴定。一般意义上的红色档案鉴定是按照档案保管期限表，确定红色档案生命周期，是对馆藏红色档案"去伪存真"的过程。而红色档案分级鉴定依据的则是《档案法》或者地方性档案管理条例，如《山西省档案管理条例》就明确提出红色档案采取"分级分类"保护，"重要、珍贵"红色档案"有限抢救和修复"。红色档案分级鉴定是对馆藏永久红色档案的价值进行综合评估，实际是"去粗存精"的过程。红色档案分级鉴定的技术路线应为：馆藏永久红色档案普查→甄别→鉴定→分级→保护→宣传→开放。在此分级鉴定过程中，要综合评估红色档案历史价值、文化价值、凭证价值、科学价值、利用价值，并给予客观评定，得出永久红色档案等级。红色档案分级鉴定的内涵要通过严谨的科学技术和方法来实现，必须有相应的法律、法规、规章作为依据和保障，如《档案法》《档案法实施办法》《红色资源传承弘扬和保护利用条例》等。

4. 红色档案分级鉴定的标准原则

红色档案分级鉴定的客体或对象是所有永久馆藏的红色档案。要从宏观、微观两个层面进行红色档案分级鉴定。其中宏观层面是通过红色档案形成机构社会职能判定其红色档案文件价值；微观层面则是通过每一个具体红色档案案卷、卷内红色文件价值来综合评估，确定红色档案地位。无论是宏观分级鉴定还是微观分级鉴定红色档案都有其利弊，因此要将宏观与微观有机结合、灵活运用，使分级鉴定更符合红色档案价值实际。红色档案分级鉴定的基本原则，即宏观和微观。在具体执行过程中应根据馆藏红色档案资源实际及具体分布，进一步明确红色档案分级鉴定的一般原则：

其一，内容原则[3]。具有永久保存价值和利用价值，与中国共产党领导下新民主主义革命、社会主义革命和建设、改革开放和社会主义现代化建设、中国特色社会主义新时代上重大事件或重要时间节点相关联；档案形成者具有重要社会地位、职能；或红色档案记录内容和反映事件的重要性决定，具有重大历史价值、教育意义、纪念意义的红色档案。

其二，时间原则。年代（或年龄）一直是判断红色档案价值大小的一个重要依据。西方档案界早在 20 世纪初就流行“高龄档案应该受到尊重”的原则，并沿用至今，我国档案界对此也基本予以认同。时间，本身就是对档案进行淘汰的一个重要因素。同时，形成时间（或年龄）越长的档案，越具有珍贵性。如首个红色苏维埃政权的建立，中共一大会址等，这类红色档案，由于其年代久远，在红色档案数量总数中占绝小的比例，属稀有品种，显得特别珍贵，在定级鉴定时可定为较高的级别。

其三，重要性原则。红色档案本身所涵有的内容，直接体现了其所具有的价值，因此判断红色档案内容是否重要，是红色档案定级鉴定中最重要的原则。红色档案内容往往由于档案种类的丰富而呈现千姿百态，如何判断档案内容的重要程度？一是作者地位的重要性。档案作者地位的重要，往往决定了档案内容具有非同一般的意义，例如领袖人物，著名革命人士的手稿、书信、手迹之类，同一般人士，甚至地区性著名人士的手稿、书信、手迹相比，在价值上显然有较大的差别。二是档案形成时间的重要性，即与红色档案形成直接关联的特殊背景，这类红色档案往往同历史上重大事件相关联，对后人了解和研究重大历史事件发生的背景、原因及结果等提供了重要信息。三是红色档案内容所反映或涉及的对象包括人物、事件、活动等的重要性。四是稀缺性。在全国或某一行政区域范围内独一无二的红色档案。包括载体特殊性和记录内容信息的稀缺性。一般来说，上述四方面特征有其中之一或同时都具备，则此种档案显然属于珍贵档案，可考虑定为一级或二级。

其四，特殊性原则。这里的特殊性主要指的是红色档案形态的特殊性。档案形态的特殊性原则应该也是档案定级鉴定中的一个重要原则。特殊形态的红色档案往往有不同于一般红色档案形成的特殊条件、特殊环境、特殊动因，由此往往折射出一段特殊的经历或活动，反映一种特殊的文化背景及渊源关系。如半条被子、方志敏狱中手稿等。特殊形态的档案在档案载体、书写方式以及结构材料等方面往往具有罕见性，这种形态特殊的档案数量稀少，难得见到，理应列入珍品一类。

5. 红色档案分级鉴定的等级内容

根据国家档案局发布的《中华人民共和国档案法实施办法》，永久保存的红色档案按照革命历史档案、新中国成立至今档案以及人物类档案三类开展分级鉴定，认定三个等级。

其一，一级。反映早期共产主义运动和中国共产党建党初期重要活动和重要事件的相关档案资料；反映1949年以前中国共产党及其领导的革命组织和革命活动家的档案资料；反映1949年以后党和国家领导人的档案资料；其他反映中国共产党各个历史时期重要活动、重要事件和重要人物的档案资料。

载体形式、记录内容相对其他红色档案而言珍稀的红色档案。范围：在全国范围内记录红色内容或载体形式珍贵稀有的红色档案，包括在全国范围内产生重大影响的特殊革命时期、重要历史节点、重大历史事件形成的珍贵红色档案等。内容：反映党早期成立、革命历史时期，及新中国成立至今的党和国家领导人、红色政权建立开拓者、社会名人参与红色革命政权建立、新中国成立至今形成的档案。尤其是1921—1949年期间形成的具有历史文化价值的珍贵红色档案。

其二，二级。有关党和国家领导人在某一行政区域的重要活动，或有关某一行政区域内的国家级重大规划、指示等；有关某一行政区域组织、承办或在某一行政区域发生的，在国内外有重大影响的全国性、国际性会议、活动等；有关某一行政区域重大经济、政治、文化、社会、生态文明建设，党的建设领域的实践活动、项目成果等；某一行政区域重点建设工程；某一行政区域重大科学技术研究项目；某一行政区域重要人物、典型人物形成的具有重要保存价值的各种文字、图表、音像等不同形式的历史记录。内容：反映省部级领导人、红色政权建立或新中国成立至今重要事业开拓者、地方名人参与红色革命政权建立、新中国成立至今形成的档案。1949年之后形成的具有历史文化价值的珍贵红色档案。

其三，三级。除一级、二级珍贵红色档案外，其他具有永久保存价值的红色档案。

6. 红色档案分级鉴定的策略路径

红色档案分级鉴定的本质是红色档案"价值评估+分级+保护与利用"，其技术路线是以红色档案卷宗或实体为对象，根据《档案法》《档案法实施办法》《红色资源传承弘扬和保护利用条例》等标准和规范，鉴定红色档案历史、文化、凭证等价值，作出红色档案权威评估等级，优化馆藏永久红色档案资源，做到精细化管理和利用。

首先，普查资源，摸清家底。要对馆藏永久红色档案资源进行普查，全面掌握红色珍贵档案资源的基本情况和分布规律，包括红色档案的数量、规模，红色档案题名、形成时间、载体状况、保管情况、保护情况、数字化情况、档案利用情况等，通过全面的摸底普查，建立详细的馆藏永久红色档案目录，并建立永久红色档案填报及审核机制，确保馆藏档案资源普查的真实、准确和全面，最终形成“馆藏永久红色档案基本情况普查报告”，为下一步红色档案分级鉴定提供根本指南。

其次，成立组织，提供保障。新修订的《档案法》明确提出档案管理实行分级管理体制，在红色档案鉴定方面也应坚持“统一领导，分级管理”机制，国家级、省级层面分别建立红色档案鉴定管理机构和工作机构分别建立一级和二级档案评估机构[4]，分级鉴定结果可分为国家一、二、三级，地方一、二、三级。其中国家级档案主管机构还负责省级红色档案分级鉴定业务检查和技术指导。省级档案主管机构根据鉴定意见，形成初审鉴定结果，并填写《红色档案鉴定复核申请单》，建立全国或省级珍贵档案名录。

再次，以点带面，积累经验。红色档案分级鉴定应逐步推开，分布实施，根据全国红色档案普查结果，珍贵红色档案集中且具有代表性的红色档案馆可重点投入，先期进行试点。在红色档案分级鉴定过程中遇到困难或问题，由档案主管部门组织专家进行论证解决，分级鉴定过程要保留，并形成具体分级鉴定报告。通过试点逐步向全国推广。

注释及参考文献

[1] 高君. 红色档案:概念界定、时代价值与建设路径[J]. 档案管理, 2022(3):41-42.

[2] 赖鹏辉. 红色档案定义再探讨——以重庆市档案馆为例[J]. 四川档案,2022(6):29-30.

[3] 赵彦昌,周婷. 馆藏档案分级鉴定研究[J]. 辽宁大学学报(哲学社会科学版),2009(5):63-69.

[4] 周燕萍. 国家档案馆馆藏档案分级鉴定的原则、标准与途径[J]. 新上海档案,2005(3):14-17.

浅谈红色档案的定义与鉴定整理

中共天津市委办公厅（天津市档案局） 王 颖

摘 要：红色档案承载着党的光辉历史，蕴藏着党的初心使命，收集好、保管好、利用好红色档案，有着重要的历史意义和现实作用。本文根据《档案法》中关于档案的定义，从形成主体、形成时间、来源领域和保管形式四个方面对红色档案进行界定，从制定标准规范、确定整理方式、建设专题目录数据库和全文数据库三个方面对红色档案提出鉴定整理以及定级建议。

关键词：红色档案；档案鉴定；档案整理；开发利用

红色档案承载着党的光辉历史，蕴藏着党的初心使命，是中国共产党历经百年风霜，团结带领中国人民浴血奋战、发愤图强、锐意进取的见证，是中国共产党团结带领中华民族在中国特色社会主义道路和民族复兴道路上砥砺前行、艰苦奋斗、自强不息的见证，是国家重要的红色基因库。收集好、保管好、利用好红色档案，有着重要的历史意义和现实作用。

1. 红色档案的定义

姜惠丹[1] 在《2021年中国红色档案研究综述》中对红色档案的背景进行了阐述。2021年6月，中共中央办公厅、国务院办公厅印发《“十四五”全国档案事业发展规划》，要求档案部门“深入挖掘红色档案资源，建立‘四史’教育专题档案资料库，传承红色基因，充分发挥档案在理想信念教育中的重要作用”，自此，档案部门将征集、挖掘馆（室）藏红色档案资源，做好红色档案的收集、整理、鉴定、开发利用等工作提上了重要日程。

目前学术界和档案部门对如何界定“红色档案”还没有形成一个统一的认识，《档案法》对“档案”有明确的定义，“档案是过去和现在的机关、团体、企业事业单位和其他组织以及个人从事经济、政治、文化、社会、生态文明、军事、外事、科技等方面活动直接形成的对国家和社会具有保存价值的各种文字、图表、声像等不同形式的历史记录”，根据这一定义，红色档案可以从四个方面进行界定，即形成主体、形成时间、来源领域和保管形式。

1.1　红色档案形成主体

从中国近代史来看，中国历经了两个阶段，从 1840 年的鸦片战争到 1919 年的五四运动前夕，是旧民主主义革命阶段；从 1919 年的五四运动到 1949 年中华人民共和国成立前夕，是新民主主义革命阶段。中国自鸦片战争开始，逐渐沦为半殖民地半封建社会，为了改变中华民族悲惨屈辱的命运，中国人民和无数仁人志士开始了千辛万苦的探索，进行了不屈不挠的斗争。封建统治阶级发起的洋务运动，农民阶级发动的太平天国起义和义和团运动，资产阶级改良派、革命派先后发动的戊戌变法、辛亥革命，最终都以失败告终。中国共产党在这样的历史背景下登上中国政治舞台，成了一支先进而又强大的革命力量，在近代中国社会矛盾的剧烈冲突中，在中国人民反抗封建统治和外来侵略的激烈斗争中，在马克思列宁主义同中国工人运动的结合过程中不断壮大与发展。中国共产党自成立以来，带领中国人民经过浴血奋战，完成了新民主主义革命，建立了中华人民共和国，开展了社会主义革命和建设，进行了改革开放和社会主义现代化建设，现在进入了中国特色社会主义新时代。中华民族一路走来，中国共产党始终是我们各项事业的领导核心，是红色档案最主要的形成主体，因此凡是与党相关的机关、团体、企业事业单位和其他组织以及个人都应是红色档案的形成主体[2]。

1.2　红色档案形成时间

通过查阅相关资料发现，对红色档案形成时间有以下三种观点：

一是 1919—1949 年，中国共产党早期组织的成立、中国共产党领导对敌斗争和政治活动中有价值的历史记录。

二是 1921—1949 年，记录中国共产党成立到新中国成立期间的红色事件和红色任务的历史档案。

三是 1919 年至今，中国共产党领导中国人民，在新民主主义革命时期、社会主义革命和建设时期、改革开放和社会主义现代化建设新时期、中国特色社会主义新时代所形成的具有历史价值、教育意义、纪念意义的档案资源。

这三种观点时间上相互有交叉，其中第三种观点时间跨度最长，基本涵盖了我国发展历程，是红色档案最为广泛的时间界定，同时包含着正在产生的档案，我们在这里将其定义为“广义红色档案”。2021 年习近平总书记在建党百年之际对档案工作作出重要批示，指出“要把蕴含党的初心使命的红色档案保管好、利用好，把新时代党领导人民推进实现中华民族伟大复兴的奋斗历史记录好、留存好”，结合档案的历史属性，我们可以用“新时代”把红色档案从时间上划分为两个阶段，即1921年至2012年，中国共产党成立到改革开放和社会主义现代化建设新时期；2012年至今，党的十八大召开中国特色社会主义进入新时代。依据这个划分标准，我们将第一个阶段形成的红色档案定义为“狭义红色档案”，是本文研究的主要内容，同时也有如下考虑：《档案法实施办法》第十三条规定“属于中央级和省级、设区的市级国家档案馆接收范围的档案，立档单位应当自档案形成之日起满20年即向有关的国家档案馆移交；属于县级国家档案馆接收范围的档案，立档单位应当自档案形成之日起满10年即向有关的县级国家档案馆移交。”根据这一规定，2012年前形成的档案，虽然中央级和省市级国家档案馆尚未到达接收年限，但区县级国家档案馆按照规定已经将这一阶段的档案接收进馆，档案资源相对集中，有利于红色档案资源鉴定，另外档案馆有更加专业的档案管理人员，对红色档案鉴定的准确性、整理的规范性有一定保障，更有利于红色档案资源开发利用。

1.3 红色档案的来源领域

习近平总书记在2012年刚刚当选中共中央总书记时，在主持十八届中央政治局第一次集体学习时强调“党政军民学，东西南北中，党是领导一切的”，中国共产党的领导始终贯穿于中国社会发展的各方面全过程，在经济、政治、文化、社会、生态文明、军事、外事、科技等各方面形成的对国家和社会有保存价值的档案都与党的领导息息相关，都是红色档案的重要来源。《档案法》第四条规定了档案工作原则，即档案工作实行统一领导、分级管理原则[3]，这一原则是长期以来我国档案工作遵循的基本原则，是多年成功经验的总结。根据这一原则，我国档案工作建立了从中央到地方适合我国国情的档案事业管理体系，这样既有利于全国统一政令的执行，又体现了地方和部门的特殊性，有利于调动各方面的积极性，促进档案事业协调发展。鉴于此，红色档案来源从空间维度可以分为国家和地方两个层面，国家层面以中央档案馆和中央机关为主要来源，地方层面以各地国家档案馆和地方机关为主要来源，形成以国家层面为中心、以地方层面为分支的相互连通的红色档案资源网络体系。

1.4 红色档案保管形式

根据本文界定的红色档案形成时间，其开始年代早、时间跨度大、历史周期长，不同的历史时期有不同的分类方法，其保管形式也不尽相同。按形成时间红色档案存在于历史档案和现行档案两个时间段；按形成领域红色档案存在于文书档案、科技档案和专业档案等各种门类；按载体形态分有纸质载体，也有磁带、光盘等非纸质载体；按记录表述方式分有文字、图表、声音、图像等各种形式，因此红色档案的保管形式呈现多样性，不能一概而论。以纸质载体保管的红色档案，由于易受到多方面的影响和危害，具有易损坏、无法再生的特点，因此对保管环境有一定的要求，如需要专用库房，严格控制温度和湿度，满足档案保管“十防”要求等；以非纸质载体保管的红色档案大部分为电子形式，一般存储于硬盘、磁带、光盘等磁光电介质中，既要保管好数据信息，确保真实完整可用安全，不被丢失、损毁，同时还要保管好存储载体，确保数据信息可读。由于红色档案保管形式的多样性，因此红色档案的鉴定整理要从全方面多维度统筹考虑。

综上所述，中国共产党成立以来，在新民主主义革命时期、社会主义革命和建设时期、改革开放和社会主义现代化建设新时期，凡是党的各级机关、团体、企业事业单位和其他组织以及个人形成的记录党的历史、重大事件、重要历史人物等的各种文字、图表、声像等不同形式的历史记录，均可以界定为红色档案。

2. 红色档案的鉴定整理

档案是中华文明的见证者，是最权威、最直接的历史原始记录，真实地反映着五千年来中华民族在政治、经济、生产、生活、科学、文化、社会等领域的活动，凝结着无穷的思想智慧，蕴藏着深厚的文化积淀，是党和国家坚定文化自信的历史基石，发挥着存史、资政、育人的重要作用。红色档案不是单独的个体存在，而是从众多档案资源中通过鉴定、整理而形成的档案资源集合，按照本文所界定的红色档案时间，大部分为过去形成并已规范整理的档案，分布于不同阶段、不同门类和不同载体中，要从众多档案资源中将红色档案鉴定整理出来，形成红色档案专题库，传承好红色基因、赓续好红色血脉，需要考虑以下方面。

一要制定切实可行的标准规范。俗语说“兵马未动，粮草先行”，粮草是兵动的基础和保障，红色档案分散于不同档案全宗、档案门类，有着不同的载体与保管形式，要保证鉴定整理工作有序开展，制定一系列的标准规范是非常必要的，是开展红色档案鉴定整理工作的基础和保障。一方面要确定红色档案的定级标准，根据档案的来源和重要程度从高到低建议分为三级：涉及党的中央组织、中央领导人以及重大历史事件产生的档案可以定为一级；涉及省市级部门贯彻落实党中央决策部署、省市级重大历史事件产生的档案可以定为二级；涉及区县级贯彻党中央决策部署、重大事件以及个人保管与党的历史、重大事件相关的红色档案可以定为三级。另一方面要制定红色档案鉴定标准，根据机构本身特点和红色档案界定，深入分析馆（室）藏档案内容，确定鉴定范围和要求，可以是某个单一档案门类单一载体，也可以是多个档案门类多种载体，在确定的档案范围内进行深度挖掘，切实将红色档案筛选出来，汇集成红色档案专题库。

二要确定档案整理方式。红色档案（新征集的除外）大多来源于已有档案资源，本身已具有档案的标识和属性，其整理方式不同于现行文件材料归档整理，红色档案资源宜以专题的方式进行整理。可以先按照事由分类，在同一事由的基础上再按照档案的重要程度、时间顺序进行重新整理排序，形成红色档案专题。红色档案的整理不应破坏原始档案的存储位置和保管状态，应充分利用技术手段，对红色档案进行数字化加工，形成以数字资源为主的红色档案数字资源体系，赋予其独立且唯一的标识，并标注原始档案的档号、载体类型、存储位置等信息。对于新征集的红色档案，按照进馆档案整理标准先进行整理，再将其数字化副本纳入红色档案资源体系。采用数字资源形式整理红色档案可以不破坏原有档案的保管状态，保证馆（室）藏档案资源的完整性，同时还可以将不同载体档案之间进行有效关联，极大提高红色档案资源利用、编研的便利性。在对红色档案整理的过程中还可以对馆（室）藏红色档案保管保护状态进行摸底，对于破损档案采取必要手段及时修复，完善原始档案记录等，一次整理达到档案清点、保管保护多重目的。

三是建立红色档案专题目录数据库和全文数据库[4]。根据档案类型不同，可以建立红色档案视频数据库、音频数据库、图片数据库和文字数据库等；根据档案利用方式不同，可以建立目录数据库、全文数据库和摘要数据库。其中目录数据库和全文数据库较为常用，目录数据库存储结构化数据，建立目录数据库需要确定数据库选型和数据结构，建议优先选择适配信创环境的数据库产品，合理设置数据库结构，确定著录字段和索引字段，红色档案的著录字段应至少包括唯一标识、题名、事件名称、主要人物、形成时间、载体类型、互见号等，便于快速检索查询。目录数据库无法满足对档案全部信息的检索利用需求，可根据不同载体数字化加工要求，对红色档案进行数字化扫描，建立全文数据库。例如传统纸质档案、缩微胶片档案分别按照《纸质档案数字化规范》和《缩微胶片数字化技术规范》要求进行扫描加工，同时采用 OCR 等技术进行文字识别，提供更加精准的信息查询；音视频档案按照《录音录像档案数字化规范》要求进行数字化加工，并提取音视频档案中的文字信息；实物档案按照《实物档案数字化规范》进行数字化加工，并对实物档案进行文字说明，形成门类齐全的档案全文数据库，实现对非结构化数据的检索和分析，提供更加智能化的信息获取方式。目录数据库和全文数据库建立，最大限度将有价值的红色档案信息收集、分析、评价、处理、存储，形成能够满足不同用户需求、个性化的红色档案信息资源库。

红色档案是我们党艰辛而辉煌奋斗历程的见证，是最宝贵的精神财富，他不是单独形成存在的一种新的档案类型，而是从众多档案资源中通过鉴定整理汇集而成的档案专题，准确界定红色档案是做好鉴定整理工作的前提，利用信息化技术对红色档案进行加工整理，形成红色档案数字资源体系是做好红色档案开发利用、编辑研究的有效途径。充分挖掘档案资源中的红色档案，保护好、管理好、运用好红色档案，是档案人共同的使命和职责。

注释及参考文献

[1] 姜惠丹. 2011—2021 年中国红色档案研究综述[J]. 档案天地,2022(2):22-26.
[2] 郑慧,农扬宇. 红色档案:认识、交集与辨析[J]. 档案管理,2014(4):19-21.
[3] 陈兆祦. 对“统一领导、分级管理”原则的认识[J]. 上海档案,1998(6):16.
[4] 王娅,王向女. 我国红色档案资源研究综述[J]. 兰台论坛,2018(11):34-37.

红色档案资源开发利用的实践探索和实现路径

南京市档案馆　季红军

摘　要： 文章系统分析了红色档案开发利用的对象、价值、方式和成效，以南京市档案馆两场融媒行动阐释了红色档案开发利用的成功实践，从立体化挖掘红色档案资源、多角度创新开发利用形式、深层次融合主流媒体资源和全方位合作提升实效等方面，探索了红色档案开发利用的实现路径。

关键词： 红色档案；开发利用；逻辑架构；实践探索；实现路径

习近平总书记强调："要用好红色资源，传承好红色基因，把红色江山世世代代传下去。"这一重要论述，为做好新时代红色档案开发利用工作指明了方向，提供了根本遵循。近年来，南京市档案馆主动扛起"为党护旗、为国家立心、为民族铸魂"的神圣使命，深度挖掘红色档案资源，科学征集、开发、利用，打造南京特色红色档案品牌，为全面推进"四个好""两个服务"目标任务主动作为，积极贡献。

1. 红色档案开发利用的逻辑架构

这里主要从开发利用对象、价值、方式、成效，梳理红色档案开发利用的逻辑架构。

1.1　明确开发利用对象

没有实际性的内容，犹如巧妇难为无米之炊，一切工作都难以展开。红色档案凝结着中国共产党人初心使命，是最原始、最生动、最震撼的历史凭证，是赓续红色血脉、奋力担当作为的"精神稀土"，这是开发利用的根本要素。2021年，在溧高县抗日民主政府旧址里发现的"1944 年苏南三地委扩大会议合影"，挖掘出《一张老照片再现芳华——烽火岁月中的女共产党员》的故事，还原了她们用青春芳华，在烽火岁月中浴血奋斗的精彩华章，该文阅读量超 13 万。南京水务集团的《军代表接管通知》，引出南京首个“家庭党支部”的故事，让档案中的无名英雄和惊心动魄的党史故事，进一步激发广大党员不忘初心、牢记使命的时代责任感。

1.2　把握开发利用价值

红色档案是中国革命的宝贵记忆，是任何时候都不能丢失的精神财富。每一份红色档案的背后，都蕴藏着一段独特的历史记忆，让干部、群众重温艰苦而光辉的岁月，接受党史教育、革命传统教育、爱国主义教育，使红色档案文化深入基层、深入群众、深入人心。2021 年以来，“金陵档案”发布档案微文 281 篇，总阅读量 133. 2 万次，在全国档案系统微信公众号影响力排名保持前 3 名。“红领巾诵读学传红色珍档”融媒行动，超 17 万中小学生参加。组建南京红色档案“五老”宣讲团，宣讲 84 场，参加中小学生 1. 2 万人次。举办 17 场“寻找地铁里的南京故事”青少年暑期研学夏令营主题活动，近 2000 名青少年参与。

1.3　创新开发利用方式

据统计，在新闻网站中，80%以上的新闻信息都来源于纸媒。为此，要遵循传播规律，精心策划，充分发挥传统媒体权威性和公信力强的独特优势，有效融合新兴媒介，全方位、多视角开发利用不同时期的珍贵档案，与受众真正建立联系。在“百年华诞 · 百件珍档——红色百年南京印记”活动中，以具有代表意义的珍贵档案为抓手，从民众关心关注的角度去谋划，既有故事的生动，也有档案的解读，把每一份珍贵的档案，原滋原味地再现出来，让读者既有身临其境的感觉，激发继续追寻档案背后故事的内动力。每次活动在南京报业传媒集团全媒体平台首发传播，人民网、新华网、中新网客户端、学习强国、牛咖视频、ZAKER 新闻等中央、省市主流媒体和省市政务新媒体互动转载传播，带领读者与珍档对话，帮助民众从红色档案中感悟中国共产党的伟大，激发爱国情怀。

1.4　注重开发利用成效

红色档案开发利用，意义重大，旨在强化全民族的红色记忆，增进对党的情感认同，以实际行动听党话、跟党走。通过参加红色档案开发利用，帮助党员领导干部提升政治理论水平，自觉弘扬红色传统、传承红色基因、赓续红色血脉。“百年华诞 · 百件珍档——红色百年南京印记”融媒行动，社会反响强烈，全网传播覆盖 2200 万人次，获省市双十佳案例。“红领巾诵读学传红色珍档”融媒行动，入选中国记协首批“党的二十大报道融创精品”案例。

2. 红色档案开发利用的实践探索——以南京市档案馆两场融媒行动为例

近年来，南京市档案馆紧紧抓住庆祝建党百年、喜迎二十大等有利契机，加强与宣传、网信、党史及博物馆、高校等单位合作，广泛征集、深度挖掘、高效利用南京红色档案资源，取得积极的社会效应。

2.1 “百年华诞·百件珍档——红色百年南京印记”全媒体行动

2021年，为深入贯彻落实习近平总书记“让历史说话、用史实发言”重要指示精神，以档案为载体，诉说中国共产党的百年辉煌，南京市档案馆携手南京报业传媒集团，组织开展“百年华诞·百件珍档——红色百年南京印记”档案征集活动，受到社会各界广泛关注。

一是从档案特质来看，18篇新闻报道，围绕富有南京特色的红色档案，重点展示不同时期中国共产党在南京的奋斗历程。不管什么类型的报道，内容始终是硬核。高淳西舍溧高县抗日民主政府旧址里的老照片，闪烁着女共产党员们的青春芳华和斗争精神，网友称赞“巾帼不让须眉，妇女能顶半边天”；雨花台烈士陵园历年的建设规划档案，用建筑的形式呈现雨花英烈精神；《军代表接管通知》，激活了一段段珍贵的红色记忆。

二是从展示方式来看。采取视频引入，图文并茂，讲故事的形式展现，让读者有着身临其境的感觉，都获得了较高的点击量。2021年3月8日，《南京日报》刊载了“红色百年南京印记丨芳华再现，烽火岁月中的女共产党员”一文，该文阅读量突破13万次。90岁老人捐出65年前与毛主席合影照、“红色百年·南京印记”再添“传家宝”——两张骄傲的“代表证”、跨越70年的红色印记——雨花台烈士陵园建设档案首次全面解读三篇报道均获得了10万+的阅读量。

三是从公众反响力来看。南京市各级档案馆、纪念馆、档案持有人积极响应，推荐馆藏档案和个人珍藏档案线索。栖霞区的90岁老人葛保富第一时间向主办方捐赠了65年前与毛主席的合影照，李德兰老人捐出自己参与第一届南京青年代表大会的相关资料，24岁的青年沈昕在征得全家人同意后，捐出太外公的栖霞区人大代表证、土地房产证明，福建省中国人民解放军长江支队历史研究会的代表们，特意携1949年南京解放初期长江支队在宁的珍贵资料远道而来……网友们纷纷留言称：“这样的红色档案征集活动很有意义。”

四是从市民参与度来看。南京市档案馆联动多个单位，开展系列读档读报主题党日，先后走进雨花台烈士陵园、南京水务集团北河口水厂、江南丝绸文化博物馆、南京钢铁联合有限公司举办线下活动。南京市委党史办、江北新区、建邺区，以及金陵科技学院、南京航空航天大学、南京审计大学、南京信息工程大学等多家驻宁高校的基层党支部纷纷积极报名参加，在读档读报中重温党史，感悟初心。

2.2　“红领巾诵读学传红色珍档”融媒行动

2022年4月至11月，南京市档案馆以“喜迎二十大，红领巾永远跟党走”为主题，开展“我是红领巾领读人”征集、“红色档案故事我来讲”跟读、“最美信仰童声”评选、红色珍档地图打卡等系列活动，带领全市少先队员“诵读学传”红色珍档故事。

一是传播对象明确。活动面向全市60万少先队员，组织青少年亲身参与、寻找南京红色记忆，通过档案里的红色故事，帮助少先队员切身感受中华民族从站起来、富起来到强起来的光辉历程。

二是开发形式新颖。推出“寻找红色珍档领读人”征集活动，整合全市红色档案资源，精选编成50个短小精悍、生动形象的南京红色档案故事，超17万中小学生参与，遴选50位优秀领读人，为他们量身打造海报及音频产品。同步上线“我是红色珍档领读人”系列音频，广大少先队员扫描二维码进入跟读专区，就可以参与“红色档案故事我来讲”跟读活动。

三是社会反响强烈。除跟读活动外，少先队员们也可通过线上云打卡，在线学习南京红色档案文化，当年暑假，关注量50多万人次，13万少先队员完成50件红色档案的打卡之旅。活动还得到了社会媒体的高度关注，学习强国平台、凤凰网、新浪网、网易等主流媒体竞相报道。

诵读珍档故事，感悟信仰力量。广大少先队员纷纷走进南京市红色场馆及红色纪念地，通过一份份生动鲜活的红色档案，深刻感悟中国共产党百年伟大征程，见证家乡发展成就，切身感受中华民族从站起来、富起来到强起来的光辉历程，不断汲取奋勇前行的精神力量。

3. 红色档案开发利用的实现路径

当前，学习贯彻习近平新时代中国特色社会主义思想主题教育如火如荼，全国各级档案部门主动作为，积极做好红色档案资源开发利用工作，助力主题教育走深走实。广大档案工作者要强化政治意识、服务意识，坚定历史自信，把握历史主动，加强红色档案资源的开发利用，不断提升服务档案工作服务主题教育的能力和水平。

3.1　立体化挖掘红色档案资源

红色档案资源分布广、征集、开发利用难度大，需要树立立体化思维，发动全世界的力量，做好深度挖掘工作。近年来，各级档案部门抓住重要时节、重大契机，向全球征集相关红色档案资源，一批批珍贵档案得以展示、得以广泛宣扬，展示了一段段鲜为人知的鲜活历史。为此，各级档案工作者要善于挖掘红色档案资源，精心征集辖区红色档案资源，深挖红色档案资源中革命烈士、战斗英雄、模范人物等典型故事，凝练红色档案的重要价值，精心录制专题音频，适时向社会推送展示，精心服务党委政府中心大局、服务人民群众，充分发挥档案工作存史资政育人功能。

3.2 多角度创新开发利用形式

紧跟时代步伐，紧贴民众心声，围绕受众的感受和体验，选取更多生动、鲜活的档案素材，采取分享式、互动式等方法，让民众在潜移默化中接受红色档案文化的熏陶。要坚持以需求导向，精心设置话题，深入挖掘档案故事，在形式、内容等上精心筹划，吸引民众关心关注档案和档案工作，从内心深处激发对档案工作的依赖。特别是要用好“国际档案日”、重大节日等重要时机，有效利用红色档案资源，开展独具特色的红色档案传播活动，把红色档案资源转化为易于接受的文化资源，让人民群众在高品质的红色档案文化熏陶中，开拓视野，增进情感认同和价值认同，提升价值追求和精神追求。

3.3 深层次融合主流媒体资源

“互联网+”时代，信息技术的飞速猛进，新型媒介平台的出现，为红色档案文化的传播提供了优势条件。档案部门要系统构建红色档案文化现代传播体系，抓住传统媒介，加强与主流媒体合作，以党报、党刊、电视、广播等传统媒体为重点，充分发挥其公信力强、受众多、覆盖面广等优势，不断扩大档案文化的社会影响力。同时，档案部门要创新传播思路，以微信、微博等新媒体为抓手，开设抖音、哔哩哔哩等新兴平台账号，利用其手段灵活、互动性强、用户庞大、推广方便等特点，扩大红色档案开发利用的覆盖面和影响力，不断拓展红色档案开发利用渠道。

3.4 跨地域合作提升利用实效

由于红色档案资源分布较散，常常因为馆藏资源匮乏导致效率低下，为此，要避免单打独斗、闭门造车，广泛开展馆际合作、多方联动，实现由分散到集中、由无序到有序，做到利用合理、配置优化。通过与相关单位的合作，提升红色档案资源开发利用效果的倍增效应，让沉睡的红色档案资源活起来、动起来。通过与党史、文博及兄弟省市等单位的合作，打造内容丰富、独具特色的红色档案文化精品。今年，江苏省档案馆会同17省举办《“江河奔腾 红色追寻”——长江黄河流域红色珍档线上线下联展》，凝聚红色档案文化合力，这既是红色档案开发利用的全新尝试，更是跨地区档案成功联动，得到了社会广泛关注。

注释及参考文献

[1] 季红军. 红色档案文化建设的实践与思考[J]. 档案与建设,2021(9):57-60.

[2] 苍淑珺. 启动3个月,收获阅读量1600万人次[EB/OL]. [2021-05-14]. http://www.njdaily.cn/news/2021/0514/3318550290059738424.html.

[3] 张梦. 红色文学档案资源整合与开发——以中国现代文学馆为例[J]. 中国档案,2023(3):40-41.

[4] 李娟. 深挖红色档案资源,赓续红色血脉——单县红色档案资源归集与利用实践[J]. 兰台内外,2023(5):82-8.

基于党校工作背景推进红色档案的开发利用

——以南京长江大桥档案为例

中国共产党南京市浦口区委员会党校　亓　媛

摘　要：红色档案在档案工作中具有独特的价值和作用，一部红色档案包含着的不仅是资料记忆，还是一个标志、一份精神和一项重要的政治工作。解读近年来红色档案工作的实践与应用发现，当前对于红色档案中蕴含的价值与精神的研究和宣传工作做得还尚有不足。以南京长江大桥的档案为例，发现档案馆对于红色档案的输出利用与党校党员教育资源的需求存在耦合，需将档案工作的下游与党校工作的上游相结合，在充分发挥红色档案价值的同时实现档案资源的再开发再利用再升华。

关键词：红色档案；党校工作；地方精神；开发利用

在庆祝中国共产党成立100周年之际，习近平总书记前往中国共产党历史展览馆，参观“不忘初心、牢记使命”中国共产党历史展览时强调，党的历史是最生动、最有说服力的教科书。[1] 红色档案承载了中国共产党百年的奋斗历程和历史经验，是我们党牢记理想信念和凝聚精神力量的重要法宝，是我们赓续红色血脉和奋发拼搏作为的不竭力量源泉。正确认识红色档案价值，把束之高阁变为落地生根，把展览随阅变为高台演讲，用好用活用精红色档案资源对当前持续不断开展党史学习教育和党性教育具有重要价值，对挖掘地方精神，激发地方社会治理动能也具有十分重要的意义。

1. 红色档案的概念与界定

红色档案是档案的重要组成部分。尽管大部分学者都将红色档案界定为特定时期由共产党领导的机关、组织和个人在各种对敌斗争和政治活动中形成的，具有保存价值的历史记录。[2] 但是，红色档案作为记录中国共产党的奋斗历程和伟大成就、党的光荣传统和优良作风、党的历史经验和实践创造的重要资料，其意义已经远远超越时空的限制，是回顾过去、砥砺当下和创造未来的重要历史材料。因此，红色档案应该包含中国共产党在新民主主义时期和社会主义建设时期由中国共产党所参与、领导和决策的各种斗争活动、政治活动和建设活动中所形成的，具有保存价值和研究、教育意义的历史记录，其载体包括文字、图像、音视频、实物等多种形式。

2. 以南京长江大桥为例的档案工作

南京长江大桥档案是江苏独有的珍贵红色档案。20 世纪 70 年代，周恩来总理曾自豪地告诉来访的国际友人："新中国有两大奇迹，一个是南京长江大桥，一个是林县红旗渠。"[3] 这座首次依靠中国人自己的力量在长江上建造的第一座双层式铁路、公路两用特大型桥梁，承载了那个年代自力更生、艰苦奋斗的中国人民心目中的"民族记忆"和"国家记忆"。它的建成充分体现了新中国建设初期，在艰苦卓绝的内外环境下，党和政府与人民同心同德、独立自主，克服一切艰难险阻为时代架桥、为精神架桥的感召力和行动力，它的建成不仅标志着中国人民依靠自己的人力、物力，解决了复杂工程问题的技术进步，更是中国共产党在国际上不怕困难、昂首挺胸大力建设社会主义国家的领导力的再次彰显，是中国共产党全面建设社会主义国家过程中光辉灿烂的一页。

2.1 南京长江大桥档案的基本情况

当前南京长江大桥建设的相关档案主要收藏于江苏省档案馆，形成于 1956 年至 2012 年。这组档案由三部分组成：一是南京长江大桥施工计划报告书及图纸，全桥总图包括施工图纸、综合预算书、决算书，以及相关工程建设档案和文书档案 221 件；二是南京长江大桥建成开通后，国家领导人、外国元首等中外各界重要人士与南京长江大桥合影照片底片档案 2900 余张；三是南京长江大桥副总工程师李家咸和南京长江大桥桥头堡建筑设计师钟训正教授关于南京长江大桥设计施工的相关口述档案 190 分钟。[4]

2019 年 2 月 2 日，南京长江大桥纪念馆开馆。这是依托南京长江大桥整体建筑，由大桥南桥头堡改造而成，为展示大桥历史背景及文物资料而专门修建的一座纪念馆。在尽可能保留堡内原有物品的同时，又增加了大量来自江苏省内各政府部门、企事业单位及市民的捐赠的文物展品，并分为"历史意义""伟大精神""记忆对话""科艺价值""再励辉煌"等五个部分内容，充分展示南京长江大桥作为中国人民的"争气桥"的独特历史地位。

从南京长江大桥所跨的两个区域来看，因南京长江大桥作为国家型的重大工程，地方档案馆即浦口区档案馆和鼓楼区档案馆对南京长江大桥档案的细化整理与深度利用还有待于进一步深入。

2.2 南京长江大桥档案在党校教育工作中的精神价值

筚路蓝缕，以启山林。南京长江大桥的建设背景经历了复杂的自然地理条件、洪汛灾害、不利的国际形势、国家经济困难和“文革”的干扰，建设者们在艰苦的环境下，秉着“简化、快通、耐用，准备挨炸，炸了再修”的原则，让一座“志气桥”“争气桥”赫然立于长江下游江水湍急的两岸。中国人民终于以自己的毅力和本领完成了这项“一桥飞架南北，天堑变通途”的宏伟壮举。这是以中国共产党为引领的伟大建党精神的时代延伸，更是全国人民举国同心、团结协作的民族精神的崛起，具体体现在：

2.2.1 独立自主、自力更生的艰苦奋斗精神

分析南京长江大桥施工计划报告书等档案资料，可以认识到南京长江大桥建设条件艰苦，特别是自然环境令历代建设者望而却步。加之当时中苏关系破裂，苏联陆续撤走在华专家、图纸和资料，停止供应设备；尚未开工时，国家遭遇严重经济困难；开工后又遭遇“文革”动乱。面对自然、技术、经济、政治等多重困难，技术人员和建设者们顶住了生理和精神压力，“自力更生、奋发图强”，从无到有，从零跨越，用自己的智慧和汗水，在长江的两岸架起了时代的虹桥。

2.2.2 不屈不挠、创新创造的争气前进精神

想建桥容易，建成桥难。怎么建、从哪里建、用什么材料建，都是横亘在技术人员面前的“大难题”。想要自主创新，首先要有好钢，于是鞍山钢铁厂日夜研制，在无经验、无技术材料的情况下克服重重困难，将专供于南京长江大桥的“争气钢”生生造了出来。其次是深潜技术，又是沉井技术。一个个我们未曾经历过的，甚至连外国人都不敢尝试的技术被我们的建设者们一一创新，一一实践。

2.2.3 一丝不苟、精益求精的大义工匠精神

南京长江大桥如今已经使用50多年，但是依旧雄姿勃发，这与当时“一切经过实验”“不留一丝隐患”的建设思想息息相关。为检验大桥承载，时值南京军区司令员许世友曾派一个坦克团抵达北桥头堡，118辆坦克和60余辆各种型号的汽车呈一路纵队排开，绵延近10公里，车队全部安全通过大桥桥面，桥身桥面没有任何开裂或损伤。更令人惊叹的是，2016年，南京长江大桥大修时，人们惊奇地发现，大桥上的155万颗铆钉大部分完好无损，每1000颗里只有4颗需要更换。在那个技术水平受限的年代里，很难想象那一钉一锤的执着中注入了多少奉献与专注。

除此之外，在南京长江大桥的档案中我们还能感受到建设者们敢于拼搏、勇于牺牲的无悔奉献精神，凝心聚力、众志成城的团结协作精神等，他们不仅一座

丰碑，记录着南京长江大桥筚路蓝缕的建设过程；更是一座堡垒，将自己对共和国的期盼和奉献精神一钉一锤地镌刻在这座划时代的大桥上。正如习近平总书记在中央党校 2011 年秋季学期开学典礼上的讲话中所说："我们学习党的历史，认识党的光荣伟大，不仅要充分认识她带领人民取得了光荣伟大的业绩，而且要充分认识她带领人民在应对各种困难和风险的考验中披荆斩棘、不断开辟胜利道路所展示出来的巨大勇气、巨大智慧和巨大力量。"[5]

转眼如今，在许多年轻人的眼中，跨江大桥、跨海大桥都已经不再新鲜，更鲜有人关注一座大桥背后所承载的历史与精神。而这正是档案开发利用与党校教育的关注所在，档案工作者必须要将宝贵的红色历史留存并开放，结合党校宣讲教育之责，真正拂去南京长江大桥上历史的尘埃，让大桥精神重新焕发。

2.3　当前南京长江大桥档案资源利用的薄弱点

目前来看，南京市对南京长江大桥的档案记录十分翔实，内容丰富、形式多样，对下一步档案的开发利用打好了牢固的基础。在南京长江大桥历史文化展示方面也做到了足够创新，充分运用桥头堡的现实题材，带领群众切身感受南京长江大桥的历史进程，身临其境、形式创新。但是，在考虑党员教育和地方宣讲等地方利用层面以及宣传效果层面还存在一些薄弱点。

2.3.1　开发形式固化，内涵挖掘手段单一

档案利用服务方式因划分标准不同而各异，总体来说，主要分为阅览与外借、制发档案复印件、档案展览与陈列、出具档案证明及提供咨询服务等。当前对于档案开发利用的形式创新，也大都是在原有固化形式上的外延，所呈现的档案教育意义依然不足，内涵挖掘不深入，宣传效果不显著。以南京长江大桥为例，主要是采取参观、展览与讲解的方式呈现历史，宣传模式被动，感染效果不足。

2.3.2　受众受限，缺乏互动与活力

受档案工作对象的影响，决定了其受众对象必须是有一定文化知识水平、主动的、有条件的参与展览与档案阅读活动，参与过程对档案的开发与利用来说是被动的和不便于控制的；对档案中内涵和精神的解读来说是容易被忽视和难以被挖掘的，且带有明显的故事化倾向，难以在更广泛的人群中实现高价值的吸收。且面对的群体不同，对于档案内涵解读的方法也不同，比如南京长江大桥在儿童群体、青年群体、中年群体和老年群体，尤其是其中的党员群体，其解读的语言表达方式和侧重点各有不同，其精神价值的引领侧重也各不相同。以个性化的方式将档案精神内涵呈现在人民群众的面前，才是当前档案开发利用工作鲜活生命力的体现。

2.3.3　地方档案馆作用发挥力量微薄，尚未形成品牌影响力

南京长江大桥受其属性影响，档案管理主要在省市级层面，所跨区域的区级

档案管理作用发挥程度相对较小，地方文化优势显现不足，教育影响功能重视度不足，尚未依靠南京长江大桥的区位优势进行联动并形成自己独特的档案品牌。

3. 对红色档案资源开发与利用的建议

档案的开发与利用不应该仅仅停留在被动式的展览与阅读，还应该将解读内化其中，把藏在馆内的文化瑰宝浅化于外，实现档案管理的社会化价值。这期间需要档案部门积极探索与不同部门之间的合作交流，积极链接不同职能部门，特别是党校教育部门的研究、宣传优势，让束之高阁的精神宝藏找到广阔天地中的灵魂寄托。

3.1 积极探索“一档多解”的档案利用形式，丰富红色档案的时代内涵

积极实现档案工作与党校工作的职能链接，以一份珍贵的红色档案资料为圆心，不断多元探索其内涵的呈现方式，并形成体系化的解读成果。开发红色档案的系列课题研究，挖掘和深度解读地方红色档案的文化内涵和地区精神，还原地区人民艰苦奋斗、自力更生的生活场景，用档案中挖掘到的人文精神激励现时代社会发展精神动力，助力地区形成独特的文化品牌；开展红色档案主题教学，利用党校丰富的党员干部教学形式，广泛开展个性化的红色档案解读微宣讲、党课教育、现场教学和企业党员学堂等，尽可能地发挥基层党校老师的宣讲优势，扩大红色档案受教群体和文化影响力，让红色档案走进千家万户；开展红色档案理论研究，将档案理论研究与对档案内容的理论研究区别开来，即将档案工作人员的理论研究与党校工作人员的理论研究区别开来，专注于红色档案所蕴含的马克思主义中国化的理论研究和理论阐释，把红色档案的价值充分利用。对此，通过对红色档案科、教、研三位一体的综合运用，充分挖掘红色档案的时代内涵，并将其所蕴含的精神文化价值注入地区发展的精神动力中，激发新时代社会发展新动能。

3.2 拓展应用场景引流“红色档案+”平台，提升红色档案的社会亲和度

聚焦“人文档案、特色展览”的展览理念，打造一批有亮点、有内涵、“不浪费”的群众展览馆。依托党校对红色档案的研究成果和对地区人文精神的梳理，联合社区、学校、企业等部分打造群众展览馆，把地方精神打入人心。首先，以党校为领，在充分研究地方红色档案和完成地方走访的基础上，通过区委区政府的审核和民众投票，确定高度凝练、简洁易记、认同度较高的地方精神，成为城市精神品牌。其次，选取、编辑和图文设计具有代表性的红色档案故事，在档案保密要求允许的情况下印制“地方红色档案袋”，在人流量较高的地方通过“1元领取”或“地方知识问答”等形式有偿领取“地方红色档案袋”，同时加强网络宣传，获取红色档案地区流量。最后，由党校联合地方档案馆确定具有

代表性的红色地标、民众亲和度较高的活动广场、学校和企业等，建立地方精神展示区、五分钟地方红色档案专题阅读区和网红拍照打卡区等，并配置相应的“专题红色档案袋”和实用红色文旅产品等，为红色档案“引流”。

3.3 建立红色档案地方社会评价机制，激发红色档案的地方文化活跃度

首先由党校联合宣传部、档案馆，充分引导地方群众学习认识地方红色文化和地方精神，引领群众充分讨论，增加对红色文化的认知；其次建立地方红色档案社会评价机制，组织社会活动选取最受群众欢迎的地方红色英雄人物和英雄事件，将地区认同感、自豪感和获得感通过红色文化活动的形式打入人民群众的心中；最后对地方群众呼声最高、最具有地方文化代表性的英雄人或英雄故事进行品牌打造，建立并申请省、市级现场教学基地，撰写专题文章向国家、省市级期刊发表宣传，扩大地区影响力，宣传地区鲜明的文化特色，链接其他省市区党校进行地方红色文化宣传，让红色档案在党校的加持下，以地区文化特色和精神品牌的形象，走出区县、走出省市，走向全国。

注释及参考文献

[1] 铭记奋斗历程担当历史使命 从党的奋斗历史中汲取前进力量[J]. 当代党员，2021(13):2.

[2] 王娅，王向女. 我国红色档案资源研究综述[J]. 兰台世界，2019(2):34-37.

[3] 陈向阳. 彪炳史册的丰碑——南京长江大桥精神的凝炼与传承[J]. 档案与建设，2021(8):4-10.

[4] 于锋. 红色档案 百年征程中的江苏记忆[N]. 新华日报，2021-06-25(15).

[5] 习近平. 领导干部要读点历史[N]. 学习时报，2011-09-05(1).

沂蒙红色档案的价值实现与创新路径探究

菏泽市定陶区人民医院　王　哲
山东大学历史文化学院　王云庆

摘　要：通过探索沂蒙红色档案的价值实现与创新路径，在分析现存问题的基础上，提出合理的沂蒙红色档案开发利用方法。本文综合运用文献调研、内容分析等方法，分析沂蒙红色档案的价值及其在价值实现中存在的问题，提出创新性价值实现路径。沂蒙红色文献价值的实现及路径创新可从以下几个方面实现：丰富档案收集方式与馆藏结构，提高红色档案的管、存的应用技术与方法，加强合作交流实现红色档案资源共享，全面挖掘红色档案资源的丰富内涵，创新红色档案的编研与展览工作，以及加强档案工作者宣传意识并创新宣传方式。

关键词：沂蒙红色档案；价值挖掘；创新路径

1. 引言

档案是历史的真实记录，红色档案记载着党的百年奋斗历程和辉煌成就，传承着党领导人民在革命、建设和改革进程中铸就的伟大精神和宝贵经验，蕴含着丰富的红色基因。

习近平总书记在二十大报告中提出“弘扬以伟大建党精神为源头的中国共产党人精神谱系，用好红色资源，深入开展社会主义核心价值观宣传教育，深化爱国主义、集体主义、社会主义教育，着力培养担当民族复兴大任的时代新人”[1]。红色档案是红色资源的重要组成部分。在社会主义革命、建设和改革的不同时期，中华儿女谱写了“为有牺牲多壮志，敢教日月换新天”的英雄壮歌，形成了大量珍贵的红色档案，映照着党的初心和使命，是新时代中国共产党人的精神力量源泉。

2. 沂蒙红色档案的概念界定

对于红色档案的概念，学界与业界至今还未形成统一的科学认知。尤其是关于红色档案时间范围的界定，主要出现了三种说法：1919—1949 年、1927—1949 年、1919 年至今。综合各类相关概念，本文对沂蒙红色档案定义如下：沂蒙红色档案是自 1919 年五四运动起，由共产党领导的机关、组织和个人在各种对敌斗争和政治活动中形成的，具有重要保存价值的革命历史档案。

就其形成主体、形成时间、来源和种类等方面，本文做出如下规定：红色档案的形成主体主要为中国共产党，同时凡是与党相关的机关、团体、企事业单位和其他组织以及个人，也是红色档案的形成主体；形成时间为 1919 年五四运动起至今；来源为由党领导的单位、组织、个人开展的关于在经济、政治、文化、科技、军事、社会、生态文明、外事等方面的活动；种类不仅包括历史档案，也包括现行文件（即将来的历史档案）。

红色档案将红色革命和中国共产党领导全国人民发展等重要史料以实物的形式保存下来，为传承红色基因、赓续红色血脉提供依据。红色档案是弘扬革命精神和社会主义文化的物质载体，也是民族精神的重要载体，蕴含着党的丰富成果和伟大精神，具有政治、文化、经济、教育、军事等多重价值。在诸多红色资源中，“红色档案”是最为原始、最为客观、最为真实的历史记录，是还原重现历史，将过去带到现在，用历史透视未来的重要载体。

3. 沂蒙红色档案的价值

沂蒙红色档案具有文化价值。沂蒙红色档案蕴含着鲜活的红色基因，对于红色文化的传承和发扬具有重要意义。“请进来”，让受众切身感受沂蒙红色文化的熏陶。在“寻访百年红色精神 重走红色革命地标”——全国弘扬践行革命精神红色宣传联盟建党百年大型融媒采访活动中，来自全国各地的媒体代表，重走沂蒙红色地标，深入挖掘红色故事，掀起沂蒙精神的宣传热潮。[2] “走出去”，让沂蒙红色文化为更多人所知晓。临沂市财政局机关第一党支部创新开展“骑行党课”，深入挖掘沂蒙精神中的党史元素，主动将沂蒙精神在网络平台进行推广，通过打卡临沂“老市委大院”这一红色地标，将沂蒙党史故事生动鲜活地予以讲述。[3]

沂蒙红色档案具有教育价值。沂蒙红色档案在记载革命历史的同时，还具有构建社会记忆的作用。[4] 沂蒙红色档案所包含的翔实史料、直观图片、鲜活影像、革命遗址展现了中国共产党领导沂蒙人民争取民族独立的伟大奋斗历程。如《孟良崮大胜》记录了孟良崮战役中的多处细节，这些原始资料具有丰富的借鉴与参考价值，也具有一定的历史研究价值，是弥足珍贵的党史资源和精神财富，是开展党史学习教育，进行“四史”教育不可多得的鲜活教材。充分利用沂蒙红色档案的教育价值，有利于加强爱国主义教育，增强中华民族身份认同。

沂蒙红色档案具有经济价值。沂蒙红色档案为经济发展直接或间接地提供助力，有1000多家销售企业借助档案文化资源形成了一系列周边产品，为15000多人提供了就业机会。[5] 在文旅融合的时代契机下，利用革命遗址、革命纪念馆发展红色文旅，凝练红色文化品牌，设计和打造红色文化产品，使文化资源有效转化为文旅产业，有利于使红色资源助力沂蒙革命老区经济发展与社会主义现代化建设。

4. 沂蒙红色档案在价值实现中存在的问题

4.1 收集方式与馆藏结构单一

几乎所有档案馆的红色档案编研、利用与开发成果都离不开面向社会的红色资料征集，这是档案馆以文书档案为主的馆藏现状决定的。目前各档案馆进行红色档案收集的主要方式是在官网上发布征集公告，并进行荣誉性激励。但因档案馆官网的影响力本身较小，宣传面较窄，导致收集效果不理想。

目前各档案馆在实际工作中对于红色档案的时间划定范围不统一。受山东省档案馆革命红色档案目录数据库建设工作收录范围的影响，目前山东省内大多数档案馆以1949年之前的为红色档案判定的时间标准。自从红色档案的概念被提出之后，很多档案馆扩充红色档案馆藏的方式是根据鉴定条件直接从符合时间范围的馆藏中挑选出一批档案，作为红色档案单独立卷和保管。这导致目前的红色档案以文书档案为主，多为工作过程中形成的原始记录，以文字为主，缺乏图文配合，工作记录的叙事性也比较差，难以直接与公众产生共鸣，需要二次加工进行红色基因的挖掘工作。

4.2 档案管理的数字化和协作化程度不高

在数字化保管上，部分档案馆在数字化工作中还存在诸如OCR识别、双层PDF处理后续的方面、未充分落实双套制保管理念与应用等问题。同时，在具体管理模式上，大多档案馆未采用智慧化管理。

在红色档案的资源共享上，许多档案馆独自进行红色档案的管理工作，与其他档案馆之间的馆际合作交流不够，更是缺乏与党史研究院、图书馆、博物馆等相关单位部门的有效合作交流，导致红色档案资源未完全实现共享，仍需进一步整合。

4.3 对红色档案的利用方式缺乏创新性

在红色档案的开发利用方式上，大多是编研出版物、举办专题展览、建设教育基地等传统方式，音视频、影视片等创新性开发利用方式较少。

其中，在红色档案的编研方面，档案馆的编研方式大多是以史料汇编为主，编研也大多以文字形式呈现，重编轻研，编研的方式与内容较为传统单一。在红色档案的线上线下展览方面，一方面档案馆的红色档案线下展览多为简单的文书、图片等红色档案的陈列，现代化技术的应用不足，体验性、互动性的项目较少，吸引力不足；另一方面许多档案馆的网上展厅内容简单、质量不高，在视觉美术方面观感较差，有的甚至画质不清晰。

4.4　对红色档案的宣传效果有待提升

档案馆对于红色档案的推广宣传主要是通过官方网站、微信公众平台、媒体报道、红色档案展览、纪录片等，一般是结合比较重要的时间节点。但目前档案馆在宣传工作方面存在如下问题：对于红色档案和挖掘红色基因的重要性的宣传力度不足；对于已有成果的宣传方式单一，宣传质量较差，反响平淡；对于红色档案中红色基因的挖掘工作宣传未能更好地与新媒体实现深度融合；官方网站等宣传渠道专业性强、互动性不足、信息更新不及时，导致受众面窄、点击率低、关注度较少；宣传工作各方面创新较少。这些宣传问题导致档案资源中红色基因的挖掘工作和成果知名度不高，社会影响力较小，公众参与度不高，公众意识较薄弱。

5.　沂蒙红色档案在价值实现中的创新路径

5.1　丰富档案收集方式与馆藏结构

丰富档案收集方式，对红色档案资源进行兼顾全面性与重点性的收集工作。如位于沂蒙革命老区的临朐县档案馆除了发布征集公告、主动上门征集外，加强与县委组织部、县融媒体中心、县党史（史志）研究中心、县委老干部局、县红色文化研究会等部门沟通协作，整合全县红色档案资源，共征集到革命历史档案260卷，建立了临朐革命先驱、首任人民政府县长、烈士高奋档案全宗，大大丰富了馆藏。[6] 优化馆藏结构，如蒙阴县档案馆在有广度、多层次扩大档案收集范围的基础上，重点征集反映重大活动和重要事件的档案资料，在目标导向下优化馆藏档案结构。[7]

5.2　提高红色档案的管、存的应用技术与方法

针对红色档案数字化保管方面存在的问题，档案馆要不断探索、应用红色档案数字化的技术与方法，强化红色档案管、存工作数字化转型能力。要注重档案管、存工作的业务协同、技术集约、数据融通，以推动档案管、存工作过程数字化和工作结果数字化。

针对红色档案管理形式较传统、单一的问题，档案馆要加强档案库房一体化平台以及智慧库房管理系统的建设，在符合国家标准规范的前提下采用新方法、新技术、新手段对红色档案进行智慧管理、智能管理。同时，加强队伍建设，提升工作人员的专业素质与综合能力，优化工作人员服务态度，激发工作人员工作热情，注重工作团队的可持续发展。

5.3 加强合作交流实现红色档案资源共享

针对红色档案未完全实现资源共享的问题，档案馆要不断加强与其他档案馆之间的馆际合作交流，以及加强与各党史研究院、图书馆、博物馆等单位部门的合作交流，以便更好地实现红色档案资源共享。如日照市档案馆曾与日照革命历史纪念馆、日照市委党史研究院等部门开展多次交流合作，进行了诸如《安哲日记》《日照市组织史资料》等大量珍贵红色档案与相关研究成果的转交与资源共享。

5.4 全面挖掘红色档案资源的丰富内涵

红色档案资源的价值凝结在每一份文字资料中、每一幅图像照片中、每一件革命文物中，记载着国家和民族的某一个历史事件、某一位革命英雄、某一种革命精神，展现出党和人民的梦想和追求、情怀和担当、牺牲和奉献。面对数量庞大、内涵丰富的档案资源，其开发利用就需要遵循一定的逻辑和规律，系统、全面地挖掘红色档案资源的丰富内涵。

回到红色档案受到重视、红色基因挖掘的本质上；从十八大开始，国家越来越重视思想和精神的引领工作，是经济飞速发展了40年后，物质与文化发展不协调，社会出现信仰危机的必然要求。红色档案工作，开发红色基因的目的就是要讲清楚中国共产党为什么“能”、马克思主义为什么“行”、中国特色社会主义为什么“好”；为人民群众树立精神上的支柱，为人民追求美好生活注入一针强心剂。档案部门只要找清自己在这项宏伟工作中的定位，就能很好地捋顺红色档案在利用层面的工作逻辑。档案馆可以以红色历史人物、重大历史事件、重要历史场景为中心线索的开发利用，探索多层路径，不断深化，加强红色档案资源创新性开发利用。

5.5 创新红色档案的编研与展览工作

针对红色档案的编研方式与呈现形式较传统单一的问题，档案馆一方面要加强编研方式的创新，改变原有单一史料汇编的传统方式，多结合本地的地区特色与历史背景，进行红色档案编研。另一方面要加强编研内容的创新，改变原有单一文字内容，多采用图文并茂、口述档案等新颖的内容进行红色档案的编研。

针对红色档案线上线下展览应用现代化技术较少、质量不高的问题档案馆一方面应在举办一系列线下红色档案的相关展览时创新展览展示手段，应用声光电等现代技术，增加体验性、互动性项目，以增强社会吸引力；另一方面在举办线上展览时，选择内容丰富的专题性展览，对展览的图片等认真筛选与处理，保证图片内容的画质清晰与视觉效果。

5.6 加强档案工作者宣传意识并创新宣传方式

档案工作者是档案宣传的主体，档案宣传应该是群策群力、博采众长，要建立以档案宣传为重点的内部文化，并加强以档案宣传工作成绩为核心绩效考核体系建设，从各个方面提升档案工作者在档案宣传方面的主动性与自觉性，营造良好的宣传氛围，推动红色档案的宣传和红色基因的挖掘工作。

档案宣传要通过充分利用社会资源和外部力量来打破既有格局，以“大档案”和“大文化”的格局来发展创新。将传统媒体与新媒体融合发展借由“全媒体”来呈现，也就是使用多媒体技术整合文字、声音、图画及网页，融合广播、影视、报刊、网站等多种媒介形式，经过广电网、电信网及互联网同时播放，用户最终会在电视、电脑、手机等多种终端上得到信息体验，实现无论何时何地何人都可以选用任一终端看到任何想要的信息。

各地档案馆可以选取市民关注的切入点，联合本地电视台、融媒体平台，推出权威性、普及性红色档案主题节目。微电影、专题片、短视频的红色档案宣传形式，以多媒体的形式多角度展现红色基因，这样的方式能够大大降低接受门槛，最大限度地面向群众，潜移默化地达到红色基因深入人心的效果。

比如青岛市档案馆选取市民关注的切入点，与市委组织部、市委党史研究院合作，联合本地电视台、青岛新闻综合频道、蓝睛 APP 等融媒体平台，推出权威性、普及性红色档案主题节目；纪录片如《青岛解放的日子里》，微电影红色三部曲，第一部《永远的丹山百合》，反映的是青岛解放时发生在丹山的战役的历史故事；第二部《碑心石的故事》，影片以人民英雄纪念碑碑心石的开采、运输为主线，将档案人发掘碑心石开采过程贯穿其中；第三部《回声》，反映中共一大代表邓恩铭在青岛发动工人运动，深入工人群众，传授知识，启蒙思想，传播马克思主义的故事；取得了极好的利用效果。青岛市档案馆工作者表示，微电影主要是考虑到受众，特别适合年轻人，运用网络传播这一种形式，将档案转化进行再创作。

注释及参考文献

[1] 习近平. 高举中国特色社会主义伟大旗帜　为全面建设社会主义现代化国家而团结奋斗——在中国共产党第二十次全国代表大会上的报告[J]. 中国人大，2022(21)：6-21.

[2] 临沂日报. 启动! 全国红色宣传联盟走进临沂 [EB/OL]. [2023-06-04]. https://www.thepaper.cn/newsDetail_forward_12877054.

[3] 赵秋丽,李志臣,王珊珊. 山高水长沂蒙红[N]. 光明日报,2022-01-12(3).

[4] 张运磊. 沂蒙红色档案价值开发与传承[J]. 北京档案,2022(10):36-38.

[5] 张小年. 沂蒙地方文化特色档案资源建设研究[D]. 济南:山东大学,2020:26.

[6] 潍坊市人民政府. 临朐县档案馆挖掘利用红色档案传承弘扬红色基因[EB/OL]. [2023-07-10]. http://www.weifang.gov.cn/ywdt/bmdt/202104/t20210414_5851082.html.

[7] 临报融媒. 蒙阴县档案馆:坚持党建引领 擦亮档案利用底色[EB/OL]. [2023-07-10]. https://app.langya.cn/a/602995.htmll.

党史学习教育背景下的红色档案开发路径研究

解放军档案馆　范琪琪　余兴会

摘　要：红色档案价值丰富，在党史学习教育常态化长效化的背景下，红色档案开发对于丰富党史学习教育内容、传承红色基因、传播红色精神愈发具有重要意义。文章从红色档案概念界定入手阐释了红色档案开发的必要性，结合红色档案开发现状，提出服务于党史学习教育的红色档案开发应加强资源整合、联合开发，深度聚焦党史学习教育主题，充分利用新技术手段提升开发成效。

关键词：党史学习教育；红色档案；档案开发

1. 引言

2022 年 3 月，中共中央办公厅印发了《关于推动党史学习教育常态化长效化的意见》（以下简称《意见》），《意见》指出，着眼坚定历史自信，坚持不懈把党史作为必修课、常修课；用好红色资源发挥革命英烈示范引领作用。[1] 2022 年 10 月，中国共产党第二十次全国代表大会提出要弘扬以伟大建党精神为源头的中国共产党人精神谱系，用好红色资源。[2] 红色档案是红色资源的重要组成部分，是反映党的初心和使命最权威、最直接的历史原始记录，是深入开展党史学习教育、推动党史学习教育常态化长效化，弘扬以伟大建党精神为源头的中国共产党人精神谱系的最鲜活生动的教科书和资源库。为了更好地服务于党史学习教育，充分彰显红色档案的时代价值，对红色档案进行针对性开发势在必行。党史学习教育的常态化长效化也在一定程度上起到了宣传红色档案的作用，并对红色档案开发提出了更高要求，如何高质量地开发红色档案使其更好服务于党史学习教育，是今后档案事业发展的一项重要课题，也是档案工作者的职责使命。

2. 红色档案概念辨析

目前，尚未有相关的国家标准或文件对红色档案概念进行定义，红色档案概念缺少统一规范化的阐释，大多对红色档案概念的解释是基于一种约定俗成的“默认”的理解，为此对红色档案概念的准确把握是本文研究的基础。

2.1 概念梳理

本文选取几种对红色档案较为权威的定义进行比较分析。《军队档案工作基本术语》（GJB6640-2008，以下简称《术语》）对“革命历史档案”的定义是：中华人民共和国成立以前中国共产党及其领导下的政府、军队、团体形成的档案。[3] 地方层面，上海市于2022年最新出台的《上海市红色档案资源管理办法》（沪档〔2022〕102号，以下简称《办法》）对红色档案的定义是：指中国共产党领导下，在新民主主义革命时期、社会主义革命和建设时期、改革开放和社会主义现代化建设新时期、中国特色社会主义新时代所形成的具有历史价值、教育意义、纪念意义的档案。[4] 其他对红色档案概念较为普遍的界定分广义和狭义，狭义概念与《术语》基本一致，认为红色档案即为革命历史档案[5]；广义概念认为应把新民主主义革命时期、社会主义革命和建设时期、改革开放和社会主义现代化建设新时期、中国特色社会主义新时代形成的档案纳入其中，以体现红色档案记录和反映党的事业的连续性和整体性。[6]

如果将革命历史档案近似于红色档案，本文将《术语》《办法》和其他主流观点对红色档案的概念界定进行对比分析（见表1），三者对红色档案形成者的界定基本达成共识，均为中国共产党领导下形成。

表1 《术语》《办法》和其他对红色档案概念界定对比

	《术语》	《办法》	其他
形成时间	新中国成立以前	新民主主义革命时期、社会主义革命和建设时期、改革开放和社会主义现代化建设新时期、中国特色社会主义新时代	狭义：新民主主义革命时期（1919—1949） 广义：新民主主义革命时期、社会主义革命和建设时期、改革开放和社会主义现代化建设新时期、中国特色社会主义新时代
形成者	中国共产党领导下政府、军队、团体	中国共产党领导下	中国共产党领导下

对红色档案形成时间的界定尚有争议，《办法》与其他广义的红色档案定义中的形成时间基本一致，包含新中国成立之前和新中国成立之后两个时间段，其他狭义的红色档案定义中的时间段仅包含新民主主义革命时期即新中国成立之前的一段时间，与《术语》对革命历史档案形成时间的界定一致。

2.2 概念界定

红色档案形成者毋庸置疑是中国共产党领导下形成，但对于红色档案形成时间的界定，笔者认为，中国早期共产主义运动期间形成的档案和中国共产党成立后党带领全国各族人民进行的革命、建设、改革等活动中形成的档案都应划为红色档案的范畴，把中国早期共产主义运动期间形成的“红色起点”档案纳入红色档案范畴更符合百年党史的历史脉络和轨迹。因此，本文所探讨的红色档案指的是中国共产党成立之前中国早期共产主义运动时期、中国共产党成立至今形成的具有历史价值、教育意义和纪念意义的档案。

3. 红色档案开发的必要性

红色档案真实、完整记录了从筹备建党到中国共产党成立后各个时期的全部历史，是开展党史学习教育最翔实、最可靠的一手资料，是讲好中国共产党的故事、坚定文化自信的重要载体，因此对红色档案的有效开发必要而又迫切。

3.1 满足党史学习教育需求

红色档案是红色精神的物质载体，蕴含着党的初心使命，对于弘扬伟大建党精神、传承红色基因、赓续红色血脉具有重要意义。红色档案赋能党史学习教育，为党史学习教育提供真实、可靠、权威、丰富的史料素材。红色档案与党史学习教育之间存在着供需关系，常态化长效化的党史学习教育需要更多鲜活生动的党史类学习素材，成体系、高质量的学习材料对党史学习教育的成效具有直接影响，能够使开展党史学习教育时更好地把握党史发展的主题主线。当前红色档案开发形式主要以某一专题的档案资料汇编、主题陈列展览为主，开发手段不够丰富，受众范围有限，无法满足在全党全社会开展党史学习教育这一需求。红色档案作为党的历史的原始记录，真实性强、可信度高，能进一步强化广大党员群众的历史认知，推动正确的党史观在全党全社会更深入、更广泛地树立起来。因此，通过各种现代化技术手段对红色档案进行多维立体开发，挖掘红色档案价值形成系列成果，可有效丰富党史学习教育的内容与形式，满足党史学习教育的需求。

3.2 扩大红色档案影响力的需要

一直以来，提起红色档案会让人们有神秘感、距离感，各级各类档案馆的社会影响力远不如博物馆、历史展览馆。党史学习教育常态化长效化的时代背景为开发红色档案、打造红色档案社会影响力提供了新的选择和方向。全党全社会通过红色档案开发成果学习蕴含其中的党史，对扩大红色档案的影响力是不可估量的。人们通过红色档案在系列学习中感知并领悟党的光辉历程与苦难辉煌，无形中起到了宣传红色档案、扩大红色档案影响力的作用。例如，2021 年，中央档案馆与中央人民广播电台联合推出的百集微电影《红色档案——走进中央档案馆》恰逢建党百年之际在中央人民广播电视总台连续推出，新颖的展现方式和良好的宣传时机，在全社会起到了极大反响，是扩大红色档案影响力的成功实践。

3.3 符合档案事业发展的内在要求

红色档案除了具有档案的基本属性外，还具有自身的独特性与优势，是开展思想教育的有效载体。[7] 红色档案承载着党的历史也启迪着党的未来，具有存史资政育人的重要作用，同时作为中国独有的一种档案形态，红色档案具有深厚的历史意义与精神内涵。档案事业的高质量发展已不满足于做好收管存用等基础性工作，如何对档案内容进行深层次开发挖掘、充分释能是档案事业发展的重要着力点。通过对红色档案资源进行整合，在此基础上进行深度挖掘和知识化组织，形成知识化成果，使其走出库房走进大众视野，充分释放蕴含其中的丰富价值。

4. 红色档案开发现状梳理

红色档案开发挖掘取得了重要进展，但是各机构联合开发力度较为不足；围绕红色档案进行开发的成果主题多样、内涵丰富，但是聚焦党史学习教育主题进行的针对性开发成果较少；当前红色档案开发手段与展现方式较为传统，新技术应用体现还不够充分。

4.1 初见成效但“孤军奋战”

近年来拥有红色档案的机构主要以各级各类档案馆为主力已经充分认识到了红色档案的重要价值，各自基于馆藏进行了积极有效的开发探索和实践，形成了一批开发成果，取得了一定的成效。开发形式多为围绕某一专题或战例的档案汇编、围绕某一重大事件或历史人物的主题展览，或者结合信息技术手段利用红色档案拍摄微电影、纪录片等。档案汇编方面如国家档案局组织编纂的《抗日战争档案汇编》；主题展览方面如各地围绕建党百年推出的“百年恰是风华正茂”主题展览，国家档案局推出的“老一辈革命家的家教家风”主题档案展，北京市档案馆推出的“播火——李大钊革命活动史料展”等。目前红色档案开发虽取得了一定效果，但是出于保密等各种因素影响，各机构基本处于“孤军奋战”的状态，馆际联动性、共享性不强，红色档案的国际交流与合作较少。这样可能导致对红色档案开发深度及广度欠佳或者造成重复开发。例如抗日战争相关档案，中央档案馆、军队档案馆、地方各级档案馆都有部分馆藏，但是各自开发形成的汇编类档案文献或者其他形式的成果，对党在抗日战争中中流砥柱作用体现的细节会涵盖不全面，一定程度上会影响党史学习教育的完整性。

4.2 党史教育主题不够突出

当前对红色档案的开发大多是围绕重大历史事件或历史人物，专门聚焦党史学习教育主题的档案开发成果较少，以红色档案为主体的党史学习教育系列教材较为欠缺。建党百年之际围绕百年党史推出的主题档案文献展等开发成果，主要是聚焦我党历史上的重大事件、重要会议和重要人物，按照不同主题将档案展品进行分类，以“时间节点——事件”组合编排模式列举党史上的大事，颗粒较粗，对于党史的内容挖掘不够深入，进而对党史的完整性、连续性有一定影响。在弘扬中国共产党人精神谱系方面部分机构开展了有益的探索，如《中国档案》(月刊) 杂志于 2022 年第 4 期、第 7 期、第 11 期，2023 年第 1 期、第 5 期开设专栏《档案中的中国共产党人精神谱系》，每期推出一篇以红色档案为素材进行编研开发的研究类文章；自 2023 年第 4 期起开设“红色档案”专栏，可见红色档案及其价值已逐渐引起行业重视，但是这种片段式的开发使得党史学习教育主题聚焦度较为分散，在党史学习教育内容的集中呈现上略显不足。

4.3 新技术渗透不足

大多红色档案的编研开发环节仍停留在人工录入、校对，开发成果的载体以纸介质或者图文结合的展板、展墙等平面展示为主，相关展览中大多数档案馆首选的展览方式依然是档案文献展。[8] 由于形成条件和时间的影响，相当一部分红色档案为手写体，数字化扫描后较难进行光学识别或者机器识别后错误率较高，需要人工进行识别校对、复核，导致开发过程较为原始、低效。红色档案开发成果的展现方式较为单一、传统，缺乏生动性、互动性，以多媒体技术、人工智能、数字交互、虚拟现实技术为代表的新技术渗透不足。很多红色档案开发成果仅在本单位内部物理场所展览，无线上展览，受众只能亲临现场才能接受党史学习教育，使得接受党史学习的受众面大打折扣，与党史学习教育常态化长效性的要求不相适应。

5. 红色档案开发困境破解

随着党史学习教育常态化长效化的深入开展，用好用活红色档案资源是更好地服务于党史学习教育的重要途径。通过激活红色档案生命力，打造各种形式鲜活的党史学习教育题材作品，使其更具有吸引力与感染力，充分实现红色档案的时代价值与教育意义。

5.1 整合资源，联合开发

摸清底数，保护性开发。红色档案保管机构应成立专门组织对馆藏红色档案进行调查统计、梳理分析，从红色档案时间跨度、载体类型、纸张破损情况、数字化数据化情况、字迹褪色情况等方面多维度进行分类汇总，摸清红色档案底数，全面掌握红色档案基本情况并进行资源整合。对红色档案进行重新鉴定、规范整理，未数字化的及时进行数字化数据化，对破损档案及时进行修裱修复，边开发边保护，尽可能延长珍贵红色档案的寿命。根据本文对红色档案概念的界定，红色档案是实时形成的，应建立门类齐全、层次多样的红色档案专题数据库，在立足存量进行开发的基础上主动向海内外征集并接收红色档案，形成红色档案动态收集机制，促进红色档案资源持续积累。

加强合作，协同开发。记录党的百年历史的纸质、录音、录像、实物等不同形式的红色档案资源整合与开发，涉及多元主体的协调与合作。协同开发使得各机构在资源、人才等方面优势互补，一方面能够确保红色档案资源的丰富全面、完整翔实，另一方面能够加强红色档案开发力量、提升开发成果质量。档案机构在红色档案资源方面馆际互通时，还应积极主动加强与融媒体中心、专业视频制作公司、博物馆、纪念馆等机构的合作，充分利用各机构的人才、资源、技术优势，积极探索红色档案协同开发模式，力求将党的故事讲得完整、全面、深刻，开发出具有国际国内影响力的精品力作。

5.2 聚焦主题，深耕细作

深耕红色档案内容，提炼叙事主题。根据党史学习教育需要对红色档案内容进行深度挖掘，提炼最能反映红色档案本质内涵的叙事主题。围绕主题把百余年党史的来龙去脉进行全面剖析，丰富有关历史细节，揭示历史事件背后鲜为人知的细节点，形成丰富完整的史实故事链。讲述党史细节时，避免采用大事记等宏大叙事方式进行简单概括，突出红色档案叙事，强化叙事表达，以达到见微知著的效果，使红色档案传播的党史知识充分引起受众的情感共鸣。

注重史料的准确性与严谨性。红色档案开发应精准聚焦“党史学习教育”这一主题，注重党史的整体性、连续性，注重面向“学习教育”的严谨性、可读性，充分利用馆藏优势，深挖精研。开发红色档案时针对在社会上依然有模糊认知的历史事件，通过查阅相关历史资料、联合查档、请专家论证等方式多方求证，厘清史实。用红色档案记录的客观真实的党史有力反击历史虚无主义，以严谨真实的史料增强历史自信、文化自信。求真、求实，将红色档案转化为主题党日学习的鲜活教材，使受众通过学习红色档案中蕴含的党史真正实现学史明理、学史增信、学史崇德，进而学史力行。

5.3 技术赋能，立体展现

随着人工智能、知识图谱、深度学习、自然语言处理等新兴技术的广泛应用，智能开发、立体化展现红色档案是全新的发展思路。开发过程中可利用深度卷积神经网络等人工智能模型，将普通 OCR 系统较难辨认的手写体红色档案数字扫描件进行机器识别，提升编辑加工效率。改变传统红色档案的静态展现，将红色档案要素以微视频、专题片等可视化方式呈现，利用互联网传播速度快、用户范围广的优势让红色档案承载的党史内容深入人心。利用虚拟现实技术还原红色档案记录的经典历史片段，融合视觉、听觉、触觉于一体，丰富用户体验，使用户沉浸式体验历史场景。将珍贵的红色档案影像进行技术处理，增加视觉冲击，使用户真切感受那时那事那人，使开发成果展现方式更加立体生动。例如 2019 年新中国成立 70 周年之际，中央档案馆首次公开彩色 4K 修复版开国大典，举国上下反响热烈，进一步增强了每个中华儿女的民族自豪感和自信心。

打造“互联网+红色档案+党史学习教育”模式，形成党史学习教育系列教材。将红色档案开发成为系列在线出版物挂接相关平台跨时空共享，便于用户在线学或者下载本地学习党史；推出线上展览且不设时限，打破现场展览的地域性、临时性局限，便于随时随地学、反复学党史，使红色档案开发成果惠及更多人群，使学党史、知党史、用党史在全社会蔚然成风。

红色档案是中国共产党带领中国人民在革命、建设、改革过程中形成的真实记录，是服务党史学习教育常态化长效化的珍贵资料，是“档案工作姓党”政治属性的充分体现，具有重要的历史价值和现实意义。我们应充分利用红色档案资源优势，乘势而上、积极作为，在服务党史学习教育常态化长效化中充分彰显档案人的政治担当和红色情怀，把好传统带进新征程，将好作风弘扬在新时代！让红色档案承载的红色精神成为激励全体人民干事创业的强大动力，充分发挥红色档案在党史学习教育中的重要作用！

注释及参考文献

[1] 中华人民共和国中央人民政府. 中共中央办公厅印发《关于推动党史学习教育常态化长效化的意见》[EB/OL]（2022-03-21）[2023-02-28]. http://www.gov.cn/zhengce/2022-03/21content_5680294.htm.

[2] 中华人民共和国中央人民政府. 习近平：高举中国特色社会主义伟大旗帜为全面建设社会主义现代化国家而团结奋斗——在中国共产党第二十次全国代表大会上的报告[EB/OL]（2022-10-25）[2023-02-28]. http://www.gov.cn/xinwen/2022-10/25content_5721685.htm.

［3］中国人民解放军军事科学院. 军队档案工作基本术语：GJB 6640-2008［S］. 北京：总装备部军标出版发行部，2008：1.

［4］上海档案信息网. 上海市档案局关于印发《上海市红色档案资源管理办法》的通知［EB/OL］（2023-02-10）.［2023-02-28］. https://www. archives. sh. cn/tzgg/202302/P020230210277144132713.

［5］宋平. 红色档案资源与大学生思想教育有效结合探讨［J］. 档案管理，2015（4）：92-93.

［6］张雷珍. 论红色档案的当代价值及其实现路径［J］. 浙江档案，2022（5）：52-54.

［7］方维华. 让红色档案资源在新时代绽放璀璨光芒［J］. 中国档案，2022（7）：23.

［8］刘龙见，石慧. 红色档案资源展览的现状、趋势和思考［J］. 北京档案，2022（12）：24-26.

大数据背景下包头红色档案资源征集、保管、利用路径研究

包头师范学院　杨　威

摘　要：当前在大数据背景下，凭借信息化网络资源的利用，对包头市红色档案资源开发利用进行调查分析，客观、全面地了解现状和工作实效，以此来加快构建本土化的档案文化体系和利用服务模式，促进红色档案文化挖掘，具有重要应用价值，是打造“红色包头”人文底蕴和城市魅力的有力支撑。

关键词：大数据；包头红色档案资源；征集；保管；利用

大数据背景下，社会朝着信息化和智能化方向高速迈进，开放包容共享的社会更加凸显档案服务利用工作的重要性，国家对档案工作高质量发展提出了更高要求[1]，亟需开拓档案管理和利用新模式来应对档案管理新挑战。红色档案记录着红色文化，承载着红色记忆，各级档案部门和各类档案馆要顺势而为，着力整合地方历史积淀与特色文化，发挥本地方红色档案、党史档案、革命历史档案等档案资源优势，促进档案存史、资政、育人现实价值和作用。包头市是一个有着光荣革命传统的地区，红色档案资源丰富，红色档案生成数量在全区居于前列。当前在大数据背景下，加快构建本土化的档案文化价值体系和开发利用模式，促进红色基因的现代转化，具有重要应用价值，是打造“红色包头”人文底蕴和城市魅力的有力支撑。

1. 包头红色档案资源征集、保管、利用现状与问题

以当前大数据为科技背景，在充分利用网络资源的基础，以典型革命遗迹作为调研对象，通过线上线下收集包头市红色档案资源征集、保管、利用等方面的数据和资料进行统计分析，明确包头市红色档案资源开发和利用起步较晚，尚处

于发展阶段现状。从征集层面分析，征集效果不明显。包头红色档案资源征集有地域特色，各区域旗县征集归口于不同单位，征集缺少上下联动，互通有无，收集渠道不宽，收集模式不新，跨部门跨专业合作交流及信息资源共享不畅，导致征集效率不高，被动作为。此外，亟待进一步开展口述史等红色资源抢救性收集工作。从制度机制层面分析，多元主体、分工负责、协同推进的档案协同服务利用体系不完善。档案馆与其他单位合作开发不足，横向合作资源共享化有待提高。从信息技术层面分析，包头红色档案资源利用价值开发明显不足，馆藏红色档案资源普遍“重藏轻用”，利用范围小，波及面窄，档案价值开发利用乏力，没有形成网络资源共享规模效应。从文化价值层面分析，红色档案资源质量不高，开发特色资源不够，特色不显、优势不强。珍贵特色鲜明的红色档案资料少，封存在库的多，陈列展览的少。从宣传影响层面分析，编研宣传工作推出红色档案宣传精品少，宣传影响面小，多元化价值引导不明显。从创意推广层面分析，包头市红色档案在文化旅游中开发利用不足，精品红色路线少，红色档案资源开发深度不够，红色档案精神内涵挖掘不充分。

2. 包头红色档案资源征集、保管、利用影响因素分析

2.1 传统档案管理体制和模式僵化

传统管理模式下，档案管理主体具有单一性，档案管理体制层级化和行政化造成档案工作缺乏灵活性和积极主动性。在这种模式下，档案事务被行政模式所囿，档案保密性与档案开放性、档案封闭性与档案服务性处于对立面，使档案馆工作处于半封闭状态，社会服务能力大大削减，造成档案工作长期以来束之高阁，与民众日常联系不深，进而产生神秘感和隔阂，造成档案工作处于被动服务状态。传统纸质档案单轨制管理模式机械老化，档案馆的功能仍偏重于“收、管、用”，多处于你查我找的线下服务层面上，缺少技术创新，更缺乏内联外引、互通有无，在档案收集、资源共享、协同参与等方面明显不足。

2.2 传统档案管理理念下的认知偏差

在传统档案管理理念影响下，人们对档案工作普遍认为，档案管理就是档案保管的认知误区。这种理念上认知偏差，影响人们对档案工作性质和整体性把握，进而档案工作得不到重视，经常弱化或者边缘化，造成直接后果是“档案人员工作积极性不强，创新能力不足，人员少、流动性强且偏老龄化，陷于纷繁芜杂的档案事务中亲力亲为，精力有限，视野局限，必然缺乏对档案工作的拓展和创新”。[2] 传统档案管理理念下，囿于认知偏差，窄化了档案工作的含义，造成档案工作被动和档案管理模式机械老化，阻碍了档案事业的与时俱进。

2.3　复合型档案管理人才缺乏

档案管理人员缺乏高、精、专，档案专业科班出身少，“据统计，档案工作人员中具有档案管理专业学历人员的比例不足四分之一，专业不对口，这使得在档案资源开发和信息化建设中要求的复合性档案管理专业人才匮乏”[2]，档案人才队伍老化和非专业化不能适应信息化和数字经济下的业务新要求，造成档案工作不能及时推陈出新和开发档案信息资源乏力。

2.4　网络信息资源流动共享机制不完善，多元化价值引导不明显

档案馆征集档案通常做法是在官网或微信公众号上发布公告，如《内蒙古自治区档案馆关于“内蒙古记忆”档案资料征集的公告》《包头市档案馆关于征集“红色档案”资料的公告》等，关注度相对不高，除了档案人员和业务单位外，浏览量相对较少，信息资源流动共享机制尚未完善，新媒体网络平台的服务力和吸引力不足，宣传影响面小，缺少知名档案公众号和网站推送，网络信息资源流动共享不足，新媒体平台对档案开发利用提升空间广阔。

3. 包头档案管理模式的优化转型和保障机制分析

针对包头红色档案资源瓶颈问题，探寻症结所在，包头档案部门要积极致力于档案馆转型升级与变革创新，优化从“档案管理”到“档案治理”的新服务模式，整合地方历史积淀与特色文化，发挥档案资源优势，挖掘开发档案文化资源价值，构建本土化的档案文化推广体系和利用服务模式。

3.1　档案管理模式转型优化是基础

在新修订《档案法》施行背景下，特别是面对大数据和信息化日新月异，档案文化价值和社会作用日益凸显。随着档案信息文化需求的日益增长和档案利用服务不充分问题之间矛盾的与日俱增，迫切要求档案开放利用、优质高效服务化进一步提升。档案部门要与时俱进，积极应对新时代档案管理新挑战。在“档案治理”[3] 理念指导下，积极探索管理模式转型优化。档案工作要跳出资料文件管理、被动查询利用、单一数字资源存储以及基本保管保护等局限层面，在技术层面上追求的是在现代信息技术、档案数据形式、软件、数据库、网络共享平台等参与融入下的档案协同治理；在实践层面上要立足档案馆馆藏资源开展各类人文与社会科学研究活动，在与传统人文学科动态碰撞下进一步彰显档案价值和档案育人实效性。档案部门要积极融入和参与到社会建设中，协同共振，提高人们对档案工作的感知度和了解度，进而产生协同效应，提升公共文化服务水平。

3.2　构建多元档案运行机制是保障

档案治理理念下，要打造分工负责、协同推进的多元运行机制，包头市档案部门从制度层面进行规范，改变档案是档案部门“一家”之事格局，树立多元共治档案服务理念，因地制宜探索不同形式，构建档案公共服务体系，打造以档案馆为轴心，分散式的服务供给辐射模式（见图1），加快馆内外红色档案资源共建共享的联动机制，实现档案馆的跨领域、跨机构、跨部门的合作。积极拓展与图书馆、展览馆、博物馆等横向交流与合作，共同开发散存性革命历史档案，让红色档案资源流动起来，资源共享，优势互补，充分挖掘红色档案资源的存史资政育人功能，进而提升包头红色档案文化的社会影响力。

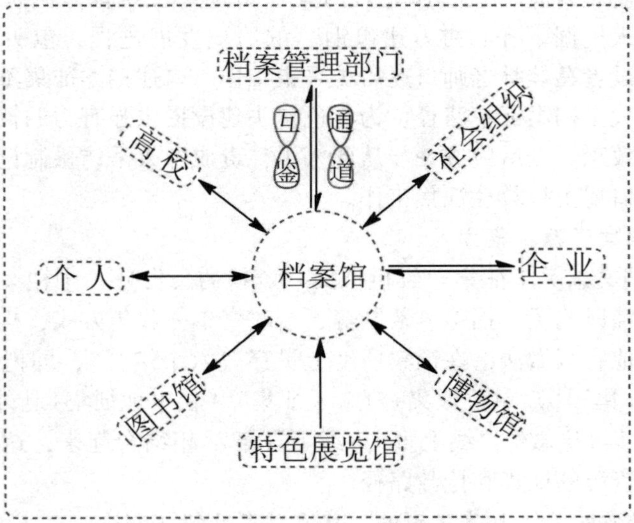

图1

3.3　加强档案专业化队伍建设是支撑

档案工作者是档案工作的执行者和实践者，职业水平和实际工作能力是学用相长的，档案部门在选拔档案工作队伍时要严把关、高要求，把热心档案工作，政治强、业务精、坐得住冷板凳、耐得住寂寞，有政策水平和实际工作能力的人纳入进来，同时要把档案工作者的道德品质教育作为教育培训的必修课，以规范明确档案工作人员必备的道德修养，在“服务”上下功夫，使档案工作者达到对道德规范的内化。档案工作者要主动加快知识更新、优化知识结构、拓宽眼界和视野、增强本领，努力学习掌握现代信息应用技术和互联网技术，向着复合型档案技术人才发展，为切实提升档案工作提供智力支持。

4. 包头红色档案资源征集、保管、利用的路径分析

4.1 包头红色档案资源“征集”的路径分析

4.1.1 拓展档案资源征集范围

《“十四五”内蒙古自治区档案事业发展规划》推进档案资源体系建设中明确提出相关要求，档案部门要加大红色档案收集工作，确保应收尽收。要科学调整各级综合档案馆收集范围，不拘泥于传统，拓展档案征集范围，确保红色档案应收尽收。除了“加强对纸质、实物、音频、影像等多种类型红色档案”[4] 的常规收集外，包头档案馆应重点开展口述革命历史档案采集。2021 年 6 月包头市档案馆赴达茂旗开展“三千孤儿入内蒙”口述历史声像资料征集活动；2022 年 1 月，为深入挖掘“齐心协力建包钢”的历史发展进程，包头市档案馆开展包钢第一代建设者葛桂林老师口述历史采集工作。口述档案征集不仅抢救了珍贵档案资源又扩大了档案征集路径，为红色包头建设提供强有力的档案支撑，起到了很好的宣传效果。今后应进一步从此入手，责成专人采访摄制记录，争分夺秒开展红色档案口述史抢救性征集工作。

4.1.2 丰富档案资源征集方式

《包头市档案馆关于征集“红色档案”资料的公告》[5] 中档案资料征集主要以征集为主，辅以购买、捐赠、复制等，要改变单一收集方式，构建多元化收集方式，借鉴其他省区做法，在征集广度上贯穿“六个结合”，即把“对官方的征集+对民间的征集”“对单位征集+对个人征集”“在本地征集+赴外地征集”“征集+购买”“征集+抢救”“线上宣传+线下征集”相结合起来，这样才能全方位打通红色档案资源的征集和抢救路径。

4.1.3 扩大档案征集工作宣传影响，建立信息反馈机制

针对“宣传影响面小”问题，档案主管部门要制定规范的档案征集制度，让档案征集不能停滞在“公告”层面。大数据背景下，要充分依托网络新媒体广而告之，提升新媒体网络平台的服务力、吸引力和黏合度，切实增强网络阵地的示范性、引领性和辐射度，重点建设一批知名档案公众号，发挥新媒体平台对档案开发利用工作的促进作用，扩大宣传影响，引起全社会自下而上的关注。建立信息反馈机制，各级各类档案单位和档案部门要适时反馈并协助完成相关征集工作。

4.2 包头红色档案资源“保管”的路径分析

档案征集后进入档案保管阶段，就是对档案各类载体进行规范化、标准化的保存、管理和维护，避免因环境、气候、时间、温度等变化而失去最初保存状态，并对失常状态进行及时必要的加固、衬裱和修复等。红色档案是重要的红色文化遗

产，珍贵而稀有，因此在保管上需要更用心，这样才能留存后世，惠泽后人。

4.2.1 加强经费保障

“各级政府要建立档案工作经费保障机制，将档案事业发展经费列入财政预算，加大资金投入，加强资金监管，专款专用，提高使用效益。各级财政部门要足额落实同级综合档案馆档案保护经费。”[6] 各级档案馆要合理安排经费，做好本单位档案工作。鼓励社会力量参与和支持档案事业发展，多渠道争取社会力量经费支持，引导社会资金投入档案创新开发。

4.2.2 加强档案馆库建设

《“十四五”内蒙古自治区档案事业发展规划》明确提出加强档案馆库建设。承借档案事业发展“十四五”规划东风，强力推进我市档案馆新馆建设，早日实现全市档案馆全面提档升级，为红色档案等珍贵档案资料入库进馆提供的馆藏设施。倡导“绿色档案馆”理念，实施档案馆（室）安全达标工程，对存在安全隐患问题或不符合面积等要求的档案馆（室）库、后备库进行新建或改造。改善档案保管条件，加快档案安全设施设备配备和更新。

4.2.3 加强多功能特色档案管库建设

对现有分散的红色档案要辟馆集中保管，因地制宜打造融红色记忆馆、红色记忆基地、红色记忆长廊等为一体的多功能特色馆，让红色档案资源在全方位保护中立体呈现。要在其中建立珍藏保护红色档案的“红色档案专库”或“红色特藏室”，这些特色管库可以进一步打造成红色教育基地，可以作为党员培训、党史学习教育、专题主题教育等参观学习基地，坚持用档案讲好党的故事、革命的故事、英雄和烈士的故事，既传承红色基因又充分发挥档案在民族地区增进“五大认同”理念教育的重要作用。

4.2.4 健全档案安全管理制度，强化档案安全保护

档案安全无小事，要切实做到“万无一失”。针对安全意识淡化问题要筑牢思想防线，全方位全过程地落实安全责任，健全档案安全工作机制，层层压实，协同共管。加强档案馆内部监管能力，避免因电路设备故障、消毒设备故障、消防安防设备故障等危及档案安全。对档案寄存托管、档案数字化、档案信息系统建设等高风险领域加大监管力度。提升档案数字资源安全管理能力，加强珍贵档案抢救性保护工作，对进馆红色档案进行规范整理，是残缺损坏程度及时开展修裱、仿真复制和数字化，对破损、濒危和已经形成“档案砖”和音像档案及时开展档案备份与修复工作，最大限度延长红色档案寿命。

4.3 包头红色档案资源推广利用的路径分析

各级档案部门和各类档案馆要着力整合地方历史积淀与特色文化，发挥本地方红色档案资源优势，促进档案存史、资政、育人现实价值，鉴于此，应从以下

几处着手。

4.3.1 服务地方，让档案发声，讲好红色故事

围绕本地区的中心工作去设计和谋划本部门的档案工作，这是档案部门工作旨归。包头市各级档案部门紧盯重要时间节点，结合地域特色，开展系列红色主题活动，向社会展示红色档案文化，让档案发声，讲好红色故事。包头市结合地域特色，可以举办“齐心协力建包钢”“三千孤儿入内蒙”“草原英雄小姐妹”等专题档案展览；为学习宣传党的二十大精神举办“鹿城红色经典诵读”“红歌颂党恩”“礼赞二十大、档案颂辉煌”等大赛，营造浓厚的红色文化宣传氛围，传承包头红色血脉，打造红色包头。

4.3.2 加强红色档案编研整合开发

档案馆征集保管与编研并重，在征集保管基础上对红色档案资源再加工，依托馆藏，编纂汇编、档案史料丛书、红色人物传记、画册等，整合档案“红色库”，让红色档案史料在新时代熠熠生辉。要利用建设智慧档案馆和数字档案馆契机，借助信息化技术对红色档案进行数字化修复和整合，开发以革命文化为内涵的网络作品，以短视频、微电影、动漫、视音频剪辑等形式再现感人震撼的瞬间和艰苦拼搏的场景，引人共鸣。依托红色档案资源，打造推广一批富有爱国主义教育意义的红色文化作品，开发编研具有爱国主义气息的网络红色文学、主题出版物、有声读物、名家讲坛；组织编排展演以革命先驱为原型的舞台剧，以革命精神为主题的歌舞音乐等。线上线下向广大市民积极推荐，潜移默化开展爱国主义教育，让红色文化“活”起来，实现红色文化代际可持续传播。

4.3.3 深挖红色档案资源多元价值和社会效应

各级各类档案馆要集中梳理汇总本地方、家乡人英雄事迹、革命故事，挖掘其中的红色精神，用活馆藏档案史志资源，讲好包头红色革命故事，把红色档案的开发利用与不同时期党的教育活动结合起来，充分发挥档案史志独特作用。在利用中要突出名人效应，挖掘名人档案资源，这些资源是一些对国家、社会、地区等具有较大影响力的红色人物在工作、生活和社会交往等活动中形成的，以人物自传、手稿、日记、信件、著作、证件、获奖证书等形式保存下来原始记录，非常具有保存价值。可通过举办红色人物专题展来对该人物档案进行梳理、总结和集中展示。档案馆要充分利用档案馆现有优势，着力挖掘红色人物档案教育价值，构建红色文化的信息传播路径。

4.3.4 发挥红色档案基地育人社会效果

红色档案资源是对人们进行思想教育的有效载体。包头市在建设多功能特色档案管库基础上，进一步功能整合，进一步将其打造成红色教育基地，让其成为党员干部开展党性教育热门“打卡地”和青少年爱国主义教育的“第二课堂”。育人重点在青少年，功能发挥在于宣传手段，针对全市中小学生要“请进来”。

从调查得知，现在一些中小学生红色文化知识极其匮乏，学校对红色文化熏陶远远不够，对本地红色人物事迹不了解，对革命历史遗迹不关注，针对这些共性问题，档案部门要制定长期指导方案，让红色档案基地成为红色基因的传承基地，定期组织师生去红色基地参观，让红色教育基地成为每一名中小学生争做文明少先队员实践体验馆，保证根正苗红。

4.3.5 拓展校地合作协同育人模式

高校也是档案资源开发利用的一个重要途径。包头市共有大中专院校 13 所，人员密集、基数大，是开展档案育人工作的重要阵地。乘着包头市“校地”合作东风，包头市档案馆要“走出去”，积极推进校地“1+1”（即档案馆+高校）结对共促共建活动，推进档案工作向基层延伸。借鉴其他省市举办“红色档案”科普短视频创作大赛、“6·9”国际档案日网络竞赛、“档案里的党史故事”征文比赛、红色档案宣讲员选拔赛等红色档案文化宣传等活动，积极与高校合作举办展览，打造红色文化长廊，将国家和本地红色档案中图书典藏、文物陈列、人物、故事、情景等全方位立体展示，让红色基因在大学生心中扎根。学校可将其与深化教职工政治理论学习、干部教育培训、党日活动、党建宣传等工作相结合，与学校党史和校史结合起来，以多样化的方式推动红色档案开发利用取得更大文化效益和社会影响。

4.3.6 拓展档案文化创意产品开发

我国已经逐渐认识到文化创意产品和服务开发在档案工作中的作用，基本实现了从“无”到“有”的转变，国内一些城市已经率先走在前列，这些做法也值得研究借鉴。例如，南京推出地铁版“红色地图”、湖南省石门县档案馆《挖掘档案文化资源，开发“石门记忆”系列档案文化产品》、北京市档案馆举办“见证抗战——纪念抗日战争胜利 70 周年京津冀档案文献展”、人民银行呼和浩特中心支行组织开展“深挖红色金融资源、汲取红色金融智慧”系列活动、内蒙古深入开展红色档案资源摸底普查工作，摸清“红色”家底，初步建立全区红色档案台账等，这些档案资源开发利用好做法为我们提供了新思路。

4.3.7 红色档案与红色旅游共促共赢

作为宝贵的历史文物资源，红色档案多元价值还体现在经济价值上。“红色档案经济价值转化”是当前档案部门和理论工作者比较关注的研究方向之一，除了红色文学作品、红色影视作品、红色历史舞台表演等直观经济价值效应外，红色旅游开发为红色档案经济价值开发赋予了活力，各地也打造了具有不同地域特色的转化之路。包头红色旅游资源丰富，市内有八路军大青山支队司令部旧址、北方兵器工业城、百灵庙起义旧址等多个红色旅游经典景区，有王若飞纪念馆、南海红色收藏馆、包头召革命纪念馆等多个馆藏资源丰富的革命旧址和红色记忆展厅。应充分发掘开发红色档案资源与文化旅游融合发展，形成红色产业链，实现红色遗址遗迹保护利用和旅游业双赢，促进包头文化旅游可持续发展，让红色旅游地成为红色基因的传承基地，成为传播包头档案文化、展现新时代新包头新风貌的新窗口。

本文系内蒙古自治区档案科技项目“服务模式转型优化视域下档案馆文化资源推广利用研究”（2022-60）；中国高教学会课题“新时代高校红色基因的传承和发扬路径研究”（22XS0404）研究成果。

注释及参考文献

[1] 中办国办印发《“十四五”全国档案事业发展规划》[EB/OL].[2021-06-09]. https://www.saac.gov.cn/daj/toutiao/202106/ecca2de5bce44a0eb55c890762868683.shtml.

[2] 杨威.档案治理视域下高校档案管理模式转型优化的路径分析[J].兰台世界,2022(12):97-100.

[3] 金波,晏秦.从档案管理走向档案治理[J].档案学研究,2019(6):46-55.

[4] 方维华.用情梳理 用力呈现 让红色档案资源在新时代绽放璀璨光芒[J].中国档案,2022(7):23.

[5] 包头市档案馆关于征集“红色档案”资料的公告[EB/OL].[2022-04-15]. http://bt.archives.nm.cn/information/btdaj46/msg22046232039.html.

[6]“十四五”内蒙古自治区档案事业发展规划[EB/OL].[2022-03-24]. https://www.saac.gov.cn/daj/c100182/202203/7f7dc69cc36149d198dc859b9eca34ed.shtml.

加强红色档案建设，助力医院高质量发展

——山东省中医院传承红色基因弘扬传统文化的实践与探索

山东省中医院　刘　宇

摘　要：红色档案资源是中华优秀传统文化基因的精华，对医院文化建设和高质量发展具有重大历史文化价值和不可替代的精神引领作用，其独有性、稀缺性、脆弱性的特点更凸显了对这一宝贵资源保护、挖掘、研究和利用的重要性。文章以山东省中医院红色档案为例，就红色档案的保护、挖掘、研究和利用，以及存在的问题等进行了多维度的分析，旨在深入贯彻习近平总书记关于用好红色档案资源、传承红色基因的重要论述和对档案工作的重要批示精神，切实发挥好红色档案的存史、资政、育人作用。

关键词：红色档案；传统文化；传承；弘扬

山东省中医院始建于1955年，是国内成立较早的省级中医院之一，目前是国家中医药传承创新中心、国家中医疫病防治基地、国家区域医疗中心输出医院。连续三年在全国公立中医院绩效考核中位列A+等级，位居山东省首位。是一所集医疗、教学、科研、预防、保健、康复于一体的大型三级甲等综合性中医医院，是全国示范中医院、国家中医临床研究基地、国家中医药考试工作基地、首批全国中医住院医师规范化培训基地，全国人文爱心医院，获评全国“患者、医务人员双满意”优秀医院。

医院之所以能取得如此大的成就，得益于历届优秀的省中医人几十载栉风沐雨，前赴后继……更得益于以首任院长刘惠民先生为代表的一代代中医人留下的红色档案，为医院文化建设和高质量发展提供了不竭的精神动力源泉。

1. 刘惠民先生和医院的渊源

刘惠民原名刘诚恩，1900 年生于山东省沂水县黄山铺乡胡家庄，刘老 8 岁入学，自幼酷爱医学。16 岁因病辍学，即始攻研医学，为精此术，多方求教。不足 30 岁，离乡远赴沈阳，进民初名医张锡纯先生所办“立达中医院”学习工作。两年后，进入全国名医丁仲祐主办的“上海中西医药专门学校”，毕业后回归故里。在家乡，他刻苦钻研中医医学，医术之精湛名冠一时。

1931 年“九一八”事变后，刘老积极参加抗日战争救亡活动，在沂水县西部山区办起了“沂水县乡村医药研究所”及“中国医药研究社”，招收学员 36 人，自编教材，亲自授课，为国家培养医学人才。

抗日战争爆发后，刘惠民于 1938 年毅然参加了八路军，任山东人民抗日游击第二支队医务处主任。他对病人不分贵贱尊卑一视同仁，亲自诊治。1940 年春，他被部队秘密派回地方工作，在沂水县许家湖开设药铺，为抗日军民暗中筹集医药用品，同时医治伤病。为适应战争需要，他尽量将中药汤剂改制为片剂和药丸，并亲自制作模具，手把手教药剂人员制药。抗战时期，他已先后研制出疟疾灵、金黄散、救急散、牛黄丸等 100 多种成品药。这些药被秘密运往各抗日根据地后，疗治了很多抗日军民的伤病，为我国的抗战大业做出了极大贡献。

新中国成立后，各项事业百废待兴，他竭力为发展祖国的中医事业奔波，1955 年起，开始担任山东省卫生厅副厅长，主管全省中医药事业恢复和发展工作。在他的倡议下，经山东省人民政府批准，山东省立中医院（现山东中医药大学附属医院、山东省中医院）成立，刘惠民主持筹建工作，并兼任院长，终于实现了创办中医医院的心愿。

彼时的山东省立中医院，建筑面积仅 4000 平方米，房屋 200 多间，职工 87 人，病房床位 50 张。但它的建立是我省中医发展史上的一件大事，也是我省中医事业迅速发展的重要标志。刘惠民先生之所以能在中医药史上留下浓墨重彩的一笔，源于他一直致力于中医药事业的发展，更源于他给毛主席治疗感冒的一段佳话。

1957 年夏天，中共中央在青岛召开各省、市、自治区党委书记会议。其间毛主席到海水浴场游泳时不慎得了感冒，加上失眠的困扰，病情日渐严重，随行的保健医生用西药治疗效果不好。中共山东省委第一书记舒同得知后，便推荐刘惠民给毛主席看病。刘惠民表示：“药方可以开，但必须由舒书记的夫人亲自跟我去药店抓药、亲自煎药，并亲自看着主席喝下去才行。”于是，舒同的夫人石澜便担当起了为毛主席抓药、煎药的特殊任务。3 天后，毛主席的感冒症状完全消失，而且睡眠也逐渐好起来。同年秋天，刘惠民随同毛主席去苏联，负责保健工作。后又在北京、上海、广州等地，多次为毛主席、周总理及其他中央和省市领导同志治病。

2. 医院对红色档案的利用和保护

红色档案是记录历史变迁与红色文化积淀的重要载体之一，它承载着中国共产党和革命先烈的精神与意志。2021 年 7 月 6 日中国第一历史档案馆新馆开馆之际，国家领导人对档案工作做出重要批示，其中特别强调要把蕴含党的初心使命的红色档案保管好、利用好。[1]

为深入贯彻落实习近平总书记对档案工作重要批示精神，按照山东省委领导同志关于做好红色档案保护开发工作的要求，2022 年 3 月，山东省委宣传部、山东省档案馆联合印发《关于推进红色档案资源开发利用和宣传教育的工作方案》，为全省深入系统做好红色档案资源管理、开发利用和宣传教育工作提供了方向指引与机制保障。[2]

2.1 红色档案资料的保存

山东省中医院多年来始终秉承“乐群敬业 厚德怀仁”的院训，厚植优良的红色基因沃土，始终把红色档案的保护、传承和利用作为中心工作的重中之重。

因年代久远，很多关于刘惠民先生的档案资料在保存过程中有所遗失，为了收集更多的红色档案资源，把散落在民间和个人手中的资料汇总起来，医院在 2015 年建院 60 周年之际，面向广大职工和社会广泛征集有关刘惠民先生的旧有档案资料，并筹建院史馆，专门开辟了刘惠民展区。截至目前，医院共保存有关刘老的档案资料近 30 件，包括照片、实物、信件、处方等，尤其以毛主席赠送给刘惠民先生的助听器、周恩来总理当年签发刘惠民为山东省卫生厅副厅长时的任命书、舒同为山东省中医院建院时的题词及刘惠民曾经用过的诊桌等珍贵历史文物，成为医院红色档案的核心实物留存内容。

医院在院志中大篇幅介绍了刘惠民先生与医院的渊源，同时在东西院区醒目位置分别设置刘惠民纪念石刻、铜像雕塑及生平简介等，在院史馆设置刘惠民事迹介绍。2022 年新启用的国家中医药传承与创新工程的综合性大楼，就被命名为“惠民楼”，既有对这位革命先烈的缅怀，又有更好地惠及广大人民百姓之意，为后人更好地了解这段红色历史提供了丰富而翔实的资料。

这些措施完美地将红色档案与现实高效、有机链接，实现了红色基因的赓续和传承，并在创新中发展，在创造中转化。

2.2 学术经验的传承

刘惠民从事中医临床工作近 60 年，具有丰富的临床实践经验，尤其对内科外感疾病、神经系统以及妇科疾病等，具有高深的造诣。他勤求古训，师而不泥，根据自己的行医经验创拟了大量临床行之有效的方剂，其中“肺得宁”就是他最有代表性的经方之一。在呼吸系统疾病的诊治上他胆识过人，处方用药酌古参今，山东省中医院在刘老经方的基础上，经过系统研发和创新，使之成为医院首批自制剂。如今，“肺得宁”已经成为医院的镇院之宝和王牌制剂，对呼吸系统疾病有非常好的疗效，在预防新冠肺炎中发挥了积极的作用，也赢得了广大患者的好口碑。

刘老重视中医理论的系统学习，并强调深入研究经典医著是学好中医的基础和关键。他在研读大量经典医籍的基础上，敢于在临证中探索，勇于在实践中突破，并善于从中总结经验。先后编写《中医经络学选要》《中医妇科学选要》《中医伤寒病学选要》等多部书稿。最能体现他医疗特点和风格的是1976年出版的《刘惠民医案选》，后来，山东省中医院多次组织力量整理刘惠民的学术思想，多次对本书进行修订和补充，较好地总结和传承了名老中医的学术经验。

2019年6月，一名93岁的抗战老战士向医院捐赠了一张刘惠民于1955年为其家属开具的治疗流产的珍贵处方笺，并讲述了一段感人至深的故事。医院在得到处方并征得捐赠者同意后，带领相关专家对处方的来历进行了深度探寻，并通过电视台录制了宣传片，组织医院中医学术大咖对处方进行了分析和讨论，为后人治疗同类疾病提供了宝贵的借鉴经验。

2.3 借用新手段，让红色档案成果活起来

中华优秀传统文化源远流长、博大精深，是中华文明的智慧结晶，其中蕴含的民为邦本、天人合一、自强不息、厚德载物等，是中国人民在长期生产生活中积累的宇宙观、天下观、社会观、道德观的重要体现，同科学社会主义价值观主张具有高度契合性。推动中华优秀传统文化创造性转化、创新性发展，既是民族复兴立根铸魂的内在要求，也是繁荣发展社会主义文化、为人民提供更多更好精神食粮的现实需要。

山东省中医院档案馆聚焦主责主业，在6月9日“国际档案日”前后，通过举办红色档案展览、解密馆藏红色档案、拍摄红色档案短视频等形式，及时准确把红色档案的时代价值、文化价值挖掘出来、呈现出来、宣传开来。积极组织编纂《毛泽东的保健医生》《肺得宁背后的故事》等近10个档案史料汇编，让红色档案在新时代绽放光芒。

医院曾多次利用各类媒体，加大对红色档案的宣传和再推广，近年来共宣传推广刘惠民及其事迹和医案等近30次。其中2008年4月9日，医院在《中国中医药报》发表文章《坚持继承创新 发挥特色优势 促进科学发展》，介绍医院高度重视名老中医的学术继承工作。2019年6月3日，《齐鲁晚报》刊登文章《65年前的处方：省中医首任院长用它成功救治先兆流产》，多家电视台也对此

事进行了全方位的报道。

此外，医院积极利用现代信息技术手段，对红色档案进行发掘与传播。广泛利用医院公众微信号对和刘惠民有关的事迹、学术成果等进行宣传推广，充分发挥了全媒体的平台作用，使红色档案资源开发利用实现新突破。

2.4 打造宣传教育基地，用红色档案立根铸魂

马克思主义是我们立党立国、兴党兴国的根本指导思想。党的十八大以来，党中央坚持把马克思主义基本原理同中国具体实际相结合、同中华优秀传统文化相结合。只有把马克思主义思想精髓同中华优秀传统文化精华贯通起来，不断夯实马克思主义中国化时代化的历史基础和群众基础，才能让马克思主义在中国牢牢扎根。

中医药学是中国古代科学的瑰宝，也是打开中华文明宝库的钥匙。中医药文化是中华优秀传统文化的重要组成部分和典型代表，体现了中华文化的优秀内涵，为中华民族认识和改造世界提供了有益启迪和坚强保证。毛泽东主席就曾经对中医药学做出“中国医药学是一个伟大的宝库，应当努力发掘，加以提高”的重要批示。党的十八大以来，党和国家领导人更是高度重视中医药的发展，强调要遵循中医药发展规律，传承精华，守正创新。要大力弘扬和发展传统文化，增强民族自信，特别是青少年的民族自信和文化自信。

国务院印发的《中医药发展战略规划纲要（2016—2030 年）》中提出，将中医药基础知识纳入中小学传统文化，形成全社会“信中医、爱中医、用中医”的浓厚氛围和共同发展中医药的良好格局。为响应国家号召，山东省中医院自 2017 年 3 月起，就开展丰富多彩的“中医药文化进校园”系列活动，主要通过“请进来”和“走出去”两种形式，让孩子们通过参观实物展览和大量的图片文字介绍，观看红色档案专题片，亲自体验各类中医药传统疗法，动手参与中医药文创产品的制作等，利用红色档案讲好中医药的故事，进一步提升青少年的国学素养，激发他们对传统文化和对祖国的热爱，既有培育人才的现实意义，更有弘扬中华文化的历史意义。活动自开展以来，共累计开展“中医药文化进校园”活动近百场。

医院还于 2020 年 5 月和天桥区委宣传部联合举行中医药文化实践教育基地挂牌仪式。医院也因上述系列活动荣获首批“全国中医药文化建设先进单位”“全省中医药文化宣传教育基地”和“中医药文化建设示范单位”等荣誉称号。

2.5 以红色档案为载体，推动党建引领系统工程

沂蒙精神是红色革命精神之一，是山东解放区人民在长期的革命和建设实践中形成的先进群体意识，是中华民族优秀文化的重要组成部分，是全省人民乃至全国人民宝贵的精神财富。

2013 年 11 月 25 日，习近平总书记在临沂考察时指出："沂蒙精神与延安精神、井冈山精神、西柏坡精神一样，是党和国家的宝贵精神财富，要不断结合新的时代条件发扬光大。" 2021 年 9 月 29 日，沂蒙精神被中央宣传部梳理为中国共产党人精神谱系第一批伟大精神。

近年来，医院充分发挥刘惠民红色档案资源保存利用的作用，通过深入研究挖掘档案资源和档案背后的红色故事，将党建工作与红色档案和文化建设深度融合。铭记医院历史、传承红色基因，把沂蒙精神中吃苦耐劳、勇往直前、开拓奋进、无私奉献和医务工作者医者仁心、大医精诚的职业道德相结合，在全院倡导"继圣贤传承 佑民生福安"的办院宗旨，全心全意为患者做好服务。

在建党 100 周年之际，医院派出红色院史寻访组，奔赴沂蒙革命老区，辗转数千公里，梳理医院红色发展脉络。寻访组沿着刘惠民先生的足迹，把他出生、成长和曾经战斗、工作过的地方重新走了一遍，并多次到沂水县档案馆挖掘他之前的档案材料。

近年来，医院多次组织党员干部赴沂蒙红嫂革命纪念馆和烈士陵园、孟良崮革命战役纪念馆等地参观学习，举行多种形式的主题党日活动。还多次组织专家志愿服务队亲赴革命老区沂水、沂南和费县等，开展多种形式的义诊慰问活动，并和临沂市第三人民医院、沂水县夏蔚镇王庄村开展了党支部联学共建，沂水县中医院也是首批加入医院医联体的县级中医院之一。

医院因工作成绩突出，近日在山东省医院协会组织的"追寻红色轨迹 传承红色基因"活动中，被评为最佳组织奖，一人次获评最佳组织工作者奖。

3. 红色档案的特点和属性

医院红色档案对高质量发展具有不可替代的历史文物价值和巨大的精神聚拢作用。随着党建在各级公立医院改革发展进程中引领作用的进一步加强，红色档案将越来越成为医院文化建设、高质量发展等不可或缺的重要组成部分。

纵观红色档案的特点，归结起来有以下三个基本属性：

3.1 稀缺性

因为红色档案是在特殊历史条件下形成的，其跨越的历史时间长，经历的年代久远、过程繁杂，再加上时势变迁，受各种环境条件所限，能被保留并流传下来的少之又少，因其稀少而更加弥足珍贵。

3.2 独有性

任何一份红色档案都是在其特有的历史条件下形成，有其独有的时代、人物、事件等特征，有其历史属性和功能，且不可替代和复制，独具特色，全国仅有。

3.3 脆弱性

红色档案因其稀少而珍贵，无论是档案的主要保存对象人，还是留存于世的实物，都正随着时势的变化，面临着已经消失、逐渐消失或无法考证的困境，档案的保存也面临很大的风险和挑战，而且一旦损毁，将无法弥补，更不可再生。

针对红色档案的属性，可以看出，加大对红色档案的保护迫在眉睫。

4. 存在的问题及应对的建议

4.1 红色档案存在的问题

4.1.1 对档案的重视程度不够

受粗放型发展思维模式的局限，对红色档案的认识不足，很难去考证其历史文化价值。作为医疗单位首先考虑效率优先，导致在档案的收集过程中资料的缺失和不完整，在保护和利用的过程中开展起来不顺畅。

4.1.2 保护和利用手段不够，形式单一

档案，特别是红色档案给人的印象是死板严谨，很难让年轻人去接受和感兴趣，更难找到像央视那种“如果国宝会说话”高水准新形式的宣传方式。

4.1.3 对红色档案投入不足，缺乏相关的专业人才

因为重视程度不够，导致不会投入大量的工作经费。对人员的培养欠缺，档案管理人员大多是半路出家，缺乏系统的培训和学习，对于红色档案的传播与利用更加需要有专业知识以及热爱档案事业的人员来担任。[3]

4.2 对红色档案保存和利用的建议

4.2.1 提高认识

提高对红色档案资源重要历史价值的认识，作为加强内涵建设和精细化管理的重要抓手，助力医院高质量发展。医院于 2021 年 5 月，由机关党总支和山东省档案馆机关党委开展了支部共建并举行主题党日活动，参观了“不忘初心、牢记使命”主题教育档案文献展。还每年邀请省档案馆专家定期来院对职工进行红色档案知识的培训与讲座，旨在提高职工对红色档案的认识和重视。

4.2.2 完善组织架构

更加完善组织架构，深入开展红色档案资源的保护、发掘、研究和利用，同时借用年轻人感兴趣的现代信息技术手段如 AR、VR、场景再现等，真正让档案活起来。医院成立了以党委书记和院长为组长的红色档案保护和利用领导小组，专门就红色档案的利用制定了详细的使用办法和严格的规定，每次对红色档案的再度开发都要经过党委会研究讨论通过后才能实施。

4.2.3　加大投入

加大在人力、物力和财力方面的投入，因为红色档案历史时间长，有的破损严重，使用的频次高，而医院档案馆人员少，有专业修复技能的专业人员更是缺乏。再加上医院档案馆规模小，硬件设施远达不到对珍贵档案的保存能力，所以，加大对人力财力的投入迫在眉睫。同时希望能设立红色档案专项资金，梳理红色基因谱系，吸引更多有志青年投身到红色档案的保护和开发中来。

5. 结语

红色档案是革命先烈用生命和鲜血换来的宝贵财产，我们应该不遗余力地保护好、利用好、传承好。山东省中医院将珍惜这宝贵的红色基因和资源，以党建为引领，把红色基因的传承与未来发展的谋篇布局相结合，为健康中国建设贡献更大的力量。

注释及参考文献

[1] 关利革.互联网时代下承德市红色档案资源的开发与利用[J].办公自动化，2022(9):49-51.

[2] 刘一枞.山东推进红色档案资源开发利用和宣传教育工作[N].中国档案报，2022-03-03(1).

[3] 张珊珊.红色档案资源的开发利用研究[J].办公自动化,2022(8):50-51.

民国档案中的红色档案资源整合与开发策略研究

——以中国第二历史档案馆馆藏档案为例

中国第二历史档案馆　蔡　燕

摘　要：红色档案资源是党和国家最宝贵的精神财富，真实记载了中国共产党波澜壮阔的发展历程，记录了新中国从诞生走向繁荣富强的前进脚步，凝结着先辈们可歌可泣的奋斗精神，蕴藏着独特的历史凭证价值和教育文化价值，对弘扬革命历史主义精神，激励后人投身伟大事业具有重要意义。本文以中国第二历史档案馆馆藏档案为例，梳理汇总馆藏民国档案中蕴含的红色档案资源，探讨分析在当前整合与开发过程中面临的瓶颈问题，并提出针对性的对策建议，旨在为民国档案中的红色档案资源开发利用工作提供现实参考路径。

关键词：民国档案；红色档案资源；整合与开发

2021 年 7 月 6 日习近平总书记对档案工作作出重要批示：“档案工作存史资政育人，是一项利国利民、惠及千秋万代的崇高事业……特别是要把蕴含党的初心使命的红色档案保管好、利用好，把新时代党领导人民推进实现中华民族伟大复兴的奋斗历史记录好、留存好，更好地服务党和国家工作大局、服务人民群众！”《“十四五”全国档案事业发展规划》在加大档案资源开发力度方面也特别强调：“深入挖掘红色档案资源，建立‘四史’教育专题档案资料库，传承红色基因，充分发挥档案在理想信念教育中的重要作用。”由此可见，党和国家高度重视红色档案和红色档案资源的保管保护和开发利用。档案部门认真贯彻落实总书记对档案工作的重要指示批示精神，深入挖掘红色档案资源，讲好中国共产党人坚守初心使命的故事，解读百年大党风华正茂的成功密码和奋斗力量，不仅有利于增强人民群众的认同感、使命感，更有助于扩大大党大国的国际影响力，是时代所需、人民所盼。

1. 红色档案与红色档案资源的定义

目前关于红色档案与红色档案资源的定义，学界尚无统一表述。根据国际档案理事会中国宣传组给出的定义，红色档案概念有狭义和广义之分，狭义的红色档案，即革命历史档案，特指新民主主义革命时期（1919—1949 年）形成的，由中国共产党领导的机关、组织和个人在各种对敌斗争和政治活动中形成的具有保存价值且能够反映红色精神的文字、图像、音视频、实物等各种形式和载体的历史记录。广义的红色档案，指自中国共产党成立以来（1921 年至今），由中国共产党领导的机关、组织和个人在革命战争时期、社会主义建设时期、改革开放时期和中国特色社会主义新时代形成的具有保存价值的各种文字、图表、声像等不同形式的历史记录。按照载体类型可将红色档案具体分为四类，分别是红色纸质档案、红色照片档案、红色音像档案和红色实物档案。

而 2022 年 11 月出台，2023 年 3 月正式施行的《上海市红色档案资源管理办法》中对红色档案和红色档案资源也分别给出了明确定义："红色档案是指中国共产党领导下，在新民主主义革命时期、社会主义革命和建设时期、改革开放和社会主义现代化建设新时期、中国特色社会主义新时代所形成的具有历史价值、教育意义、纪念意义的档案。……红色档案资源是指红色档案及其相关的文献资料、各类出版物、实物等，以及在红色档案管理活动中形成的档案数字化成果、档案目录、数据信息、研究成果等的总和。"

民国档案是由民国历届中央政府、地方政府等政权机构形成的，因此，从严格意义上来说，民国档案总体上不属于红色档案。而中国共产党是在民国时期成立，并在与中外反动政权和势力斗争中不断成长壮大的，民国档案中不乏有蕴含红色基因的档案资源，同样值得深度挖掘，发挥价值。

2. 馆藏民国档案中蕴含的红色档案资源

中国第二历史档案馆（以下简称"我馆"）是集中典藏民国时期历届中央政府及所属机构的国家档案馆，但在我馆所藏档案中也有相当一部分档案内容，蕴含了中国共产党新民主主义革命时期艰难奋斗的红色历程，反映了中共及其领导的人民军队不畏艰难困苦、团结带领全国人民推翻压在中国人民头上的三座大山、建立社会主义新中国的光辉成就。经梳理汇总，馆藏档案中反映中共历史的资料主要有以下几种类型：

2.1 中共及其领导的革命军队或革命武装自身形成的文件

这些档案有相当一部分是抗日战争时期中共向国民政府的报告，如八路军、新四军与日军作战的报告、战斗详报等。以新四军（国民革命军新编第四军）

为例，皖南事变前，新四军作为中国共产党领导的一支坚持在敌后抗日的武装队伍，同时又归属国民政府军队编制，每有战斗，均向国民政府军事委员会、军令部、第三战区汇报战斗详报，这些保存在国民政府军事部门的新四军战报，较为完整地反映了皖南事变前新四军的抗日斗争、国民党军政当局对新四军的态度及其转变等，对于研究新四军早期抗战历史具有重要的价值。据初步统计，我馆共收藏有与新四军有关的战报等文件1000余份，形成时间为1938年4月—1940年12月。

2.2 反映国共合作的档案

如第一次国共合作时期，毛泽东等中共党员参加国民党中央执委会会议记录；抗日战争时期朱德、周恩来、叶剑英等参加国民政府军政机关长官谈话会记录，国共和谈、重庆谈判的相关材料以及国民参政会中共参政员的提案等。

2.3 中共本身散佚的稀见资料甚至是孤本资料或实物

特别是国民政府及其军队在“围剿”和镇压革命过程中收缴的中共文件、实物等，是中共不畏艰险、百折不挠的侧面佐证。如1931年中国工农红军第四军军司令部保护邮差的报告，是现存最早的保护邮政的文件，系由国民党缴获，中央档案馆无存；江西永新五区第二办事处第七乡赤卫队旗帜和江西泰和二区第一乡中共儿童局旗帜，形制不同但都一针一线缝制着代表中共领导的镰刀和锤头；中共创建的革命根据地、抗日根据地、解放区发行的钱币；国民党查禁收缴的中共进步报刊；等等。

2.4 民国历届政府特别是南京国民政府形成的针对中共的档案史料

国民党战史编纂委员会藏有土地革命战争时期国民党军围追堵截中国工农红军长征的档案资料，这些档案尽管充斥着污蔑中共和红军为“匪”“共匪”“赤匪”“伪”等不实之词，但也从侧面反映了在历次反“围剿”战斗中，红军与国民党军浴血奋战、九死一生的艰辛历程。如1935年国民党军的所谓“剿灭赤匪伪七、十两军团”的战斗详报，内中记载：方志敏部转战江西、安徽、浙江等地，“飙发电掣，忽分忽合”，反映了方志敏率领的“中国工农红军北上抗日先遣队”，以1万余人血战东南半壁，牵制近20万国民党军，策应中央红军主力战略转移的不朽功绩；1935年7月时任浙江省保安处长兼杭州警备司令宣铁吾在《浙南“剿匪”指挥部工作概况》中，记述了粟裕率部，“深入武义、汤溪、永康内地，渐蛊惑龙游南部之槽工，复煽动松阳一带之青帮，并招诱各地莠民资为羽翼，至七月间，匪徒激增二千余人，势愈猖獗，乃分头盘踞于松阳西南之枫坪、白岩，及龙泉西北乡之东需、住溪，遂昌西南之关塘、王村口间，实施其伪游击总队之编练，伪特区与贫民团等之组织，于是浙南十余县土地，遂笼罩于赤焰绛雾之中……”。侧面反映了粟裕率领红军挺进师在浙西南一带与国民党军展开游击战，创建浙西南根据地的峥嵘岁月。再如国民党福建省保安第十四团团长钟绍葵 1935 年 5 月 22 日给蒋介石的电报，反映了瞿秋白同志被俘的经过。又如汪伪警政部档案中，有 1 份《伪江苏警务处转报审讯周杰（即周喆）情形致内政部报告》（1942 年 3 月 11 日），内中反映了周喆这位年仅 21 岁的女共产党员面对日伪的威逼利诱、严刑拷打，坚贞不屈、视死如归的坚定意志和信念：“在学校时，我即加入共（产）党，至死不改变的”，“若教我反共，我是做不到的”。

3. 民国档案中的红色档案资源整合与开发的现有瓶颈

近年来随着社会发展和科技进步，红色档案资源的开发利用取得了丰硕成果。特别是自全党开展党史学习教育活动以来，档案工作逐渐从幕后走向台前，我馆作为民国档案典藏重镇，也致力于积极挖掘特色红色资源，以开展活动、举办展览、编研出版等多种形式，不断推出具有广泛影响力的档案文化精品，为学好百年党史、传承红色基因发挥了独特作用。然而受客观条件所限，对于红色档案资源的开发利用也面临着发展瓶颈。

3.1 档案状况复杂易损

我馆保存的民国档案大都形成于中华人民共和国成立前，这些“高龄档案”特别是其中的纸质档案受当时历史环境所限，本身纸张材质较差，且经过战乱迁徙与岁月侵蚀，部分档案存在酸化、霉斑、虫蚀、褪色、扩散等现象，有些档案破损还十分严重。如纸质档案字迹模糊不清、照片档案画面剥脱折损、音像档案音质模糊、实物档案残缺污损等问题，这就为档案资源开发利用增加了难度。

同时民国档案中的红色档案资源往往隐藏于案卷中的一份或若干文件之中，仅凭案卷级电子目录无法实现精准检索。目前已完成文件级著录的全宗数量将近 50 个，相对于我馆浩如烟海的 1354 个保管单位 258 万余卷馆藏档案而言，有如沧海一粟，非常有限，要从根本上提升档案检索的查全率和查准率，有赖于档案数字化文件级著录工作的不断推进。

3.2 开发统筹单打独斗

从地域上看，红色档案资源往往遍布在我国各个地区，且大部分集中在革命老区，不同地区由于经济实力和技术水平存在不同程度的差异，在红色档案资源的开发利用中不可避免地受到来自技术、环境以及机制等方面的影响，使得各地区的红色档案资源较为独立，具有明显的地域性、不平衡性特点，难以实现统筹规划、集中管理。

从保存机构上看，红色档案资源广泛分散于档案馆、博物馆、纪念馆、图书馆以及个人手中，虽然部分档案馆也有和其他单位通过交换档案扫描件或复制件等方式丰富展览内容的好做法，但与社会主动联系、资源共享的程度较低，与不同文化系统间的横向交流互动不足，各省、市区域内的档案馆大多各自为战，在开发利用红色档案资源方面未与系统外单位及广大群众形成合力，难免给人孤军奋战、势单力薄之感。

3.3 开发手段单一固化

受资金、技术及场地等客观条件限制，目前档案馆对于红色档案资源的开发模式仍然较为传统，现代化技术手段运用有限，档案价值挖掘不够深入、全面。例如大部分档案馆网站版面设计简单、色彩单调；展览陈列多为文字、图片等平面展示，音频视频展示缺乏，并且缺少体验感强的互动性项目，这种静态的展陈方式难以引发参观者特别是喜爱“沉浸式体验”的年轻观众的共鸣，不利于红色档案资源教育文化价值的有效实现。

3.4 复合型人才缺乏

红色档案资源的整合与开发涉及多领域多学科知识，对档案工作者提出了更高要求。一是在思想方面，要求及时跟进相关政策学习，胸怀国之大者，把握红色档案资源整合与开发的工作重点与发力方向。二是在专业能力方面，需要掌握档案学、历史学、展陈设计、多媒体技术等多领域知识技能，也就是一专多能的复合型人才。而档案工作者多以档案、历史专业背景为主，对于网络技术、信息技术和大数据技术等掌握有限，也缺乏系统、清晰的专业培训路径，一定程度上制约了红色档案资源开发的深度与广度。

4. 民国档案中的红色档案资源整合与开发策略

4.1 摸清家底，建立红色档案资源数据库

开发利用的前提是收集整理，只有红色档案资源的质与量均达到一定程度，才能联动开发、系统利用。首先要对红色档案资源保管利用情况开展专项调查，全面摸清红色档案资源的保管、保护、整理状况；其次组织有关专家根据档案的具体内容、形成年代、珍稀程度、档案来源等标准进行研判并提出档案的认定等级；随后制定红色档案资源整理方案。笔者认为可根据档案认定等级，对于红色档案资源总体应按照符合历史原貌、不破坏文件间历史联系的整理原则，不单独设置门类，归入本单位档案分类方案统一管理，不拆卷不并卷。但需编制专题档案目录，全面汇总红色档案资源的标题、主题、年代、作者、收藏地等基本信息，形成目录库、专题库、全文库等多种类型的红色档案资源数据库。对于特别珍贵或亟需抢救修复的红色档案资源可采取“一件一档”的方式建档立卡，并

设立专门台账，重点保管保护。

我馆在多年的对外接待和各部门所开展的项目工作中，积累了大量红色档案数据。在此基础上，我馆于2021年启动红色档案资源数据库建设工作，项目以现有相关红色档案数据为基础，会同利用、保管、整理、编研等多个业务部门合力提供数据及线索，构建专题数据库。该项工作拟分三个阶段进行，通过分阶段建设，最终达到全面科学整合全馆红色档案，建成集重大合作项目、展览、特藏、编研出版等文字、图像、音视频数据于一体的红色档案资源数据库的目标。待条件成熟时，拟请申报专项，开发文件级检索系统，最终可提供线上线下、分批分级，对内对外接待查询检索服务。目前该项目已实施至第3年，仍在持续推进中。以笔者所在的整理编目处为例，已报送在档案数字化前整理和文件级著录工作中发现的红色档案资源条目共计1700余条。期待在不久的将来，各级国家档案馆能够搭建红色档案资源数字化共享利用平台，推动红色档案数字化成果展览展示，实现红色档案资源目录数据一键可查、共建共享。

4.2　整合资源，构建协同发展新模式

正如国家档案局副局长付华在2018年全国档案工作者年会上指出：在今天一切讲究“跨界”的时代，档案工作中的许多问题已经不是档案部门自身的问题，而是需要各个行业互相配合、互相融合，共同研究解决。红色档案资源的开发既需要修炼内功，更需要巧借外力，形成协同发展、共建共创的合力。一是国家档案主管部门站在统筹规划、合理布局的政治高度，将红色档案资源的系统开发作为一项重大任务，积极探索跨区域协同方式，指导推进跨区域协同开发利用工作。具体可在总结各省市对区域内红色档案资源协同开发优秀做法的基础上，总结工作经验，结合工作实际，制定出台全国性红色档案资源协同开发指导办法。二是各级地方政府应大力指导、支持区域内档案馆的红色档案资源整合、开发工作，将其纳入区域发展战略背景，使档案利用及档案资源数据库依托跨区域政务服务平台，实现区域一体化融合，更好服务民生、发挥效能。三是各级档案机构应转变思维，主动加强与系统内外单位的交流合作，积极同兄弟档案馆、高校、电视台、报业集团、党史方志办等机构开展广泛联系，建立日常工作交流机制，深挖红色档案资源，丰富开发利用形式，融合历史时期和历史事件两条主脉络，以构建红色档案资源区域精神谱系为突破点，合力收集、整合、开发地区红色珍档，贡献服务区域文化发展的档案力量。

4.3　创新形式，打造档案文化精品

红色档案资源开发利用要转变思想观念，树立以“以人民为中心”的工作理念，把握新时代人民群众的思想文化需求，深入研究精选档案背后的红色故事，充分运用视听、触觉、感知多层次的交互体验式多媒体技术，打破传统的说

教模式，增进受众主体的沉浸感和体验感。加强同文博单位、数字科技公司、展陈设计公司、新闻媒体等单位的合作共建，在共建共享中开拓思维、优势互补，探索打造红色展览、红色书籍、红色档案文创、红色文旅等特色红色文化品牌，不断扩大社会传播效应。

2019 年，为配合“不忘初心　牢记使命”主题教育，在中央档案馆国家档案局的大力支持下，我馆与江苏省省级机关工委联合举办了“共产党人的初心和使命”档案文献展。共选取中央档案馆及我馆馆藏 150 件档案、200 余幅历史照片，讲述共产党人筚路蓝缕、披荆斩棘、为人民谋幸福、为民族谋复兴的如磐意志和坚实脚印。特别是此次展览从共产党档案和国民党档案两种视角相互印证，既体现出以民国时期档案为主的馆藏特色，又通过“红”“白”档案的鲜明对比，从更深层次挖掘红色档案资源的精神内涵，以珍贵档案文献构筑成特殊的党性教育、党史教育课堂。作为江苏省省级机关各部门、单位党组织开展“不忘初心、牢记使命”主题教育的红色教育课堂，据不完全统计，在我馆举办的主展和在梅园新村纪念馆举办的分展共吸引 26 万余人次参观学习，取得了良好的社会效应。2021 年，为向党的百年华诞献礼，深入贯彻党史学习教育，我馆与南京市委宣传部、市委党史办及南京市博物总馆共同举办了“新四军与南京”史迹展。该展通过新四军在南京地区抗战的史实，展现新四军英勇奋战的光辉历程，凸显中国共产党在抗战中发挥的中流砥柱作用，激励新时代广大党员干部为实现中华民族伟大复兴而砥砺奋进。该展大量运用了重庆国民政府和汪伪政权的第一手档案史料，以独特视角印证了新四军在南京周边抗战的光辉业绩。包含许多新四军在南京城垣附近侦察敌情，进而频繁展开袭扰作战的档案文件，其中很多档案是第一次公布，吸引了众多历史爱好者和同行前来观展。主展与分展共接待 6.6 万余人次，同时在线上还推出了云展览虚拟展厅，将先进视讯技术与红色档案资源相结合，跨越空间实现红色档案资源的展演，增强了红色展览的表现力和吸引力，也达到较高的浏览量，助力党史学习教育不断走深走实。

4.4　一专多能，培养高素质档案人才

用好用活红色档案资源迫切需要提高档案工作者职业素养，培养高素质、多面手的档案人才队伍。一方面要创新人才培养、使用和管理制度，加强与高校档案学、展陈设计及计算机等专业的联系，将人才需求传导到培养单位，提升高校档案资源数字化开发利用人才培养的数量和水平；另一方面要定期开展教育培训工作，针对中共党史、档案资源现代化管理技术、新媒体信息传播方式、新媒体平台使用方法等开展专项业务培训，全面提升红色档案资源管理团队的业务水平，讲好中国档案故事，提升红色档案信息资源的开发利用效果和质量。

注释及参考文献

[1] 申灿,李瑶. 红色档案信息资源的开发利用研究[J]. 档案管理,2021(4).

[2] 苗雅淇. 试论红色档案资源数据库建设[J]. 兰台内外,2022(7).

[3] 彭庆红,孙晓丹. 红色档案资源数字化开发利用的路径与梯度[J]. 档案学通讯,2022(4).

[4] 蔡元洋,王遐见. 论我国红色档案资源建设现代化的推进策略[J]. 档案与建设,2022(9).

[5] 杨梓楠. 新媒体环境下红色档案资源开发研究——以《红色档案——走进中央档案馆》纪录片为例[J]. 中国档案,2021(9).

[6] 陈艳红,陈晶晶. 数字人文视域下档案馆红色档案资源开发的时代价值与路径选择[J]. 档案学研究,2022(3).

[7] 刘龙见,石慧. 红色档案资源展览的现状、趋势和思考[J]. 北京档案,2022(12).

档案治理现代化视域下红色档案资源的价值深度挖掘策略

广东省佛山市南海区城市建设档案馆　关敏峰

摘　要：“档案治理现代化”是近年来我国档案事业高质量发展的一条主线。红色档案资源是一种极其珍贵的档案资源，具有唯一性、不可再生性等特点，若想实现红色档案资源治理的现代化，对其价值进行深度挖掘是一个重要的题中之义。档案治理现代化视域下红色档案资源的价值具有多样化的呈现，例如包括政治价值、经济价值、学术价值等。当前阶段，档案治理现代化视域下红色档案资源价值挖掘中还存在着一些突出问题，如多元主体协作治理格局尚未形成、不注重采用商业逻辑开发、全媒体融合开发仍然有待提升。通过构建“党建+红色档案”发展联盟、实践“产业+红色档案”发展路径、打造“多元主体集中展览+红色档案”育人基地、创新“媒介融合+红色档案”开发策略等可以为档案治理现代化视域下红色档案资源价值挖掘提供助力。

关键词：档案治理现代化；红色档案资源；深度挖掘；文旅融合

1. 引言

“档案治理现代化”是近年来我国档案事业高质量发展的一条主线。尽管在我国档案事业“十四五”发展规划中没有直接出现“档案治理现代化”这个词汇，但是与“档案治理”相关的内容篇幅十分巨大，为我们系统研究和探索“档案治理现代化”提供了基本的分析框架，主要包括了“档案治理体系的现代化”“档案资源体系的现代化”“档案利用体系的现代化”“档案安全体系的现代化”“档案信息化的现代化”“档案科技的现代化”“档案人才的现代化”“档案对外交流的现代化”等内容。在档案治理现代化背景下，对于红色档案资源的治理，习近平总书记曾经强调，“要把蕴含党的初心使命的红色档案保管好、利用好，把新时代党领导人民推进中华民族伟大复兴的奋斗历史记录好、留存好”，最终的目的是“服务党和国家工作大局，服务人民群众”。红色档案资源是一种极其珍贵的档案资源，具有唯一性、不可再生性等特点，若想实现红色档案资源治理的现代化，对其价值进行深度挖掘是一个重要的题中之义。

2. 档案治理现代化视域下红色档案资源的多维价值呈现

在社会主义市场经济条件下，红色档案资源的价值具有多元化的归属，在现实的档案治理实践中，应当在“以人民为中心”原则下，因势利导、以需求侧为牵引，精准挖掘、多角度挖掘红色档案资源的宝贵价值。

2.1 政治价值

红色档案资源首要的价值即“政治价值”，主要包括红色档案资源及其承载的红色文化精神、红色文化载体、红色文化习俗、红色文化视觉传达设计等所具备的政治整合价值、思想政治教育价值等，是我们党执政思想的重要营养源泉之一。本质上来看，红色档案资源的价值论反映的是利益关系，是关于客观属性能否满足主观需求的一种关系，因此任何价值论的内涵都带有特定主体的主观性特点。我们挖掘红色档案资源的政治价值，最核心的一点即挖掘红色档案资源的“政治价值论”，如在不同的历史时期，可以从“全心全意为人民服务”—“以人为本”—“以人民为中心”等发展历程进行考察。在对红色档案资源价值的深度挖掘中，发挥出红色档案资源在理想信念教育中的“思政育人”功能在当前阶段尤其具有十分重大的现实意义。

2.2 经济价值

由于历史的原因，我国红色档案资源广泛地分布于民间、乡村、城市社区、田野、图书馆、档案馆、文化馆、展览馆、博物馆等多样化的时空当中。在市场经济条件下，我们之所以讲档案治理现代化，一个核心的档案治理诉求就是要将红色档案资源及其背后所承载的经济价值与社会现实相嫁接，去解决“人民对美好生活需要与不均衡不充分的发展”这个主要矛盾。同时，基于档案治理所依赖的资源视角，借助于市场逻辑、资本逻辑、工具理性逻辑深度挖掘红色档案资源，也是市场经济条件下因循市场规律办事的一种内在要求。例如，近年来上映的《长津湖》《水门桥》《狙击手》等抗美援朝题材影视作品，就是红色档案资源经济价值挖掘的一大成功案例，实现了“票房、口碑和红色文化传播”的多维度价值共赢。

2.3 学术价值

西方近代后现代主义哲学家米歇尔·福柯所创立的“知识考古学”理论认

为，我们在对一定的知识体系进行认识和澄清时必须回到其“深远的文化语境”中去才能得到“透彻的、发生学或者系谱学意义上的理解”。也就是说，我们对于一项史实、事实的认识和评价不应当脱离具体的历史条件和语境，应当立足于其发生的具体的、历史的情境中才是一种可取的、科学的认识论。而从红色档案资源尤其是一手资源入手开展学术研究，是我们对近现代史上“红色历史”发展脉络进行把握的最基础步骤，这便是红色档案资源所具有的“学术价值”。例如，我们如果要对“近现代以来湖湘人才群体形成之谜”进行学术探讨，不可避免地需要从湖湘地区蕴含的红色档案资源入手进行分析，只有借助于这些一手的红色档案资源才能清晰认识到近代以来湖湘地区的毛泽东、萧子升、何叔衡、蔡和森、陶斯咏、向警予等学生也是由杨昌济先生所教育和提携的。在走向共和的过程中，如果要清晰考证毛泽东大胆起用湖南人才彭德怀、贺龙、罗荣桓、粟裕、陈赓、黄克诚、萧劲光、谭政、许光达等人在新中国成立的过程中所造就的现代“湘军”，也必须从红色档案资源入手。

3. 档案治理现代化视域下红色档案资源价值挖掘中存在的问题

在知识经济时代，红色档案资源的价值具有多样化的场景、多样化的展示环境、多样化的内涵，但是本质上都是作为一种宝贵的“知识资源”参与社会治理、参与学术研究、参与公共生活、参与科技攻关等的路径。从目前我国实务界对红色档案资源价值挖掘的现状来看，主要存在以下几个问题。

3.1 主体层面：多元主体协作治理格局尚未形成

从字面内涵来看，“档案治理”和“档案管理”最本质的区别就是在关于档案资源的开发利用方面到底是坚持“多元利益相关主体良性善治”还是“以政府为唯一的管制主体”，到底是坚持“档案资源的社会化价值最大化目标”，还是坚持“档案资源的管制化”。在不少基层地区的红色档案资源治理过程中，我国现有的治理体系下还带有十分明显的“政府主导”“行政主导”等特征，民间主体、社区主体、不少企事业单位甚至是公民个人、媒体等相关的利益主体还远远没有充分地参与到红色档案资源的价值挖掘中来。

3.2 逻辑层面：不注重采用商业逻辑开发

在现代的档案治理理论看来，经济全球化时代档案事务治理的框架出现了“多中心趋势”，在这一趋势下，档案治理相关服务的供给者出现了分散化与多元化的趋势。有人认为，档案治理理论实质上是“多中心的合作治理”，它不仅仅涉及政体的改革，而且充满了政治伦理的色彩。因此，档案治理所要求的治理逻辑必须是多元的，而不是单一的政府逻辑（行政逻辑）。其中，在市场经济条件下一种重要的治理逻辑就是“市场化逻辑”（或称“商业逻辑”），指的是在一定的制度约束条件、市场约束条件、客观交易环境约束条件、技术约束条件等因素约束下个体进行相对自由的市场交易的逻辑，其本身虽然是人的主观映射的产物，但是具有一定的客观性和规律性。从目前比较主流的红色档案资源价值深度挖掘现状来看，对档案的“市场价值”进行“市场化或商业化”的挖掘应该说还处于一个比较初级的发展阶段，与之相关的成功典型案例并不多见。

3.3　媒介层面：全媒体融合开发仍然有待提升

进入21世纪以后，尤其是近十年来我国互联网普及率逐年攀升，红色档案资源的开发可以说已经进入了一个比较典型的“人的数字化生存”时代。在这样的多媒体融合发展的时代，以移动互联网为代表的新媒体已经不是一种单纯的传播载体、传播媒介，而是一种人的生活方式，人的休闲、娱乐、工作、学习、购物、体验等任何生活均离不开互联网，因此红色档案资源的任何层面的价值开发和深度挖掘都无法脱离“全媒体融合”这个关键变量。从目前的现状来看，我国已经有不少的电视台、网站（如学习强国）、微信公众号等依托全媒体传播平台开辟出了具有代表性的“红色档案资源开发”栏目，例如北京卫视的《档案》、中央电视台的《国家记忆》《国家档案》等栏目，但是这样的力度还比较小，尤其是对于那些数量庞大、分布在民间的红色档案资源价值挖掘，仍然需要全媒体这个变量的支持。

4.　档案治理现代化视域下红色档案资源价值挖掘的策略建议

“档案治理现代化”是一个涉及治理理念现代化、治理制度现代化、治理技术现代化等全过程、全体系、全周期的治理现代化，需要按照多元价值深度挖掘的需求系统化推进。

4.1　构建“党建+红色档案”发展联盟

红色档案资源的价值挖掘本身带有极强的公共性、外部性，其治理过程必然是也必须是多元主体有效协同的治理。无论是在基层、社区等场景中，还是在行业性、产业性场景中，抑或在一定的地理区域范围内、国家治理层面，必须构建起“党建+多主体合作”的红色档案资源发展联盟，此为红色档案资源治理现代化中一个基本的、前提性的组织要素。例如，在国家层面，可以由国家档案局牵头搭建“国家红色档案资源数据库”，牵头各地区分步骤、分阶段将散落在全国各地的红色档案资源分类、分级入库，为红色档案资源的价值深度挖掘提供“顶层设计”。又如，在社区、行业层面，可以依托社区党组织、行业协会的主管党组织搭建起“党建+社区”“党建+企业+NGO+公民”“党建+行业协会”样式的红色档案资源发展联盟组织，统筹本社区、本行业红色档案资源的收集、归类、分析、深度利用开发等工作。

4.2 实践“产业+红色档案”发展路径

西方古典自由主义经济理论的鼻祖亚当·斯密在其《国富论》中阐释了“看不见的手”、价格机制、市场规律这种客观的市场经济体系在商品的生产、交易中的基本规律。同时，他在其另一本著作《道德情操论》当中还指出，“高尚的经济学应当同高尚的伦理道德学结合在一起，每一个经济学家、每一个金融学家，身上都应该流着道德的血液”，指出了市场经济发展中应有的“伦理学关怀”这一重要的向度。在市场经济条件下，红色档案资源一方面应当借助于产业化、市场化路径进行价值挖掘，另一方面也必须与产业化、市场化融合才能实现为市场经济提供“伦理支撑”的历史使命。

在具体的实践路径上，一是可以尝试打造基于红色档案资源的文化创意产品，如将其打造为影视作品、短视频、书画艺术作品、动画片等，甚至可以成为文化 IP，将红色档案资源价值最大化。二是可以着力打造一批“红色档案+文旅融合”作品，结合本地域、本区域具有特色比较优势的红色资源，将红色档案资源作为一种重要的精神文化消费作品植入当地“红色文旅小镇”的建设中，让“红色档案资源活起来”“让红色档案资源飞入寻常百姓家”，在这方面山东省烟台市打造的“地雷战主题景区”“杨子荣纪念馆”等红色主题旅游街区就是很成功的案例。

4.3 打造“多元主体集中展览+红色档案”育人基地

因为历史的原因，红色档案资源的产生、分布、流传等具有分散性、地域性等特点，同时也有不少红色档案资源至今下落不明或散落在民间。我们认为，档案资源治理的现代化应当克服这种“碎片化”的档案育人功能，进而通过技术性手段（如复制原始档案、实现档案资源的数字化流通等）、合作性手段实现红色档案资源的“集中展览”，进而发挥出“红色档案资源的深度育人功能”。在这方面，一是可以建设“红色主题档案馆”，如红色金融档案馆、红色军旅题材档案馆等等，用红色档案复制品、影印件、数字化形态等集中在展览馆中亮相，发挥其红色育人的价值。二是可以吸收“课程思政”的前沿理念，将多元主体持有的红色档案资源与“课程思政”相结合，在乡村、社区、企业、事业单位、政府机构、行业协会等不同的组织机构依托他们所持有的“红色档案资源”建立“思政打卡点”“课程思政实训基地”等，即便不建设专门的“红色主题档案馆”，也可以借助于这种“游学”模式实现对红色档案资源价值的深度挖掘。

4.4 创新“媒介融合+红色档案”开发策略

根据规划，在“十四五”时期，我国红色档案资源开发利用的一个重要面向就是通过“新媒体传播”实现红色档案资源价值的深度开发。当然，这个路径的实现，需要新媒体与传统媒体的深度融合。一是可以打造“线上+线下”沉浸式红色档案资源体验区域、VR 虚拟现实体验服务等特色服务项目。红色档案资源管理部门可以利用科技新媒体、VR 技术、智慧工地技术等，让红色档案资源“数字化、流通化”，展现出本地区城市、产业、历史、文化等不同侧面中红色文化的发展历程，用红色档案资源的视觉思维打动体验者，给体验者带来视觉冲击，让红色档案服务更加科技性。

二是可以创建“互联网+服务”模式。积极探索网络红色档案服务、智慧红色档案服务模式，主管部门可以整合本地区、本行业各类红色档案资源，利用微信、公众号等网络平台，开通红色档案服务咨询、红色档案服务热线的方式，落实专人受理社会公众反映事项，推动信息在第一时间掌握、问题在第一时间化解，服务在第一时间跟上。

三是应用“社会大众参与传播”策略。媒介融合时代最大的变量是“自媒体传播”，也就是社会大众以个体化、群体化、族群化等方式开展的“所有人向所有人的传播”过程。鉴于红色档案资源本身就具有行业性、部门性、地域性等特点，在推进这些红色档案资源价值深度挖掘的过程中，可以邀请网络红人、意见领袖、行业精英、社会贤达、知名学者、政府官员、社区干部、群众代表等各行各业的人物，以短视频（长度可为几分钟或十几分钟）、主题党课（长度以半小时为宜，不宜过长）、主题讲座等“线上+线下”形式，讲述一个红色档案资源所承载的历史故事，通过这种“众人说故事”的方式改变“一人讲故事”的传统传播叙事方式，更好地迎合自媒体时代人们对精神文化消费的需求。

注释及参考文献

[1] 叶舒宪. “学而时习之”新释——《论语》口传语境的知识考古学发掘[J]. 文艺争鸣,2006(2):66-74.

[2] 常大伟. 理念、制度与技术: 治理现代化语境下档案事业高质量发展的三重审视[J]. 档案学通讯,2022(2):13-19.

[3] 特里 · 库克著,李音译. 四个范式:欧洲档案学的观念和战略的变化——1840 年以来西方档案观念与战略的变化[J]. 档案学研究,2011(3):81-87.

[4] 徐拥军. “十四五”时期档案治理体系建设的内涵解析[J]. 档案与建设,2021(6):15-16.

[5] 孙振嘉,汪泽,邓君. 数字人文视域下历史档案知识组织研究——以五四运动为例[J]. 兰台世界, 2021(12):32-38.

[6] 钱毅. 档案数据库建设中存在的问题及解决思路[J]. 档案学通讯,2006(4):45-48.

[7] 刘莹莹. 信息服务在档案信息化建设中的应用探索[J]. 科学技术创新, 2017(11):260-260.

[8] [英]亚当·斯密著. 谢宗林译. 道德情操论[M]. 太原:山西人民出版社,2010.

人事档案红色资源整合及开发利用探析

——以临沂大学离休干部人事档案为例

临沂大学　韩一红

摘　要：人事档案是红色资源库的有益补充，尤其是离休干部人事档案。人事档案每人独立成卷，材料众多，尤其是离休干部人事档案早期材料，面临破损毁坏的可能。分析了离休干部人事档案红色资源的特性，对离休干部人事档案红色资源的界定、梳理、整合做一探析，拓展到高校离休干部人事档案红色资源的开发与利用，最后提及离休干部人事档案红色资源研究的注意事项，充分落实习近平总书记“红色档案保管好，利用好”的指示。

关键词：人事档案；红色资源；整合；开发利用；离休干部

习近平总书记2021年7月6日对档案工作作出重要批示“推动档案事业创新发展，特别是要把蕴含党的初心使命的红色档案保管好，利用好”[1]。人事档案是历史地记录个人成长、经历材料的集合，从不同侧面主观、客观反映个人的初心、使命。离休干部大都经历了中国共产党领导的革命斗争和社会主义建设时期。这些革命工作先行者丰富、曲折的人生经历，蕴含他们初心、使命的红色基因散落在他们的人事档案里。整合这些蕴含红色基因的红色资源，有利于红色档案的保管、利用。

1. 人事档案——红色资源库的有益补充

1.1　红色资源

红色资源是我们党艰辛而辉煌奋斗历程的见证，蕴含在我党艰苦卓绝的奋斗历程中、蕴含在优秀分子生活学习和工作的点点滴滴中，是我党宝贵的精神财富。合理整合、充分发掘和梳理红色资源，弘扬革命精神，是新时代的历史责任。

1.2 人事档案红色资源

人事档案是由个人和所经历的单位（或学校）形成的材料组成的。人事档案材料从来源来说分为两个方面。一方面是其所经历的单位（军队、学校等）从组织的角度对档案主体方方面面的评定、认可所形成的材料；另一方面是个人对自己行为、心理等方面的书写所形成的材料。人事档案直接、间接，历史地、多侧面地对档案相对人的成长、学习、工作经历等方面全面体现。不论是组织的评价材料还是自述材料，清晰地从主客观的角度描述了档案相对人的历史面貌，具有严肃的客观真实性，从人事档案中发掘出来的红色资源具有更真实更全面的历史面貌。人事档案以其严肃的史料真实性和完备的历史群生面貌刻画，必然成为红色资源库的有益补充。

人事档案材料记载个人奋斗的轨迹，从不同的角度历史地、全面地反映个人的成长、学习和工作经历，同时也主观、客观地反映其初心和使命，蕴含着丰富的红色基因。离休干部因其经历动荡的社会年代，其人生奋斗历程更加艰辛，其人事档案蕴含的红色基因更为丰富。在众多的离休干部人事档案中，高校离休干部人事档案相较于其他单位离休干部人事档案的早期人事档案记录更加详细、准确和完整、全面。一是由于早期高校工作人员的识字率以及教育水平普遍较高，二是高校是我党革命历史时期重要的组织机构等原因，高校离休干部人事档案的形成基础优势，更值得深入发掘和研究，丰富各时期红色基因的群体表现和理顺红色基因的脉络传承。

1.3 离休干部人事档案红色资源的特性

离休干部特指新中国成立前参加革命工作的老前辈，他们大都经历了中国共产党领导的革命斗争和社会主义建设时期。其艰辛的奋斗历程详细、真实地体现在其人事档案里。离休干部人事档案红色资源有独特的特性。

1.3.1 真实准确

真实准确是人事档案的基本要求。离休干部人事档案也具有真实准确的特性。离休干部在新成国成立及新中国成立后社会主义建设的丰功伟绩真实准确地体现在其人事档案里。

1.3.2 翔实、细节描述

离休干部经历丰富，新中国成立前颠沛流离，小小年纪就为革命而奋斗，虽然失去了完整教育机会，但是仍然坚持学习，为党的教育事业贡献力量；有的脱胎于旧式教育，为救国救民，追随党的先进思想，在教育战线上奉献了毕生精力……他们在新中国成立后不争名、不争利，继续为教育事业默默奉献。他们的人事档案翔实地、多侧面地记录了他们为新中国而奋斗的点点滴滴，记录了他们不屈的精神，记录了他们坚强的意志，可以说是宏大社会背景下的翔实叙述。

这些中华民族宝贵的红色基因生动、翔实地体现在其人事档案材料里。

1.3.3　个性化、不同角度、多侧面

每位离休干部的人事档案是独立成册的，他们的经历各不相同，其人事档案是每个人的书写及其所经历的不同单位的认可、评定材料的集合。每个人的经历、角度、认知各有不同，众多的离休干部的人事档案从不同侧面多角度地体现了波澜壮阔的社会进程。

1.3.4　社会历程体现丰富

“创建于延安时期的干部人事档案，蕴藏着大量珍贵史料，凝聚着党的光荣传统。”[2]离休干部大都经历了中国共产党领导的革命斗争和社会主义建设时期，经历丰富，艰辛的奋斗历程体现在其人事档案里。

2. 离休干部人事档案红色资源的界定

人事档案是档案相对人方方面面材料的集合，反映档案相对人品德、品性、经历、社会关系等方方面面。从众多的离休干部人事档案材料里查找反映革命前辈初心、使命的红色资源，可主要从涉及革命历史、民族精神、爱国主义等体现信仰坚定、不怕牺牲、英勇善战、坚贞不屈、永不叛党、不折不挠、宁死不屈等红色基因的材料来界定离休干部人事档案的红色资源。

2.1　涉及革命历史

在我国革命历史有特定的含义，专指“五四运动”以来中国人民反帝、反封建，至新中国成立前这一时段，它所涵盖的时间范围为1919年至1949年。在离休干部人事档案的自传里能清晰体现这一段波澜壮阔的历史面貌下的不同时段，尤其是工作时间和这一时段重合率更大的离休干部人事档案里。如“抗日战争时期，入伍入党的经过与动机”，里面有“陷入虎口，狱中斗争的胜利”；“解放战争时期，带队支前”，其中有“插入敌后坚持斗争取的重大胜利 ”；“经济恢复发展时期”；“经济建设时期”；“今后努力方向”都详细地记录了当时的境况及努力奋斗的历程。在整本档案的早期不同材料里都有对自传的各个阶段的印证材料。自传材料及其他的印证材料充分体现了艰辛历程、巨大变化、辉煌成就。正如习近平总书记2021年2月20日，在党史学习教育动员大会上的讲话“用好党的红色资源，让干部群众切身感受艰辛历程、巨大变化、辉煌成就”[3]。

2.2　体现民族精神

民族精神是一个民族赖以生存和发展的精神支撑。从离休干部人事档案的简历中体现不屈不挠的民族精神：“1933年入西岳庄初级小学，1938年春地方沦陷失学，1943年秋末去冀鲁豫边区第二中学半工半读”“通过敌人封锁线去上学”的曲折经历等。艰苦的社会环境不能阻挠上进求学的路。对生活在社会主义幸福环境中的孩子是无形的鞭策。

2.3 体现爱国主义

爱国主义是指个人或集体对祖国的一种积极和支持的态度，揭示了个人对祖国的依存关系，是人们对自己家园以及民族和文化的归属感、认同感、尊严感与荣誉感的统一。从离休干部人事档案轻描淡写中体现爱国主义：小小年纪去参军"营长说我的年龄小，叫我回了家"；"其余两人在抗日时牺牲"等等，无不诉说着他们追随我党的先进思想，不屈不挠的斗争精神和为了新中国成立而做出的巨大牺牲。正如习近平总书记 2019 年 9 月 18 日在河南考察工作的讲话"革命胜利从来不是天上掉下来的，不是别人拱手相让的，而是用流血牺牲换来的"[4]。

3. 离休干部人事档案红色资源的梳理

离休干部人事档案蕴含丰富的红色基因，由于人事档案的保密性，这些散落的、多角度的、真实的、鲜活的红色资源，尘封在离休干部人事档案里，充分发挥红色资源的育人作用，在不违反保密原则的基础上，充分发掘和梳理高校离休干部人事档案红色资源，让这些真实的红色资源得以展示，为红色资源库增添生动、鲜活的红色故事，发挥其应有的教育和史料价值具有重要意义。从身边离休干部人事档案中发掘出来的红色故事更具有真实感、亲民性，合理的整合、开发，会为红色资源库增添更多的、鲜活的、生动的红色故事。

3.1 离休干部人事档案筛选

在本校保管的众多人事档案里，筛选出离休干部人事档案。离休干部指新中国成立前参加革命工作的先辈，通过工作时间，先确定哪些是离休干部人事档案。新中国成立前参加革命工作，也就是离休干部参加工作时间在 1949 年 10 月前。

3.2 全面梳理红色资源档案材料

建军前参加革命工作的先辈都经历了中国共产党领导的革命斗争和社会主义建设时期。其人事档案全面记录了他们经历的各个历史时期和参与的重大历史事件，真实地反映了这些革命工作先行者丰富、曲折的人生经历。翻阅这些人事档案，其中蕴含了众多可歌可泣和令人肃然起敬的光辉革命事迹。这些反映他们英勇顽强、在激荡社会岁月不屈战斗精神的革命事迹体现了中华民族的初心和使命，是我党和我国人民的优秀分子在那个特殊的革命时期创造性的建立进化和传承发扬的红色精神！

筛选出的离休干部人事档案按工作时间排序，相对来说工作时间越早的经历越丰富，蕴含的红色基因更为丰富，蕴含丰富红色基因的红色档案资源也就相应的更多。也可根据个人简历，按相近革命、工作经历的组合排列一起。对这些蕴含红色基因的档案材料进行标记，以利下一步红色资源的整合。

4. 离休干部人事档案红色资源的整合

人事档案是每个人独立成册的，这些蕴含红色基因的红色档案材料散落在众多的离休干部人事档案里，为维护人事档案的完整，这些承载红色资源的人事档案材料是不能抽出的，而且承载红色资源的人事档案材料大多属民国时期文献。民国时期文献因当时造纸技术的限制，大多变黄，发脆，强度降低，甚至有破损毁坏的可能。为贯彻习近平总书记“保管好，利用好”红色资源的指示，对红色档案材料进行整合，以利于这些红色资源更好地保管、利用。

4.1 复印整理成册

每卷人事档案材料众多，对蕴含红色基因的人事档案材料逐册复印，标记好出于某卷人事档案，方便以后的核对、利用。此种方式是最接近原材料的方式。不但减少了对原档案材料的翻阅，有利于原材料的保护，而且方便利用。因人事档案是密级材料，蕴含红色基因的档案材料复印后，再查找使用时，不用担心其他信息的泄露。

复印后的相关材料可以独立成册，制作目录，做到系列。也可根据某种主题或某个事件编研成册。

4.2 数字化成红色资源数据库

对蕴含红色基因的人事档案材料扫描或拍照，做成红色资源数据库。方便查找、利用，也方便红色资源的共享。扫描或拍照的红色档案资源因是彩色的，能清晰地体现离休干部人事档案红色资源的历史感。

对数字化的红色人事档案资源，加上本人或其亲属的访谈，或辅以相关实物，做成图文、声像并茂的红色故事。

5. 高校离休干部人事档案红色资源的开发与利用

中办国办印发《“十四五”全国档案事业发展规划》：“深入挖掘红色档案资源，建立‘四史’教育专题档案资料库，传承红色基因，充分发挥档案在理想信念教育中的重要作用。”[5] 高校肩负着培养即将进入社会的大学生的先进知识文化和良好品德的教育任务，是孕育我国社会主义建设生力军的摇篮，是红色基因传承的重要环节。正如习近平总书记在视察陆军步兵学院时强调的那样：“要把红色资源运用好，把红色基因传承好，培养一茬茬、一代代合格的红军传人。”[6] 高校的红色基因教育资源建设是红色教育活动资源有益补充，不仅要广泛采用和系统地讲好社会中的红色资源，也要开发好高校自身拥有的红色资源。

不同的高校有着自己的众多独具特色的红色资源。各高校开发好自己的红色资源，用大学生身边的本校、本系院先辈的事迹、筚路蓝缕的发展历程开展大学生红色基因教育，能够增强大学生的亲切感和认可度，将起到事半功倍的功效。

5.1 高校离休干部人事档案红色资源的开发

高校离休干部人事档案红色资源的开发可分为两个大维度，一是以单个档案主体为单位以时间为轴的纵向的开发；一是以时间为面的多人的横向的多角度开发。采用以上两种维度对红色资源的开发整理可以从以下方面展开：

5.1.1 个人的红色故事

以个人为主体，以人事档案中反映出来的点滴可以见微知著：“1933 年入西岳庄初级小学，1938 年春地方沦陷失学，1943 年秋末去冀鲁豫边区第二中学半工半读”；小小年纪去参军“营长说我的年龄小，叫我回了家”；“通过敌人封锁线去上学”的曲折经历；“其余两人在抗日时牺牲”等等，无不诉说着他们追随我党的先进思想，不屈不挠的斗争精神和为了新中国成立而做出的巨大牺牲。

5.1.2 群生像的红色故事

以事件为主线，围绕事件相关的离休干部的奋斗经历。在那战火纷飞的年代高校为党培养了大批的军事和政治干部，为救亡图存、民族解放事业贡献了巨大的力量。高校离休干部人事档案蕴含了大量坚定不移的跟随党的领导，薪火相传的革命理想信念，艰苦卓绝地开展革命斗争等一系列红色基因革命史实，从相关人员的人事档案记录可充分体现。

5.2 高校离休干部人事档案红色资源的利用

高校离休干部人事档案红色资源的利用，具体一是充分利用人事档案中所记载的信息和记载信息的泛黄、斑驳、易碎的有历史感的纸质材料来彰显。用这有历史感的纸质材料的照片配以文字（因有些材料不够清晰），再辅以当时的历史资料制作成身边的红色故事，做永久保存和展示；一是由其本人或其亲属来讲述这些带有档案佐证的红色故事给大学生听，或者做成视频材料，利用身边的生动的、鲜活的红色基因，做好大学生的红色文化教育，让大学生深刻认识到“红色政权来之不易，新中国来之不易，中国特色社会主义来之不易”[7]，从而培养和陶冶大学生的红色精神，让红色基因代代相传，为中华民族伟大复兴培育永不衰竭的动力。

6. 离休干部人事档案红色资源研究的注意事项

6.1 注意保密原则

人事档案是密级材料，涉及个人隐私。研究离休干部人事档案红色资源，做成红色故事，进行宣讲，应不泄露国家秘密，征得档案主体或其亲属的同意。对于特殊史料需要在不违背史实的原则下经合理的处理后采用。

6.2 领导的重视

红色资源的开发，务求准确和真实，需要大量时间和财力的支撑才能充分地开发，做到最好。在领导重视的情况下，人力、物力、财力得到保障，才能充分、有序地做到更好。

离休干部人事档案蕴含了大量宝贵的、鲜活的、生动的红色资源，在不违反保密原则的基础上，对其合理整合，有利于红色资源的保护。充分开发，用好红色资源，讲好红色故事，有利于红色基因的传承、初心使命的牢记，有利于红色文化教育等作用的发挥，让红色基因代代相传，为全面建设社会主义现代化国家、全面推进中华民族伟大复兴培养强大的、可靠的有生力量。

注释及参考文献

[1] 国家档案局印发《通知》要求认真学习贯彻习近平总书记对档案工作重要批示[J].中国档案,2021(8):1-2.

[2] 干部人事档案工作条例[M].北京:党建读物出版社,2018:28.

[3] 人民政协网.习近平:在党史学习教育动员大会上的讲话[EB/OL].[2021-04-01].https://baijiahao.baidu.com/s? id=1695795340635175072&wfr=spider&for=pc.

[4] 人民日报.弘扬大别山精神,把伟大事业奋力推向前进[EB/OL].[2021-11-24].https://baijiahao.baidu.com/s? id=1717315941156925190&wfr=spider&for=pc.

[5] 中华人民共和国国家档案局,中办国办印发《"十四五"全国档案事业发展规划》[EB/OL].[2021-06-08].https://www.saac.gov.cn/daj/yaow/202106/899650c1b1ec4c0e9ad3c2ca7310eca4.shtml.

[6] 新华社.习近平在视察陆军步兵学院时强调全面提高办学育人水平为强军事业提供有力人才支持[EB/OL].[2019-05-21].https://baijiahao.baidu.com/s? id=1634145043128303702&wfr=spider&for=pc.

[7] 共产党网.习近平在甘肃考察时强调 要深刻认识红色政权来之不易,新中国来之不易,中国特色社会主义来之不易[EB/OL].[2021-04-19].http://www.93.gov.cn/zt/jd100th/jd100th_xxzl/755127.html.

高校红色档案资源开发与档案育人功能的有机融合

华南理工大学档案馆　马燕婷

摘　要：红色档案资源的开发利用与档案育人工作同属高校档案工作的重要组成部分，用好用活高校红色档案资源，促进红色档案资源开发与档案育人功能的有机融合具有重要意义。新时代高校档案工作者应当清晰认识两者有机融合存在的客观问题，积极探索促进高校红色档案资源开发与档案育人功能有机融合的优良措施，以此推动高校档案工作向纵深发展。

关键词：高校档案；红色档案；档案育人；融合

1. 引言

红色档案蕴含初心使命，传承红色基因，是党和国家的宝贵财富。2021 年 7 月 6 日，习近平总书记对档案工作作出了重要批示："要把蕴含党的初心使命的红色档案保管好、利用好，把新时代党领导人民推进实现中华民族伟大复兴的奋斗历史记录好、留存好，更好地服务党和国家工作大局、服务人民群众。"[1] 高校以育人为本，我国高等学校拥有丰富的红色档案资源，高校红色档案资源具有天然的教育属性，是高校特有的可对学生进行思想政治教育的文化资源[2]，是面向青少年开展初心教育的珍贵历史材料，用好用活高校红色档案资源，促进红色档案资源开发与档案育人工作的有机融合，成了新时代高校档案工作者的使命职责。

2. 高校红色档案资源开发与档案育人功能有机融合的重要意义

红色档案资源的开发利用与档案育人工作同属高校档案工作的重要组成部

分，两者有机融合、互相促进，有助于推动高校档案工作向纵深发展。高校档案工作者在工作实践中，应当深刻认识到高校红色档案资源开发与档案育人功能有机融合的重要意义，从行动上积极探索促进两者良性结合的方法与策略。

2.1　有助于提升高校红色档案的宣传与保护

红色档案记载了中国共产党艰辛而辉煌的发展历程，作为党和国家的宝贵财富受到了各级档案馆的广泛收集和专业保管。保管与保护不是收藏的最终目的，极具教育意义的红色档案值得向更多人群推广，其珍贵性也需要更多社会力量参与进来共同保护。高校档案工作者开展馆藏红色档案的资源开发，将红色档案转化为可直接利用的红色教育资源，面向师生校友、社会群众开展各式各样的红色档案宣传教育活动，可以有效引导青年一代认识红色档案、读懂红色档案蕴含的精神内涵，扩大对红色档案的宣传之余，还有助于加强社会新生力量对红色档案的保护意识。

2.2　有助于拓宽高校档案育人的深度和广度

高校档案育人功能较常体现在历史人文教育、爱校荣校教育、爱国主义教育、学生激励教育等方面，红色档案无疑是高校开展爱国主义教育、学生激励教育的优良资源；一所高校收藏的红色档案往往还会与高校自身发展历史息息相关，因此也能同时满足高校档案历史人文教育、爱校荣校教育的相关需求。不仅如此，红色档案讲述的中国共产党百年奋斗的历史征程催人奋进、发人深思，还是高校开展党史教育、思政教育、价值观教育的重要素材，可以给青年学生带来震撼人心的教育效果。必须明确认识到，红色档案是能够实现多种育人功能的珍贵档案种类，高校档案工作者积极开发红色档案的育人功能，可大大拓宽高校档案育人的深度和广度。

2.3　有助于增强大学思政教育的质量和效果

大学生作为国家培养的高级专门人才，是未来推动国家发展和社会进步的中坚力量，面向广大大学生开展思想政治教育显得尤为重要。当前我国高校思政教育的重点是培养大学生树立正确的价值取向、弘扬正能量，提高学生的民族自信心、文化自信心、爱国主义精神等[3]，青年人拒绝“假大空”式的理论说教，红色档案真实记载了中国共产党波澜壮阔、开天辟地的百年发展历史，是面向广大学生开展思政教育的生动素材，以在祖国大地上真实发生过的共产党人奋斗事迹吸引大学生们的注意力，引导他们触摸历史真相、感悟时代发展、激发爱国豪情，可显著增强高校思政教育的质量和效果。

2.4　有助于提高高校档案工作的功能与地位

高校档案馆负责学校的档案管理工作，是保存和提供利用学校档案信息资源的重要业务部门，是高等学校建设事业不可或缺的组成部分。然而与校内教学、科研等核心工作相比，档案工作自身显示度并不高，且档案人长期甘守平凡岗位埋头工作，因此作为非核心业务工作的高校档案很难引起学校与师生们的关注和重视。中国共产党走过百年奋斗历程，当前我国对红色档案的关注度处于较高水平，社会各界越来越认识到加强红色档案保护和开发利用的重要性，高校档案管理部门恰逢其时开展红色档案的资源开发工作，主动将红色档案与学校教书育人的中心工作有机融合，使档案工作与学校未来重点发展规划相结合，可以在一定程度上提高高校档案工作在学校的功能与地位。

3. 高校红色档案资源开发与档案育人功能有机融合存在的问题

3.1 高校红色档案资源开发程度不高

红色档案作为珍贵的历史档案，一般被小心珍藏在满足历史档案保存要求的档案库房中，其珍贵性反而使得众多高校档案馆不敢随便对外公开，更遑论加以开发利用。由于缺乏系统科学的管理策略与专业的档案开发技术人员，国内高校档案馆收藏的红色档案普遍开发利用程度不高，且现有的高校档案开发利用形式都较为单一，大部分仅仅是用作资料利用查询或平面化的展览展出，难以发挥出红色档案资源教育性与文化传承性等功能[4]。红色档案的利用开发程度不高，尚且没有转化成满足高等教育需求的教育资源，与档案育人功能的结合更是无从谈起，白白浪费了高校红色档案的珍贵价值。

3.2 高校档案管理部门育人积极性不高

高校档案管理部门作为高校业务部门之一，日常事务较为繁杂，人员岗位却十分有限。高校档案馆在做好高等学校常规档案门类的收集、管理和利用工作之余，往往还须承担大量诸如财会档案利用查询、学生人事档案接收寄送、教学类档案中英文翻译、毕业生学历学位认证等高校特有的档案业务性工作，不仅如此，许多高校档案馆还要兼顾校史编研、校园展览策划、校史博物馆日常管理等档案相关业务工作。在现有工作的沉重压力下，容易导致高校档案管理人员抓大放小、抓主忘次，以完成眼前固有的业务工作为职责，无暇再兼顾档案育人功能等的发掘，且档案育人工作还涉及学生组织、部门协作等因素，种种原因导致高校档案管理部门档案育人的工作积极性不高，由此也影响了高校红色档案资源开发与档案育人功能的融合研究。

3.3 高校红色档案育人工作的部门协作性有待加强

在一般人看来，档案管理部门无疑是高校开展红色档案育人工作的主要责任部门。高校红色档案的收集、管理与资源开发诚然要以档案馆为主体，然而高等学校的教育工作往往是需要多部门联同合作的，档案馆在高等学校的业务边缘性，导致其难以在学生教育工作中占据强势主导地位，因而无法在实际的红色档案育人工作中获得校内其他部门的全力支持与密切配合。目前国内的高等学校中，尽管校内不同部门及教师对红色档案资源的独特价值和重要作用都已经达成了共识，然而彼此在红色档案资源协同开发、融入思政课堂等方面并未取得相应的进展[5]。由于档案馆与校内其他部门在红色档案育人工作上的沟通和协作还不够到位，因此导致红色档案与高校育人工作难以开展下一步的有机融合。

3.4 高校红色档案与档案育人功能的融合方式简单粗放

文章提出高校红色档案与档案育人功能的有机融合，有机融合是指经过科学论证与具体实践，实现两者的充分结合，取长补短，彼此促进，从而取得双赢的发展效果。然而事实上，众多高校在育人工作中利用红色档案的方式方法都是较为简单粗放的，目前高校利用红色档案开展教育工作的常见方式是在思政课教学中插入红色档案的一些平面信息，或者组织学生参观红色档案相关展出展览等，以上行为都属于知识的单方面、粗放型输入，过程缺少互动和趣味性，大学生难免觉得枯燥乏味，久而久之对思政教育和红色档案都失去了兴趣[6]。

4. 高校红色档案资源开发与档案育人功能有机融合的优良措施

4.1 提升专业技术水平，促进高校红色档案资源开发利用

红色档案作为我国特有的珍贵历史档案，对红色档案的资源开发与利用必然有别于其他档案种类。高校红色档案资源开发利用往往以高校档案管理人员为主力，高校档案管理部门应首先加强对本单位工作人员的档案专业技术培训，使其满足红色档案开发利用所需的专业技术要求，从源头上解决约束高校红色档案资源开发利用的技术瓶颈问题。只有掌握了专业技术的高校档案管理人员，才能更精准地甄别红色档案的价值，并在保护好馆藏红色档案的前提下，提出最切合高校发展与高等教育需求的红色档案开发利用方案，助力红色档案灵活转化成可直接用于高等教育事业的教育资源，有效促进红色档案与高校档案育人功能的有机结合。

4.2 明确档案育人职责，提升高校档案育人的功能和地位

高校档案尤其是高校珍藏的红色档案，富有思想内涵与历史意义，不应长期埋没在库房中，而应积极转化成服务高等学校教育工作的重要资源。针对当前高校档案管理部门育人积极性不高的普遍情况，高校可从管理层面着手，将档案育人工作写入学校长期发展规划、档案管理部门任务职责与档案管理人员的考核标准中，提升高校档案育人在学校业务工作中的功能和地位的同时，进一步明确档

案育人是高校档案管理部门和档案管理人员不可推卸的重要职责。与此同时，高校还可通过健全制度建设、加强工作协调、建立激励机制等手段，充分调动起高校档案管理人员开展档案育人工作的积极性与主动意识。

4.3 构建跨部门协作机制，形成红色档案开发与档案育人聚合力

高校档案馆拥有红色档案资源开发研究的厚实基础，校内其他教育部门拥有开展学生教育工作的便利条件和丰富经验，要实现红色档案与高校育人工作的有机融合，离不开高校内部从档案馆到教务处、学生工作处、校团委以及各大学院的密切联系与通力合作。高校一旦明确了档案育人工作的地位职责，便应迅速组织建立起档案育人工作的跨部门协作机制，确立以档案馆为首、校内教学业务部门协同合作的档案育人工作模式，通过信息共享、计划制定、任务分配等协作程序，形成校内红色档案开发与档案育人工作的跨部门聚合力，共同实现红色档案与高校育人工作的有机融合。

4.4 创新档案育人方式，实现高校红色档案开发与档案育人的有机融合

新时代的大学生个性独立、思想活跃，富有自我意识与创新思维，对他们开展教育教学工作采取简单粗暴的大水漫灌方式容易适得其反，同理高校的档案育人工作也应与时俱进，尽快改变传统落后的方式，主动采用新技术、新方法去实现对大学生的知识和内容输出。

教育工作不应仅仅局限在课堂上。当前我国互联网与新媒体技术的发展空前活跃，网络长短视频以其直观立体、生动丰富的声画体验受到了大学生们的热烈欢迎与争相模仿。高校可尝试将红色档案故事整理、提炼、加工以后，剪辑成内容翔实、情节丰富、声画俱佳的长短视频，并借助视频号、公众号、微博等时兴的网络平台点对面推送给广大学生。这些视频作品既总结挖掘了高校红色档案的内涵价值，其活泼形式又能够迅速俘获大学生们的注意力，取得比课堂灌输更为突出的教育效果，使高校红色档案资源开发与档案育人实现双赢的局面。不仅如此，为了进一步贴近大学生的兴趣爱好，高校还可以组建学生团队，让大学生亲身参与到红色档案的开发环节，自己动手生成同龄人喜闻乐见的教育教学作品，从源头实现高校红色档案开发与档案育人的有机融合。

注释及参考文献

[1] 伊部. 国家档案局印发《通知》要求认真学习贯彻习近平总书记对档案工作重要批示[N]. 中国档案报,2021-07-29(1).

[2] 耿硕. 高校红色档案资源融入课程思政的路径研究[J]. 兰台世界,2023(5):91.

[3] 光明网. 颜坤. 新常态视阈下高校大学生思政教育的思考[EB/OL]. [2023-07-10]. https://m.gmw.cn/baijia/2022-10/31/36127081.html.

[4] 吕明,梁安. 高校红色档案资源开发利用探究[J]. 兰台内外,2023(1):83.

[5] 刘淑娟. 高校红色档案资源开发和育人现状、问题与对策——以上海理工大学为例[J]. 档案天地,2022(11):28.

[6] 江西档案信息网. 刘成. 红色档案资源现状及育人路径[EB/OL]. [2023-07-10]. http://www.jxdag.gov.cn/id_4028ec81886b896301888faba99f2420/news.shtml.

基于网络调研的省级档案馆红色档案资源开发利用优化策略

辽宁大学信息资源管理学院　刘婷婷

摘　要：本文基于对红色档案内涵的阐述以及厘清红色档案资源作为思想教育的必要工具，提升文化自信的推动力量，助力经济发展的重要动力和承载历史记录的原始凭证等当代价值。对26个省级综合档案馆官方网站的红色档案资源开发利用基本情况进行网络调查和分析，总结当前省档案馆红色档案整理和挖掘存在重视程度不足、区域特色红色档案资源挖掘深度不够等问题，提出加大红色档案系统性整理力度，将经典成果借助技术手段实现场景化开发等策略。

关键词：红色档案；省档案馆；开发利用；现状；对策

积极开展对各省特色红色档案资源的整理和挖掘，对新时代传承红色文化、学史育人具有重要作用，对省及各市党建工作和群众思政教育工作的开展也具有现实意义。党的十八大以来，习近平总书记到地方考察，瞻仰对我们党具有重大历史意义的革命圣地、红色旧址、革命历史纪念场所，多次强调红色资源是我们党艰辛而辉煌奋斗历程的见证，是最宝贵的精神财富，必须始终赓续红色血脉，用党的奋斗历程和伟大成就鼓舞斗志、指引方向。同时借助各种技术手段整合、开发、利用红色档案资源，“对档案资源利用本身、对历史传承教育、对宣传思想工作、对经济社会发展等具有重要的意义和价值”。[1]

1. 红色档案的内涵及开发利用的必要性

1.1 红色档案的概念界定

目前，档案学界对于红色档案的定义仍没有统一且完整的表述。宋平认为，“红色档案指中国共产党在新民主主义革命时期，领导的机关、组织和个人在各种对敌斗争和政治活动中所形成的、具有保存价值的文字、图表、音像实物及其他各种形式和载体的历史记录。”[2] 认为无论在物质载体还是精神价值上，都体现着社会主义核心价值体系的精神内核。陆伟华、邓素媛等人认为“红色档案是指记录和反映在新民主主义革命时期和社会主义建设时期，对中国革命和建设做出贡献的具有保存价值的文字、图表、数据文件、影音资料及其他各种方式的载体。”[3] 将其视为红色文化和红色精神研究的基础，是研究红色历史的最可靠真实的原始记录。

综上所述，红色档案是形成于特定时期，即新民主主义革命时期和社会主义建设时期，在中国共产党领导下的革命斗争中由无产阶级形成的，关于红色记忆和红色人物的文字、实物、声像等各种载体和形式的原始记录。

1.2 红色档案资源开发利用的必要性

习近平总书记在对档案工作作出的重要批示中指出：“要把蕴含党的初心使命的红色档案保管好、利用好。”[4] 红色档案承载着中国共产党人的初心和使命，蕴含着强大的红色基因和集体的红色记忆，谱写着党与广大人民群众心连心、共命运的光辉历史，是红色资源不可或缺的组成部分。尤其是在中国共产党领导全国各族人民在新民主主义革命和社会主义建设胜利的历史进程中所形成的“红色档案”，是不可替代、无法再生的珍贵资源，如此特点使得我们必须将红色档案的保护与保存摆在首位。科学发挥红色档案资源存史资政育人的作用，深刻了解并挖掘红色档案反映的红色故事，活化红色人物并延续红色血脉至关重要。

2. 红色档案资源的当代价值

2.1 引导思想教育的重要工具

红色档案凝聚着红色精神，作为一种具有积极价值观念和精神力量的物质层面载体，具有陶冶政治情操、鼓舞精神、纯净心灵的独特动能，是推进党的思想政治工作的生动资源和既成教材。它可以使后代群众更细致地理解当时的历史发展，以一种更为客观的眼光来看待这段特殊的历史。透过这些红色档案，我们可以清晰地推断出不同历史时期的实际情况和革命果实，从中汲取经验，从而对当前的发展规律有一个更为合理的认识，为广大干部群体以及青少年群体的思想政治教育和爱国主义教育提供了天然的课堂。

2.2 提升文化自信的推动力量

红色档案所蕴含的历史品格和历史情怀是文化认同、民族认同乃至国家认同的重要思想根基，它既是对中国优秀传统文化的传承与发扬，也是社会主义核心价值观的重要内容之一，又是弘扬民族文化自信的重要支撑力量。作为传播红色文化的重要媒介，例如通过开展青年思政课程来开展爱国主义教育这样的一种实践方式，能够了解革命前辈们坚韧不拔的革命精神，及其对党和人民革命建设的绝对忠诚。其中蕴藏的丰富革命文化意蕴，体现了革命前辈们的坚定理想信念、高尚爱国情怀和崇高道德情怀，能够借此有效地开展社会主义核心价值观教育，如爱国主义精神教育、优良革命传统教育、马克思主义信仰教育等，有利于增强我国社会主义核心价值观在广大民众心中的地位。

2.3 推动经济发展的重要动力

红色档案对于地区经济发展也具有不可低估的推动作用，这不仅体现在它作为珍贵的历史文物本身所具备的直接经济价值，还体现在内在衍生价值。比如实现文旅融合，借助地方特色红色档案资源促进红色文化旅游业发展，打造红色文创产品，讲好红色革命故事。与此同时，又能够实现以革命历史遗迹为依托，通过观光游览的方式追忆先烈、传承高尚的革命精神。另外，还可以通过对红色档案资源进行艺术创作，多方合力打造红色影视作品和纪录片等，经过作品播出、出版之后，势必创造相应的经济收益。

2.4 承载历史记录的原始凭证

红色档案因其自身独特性是以往革命历史活动中直接形成的原始记录，档案所具有的原始记录性仍是其本质属性。作为我党在革命斗争、社会主义建设这一独特时期形成的史料，真实地记录、映现了我党在诸多场战役与社会活动中经历的种种艰难困苦。再经过对红色档案资源科学的整理和保管，可以使其在面临关于一定历史问题的争论时，充分发挥其历史证据作用，展现当时历史事件的全貌，以顺利解决历史遗留问题。使当代青年在注入相应的红色文化思想之后，能够主动学史敬史，支持国家和民族发展，在自己的领域贡献一份力量。

3. 各省级综合档案馆红色档案资源开发利用现状

3.1 网络调研基本情况

针对开设官方档案网站的26个省份进行网络调研，包括官方档案网站名称和红色档案资源开发利用方式两项目，见表1。

表1 省级档案馆网站红色档案开发利用方式统计表

序号	省级档案馆官网名称	红色档案开发利用方式
1	北京市档案信息网	档案文献汇编、线上展览、微纪录片
2	上海档案信息网	线上全景展览
3	山东档案信息网	档案史料展、档案编研成果

续表

序号	省级档案馆官网名称	红色档案开发利用方式
4	陕西省档案馆	红色档案微纪录片、网上展厅
5	天津档案方志网	档案故事专栏、视频专题片、编研成果
6	湖北档案信息网	珍档荟萃、网上展览、编研成果、微视频展览
7	湖南省档案馆	网上展厅
8	浙江档案网	档案文献遗产图片展、珍品博览、网上展厅、编研成果、视频荟萃
9	黑龙江省档案馆	网上展厅、历史影像
10	吉林省档案信息网	主题展厅、珍档荟萃、史料公布
11	辽宁省档案馆	编研成果、视频展播、网上展厅、专题展览
12	江苏省档案信息网	红色珍档视频集萃、档案展厅、编研成果
13	河北省档案馆	河北记忆之红色基因、河北故事、微展厅、微视频展览、编研文创
14	河南档案信息网	网上展厅、视频锦集
15	江西档案信息网	网站展厅、编研成果、视频点播
16	广东省档案馆网站	网上展厅、编研成果、名人档案专栏、声像档案专栏
17	安徽省档案馆	网上展览、珍档荟萃、编研成果
18	陕西档案信息网	视频荟萃、编研成果
19	福建档案信息网	网上展厅、编研成果
20	云南档案网	云南记忆、图片展、红色记忆编研成果
21	甘肃档案信息网	红色编研成果、网上展厅、老照片、红色记忆、名人档案
22	内蒙古档案信息网	网上展览、珍档荟萃、编研成果、声像资料
23	四川档案	网上展厅、编研成果
24	贵州档案方志信息网	网上展厅
25	重庆档案信息网	编研成果
26	广西档案信息网	网上展厅、专题档案、档案视频

由此可见，全国设置官方档案网站且包含红色档案资源内容的 26 个省级档案馆官网中，红色档案开发利用方式主要包括线上图片展览、微视频影像、专题展览以及编研成果中涉及的红色基因等。基本围绕红色基因传承、党史教育、坚定理想信念和思政教育几个方面展开，各省所呈现的红色文化都反映了当地特色，起到了有效追溯红色档案记忆的作用。另外，没有设置红色档案专栏模块的，也会从编研成果和历史沿革中呈现相关红色基因的内容，所以整体来看，各省的红色档案资源开发利用实践活动均在有效开展，但仍存在一些缺陷。

3.2　省档案馆红色档案开发利用存在的问题

3.2.1　红色档案的收集整理工作重视度不足

目前的省档案馆部门存在普遍的档案专业人员配备不足的问题，在每年档案收集整理、对外提供档案查询利用工作的繁忙期，就会一定程度上忽视红色档案整理开发工作的开展，没有足够的精力去分担，所以造成红色档案不能够全方位、系统地挖掘和开发。诸如互联网技术、数据挖掘技术、信息分析技术等新技术的学习和运用，对于红色档案价值的创新性开发也至关重要。此外，对红色档案资源的保护和挖掘工作实际需要掌握诸多学科领域的知识，这就对档案工作者的整体素质要求较为全面，尤其在基本思想上，要随时跟随大环境的变化，及时学习相关政策，以此为红色档案资源的保护和开发工作提供高效指导。

3.2.2　对区域红色档案资源挖掘深度不够

从宏观视角来看，红色档案的开发利用范围相比于其他类型档案较狭窄，“由于社会发展过程中社会公众对红色档案的需求相对其他档案的需求比较低，导致档案工作人员对红色档案开发深度不够，造成红色档案资源的浪费。”[5] 陈列于省各级各类档案馆、博物馆的多为红色档案资料原件、复印件以及实物，专门针对红色故事的编研成果和艺术文创产品开发数量极少，基本只是一般编研成果中部分提及红色基因，内容较为单薄，缺乏创新性的地域特色研究成果。部门档案工作者对红色档案的社会需求了解程度低，导致红色档案资源开发成果与公众需求对接度不足，不全面的红色档案价值认知以及缺乏相关理论基础，在档案工作实践中逐渐暴露出编研成果质量低的问题。由于红色档案的保管分散，其内容的研究难以连贯，亦对红色档案的深度开发造成一定的阻碍。

3.2.3　开发成果展现形式有限

对 26 个省份的档案馆官方网站进行调查的结果表明，目前红色档案开发利用形式多为图片展览和网上展厅，以及一些编研成果中提及的红色基因相关内容静态讲述，成果展现形式较为单一。譬如湖北省档案馆推出的线上微视频《档案里的党史故事：什么是红军》《阳新史话 红色足迹》，陕西省档案馆推出的红色档案故事展播《英雄团长王学礼》《凉水岸河防保卫战遗址》《陕甘宁边区地图背后的故事》，辽宁省档案馆的《东北抗日联军的奠基人罗登贤》《为革命事业奋斗终生的陈潭秋》《一身浩气贯中华抗联领导人杨靖宇》等视频展播形式既直观又易获取，是符合多数群众心理学习需求的，其他红色档案的创新呈现形式仍有待开发。

4. 省档案馆红色档案资源开发利用优化策略

4.1 加大红色档案系统性整理力度

各省级档案馆承载着关于革命时期中国共产党艰苦奋斗的原始记录，是当代红色基因传承和红色主题教育的重要基地。地缘关系的影响下，各地区留存的红色记忆档案都与其特定时期的历史事件相关，省档案馆作为当地的科学文化事业单位之一，应具备责任担当，首先从红色档案的系统整理与保存的环节提高重视程度，以有序开展日后的思政教育工作和面向公众的利用工作。由于红色档案开发利用工作系统性、文化性、专业性强，“应注重加强红色档案管理人才培养，确保其兼具专业能力与创新思维，掌握先进技术，不断丰富管理经验”。[6]

4.2 利用红色档案资源打造红色经典成果

要实现红色档案资源的开发利用成果达到经典层面，就应贴合人民群众心理，让社会公众满意。比如天津市档案馆的相关红色档案专题展览《铭记历史、砥砺前行——天津抗美援朝档案图片展》《纪念天津设卫建城6000周年图片展》《红色丰碑——天津市革命旧址展》《纪念邓小平同志》等展览从便于公众体验的视角去了解革命时期中国共产党人的精神和不易，社会传播效应显著，可视为红色档案资源开发的经典之作。同时要加大红色档案资源的整合力度，在保证红色档案完整性的基础上，才能厘清档案中红色记忆的历史联系，呈现出连贯的红色历史故事，有效传递共产党人的红色精神，增强爱国主义政治教育的渲染力和吸引力。

4.3 借助技术手段实现场景化开发

“档案馆红色档案资源开发场景化是开发主体运用视觉沉浸技术为社会公众提供强调立体视觉特效、真实感官体验的普适情景。”[7] 突破传统互联网技术，利用AR、VR等技术手段以更直观、更沉浸的体验方式进行形象交流，甚至实现打破文化和语言壁垒，充分将体验者带入红色情景中，间接助力爱国教育。当然，在借助这些生动的技术手段辅助红色档案文化再现的过程中，应注意人文关怀的渗透，以免红色记忆成为纯粹的技术载体，从情境接入、对象追踪、内容匹配到数字转化及交互处理整个流程的恰当衔接，都将影响红色档案利用者的智能体验。同时借助微博、微信公众号、小红书等媒体平台注册账号发布相关红色文化内容、微视频等吸引公众浏览和学习，激发公众主动学习党史的热情。

5. 结语

红色档案资源是承载红色基因的主要来源之一，亦是提高党性觉悟、坚定理想政治信念的现实教材。各省档案馆应带头做好红色档案系统化整理及开发利用工作，使红色档案的当代价值得到有效发挥，及时反思阻碍工作进程的现实因素，调整红色档案开发路径。档案工作者共同肩负使命，宣传红色文化，再现红色记忆，可以借助抖音、博客等多种新媒体及时推送本省特色红色档案内容，讲述本省独特的红色故事，激发社会公众对党史档案、红色档案的学习兴致。“让沉睡的红色档案资源活起来，重现党和国家的红色记忆，更好地为党和国家工作大局、为人民群众做好服务”[8]，进一步彰显新时代红色档案资源的核心价值。

注释及参考文献

[1] 彭庆红,孙晓丹. 红色档案资源数字化开发利用的路径与梯度[J]. 档案学通讯,2022(4):10-16.

[2] 宋平. 红色档案资源与大学生思想教育有效结合探讨[J]. 档案管理,2015(4):92-93.

[3] 陆伟华,邓素媛. 广西红色档案资源的开发应用研究[J]. 山西档案,2017(1):85-87.

[4] 本报评论员. 让红色档案世代传承党的初心使命[N]. 中国档案报,2021-08-12(1).

[5] 李君,王芬. 红色档案资源的保护与开发研究[J]. 档案管理,2022(1):71-72.

[6] 陈艳红,陈晶晶. 数字人文视域下档案馆红色档案资源开发的时代价值与路径选择[J]. 档案学研究,2022(3):68-75.

[7] 黄婷婷. 文化旅游视角下广西百色市红色档案开发利用研究[D]. 南宁:广西民族大学,2019.

[8] 刘佳丽. 数字时代红色档案资源开发利用策略研究[J]. 档案天地,2022(5):50-51,14.

基于文件连续体理论的口述红色档案开发利用路径探析

山东大学历史文化学院　丁　越

摘　要：口述红色档案蕴含丰富的革命精神，具有极高的开发利用价值。文件连续体理论强调文件的利用，强调跨越文件保存机构间的合作，追求建构更为完整的社会记忆，可以对口述红色档案开发利用提供指导。基于文件连续体理论的四轴四维坐标体系，从轴的对应和维的应用两部分探讨口述红色档案的开发利用全过程。提出基于文件连续体理论的口述红色档案开发利用路径，包括改变传统观念，加强顶层设计；培养专业人员，提高口述红色档案开发利用能力；构建合作机制，避免资源孤岛现象以及互联网+口述红色档案，扩大影响力。

关键词：口述档案；红色档案；文件连续体理论；开发利用

1. 引言

习近平总书记2021年在对档案工作的批示中指出："红色档案蕴含着党的初心使命，承载着红色基因，是党与人民心连心、同呼吸、共命运的历史""特别是要把蕴含党的初心使命的红色档案保管好、利用好"。红色档案的保管利用被提到了前所未有的高度。红色档案指的是中国共产党在革命历史时期与社会主义建设时期在中国革命、发展建设实践中形成的具有保存价值的文字、图像、声像等不同形式的原始记录[1]。

口述红色档案属于红色档案的重要来源和组成部分，仅指目前以记忆形式存在于广大公众之中的，需要通过采访、录音录像、资料整理等方式形成实物形态的档案的部分。口述红色档案资源丰富、来源广泛，是红色档案资源开发利用的重点之一。

2. 文件连续体理论对口述红色档案开发利用的指导价值

文件连续体模式以及文件连续体管理的思想方法由澳大利亚档案学者 Frank Upward 创新提出。文件连续体理论突出文件运动的连续性和整体性，将文件视为一个无需明确分割的连续统一体[2]。连续性体现为文件处理过程和业务活动记录的连续性，整体性体现在社会结构与文件保管行为的关联与互动，构成了一个整体文件连续体理论的这些特征对于口述红色档案开发利用具有重要指导意义。

首先，文件连续体理论强调文件的利用才是重点[3]。口述红色档案的价值不应封存在馆藏之中，应当积极推向全社会。档案机构应深度挖掘其价值，加强口述红色档案的开发利用，而非简单地停留在收集整理阶段。

其次，文件连续体理论强调跨越文件保存机构间的合作，尤其是在有紧密联系但又互相隔离的档案管理和文件管理业务方面的合作[4]。积极鼓励口述红色档案的跨机构整合，对推进文档一体化管理具有重大理论指导意义。

此外，文件连续体理论认为，要倾听边缘化社群的声音，鼓励各类社会群体的参与，共同建构更为完整的社会记忆。文件连续体理论体现的记忆构建原则可以指导我们的口述红色档案管理工作朝着构建社会记忆的目标努力[5]。以往，我们更加关注官方档案中体现的红色记忆，对于民间口述红色档案的重视程度不足，但红色记忆并不仅仅来源于官方档案，民间记忆也是红色记忆的重要组成部分，我们应当积极倾听各社会主体的声音，共同构建更加完整的社会记忆。

3. 基于文件连续体理论的口述红色档案连续体模型构建

文件连续体构建了一个四轴四维的坐标体系来展现文件运动的全过程，借助文件连续体模型来研究口述红色档案的开发与利用，有助于实现对口述红色档案开发与利用的整体把握与全流程管理，并以建构起社会性的红色记忆为最终目标。

3.1 轴的对应

文件连续体理论通过建立多维坐标体系描述了文件的运动过程，构建了文件保存轴、身份轴、事务处理轴和凭证轴四个坐标轴。

其中，文件保存轴是核心轴，其运动带动其他坐标轴的运动。模型的坐标轴反映了从记录到档案的连续的保存和管理过程，体现了文件管理过程的连续性和整体性，对于档案文件的开发利用工作具有重要的指导意义。

参考傅荣校、王相华[6] 对文件连续体模型的内容阐述，构建如图 1 所示的文件连续体理论模型。并结合口述红色档案的特性，提出如图2所示的基于文件连续体理论的口述红色档案开发利用模型。

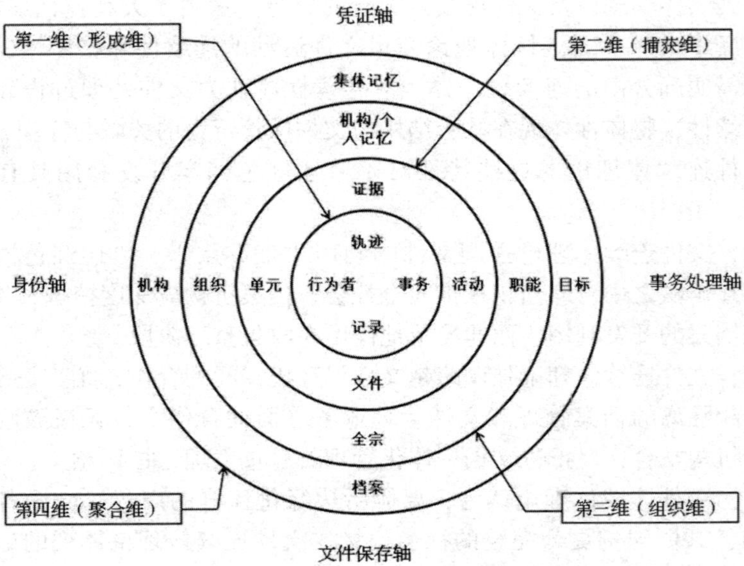

图1　文件连续体理论模型

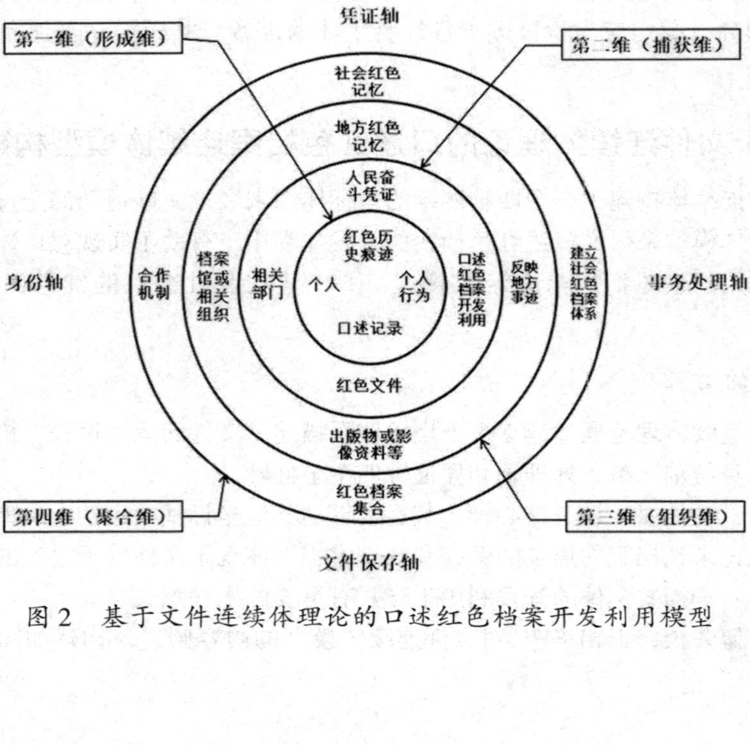

图2　基于文件连续体理论的口述红色档案开发利用模型

3.1.1 文件保存轴

在文件连续体模型中，文件保存轴反映的是文件从形成到保存的往复变化的存在形式。基于文件连续体理论的口述红色档案收集工作中，文件保存轴反映了口述红色档案的整理过程，从口述的原始记录，到整理后的红色文件，到相关出版物或影像资料等，最后整理成社会性的红色档案集合。此时的口述记录是零散的、未加整理的，对采访进行一定程度的整理，此时文件具有一定条理性。然后档案馆或相关组织会对整理后的红色档案进行公开或出版，形成出版物或影像资料等。最后，通过建立合作机制，加强馆际合作、地区合作，提高口述红色档案的社会化程度，形成红色档案集合。

3.1.2 身份轴

在连续体模型中，身份轴随着文件保存轴的变化而变化，反映的是文件管理过程中主体身份的变化和来源的变化，文件在不同的状态下对应着不同的主体来源。在零碎的口述记录状态下，管理主体对应的往往是个人，个人在记忆中存储着相关的事迹，并通过个人表达出来。通过对个人的采访，文件的主体就从个人转向了相关部门、档案馆或相关组织。最后，档案馆或相关组织应当构建合作机制，和其他地区的档案馆或相关组织合作，通过举办联合展览或者建立共享平台等方式，将相关档案资料传递给全社会。

3.1.3 事务处理轴

事务处理轴强调的是一个组织机构的文件应该能反映这个组织机构在社会中的功能，即在社会中的角色[7]。是从事务到活动进而发展为职能，最后体现目标的连续的过程。在基于文件连续体模型的口述红色档案开发利用过程中，单独的口述记录反映的是个人的行为事务，例如某一位同志投身革命建设的具体行为。而整理形成的红色文件则从整体上反映了进行口述红色档案收集开发的相关部门所做出的活动。当地档案馆或相关组织将属于本地区的这些口述红色文件资料加以集合形成公开的出版物或影视资料，体现了反映地方红色事迹的职能。将各地的事迹进行整合，形成社会范围的红色档案，则实现了最终目标——建立社会红色档案体系。

3.1.4 凭证轴

凭证轴反映了口述红色档案价值的变化。口述红色档案工作的目标是将零碎的口述红色记录整理成系统化的档案，并将其推广出去，最终目标是建立起全社会的红色档案集合，营造社会红色记忆。凭证轴的向外伸展体现了档案价值由个人至社会，从轨迹至集体记忆的运动过程。零碎的口述记录体现的范围有限，反映的是一些红色历史痕迹。而经过整理的红色文件则具有了一定的系统性，从某个侧面或视角反映了一些具体的人民的奋斗历史，是人民奋斗历史的凭证。但此时的价值仍然没有推广到足够的层面，档案馆或相关组织还需要努力将这些口述红色文件深入群众，通过拍摄的专题系列纪录片、特色馆藏展览等形式，形成地方性的红色记忆。各地区虽然在地理上是独立的，但是其在革命和建设上与其他地区一定存在某种程度的联系，其艰苦奋斗、不畏牺牲的精神与全国各地共通。通过一些深度合作，可以将各地区的地方红色记忆联合起来形成一个社会化的红色记忆，整体反映中华民族的红色历史。

3.2 维的应用

在文件连续体模型轴上各个要素的变动直接影响着其他轴的要素变化，他们相互之间的关系共同构成了对连续体模型在四维空间上的解读[8]。从第一维的记录到第四维的档案，对应的文件形成者历经了从某一具体的行为者到单元、组织到机构的变化，其反映的业务活动从某一人的具体事务，到包含若干事务的某一活动、包含若干活动的某职能，然后反映出更高层面的目标。表现出的价值形式也从具体行为的轨迹到活动的证据，进而成为机构/个人记忆，最后发展成为更大范围的集体记忆。文件连续体理论中对于文件运动连续性的描述，提供了一种各维度超越时空、互相交融的模型，档案可以在不同维度和层面成为社会记忆建构的材料和来源[9]。

3.2.1 形成维

在形成维中，行为者是个人，相关的口述红色档案存储在个人的记忆之中，通过个人的口述表达出来，此时形成的是一些零碎的口述记录，这些口述记录来源于一些单独零碎的个人行为者的行为，反映一些零散的红色历史痕迹。在组织维中，所有事物处于正在形成的状态[10]。相关部门的采访人员会对个人的口述进行初步的记录，为下一步工作收集素材。

3.2.2 捕获维

捕获维对记录进行管理，形成较为可靠的文件。在捕获维中，管理的主体身份由个人转向了相关部门。相关部门对零碎的口述记录进行整理，形成整理后的红色文件，文件体现了人民在革命建设历史时期进行的各种活动，可以作为革命建设中当地人民艰苦奋斗的凭证。

3.2.3 组织维

这是一个从内部组织向外部世界、从组织个人向社会群体、从业务活动和职能向社会公众参与、从组织记忆向集体记忆转换的区域[11]。经过当地档案馆或相关组织人员的整理公开，文件演变为全宗。此时档案馆或相关组织通过电视台播出专题纪录片、出版社出版相关出版物等，或者在当地档案馆进行主题展览，此时的口述红色档案已经具有了反映地方事迹的职能，主要面向本地区的群众，建立起在当地具有一定影响力的地方性红色记忆。

3.2.4 聚合维

在更广阔的社会背景下，全宗聚合为档案。红色历史不是孤立的，它与其他地区人民的革命建设的精神核心是一致的。各个地区革命建设的档案属于社会红色档案的一部分，应当建立起相应的合作机制，使各地区的红色档案相互贯通，形成一个有机的红色档案集合，目的是建起一个全社会的红色体系，形成社会红色记忆。

4. 基于文件连续体理论的口述红色档案开发利用路径探析

目前我国口述红色档案的开发利用大致处于第三维度，要想使其向第四维度发展，形成社会红色记忆，基于以上分析，以文件连续体理论为指导，口述红色档案开发利用工作可以采取以下措施加以改进和完善：

4.1 改变传统观念，加强顶层设计

文件连续体理论对档案工作者固有观念带来颠覆。以往的文件工作重视利用、档案工作重视保管的泾渭分明的观念受到挑战[12]。文件连续体理论的核心要义之一是实现管理的连贯性和一致性，从文件的形成，到文件的保管，进而实现文件的长期利用，各个过程相互连贯，动态一体。档案机构应该改变传统的资源管理模式，不仅是加强对口述红色档案开发利用的重视程度，而且要将开发利用视为管理全流程不可或缺的环节，而非将资源管理与开发利用相割裂。口述红色档案资源的管理没有终点，档案机构需要改变以往线性的生命周期理解模式，将动态、延展的理念深入口述红色档案开发的全过程。同时，做好顶层设计和统筹规划意识是行动的先导，档案机构在转变传统观念的基础上应尽快加强制度规范，从制度层面将开发利用纳入档案管理的过程，加强口述红色档案开发利用工作的规范性、科学化。

4.2 培养专业人员，提高口述红色档案开发利用能力

文件连续体模型强调文件的形成和保管具有同等重要的意义，文件保存轴带动了整个模型运动的全过程，文件保存轴的起点是记录，记录的质量决定了后续形成的文件、全宗以及档案的质量。因此在进行口述红色档案的工作中，应当注重采访人员及记录整理人员的专业能力，其专业能力决定了口述红色档案开发的质量。档案机构或部门可以通过与学校、专业团队联动，将高等院校图书档案学科学生、研究专家学者、文创企业研发人员延聘至各红色口述史料资源点进行档案征集辅导、口述史料开发策划、红色文化资源利用等工作[13]。统筹人才引进策略，打造出一支符合当前时代发展需要的档案人才队伍[14]。同时也应当不断加强档案机构或部门内部的专业团队，通过设置独立的口述红色档案开发利用部

门，加强培训，不断提高口述红色档案开发利用的专业能力。

4.3　构建合作机制，避免资源孤岛现象

文件连续体模型的第四维度聚合维体现了档案应当构建全社会共同记忆的理念。我们要认识到红色历史的整体性，进行口述红色资源收集和开发的终极目的不应仅仅是反映地方区域性的记忆，应当是构建社会记忆。目前口述红色档案的开发利用相对比较分散，各地区独立开发本地区的口述红色资源，以山东省为例，济南市、青岛市、潍坊市各自开发了当地的口述红色档案资源，各自进行了书籍出版或电视剧开发，但是彼此之间缺乏合作或联系，造成了口述红色资源"孤岛现象"。这是由于相关机构在收集和开发口述红色档案资源的时候，并没有意识到构建社会记忆的重要性。为了消除各地区档案馆或相关机构在收集和开发口述红色资源上的"孤岛现象"，各地区档案馆或相关机构应当构建合作机制，加强馆际合作，例如横向可以整合各地区口述红色档案，开发山东省口述红色档案集合、华北地区口述红色档案集合，或者与更大范围进行合作。纵向可以深度挖掘口述红色档案中的核心精神，与全国各地相关档案联合起来形成主题档案。在技术上可以构建一体化平台，将各地区的口述红色档案集中起来，建立全国性的口述红色档案平台及数据库。

4.4　互联网+口述红色档案，扩大影响力

文件连续体理论强调文件的管理绝不可以停留于文件保管，而应向更高维度的方向推进。2015 年国务院发布《关于积极推动"互联网+"行动的指导意见》指出"互联网+是把互联网的创新成果与经济社会各领域深度融合，形成更广泛的以互联网为基础设施和创新要素的经济社会发展新形态"[15]。利用新媒体进行宣传，扩大红色档案的影响力，在保管中赋予档案新的生命力。网络 2.0 时代以来，社交媒体具有了强大的便捷性和即时交互功能，渗透入人们生活的方方面面，取代传统媒体成为人们获取信息的最主要途径之一。利用新媒体进行红色档案资源的传播与利用有利于带来实时性、便捷性和趣味性的提升。目前由于红色档案的严肃性等特点的限制，各档案馆或相关机构在对口述红色档案进行宣传时，主要还是运用保守的传统书籍、影视作品、展览等形式，影响力有限。新时期宣传口述红色档案的途径除了运用传统的形式以外，也可以综合利用时下流行的短视频、公众号、微博等形式，扩大影响力，赋予口述红色档案更大的吸引力和新的活力。

5. 结语

基于文件连续体理论的口述红色档案开发利用路径将口述红色档案开发利用的全过程视为一个连续的有机整体。以构建社会红色档案体系的目标，致力于构

建跨机构、跨地区的合作机制，构建一体化平台，推动不同机构、地区间的合作，同时提高开发利用能力，扩大口述红色档案影响力，有利于口述红色档案朝着构建社会红色记忆的目标迈进。

注释及参考文献

[1] 陆伟华,邓素媛.广西红色档案资源的开发应用研究[J].山西档案,2017(1):85-87.

[2] 黄霄羽.文件生命周期理论在电子文件时代的修正与发展[J].档案学研究,2003(1):6-9.

[3] 毕建新.政务云环境下电子文件一体化管理模型研究[D].南京:南京大学,2016:1.

[4] 安小米.文件连续体模式对电子文件最优化管理的启示[J].档案学通讯,2002(3):52-55.

[5] 连志英.一种新范式:文件连续体理论的发展及应用[J].档案学研究,2018(1):14-21.

[6] [8] 傅荣校,王相华.理论核心问题:原则与内容——文件生命周期理论与文件连续体理论比较研究之二[J].档案学通讯,2004(4):18-21.

[7] 郑晓彤,曲春梅.基于文件连续体理论模型的个人信用档案管理研究[J].山东档案,2013(3):15-18.

[9] 何玉颜.社会记忆视域下文件连续体理论的生命力[J].档案学通讯,2019(1):29-33.

[10] [11] 吕文婷.文件连续体理论核心术语解析——兼论我国档案学语境下的误读[J].档案学研究,2020(3):25-31.

[12] 张祝杰,李娜,张帆.管窥文件连续体理论与电子文件[J].档案学通讯,2005(4):28-31.

[13] 程世利.红色口述史料资源开发利用研究[J].浙江档案,2021(7):58-59.

[14] 申灿, 李瑶. 红色档案信息资源的开发利用研究[J]. 档案管理,2021 (4):17-18.

[15] 国务院,关于积极推进“互联网+”行动的指导意见[DB/OL].[2023-02-05].http://www.gov.cn/gongbao/content/2015/content_2897187.htm.

红色档案资源开发的守正与创新

湖南湘江新区管委会自然资源和规划局　曾　英

摘　要：文章梳理红色档案资源开发的实践经验和研究成果，认为在红色档案资源开发高潮迭起的当下，存在着许多失范和隐忧，提出从收集固本、鉴定正源、保管强基、队伍保质、制度守关、阵地示范共6个方面坚持红色档案资源开发守正的途径，以及从资源整合共享、新媒体传播、信息挖掘、开发延伸共4个方面推进红色档案资源开发创新的举措，填补了红色档案资源开发守正与创新系统性研究的空白。

关键词：红色档案资源；档案开发；守正；创新

1．红色档案资源开发实践与研究综述

作为有着五千年历史的文明古国，我国的档案资源极其丰富，在这个极其丰富的档案资源体系中，红色档案资源是极为特殊、极为重要的部分，与整体相比较而言其跨越的时间不算很长、数量不算很大，但因其蕴含着中国共产党的初心使命，承载着中国革命、建设、改革的红色基因，留存着中国共产党领导中国人民站起来、富起来、强起来的集体记忆，预示着中华民族在历经五千年的苦难辉煌之后必将实现伟大复兴，红色档案资源的重要性日益突出，红色档案资源开发成了我国档案实践的核心工作内容和档案理论的热门研究领域。2023年5月10日，以“红色档案资源开发”OR“红色档案资源”OR“红色档案”为主题检索条件，在知网总库中检索到文献1085条，其中“红色档案”文献314条、“红色档案资源”文献176条。上述文献内容集中在三个方面，一是概念辨析，即对红色档案和红色档案资源的定义及内涵和外延的阐释。赖鹏辉对红色档案概念研究进行了回顾，强调对红色档案定义再探讨的意义，基于重庆市档案馆红色展陈就红色档案内涵开展了观众调查，提出“红色档案是指从中国共产党孕育到诞生至今，中国共产党的机关、组织以及个人在从事军事、政治、经济、科

技、文化、社会、外事、生态文明等方面活动形成的对国家和民族具有保存价值的各种文字、实物、图表、声像等不同形式的历史记录。”[1] 二是价值分析，即红色档案和红色档案资源的价值内涵、价值发掘和价值实现。赵义良、熊文景指出“通过明晰红色档案的内涵和特性，将其融入思想政治教育实践，可以起到增强理论说服力、强化价值引导、凝聚民族认同、激活榜样示范、升华思想情感的重要作用”[2]；倪丽娟提出“通过红色档案资源开发服务于党史、国史编纂，立足红色档案编创红色故事、传播红色记忆，通过利用红色档案同歪曲党史和国史以及否定国家意识形态的行为进行斗争等途径来培育公民的国家记忆。”[3] 三是案例分析，即从具体案例的角度展示红色档案和红色档案资源建设实践成果。胡仁浩“以川渝地区为研究对象，分析跨区域馆藏红色档案资源协作开发的社会条件与价值意义，全面总结合作开发现状及不足，提出红色档案资源协作开发应以推动区域红色档案资源深度建设为根本”[4]；王琼瑶论述了湖北省档案馆打造“一库一展一讲一刊”红色档案文化品牌的做法和成效。[5] 上述研究在取得显著成果的同时，对红色档案资源开发的整体把控性研究还有所不足，在思维和手法上出现了局限化，在内容和形式出现了泛混化的倾向。在红色档案资源开发高潮迭起的当下，的确存在着许多失范和隐忧。开展红色档案资源开发的守正与创新研究，守正以固本，创新求突破，是非常必要的。

2. 红色档案资源开发守正的途径

在红色档案资源开发的守正与创新方面，守正是前提，是基础，我们必须坚持在守正中固本强基、把稳舵盘、保持航向。其途径主要有以下 6 个方面：

2.1 以红色档案资源的收集固本

一是要畅通接收渠道。对红色档案资源不仅要做到敞开大门，应收尽收，还应该主动服务，能收尽收。保管条件不具备的红色档案资源一定要按管辖范围统一接收进档案管理机构。二是要加大征集力度。红色档案资源的征集一定要提高政治站位，加大宣传力度，提供经费保障。要建立红色档案资源长期征集机制，对提供红色档案资源的人员给予适当经费鼓励和相应荣誉证书。三是要创新收集方式。对个人、集体或者私立机构所有的红色档案资源，如果不愿上交或者征集的，可以在不改变所有关系的前提下，以免费保管、托管的形式来助力收集；也可以数据采集、副本保管、缩微备份等形式丰富馆藏。

2.2 以红色档案资源的鉴定正源

一是要加强来源渠道的甄别。对红色档案资源一定要查清楚来源渠道，保证渠道的可信、可靠、可追溯；对来源不明，来源存疑的一定要详细调查。二是要切实开展鉴定。要建立鉴定制度，规范鉴定流程，严格鉴定程序；在鉴定上不能马马虎虎，更不能走过场，搞形式主义。建议国家和地方加紧制定红色档案资源的鉴定规范标准，建立红色档案资源鉴定专家库。三是要建立鉴定核查机制。对红色档案资源的鉴定结果及工作开展情况建立核查机制，定期或不定期进行检查和审核，发现问题，一定要妥善处理并整改到位。特别是在内容的真实性方面，一定要讲政治，出现问题要进行倒查，举一反三，从内容和流程方面进行整改完善，真正做到正本清源。

2.3 以红色档案资源的保管强基

一是要做好科学分类和系统存放。可视不同情况分别采取分类排架和流水排架，或分类、流水综合排架的方式。属于一个全宗的红色档案资源应集中排放，不应分散和混杂。二是要加强档案库房管理。要建立符合红色档案资源保管条件要求的库房，完善档案库房管理制度，配备必要的防护设备，合理调节和控制温度、湿度，做好防潮、防高/低温、防水、防火、防盗、防强光、防鼠、防尘、防有害气体、防霉等工作，保持库房整洁有序，保证档案安全无损。三是要做好红色档案资源调出/归还日常管理。调出和归还档案都应逐卷/件点交清楚，办理手续。用完的档案要归还原位。四是要切实加强红色档案数字化资源的安全管理。红色档案数字化资源一定要按照档案数据安全规范管理的顶格要求进行建设，做好软件测评、等保测试和密码测评，加强验收评审，采用物理隔离或者妥善合规的网络安全措施，进行数据保全和数据同城/异地异质多点安全备份。五是要加强红色档案资源经常性检查。对于保管的红色档案实体资源和数字化资源状况应定期进行全面检查，必要时可临时进行部分检查。着重检查档案是否短少以及每件档案的完好状况，检查时要逐卷/件进行，对数字化资源要进行四性检测，检查检测都要做出详细记录并写出正式报告，一旦发现档案缺少、破损、篡改、感染病毒等问题，要及时按程序报告，并采取措施，妥善处理。

2.4 以红色档案资源开发队伍保质

一是要加强红色档案资源开发队伍人员的选拔把关。坚持政治过硬，德才兼备，以德为先，爱岗敬业，稳重踏实的标准，对不符合要求的人坚决不能选拔进来；发现不符合标准的人一定要及时清退出去。在具体操作上，对红色档案资源开发队伍人员选拔可设置党员身份、申请和承诺，专门培训考试等入口条件。二是要加强经常性教育。政治教育和业务素质教育两手都要抓，政治教育把方向，稳大局，业务素质教育强能力，促应用。业务素质教育特别要强调党史知识教育，要对党的建立和领导中国革命、建设、改革各阶段重大的历史问题，特别是三个重要的历史决议非常熟悉，领会准确到位；还要加强档案收集、鉴定、保管、宣传、展示以及新媒体技术等专业知识学习和实践操作技能训练。三是要加强队伍考核激励和更新优化。人是会变化的，正如健康的肌体也会遭受细菌和病毒的侵袭，必须经常性地清洁和免疫。选拔和教育并不能保证队伍一劳永逸永远的先进性，在队伍建设中考核激励、优胜劣汰、更新优化是必不可少的配套措施。

2.5 以红色档案资源开发制度守关

一是要建立健全红色档案资源开发的法规体系。坚持依法治档，强调红色档案资源开发的法规指导和刚性约束是保证红色档案资源开发的目标、程序、内容、结果合法合规的重要举措。二是要建立健全红色档案资源开发的标准规范体系。当下红色档案资源开发出现的问题相当一部分就是因为红色档案资源标准规范体系建设滞后，在鉴定和利用环节没有标准对照和指导，开发人员凭经验和热情，出现失误，甚至是以讹传讹，误导受众。三是要建立健全红色档案资源开发的审批体系。要有申报、论证、审批、复核、全程监督、反馈等基本关口，在工作上形成闭环。在法规标准一时难以出台的情况下，各地可先期出台规范性文件，对红色档案资源的鉴定、保管、开发审批等进行规范，保证红色档案资源开发不止步，工作有成效；在总结经验、优化程序、明确职责、提升质量的基础上再出台标准和法规。

2.6 以红色档案资源开发阵地示范

一是要依托优势资源，建立红色档案资源开发的主力阵地。各级国家档案馆是红色档案资源开发的主力军，拥有资源优势和人才优势，在政策把握和开发经验上更胜一筹，由国家档案馆建立国家、省、市、区各级红色档案资源开发阵地，向社会树立榜样，可起到引领和示范带动作用。重庆市档案馆依托馆藏、依托川渝合作开办红色展陈，2021 年 4 月开展至 2022 年 12 月 31 日，共接待了 98 个市级单位、979 个基层党组织共计 33088 名观众，对于宣传红色精神、传播党的信仰产生了积极作用。[6] 二是要加强档案部门与红色文旅的结合，建立红色档案资源开发的精品阵地。各级革命纪念场馆是红色故事的发生地，红色档案资源的集合地，红色精神的传承地，以纪念场馆的革命故事为基础，加强相关红色档案资源的收集、梳理和整合，能强化纪念场馆的宣传和教育效果，倍增红色档案资源的利用效果。三是要充分整合社会力量，建立红色档案资源开发的特色阵地。个人和集体也是红色档案资源保管和开发利用的重要力量，很多的红色档案孤本、珍本都散存在个人和集体手中。民办湖南红色档案馆 2013 年经中央档案局批准并委托湖南省档案局授牌，馆藏有中国共产党第一枚党徽印章、第一本毛泽东选集，以及毛主席开国大典礼服等 110 多万件珍贵红色档案文献和实物，是湖南独具特色，极具影响的红色档案资源开发和教育阵地。

3. 在守正的基础上创新红色档案资源开发的举措

在红色档案资源开发的守正与创新方面，创新是抓手，是动力，有了守正固本强基，蓄势赋能，创新就思路清晰，活力充沛。我们必须坚持在创新中彰显价值、寻求突破、扬帆远航。其举措主要有以下 4 个方面：

3.1　坚持红色档案资源信息元素真实前提下的资源整合共享

一是要加强档案机构红色档案资源的整合。充分发挥档案主管部门、档案管理机构管理网络、业务网络和信息网络优势，推动红色档案资源数字化，建立红色档案资源专题数据库，做到红色档案资源互查，编研展览宣教联动，开发利用成果共享。二是要建立社会化红色档案资源共享平台。要实现红色档案资源自主上传，智能识别与人工鉴定审核相结合，建立红色档案资源社会化大数据库，对已开放的红色档案资源在平台上实现全数字化开放，便于公众开展红色档案资源的学习、教育、研究、宣传等各项工作。三是要建立健全国家红色档案资源体系。要把红色档案资源建设纳入国家档案资源体系建设大局，加强规划，保障经费，在国家档案资源网络中建立红色档案资源专版，推动红色档案资源跨地区收集管理、交互印证、整合共享，稳步推进国家红色档案资源体系构建。

3.2　坚持红色档案资源开发传统阵地前提下的新媒体传播

一是要开辟红色档案资源新媒体阵地。各级档案管理机构可在其官网建设红色档案资源专栏，可建立红色档案资源微信公众号，也可开办红色档案资源微博、博客、播客、QQ、抖音账号，甚至是开办类似“学习强国”的专门手机 APP 客户端或者利用红色档案资源拍摄电视专题片，集中开展红色档案资源的挖掘、梳理、传播和教育。2021 年 6 月 9 日开始，在党的百年华诞之际，中央档案馆联合中央广播电视总台新闻新媒体中心隆重推出《红色档案——走进中央档案馆》百集微纪录片，至 2021 年 7 月 31 日，在“央视新闻”客户端观看量超 2750 万，在“央视新闻”官方微博总观看量超 2.5 亿，获得了巨大的成功。[7] 二是要充分运用新媒体的交互功能。交互性是新媒体最大的特征和优势，交互传播和教育比单向传播和教育的效果要大大提升。通过交互可以丰富内容，增加趣味性，澄清模糊甚至错误认识，加深记忆，强化感染力，从而提升红色档案资源的吸引力和认同感。交互可以是过程的互动，也可以是内容的互补，还可以是问题的互答和体验的互感。三是要做好新媒体传播的跟踪调查和大数据分析。充分利用新媒体的内容、传播路径、受众身份、反馈机制数据化的特点，对红色档案资源开发效果、选题内容及方向、受众特点等进行跟踪调查和大数据分析，发现问题及时处理和调整，以新媒体为手段，不断优化红色档案资源开发的机制，丰富红色档案资源开发的场景，提升红色档案资源开发的效果。

3.3　坚持红色档案资源智慧管理前提下的信息挖掘

一是要积极推进红色档案资源的数据化。结构化的数据是信息挖掘分析的基础，作为国家档案资源体系核心内容之一的红色档案资源，在数据化方面应该先行一步，集中人力、物力、财力，重点的事重点办，既让红色档案资源数据库建设走在前列，又为档案资源其他专题数据库建设探索道路、树立榜样。二是要建立红色档案资源信息检索平台。将已数据化的红色档案资源进行分类分级审核鉴定，根据权限实现分类分级开放，便于各种开发利用或者是学术研究需求。在信息检索平台建设中，要遵照红色档案资源的政策法规和标准规范，规范和优化信息组成结构，以更易于理解和获取的方式展现给受众。可以进行定制开发，建立复式条件检索，智慧化交互模糊条件检索，也可以开发专门搜索引擎，输入搜索词后，搜索引擎返回 URL 按照相关紧密程度的一个排序，供受众选择阅读。三是要建立红色档案资源信息发现机制。在红色档案资源信息检索平台内嵌档案知识管理智能模块，通过知识分析，自动地推断一些可能的关联，提供一些有益的建议，或者发现一些全新的知识点。推荐引擎是一个典型的信息发现工具，它记录和分析受众以前阅读过的内容、引用过的文献/数据甚至做过的相关研究等等，然后主动推荐相关信息资源，做出相关提醒，甚至对其论述或研究成果纠错纠偏。在口述红色档案资源中，因为时间的久远性和人物记忆的局限性，经常会有时间、地点、人物、故事情节上的不一致，信息发现机制的建设会为红色档案资源开发提供极为有效的帮助。

3.4 坚持严格审批把关前提下的红色档案资源开发延伸

一是可以基于红色档案资源开展课题研究。对一些地区性、阶段性、局部性历史问题进行事实甄别，经验总结、规律探索和现实价值分析。刘璐森等以“‘劳动模范’农业专家黄春生档案收集、管理和利用创新研究”为课题，研究正定县档案馆红色档案资源活化利用新模式及当代价值[8]，具有一定的代表性。二是可以基于红色档案资源开展专题讲座和专题活动。红色档案资源相关讲座，可以下基层、进社区，还可以进学校，上电视。笔者曾精心整理长沙天心古阁、白沙古井相关档案资料，在图书馆、学校和社区开展过多次红色记忆讲座，社会效果良好。三是可以基于红色档案资源开展人才培养。可以建立红色档案资源教育培训基地，打造大中小学生思想政治教育和党政机关、企事业单位领导干部继续教育规范化课程。中国浦东、井冈山、延安三所干部学院就是基于红色档案资源优势开展人才培养的实例。上海是我们党的诞生地，是我国的经济中心和改革开放的前沿，浦东是上海现代化建设的缩影；井冈山是中国革命的摇篮；延安是中国革命的圣地；三地红色档案资源的优势，能有力提高学员的思想政治素质，增强党性修养，坚定理想信念，永葆革命激情。[9]

4. 结语

红色档案资源开发有着鲜明的政治要求、中国特色、时代特征和内容特质，是中国特色档案事业的核心工作之一，在新时代背景下承担着“不忘初心，牢记使命”和“踔厉奋发，勇毅前行”的熏陶与教育重任，必须以守正保持红的底色，以创新提升资源开发的成效。在红色档案资源开发中，守正强基础，储动能，创新增活力，求突破。守正与创新，皆不可或缺，亦不可倒置，更不能失衡。明确守正与创新在红色档案资源开发中的重要性，并充分运用其实施途径，两端发力，齐头并进，就能推动红色档案资源开发笃行致远，惟实励新。

注释及参考文献

[1] 赖鹏辉. 红色档案定义再探讨——以重庆市档案馆为例[J]. 四川档案，2022(6):29-30.

[2] 赵义良，熊文景. 红色档案的思想政治教育价值及其深化路径[J]. 档案学通讯，2022(4):4-9.

[3] 倪丽娟. 红色档案资源开发与公民国家记忆培育[J]. 档案学研究，2022(4):10-16.

[4] 胡仁浩. 跨区域红色档案资源协作开发利用实践与研究——以川渝地区档案馆为例[J]. 档案学研究，2023(2):87-94.

[5] 王琼瑶. 湖北省档案馆打造“一库一展一讲一刊”红色档案文化品牌[J]. 档案记忆，2023(3):49-50.

[6] 成媛，赖鹏辉. 从展陈实践谈红色档案的利用——以重庆市档案馆为例[J]. 四川档案，2023(2):36-37.

[7] 杨梓楠. 新媒体环境下红色档案资源开发研究——以《红色档案——走进中央档案馆》纪录片为例[J]. 中国档案，2021(9):26-27.

[8] 刘璐淼，李娟，董金英. 正定县档案馆红色档案资源活化利用新模式及当代价值研究——以农业专家黄春生档案创新利用为例[J]. 档案天地，2022(12):61-64.

[9] 李柯勇，刘书云，季明，等. 三万干部再当学生，激情点燃人生[N]. 新华每日电讯，2007-10-10(1).

"媒介情景论"视域下红色档案的情感叙事研究

山东大学历史文化学院　李雪婷　闫　静

摘　要：数字时代，新媒介的应用为红色档案的情感叙事提供了新路径。基于"媒介情景论"所阐述的"新媒介—新场景—新行为"理论核心开展研究，认为应按照"确立叙事主题、选择叙事策略和调整叙事结构"的叙事逻辑，以"对红色档案进行共同挖掘、搭建多层次情感叙事平台、创设沉浸式文本空间"为叙事路径，开展红色档案的情感叙事，实现红色档案的时代价值。

关键词：媒介情景论；红色档案；档案叙事；情感叙事

1. 引言

红色档案是中国共产党领导中国人民在新民主主义时期和社会主义建设时期开展革命斗争、建设和改革的真实记录。自其形成之初便显现出鲜明的叙事性和情感性特征。习近平总书记多次强调："红色是中国共产党、中华人民共和国最鲜亮的底色"[1]，"用好红色资源，深入开展社会主义核心价值观宣传教育"[2]。因此，从经典叙事学和后经典叙事学视角探讨红色档案的开发利用具有的现实依据和理论基础。目前关于红色档案叙事的研究主要聚焦在两个方面：一是从具体理论和特定视角出发探讨红色档案叙事的社会价值[3][4][5]和实践进路[6][7][8][9]；二是从具体案例入手对红色档案叙事展开研究[10][11]，但现有成果鲜少对红色档案的情感叙事进行详细讨论。而情感是红色档案内蕴的天然元素，实现情感认同是红色档案开发利用的目标之一，叙事又是展现情感价值的重要方式。由此可见，情感叙事是对红色档案叙事研究的重要补充。数字时代，新媒体拓展了信息的传播渠道，构建了更为平等开放的叙事场景，为构建集体记忆和实现情感认同提供了新路径。因此，文章将"媒介情景论"——探讨新媒介与社会行为关系的代表性理论引入红色档案的情感叙事研究，旨在探究红色档案情感叙事的逻辑理路与实现路径，促进红色档案中蕴含的红色基因转化为社会情感认同。

2. 理论阐释："媒介情景论"与红色档案情感叙事研究的契合点

2.1 "媒介情景论"符合数字时代下红色档案的情感叙事需求

在有关媒介与行为的研究中，加拿大传播学者马歇尔·麦克卢汉（Marshall McLuhan）代表性地提出了"媒介是人的延伸"这一观点，认为新媒介的广泛使用会引发人意识的变化，进而导致行为的变化。美国社会学家埃文·戈夫曼（Erving Goffman）从观察社会行为的视角提出了"拟剧论"观点，将社会生活比作戏剧舞台，认为每个人都在社会场景中扮演着不同角色，会根据表演需要不断调整自身行为，并提出了"前台"和"后台"的概念。其中，"前台"指舞台上的表演，"后台"是幕后的个人行为。虽然麦克卢汉指出了媒介会引发行为改变，但并未阐述这种改变的原理；戈夫曼强调环境对行为的限定，但忽略了媒介在社会交往中的影响。20 世纪 80 年代，约书亚·梅罗维茨（Joshua Meyrowitz）在结合"拟剧论"和"媒介技术决定论"的基础上，于其著作《消失的地域——电子媒介对社会行为的影响》中详细阐释了"媒介—场景—行为"三者之间的关系。梅罗维茨认为，不应仅将新媒介视为与原有环境的新联系，当新媒介被广泛使用时会创造出新的社会环境，即信息系统[12]，进而重塑人的行为方式，带来社会身份的转化。具言之，在印刷媒介时代，信息垄断在群体所处的场景之间形成阻隔，不同群体间甚至同一群体中个体的行为也会相对封闭。新媒介的产生和应用打破了信息传播的壁垒，使私人场景与公共场景融合成新场景，由此增强知识与情感的流动性，削弱权威对信息的控制，"前台"和"后台"的行为边界也逐渐模糊，不同群体所处信息系统的分离状态被打破。新媒介发挥着形塑群体共同行为的作用，甚至对社会文化的建构产生影响。即使是知识背景、认知能力、权力级别完全不同的人，也可以因其具有共同情感追求或信息需求形成新的共同体，在新场景中形成集体价值认知。但这种集体认知并不排斥个体的独立思想，而是强调一种新行为的统一。上述内容即为"媒介情景论"的核心观点：新媒介创造新场景，新场景引发新行为。

随着互联网技术的裂变式发展，多种形态的媒介功能融合并不断衍生出媒介新形式，以此扩展其自身的场景边界，对传统媒体规制的场景边界进一步消解。[13] 媒介不再仅仅是人的行为的延伸，而是形成了独立的场景。"媒介情景论"为理解个人场景与社会场景融合、社会场景结构与行为模式等问题提供了理论参考。着眼于红色档案情感叙事，红色档案形成之初多依靠纸质或声像载体进行信息记录，这在无形中为情感价值传播设置了物质场景壁垒。如果仅依赖于传统媒介或不加选择地利用新媒介拓展传播渠道，则难以讲好红色档案内蕴的历史故事。情感价值的传播本身是一个复杂的社会性问题，需要从新媒介、社会场景、行为三者之间的关系入手，深刻地认识新媒介对情感叙事的影响，由此发挥新媒介在传播红色文化、传承红色精神方面的优势，满足红色档案情感叙事的需求。

2.2 “媒介情景论”为红色档案的情感叙事提供理论基础

英国文学家帕特里克·科尔姆·霍根（Patrick Colm Hogan）在其著作《情感叙事学：故事的情感结构》中正式提出“情感叙事学”（Affective Narratology）理论，认为人对世界的体验从根本上看是一种情感体验，而在叙事作品中，叙事实践从根本上是由情感组织的[14]。至于红色档案的开发利用，如何将红色档案内蕴的情感元素通过档案叙事展现出来，进而实现情感共鸣，对于红色档案价值的当代书写有着重要意义。“媒介情境论”可以为红色档案的情感叙事研究提供如下理论支持：一是“媒介情景论”从总体上阐述了媒介、场景和行为的关系，从宏观层面解释了新媒介通过产生新场景影响受众情感沟通行为的逻辑，对开展红色档案情感叙事的总体路径构建提供理论指导。二是“媒介情景论”指出了新媒介通过场景构建实现公共场景融合，致使公共行为和私人行为边界模糊的原因，有助于理解新、旧媒体对传播行为的影响，进而增强多类媒体融合运用的科学性。三是“媒介情景论”论述了新媒介如何引发群体身份的融合与新群体行为的产生，能够为研究受众对红色档案情感叙事产品的接受行为提供理论借鉴。总的来说，“媒介情景论”所建构的“新媒介—新场景—新行为”关系网，为数字时代下红色档案的情感叙事研究提供了新视角。

3. 叙事逻辑：以情感叙事展现红色档案的时代价值

3.1 叙事主题：以红色档案实现情感共鸣建构集体记忆

档案作为社会活动的原始记录，是构建集体记忆的重要元素。但档案无法与人直接对话，“只有二次叙事才能使其不连续的部分具备有意义的连贯性叙事”[15]，进而挖掘历史信息中承载的情感价值。在档案记忆构建中，要保证叙事的完整性、深刻性，首先需要明确叙事的主题，并由此确定叙事活动所需的材料、策略与结构。红色档案是中国共产党人和中国人民的共同记忆[16]，集中反映了党的初心使命、宗旨意识和唯物史观[17]。基于红色档案自身特性和潜在价值，红色档案的情感叙事需要把握如下主题内涵：充分挖掘红色档案所承载的红色基因，将红色档案作为连接“历史的记忆”与“当下的共识”的纽带，引导受众产生正向的情感共鸣，将凝结在红色档案中的民族记忆有效展现，建构社会的集体记忆。基于鲜明的叙事主题，叙事材料的组织、叙事策略的选择、叙事结构的搭建均应围绕并服务于此，由此方能有效实现红色档案情感叙事的目的。

3.2 叙事策略：通过新媒介产生新场景新行为

叙事策略包括为切入和展现叙事主题所采用的思维逻辑、话语表达方式、表现手法等内容。具体到红色档案的情感叙事策略，一是在充分尊重红色档案所记录信息原始性和真实性的基础上，通过新媒介进行适当的叙事重构。档案叙事有别于传统文学叙事之处，在于其材料来源是真实的历史凭证，任何叙事策略都应在维持文本材料真实性基础上开展。二是重视受众在红色档案情感叙事中的作用。新媒介形成新场景的最终结果是产生新行为，受众是信息搜寻和接受行为的主体，其行为特征和需求特征影响着叙事产品的创作。由此，在叙事的不同阶段要充分重视受众与创作者的合作关系。三是恰当运用多类型新媒体，打造开放式多元化平台，即形成新场景。这就要求改变档案文本的线性叙事模式，打破时间和空间的壁垒，为受众提供一个开放但独立的平台，为实现情感共鸣提供场景基础，丰富红色档案情感叙事的规模与类型。四是以新场景消解权威，构建以共同情感为纽带的共同体行为。个体行为会因其所处社会所定义的场景而发生改变或被塑造[18]，当进入一个新场景时，人的情感倾向会产生共性特征，进而促使人的行为发生改变，要充分利用新媒介影响下信息传播和接受行为的平等化特征，及时收集受众对叙事产品的反馈意见，促进红色档案叙事产品的优化。

3.3 叙事结构：灵活式结构实现情感沉浸式互动

叙事结构是故事的框架和层级。情节与语言是影响叙事结构的两大因素。在展示中国共产党与中国人民的奋斗历程时，往往需要整合多件红色档案，并对话语和情节进行二次排列，再现历史发展的整体面貌。加之红色档案本身带有的历史距离感，调整叙事结构使叙事产品更具普适化显得尤为重要。新媒介为调整情感叙事结构提供了多种可供选择的途径，不仅打破了档案文本传统单一的叙事情节线索，使不同个体在叙事文本中获得自由的情感体验，而且通过有限度有原则的改写，将严肃的叙事语言转化为活泼生动的叙事表达，以吸引不同年龄层群体感受红色档案的魅力。

简言之，在明确红色档案情感叙事主题的基础上，以“媒介情景论”为理论指导，遵循科学选取红色档案叙事文本、重视受众需求和反馈、运用多类型新媒介改变线性叙事模式等策略，搭建灵活的叙事结构，最终达成红色档案情感叙事的目标，是以情感叙事展现红色档案时代价值的逻辑理路。

4. 实际应用：“媒介情景论”视域下红色档案的情感叙事路径

基于上述逻辑理路构建情感叙事实践路径，叙事主题的确立需要多方参与、共同挖掘。叙事策略的落地化，则可依托新媒体矩阵，搭建多层次情感叙事平台，以此影响受众的情感接受和反馈表达。为形成灵活的叙事结构，可通过打造多元化文本架构来创设沉浸式文本空间，并以此实现受众的沉浸式情感体验。由此，以情感主题的阐释为目标，以红色档案文本为材料，以新媒体矩阵为传播工具，在档案馆、文化部门、相关机构及社会公众的共同参与下，搭建新叙事平台，形成多元化文本结构，引发受众对红色档案所蕴含情感价值的共鸣，进而促进红色档案的开发利用，即为"媒介情景论"视域下红色档案情感叙事的实践路径（见下图）。

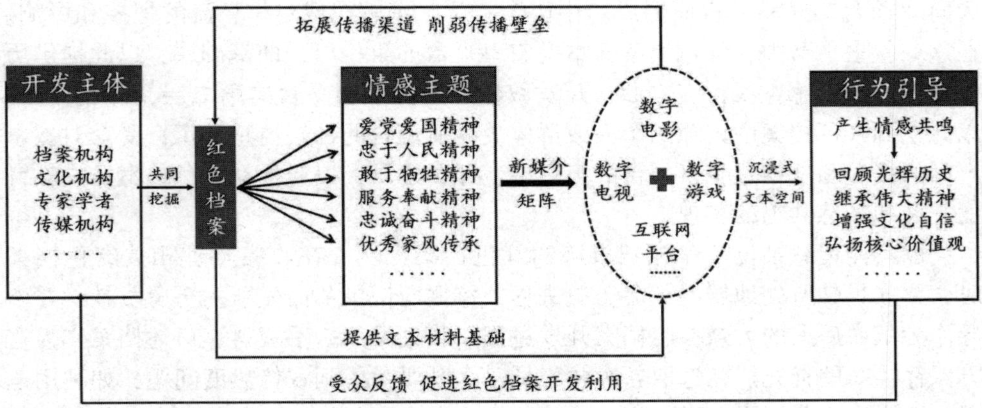

红色档案的情感叙事路径

4.1 立足情感主题，对红色档案进行共同挖掘

展现、挖掘和继承红色档案所蕴含的红色基因、文化价值和伟大精神，需要确立鲜明的"情感主题"，如爱党爱国、忠于人民、敢于牺牲、服务奉献、忠诚奋斗等精神的学习与继承，优秀家风内涵的宣传，核心价值观的引领，等等。我国各地区在中国共产党领导下的革命、改革和实践过程中形成了各具特色的红色档案资源，依照红色档案情感叙事的总目标，结合自身的地域特色和实际需求，在确定情感叙事主题基础上，联合档案部门、文化部门、传媒机构、社会公众共同挖掘红色档案中的情感元素，使档案收集、整理、编研等"后台"工作有选择地展现在受众面前，以"共同参与"增加受众对红色档案信息接受的意愿，增强红色档案情感传播的真实性和贴切性。

例如《档案里的赣州——红色记忆》系列微纪录片中《魏家大院》单元的筹备，栏目组从魏家后人处收集魏晋与郭沫若在日本东京创办《东流》杂志时的相片和第一手稿，通过官方档案馆考证魏晋于和平解放赣州中的革命行动，明确了其所作贡献的具体时间，进而通过新媒体平台传播真实的历史情景，使档案资料收集考证和影视制作过程更透明化地展现给受众。

4.2 依托新媒体矩阵，搭建多层次情感叙事平台

如何解决红色档案自身浓厚历史感所带来的距离感，是情感叙事的关注重点。档案汇编、线下展览等传统叙事途径难以实现红色档案资源价值的广泛传播。在媒介情景论视域下，可以综合运用电视、电影、互联网等多种新媒体平台，形成新媒体矩阵，搭建多层次情感叙事平台。依照梅罗维茨的观点，新媒介通过将私下场景融合进公共场景来实现对信息系统的进一步整合，使“后台”行为向“前台”转移，进而形成“中区”行为，消解权威对信息流的把控和影响。在这一叙事平台中，红色档案文本是叙事平台的第一层，即基础层，以此提供历史资料形成情感主线；多方参与开发叙事产品是叙事平台的第二层，即创作层，以此挖掘红色档案中记载的个人或群体故事所蕴含的社会情感共识；受众对叙事产品的接受和反馈是叙事平台的第三层，即共享层，以此推动红色档案历史教育的开展和情感共鸣的实现。

以具体记载某位革命先烈事迹的红色档案为例。在收集整理相关红色档案时，要立足其所处地域的革命历史进程，挖掘所记录革命先烈的历史贡献，并引导作为革命后人的大众参与档案开发过程，收集民间一手资料、口述档案作为官方保存档案的补充。在选取新媒体工具时，既要考虑到宣传热度问题，如利用电视、电影和互联网平台进行联合播放，也应考虑到与传统媒介的结合，如可将影视纪录片、主题 VR 游戏等作为历史叙事的补充，融入档案展览现场使用，以历史的厚重感增加情感叙事的深度。进而对进馆参观公众、线上观看叙事作品的人群开展调查，了解受众对运用新媒体搭建的情感叙事平台的感受与意见，由此促进红色档案情感叙事的优化。

4.3 打造多元化文本架构，创设沉浸式文本空间

电子媒介消解了物理地点和信息传播之间的隔阂，使场景趋向“平民化”和“一致化”，进而营造一种新的“群体景观”，即“群体”并非紧密依附于一定的地理位置，而是通过形成共同的“社会信仰”来加强群体身份内部的团结一致[19]。红色档案内蕴的“社会信仰”以红色档案文本为基础，辅之新媒介优化传播效果。即使新媒介打破了红色档案所处物理地点与信息传播行为间的联系，仍需以红色档案记载的历史故事为基点，加强群体内部成员的行为连接。为此可在尊重历史客观真实性的基础上对档案文本进行编排，搭建作品内部沉浸式的文本空间。具言之，一是按照叙事情感主题组合、编排叙事材料，将个人事迹融入历史背景，形成清晰的叙事轨迹，为通过新媒介构建数字化的档案故事提供文本基础。二是在创作新媒体宣传作品时，搭建线索清晰且富有故事流动性的文本空间，如将红色档案以图像、动画、影音等多种形式呈现出来，在镜头组合上综合运用时间线索和人物线索，结合倒叙、插叙等方式，给予受众自由的阅读选

择。三是在主线叙事的基础上，增加叙事支线，即将并未融入成品中的叙事材料，根据传播热点和传播需要，单独制作拍摄纪录片、后期故事等，使叙事过程形成完整的故事线，改变"说教式"的知识传播方式，以情感叙事代之。基于此，依托多元自由的文本架构创设沉浸式文本空间，使受众能在宏大的历史方向中找到亲切的个体共鸣，打破内外部对信息接受行为的限制，实现情感沉浸式体验。

例如革命历史题材电视剧《觉醒年代》，在拍摄中运用了大量历史档案，以新文化运动到中国共产党成立的时间进程为明线，以革命先烈个人的奋斗故事为暗线，将纸质档案中的文字记录转以剧中人物演讲、交谈和写作的方式展现出来，并将一些革命史实制成连环动画并配以画外音解读[20]，既展示了红色档案文本，又给予受众沉浸式的信息接受场景。

5. 结语

红色档案是中华民族共同的文化财富，其蕴含的红色基因和情感价值是构建民族记忆的重要因素。依托新媒介打造新情景、深入挖掘红色档案中的情感元素，生动讲述红色档案中的红色故事，对于开发红色档案资源、开展红色主题教育以及提高社会对红色档案的认知水平有着重要意义。"媒介情景论"在理论层面解释了通过新媒介创设新场景，引导情感接受行为，进而开展红色档案情感叙事的内在逻辑，在实践层面提示要消解对信息的权威把控，加强红色档案收集、整理、开发及利用过程中的多方联动，重视社会公众从"旁观者"到"参与者"的行为。但仍需注意，社会制度、公共权力等对叙事作品创作和情感叙事的规范和促进作用同样应成为后续研究的重点。

注释及参考文献

[1] 用好红色资源 赓续红色血脉 努力创造无愧于历史和人民的新业绩[EB/OL]. [2023-07-10]. http://jhsjk.people.cn/article/32244129.

[2] 习近平. 高举中国特色社会主义伟大旗帜 为全面建设社会主义现代化国家而团结奋斗——在中国共产党第二十次全国代表大会上的报告[EB/OL]. [2023-07-12]. http://www.gov.cn/xinwen/2022-10/25/content_5721685.htm.

[3] 董颖. 红色档案在思想政治引领上的时代价值和实现路径[J]. 浙江档案,2022(3):14-16.

[4] 朱琳,闫静. 党史学习教育背景下红色档案叙事研究——以百集微纪录《红色档案》为例[J]. 山西档案,2022(3):68-75.

[5] 许晓彤,章岸婧.“档”说党史:档案工作如何讲好红色故事[J].档案管理,2021(4):22-24.

[6] 刘芮,卜昊昊.文旅融合视域下红色档案资源开发的场域分析和行动逻辑[J].档案学研究,2022(4):17-23.

[7] 周耀林,张丽华,刘红.叙事传输视角下红色档案资源社会共建模式与实现路径研究[J].档案学研究,2023(1):82-90.

[8][16] 周林兴,姜璐.红色档案资源开发中的叙事表达研究[J].档案学研究,2022(4):4-9.

[9] 赵红颖,张卫东.数字人文视角下的红色档案资源组织:数据化、情境化与故事化(摘编)[J].中国档案,2022(4):77.

[10] 朱丽娜.彰显档案价值 讲好红色故事——南京红色档案展的策划及推广[J].档案与建设,2022(3):73-74.

[11] 张步东.激活红色档案 传承红色记忆——常州市档案馆红色档案征集、保管与利用路径分析[J].档案与建设,2021(10):64-67.

[12][18][19] [美]约书亚·梅罗维茨.消失的地域——电子媒介对社会行为的影响[M].肖志军,译.北京:清华大学出版社,2002:12,87,91.

[13] 曾林浩.智媒视域下媒介情景的新演化[N].中国社会科学报,2020-07-02(3).

[14] Patrick colm hogan , Affective narratology: the emotional structure of stories[M]. Lincoln NE: U of Nebraska p,2011:29,31,66.

[15] 沃尔夫冈·恩斯特,吴颖诗,王玉珏.数字时代的记忆:从“档案空间”到“档案时间”[J].北京档案,2022(2):40-43.

[17] 董颖.红色档案在思想政治引领上的时代价值和实现路径[J].浙江档案,2022(3):14-16.

[20] 尹鸿,杨慧.历史与美学的统一:重大历史题材创作方法论探索——以《觉醒年代》为例[J].中国电视,2021(6):6-12.

区域性红色档案资源整合策略研究

黑山县残疾人服务中心　肖　健

摘　要：文章对区域红色档案资源整合的意义及可行性进行了论述，分析了当前区域性红色档案资源整合现状和存在的问题，针对区域红色档案资源整合现状和存在的问题，遵循区域红色档案资源整合的原则，提出有针对性的策略，即推动区域红色档案资源集中整合协同共享、运用全媒体技术展现区域红色档案资源整合聚力、加强统筹规划深化区域红色当年资源整合联动发展、引入社会化参与模式助力区域红色档案资源整合。

关键词：区域性；红色档案；资源整合；策略研究

1. 引言

红色档案是档案的重要组成部分，因其特有的历史底蕴和精神内涵而使其在众多档案中具有特殊地位。[1] 区域性红色档案作为地区红色文化的重要载体，承载着地区红色集体记忆，是传承红色基因的关键。[2] 红色档案资源不仅拥有广泛的历史、文化和学术价值，还有着积极的爱国主义教育价值。要充分发挥区域内红色档案资源的价值，尤其是历史价值和红色文化价值，就需要将其尽可能地聚合在一起，形成知识关联，凝聚区域文化信仰。在当前数据化时代，整合区域红色档案资源面临着诸多挑战和问题。为了更好地管理、保护和利用这些特殊的档案资源，必须在区域内协同合作的前提下对其进行资源整合。

2. 区域性红色档案资源整合的意义及可行性分析

2.1 区域性红色档案资源整合的意义

随着区域经济一体化的不断发展，区域性红色档案资源整合工作也逐渐被重视。区域性红色档案资源整合具有重要的意义。一是有利于区域红色档案资源结构完善和优化。通过对区域内红色档案资源按照档案的来源、内容、载体形式等多个维度进行多元整合，可以不断完善和优化红色档案资源结构，以便更好地保护和利用红色档案资源。二是有利于区域红色档案资源的共享和利用。区域内红色档案资源的整合，尤其是数字红色档案资源的整合可以打破空间和时间的限制，实现数字红色档案资源的再生、共享，通过红色档案资源数据库的搭建，将红色档案资源的各种元素整合分析，探索其关联性，促进红色档案资源的共享和利用。三是有利于促进区域经济的创新和发展。从某种程度来讲，区域性红色档案资源整合本身也是一项经济活动，也要在确保社会效益的前提下兼顾经济效益。另外将区域内红色档案资源与旅游业、影视业、文创产业相结合，也将极大地带动区域经济的发展和创新。四是有利于区域红色文化的弘扬和传承。红色档案资源多角度、全方位地真实记录了我党的孕育成长史、革命形势前进发展史以及英雄人物斗争史，蕴藏着红色革命历史与红色人物故事，正是无数革命精神的浓缩，整合好、利用好红色档案资源，也是在全社会和当前时代传承和弘扬革命精神。

2.2　区域性红色档案资源整合的可行性

区域性红色档案资源整合的可行性主要体现在两个方面：一是红色档案资源具有较强的地域性，分布相对比较分散，且保存在多个主体部门，这种分散现状为区域红色档案资源整合提供了契机；二是云计算、大数据、区块链、人工智能等技术和传播方式的逐渐成熟，为区域红色档案资源的整合提供了技术支持。因此，如果能够有效地将区域红色档案资源进行整合，将会大大提高我国区域性红色档案资源共享率。此外，由于不同地区的历史文化背景、风俗习惯等因素存在差异，使得各地红色档案资源也不尽相同。如陕西省的“延安精神”和吉林省的“大庆精神”是当前我国一些省区市争相学习和推广的榜样。但这并不意味着陕西和吉林两地的红色档案完全相同，事实上，两地的特色红色档案资源仍然具有很强的可比性。当然还需要考虑红色档案资源整合过程中信息的安全问题，总之，区域性红色档案资源整合工作需要考虑到多方面的因素，才能做到高效快捷、合理有序。

3. 区域性红色档案资源整合现状和存在的问题

近年来，在区域经济一体化的快速发展大背景下，区域红色档案资源整合也初见端倪，例如长江三角洲地区、川渝地区、京津冀地区、冀鲁豫地区、鄂豫陕地区等都在红色档案资源整合、展览展陈、媒体宣传等方面联合开展了一系列建设性实践探索，已取得一定成效，但相对其他区域而言，开展区域红色档案资源整合还存在着一些问题。目前部分地区红色档案资源缺乏整体规划，没有串点成线突出地域特色，没有和周边的红色文化资源、历史文化资源、自然生态资源有机地联系起来。[3] 通过大量文献调研和实地考察发现红色档案资源整合存在以下问题。

3.1 集中整合协同力度不够

开发和保护区域红色档案资源，集中整合、协同开发是其关键。由于红色档案资源保存在时间和地域上都比较分散，同时又受多个部门、系统管理，也就是所说的多头管理现象普遍存在，一定程度上来说割裂了区域红色档案资源所记录的历史脉络和层次关系，集中整合、协同开发实践起来比较困难，需要逐步加大集中整合协同力度。《“十四五”全国档案事业发展规划》中也明确提到应加强区域协同，加大相关档案资源跨区域整合力度。因此红色档案资源的开发工作需应用全新的方式，打破档案机构唱独角戏的局面，加强档案机构与相关机构、企业或个人的融合。[4]

3.2 联合运营宣传效应不足

宣传和推广区域红色档案资源，联合运营、多元宣传是其基本途径。联合运营是指以展览展陈、线上线下多种方式联合的形式对区域红色档案资源进行推广。多元宣传是指运用互联网、新媒体、多级终端等多种技术设备对区域红色档案资源进行宣传。目前有些地区已经开展了对红色档案资源推广宣传等一系列的实践探索，但是由于可借鉴的成功经验不多，联合开发、多元推广经验不足导致宣传效应不足，没能发挥区域红色档案资源应有的作用。

3.3 统筹联动发展动力不强

一些地区对于红色档案资源整合缺少前瞻性思考、战略性规划，缺少全面的、长远的工作重点与目标，许多红色档案资源各自独自发展，与所在地区的其他红色档案资源、历史文化资源保持相对独立，联动发展动力不强，既不能充分发挥所在地区的红色档案资源优势，也不能充分发挥红色档案资源的影响力和集聚效应。

3.4 社会公众参与整合程度不高

社会公众主要是指社会组织和社会大众，社会组织主要负责协调处理政府部门、档案部门及公众之间的关系，起到调和矛盾、协调关系的作用，社会大众往往是红色档案资源整合活动的直接见证者、参与者。社会公众作为区域红色档案资源的主要利用者，不能参与到红色档案资源整合的全过程之中，只能被动地利用红色档案资源，这样既不利于区域红色档案资源的内在关联的保护，也无法对区域红色档案资源整合机制进行监督，无法扫除区域红色档案资源整合过程中的工作盲点。

4. 区域红色档案资源整合的原则

区域红色档案资源整合的目的是为了更好地对其进行保护，发挥其可持续价值，因此整合必须科学、客观、合理，尽可能为区域红色档案资源的安全保护和利用提供服务，又要借鉴文物、历史遗产等方面的整合经验和启示，概括起来需要遵循以下几点原则。

4.1 科学保护原则

"科学保护"是当代保护工作不可或缺的原则，它强调保护工作应尽量保存或修复对象的原真性与整体性。区域红色档案资源的整合首先要保护好真实的革命历史事件和人物，要保留它所遗留下来的全部历史信息和面貌；其次区域红色档案资源整合还要保护好革命遗址、红色文献、报刊等等，它们与红色档案联同一体，一同存在。要尽可能地保护红色档案资源的相关要素，不破坏其整体性。最后区域红色档案资源的整合需要保护技术方法的介入，也强调保护流程与保护管理的科学性。

4.2 协同合作原则

区域红色档案资源整合档案机构必须遵循与其他部门保持沟通协作，相互参照的工作原则。红色档案资源保存地点不一，或者说归属权不一，归属除档案部门外，部分红色档案资源还归属于博物馆、文物馆、图书馆、纪念馆、政府机构及个人等等，如何整合好各方面的档案资源，发挥好人才、资金、技术等资源优势，形成一个科学合理的安全保护机制和格局，是档案部门要充分考虑的问题，而协同合作原则恰恰是解决这一问题的关键，否则各个部门就会形成各自为政，都从自身角度、自身需求去考虑区域红色档案资源的保护，这样势必会由于片面狭隘的思维给红色档案资源的安全保护造成不利后果，甚至是造成损失。

4.3 便于操作原则

可操作性通常是指法律法规的规定和创制的法律规范在实践中能够执行得通，是法学界常用的一个概念，而区域红色档案资源的整合同样具有很强的实践性，因此区域红色档案资源的整合，不仅要科学合理，还要便于操作，如果不便于操作就失去了整合的意义。因此，便于操作也是区域红色档案资源整合需要遵循的重要原则。

4.4 效率效益兼顾原则

在区域红色档案资源整合过程中，要依据经济学原理，充分考虑投入与产出的关系，既要有利于实现区域红色档案资源的统一管理和安全保护，又要避免过大的资金投入，造成过重的经济负担，应遵循效率与效益兼顾的原则。

5. 区域性红色档案资源整合的实施策略

区域红色档案资源整合即利用一定的方法和技术使之形成一个结构有序、配置合理、资源集中的有机体。[5] 针对区域红色档案资源整合现状和存在的问题，遵循区域红色档案资源整合的原则，提出有针对性的策略，即集中整合协同共享、运用技术展现整合聚力、统筹规划深化联动发展、引入社会化参与模式助力资源整合。

5.1 推进区域红色档案资源集中整合与协同共享

加强区域间协同和资源整合是促进区域性红色档案资源整合的关键措施。在这方面，首先需要加强区域间的合作与交流。通过建立区域性红色档案资源的共享机制和交流平台，不断促进各地之间的信息传递和资源共享，达到整合的目的。其次，应该建立专门的资源整合机构，组织统筹各地区的红色档案资源，协调各方面的资源整合工作，提高整合效率。同时，要积极探索新的资源整合模式，开发新型的资源共享和利用方式，以适应时代需求和发展趋势。最后，在加强区域间协同和资源整合的过程中，我们也应该注意保护知识产权及数据安全。建立合规的资源共享规则和管理机制，保障红色档案资源的合法权益和安全。总而言之，加强区域间协同和资源整合是实现区域性红色档案资源整合的必要条件。只有通过合理规划和有效实施，才能实现红色档案资源的全面整合和高效利用。

5.2 运用全媒体技术，展现红色档案资源整合聚力

全媒体技术是指利用计算机、网络、通信等技术手段，将文字、图片、音频、视频等多种媒体形式有机结合起来，实现信息的多元化传播和交互式呈现技术。在全媒体时代，媒体融合也在逐步改变人们接收信息的途径与方式。运用全媒体技术以多主体、多平台、多维度的媒体互融方式整合区域红色档案资源，打破传统红色档案资源整合时载体与时空的限制，有利于增强区域性红色档案资源对现实的解释力和对实践的引导力，凝聚独特的区域红色文化精神力量。如运用声光电手段，结合全息、GIS、VR、AR 等新媒体技术使区域内革命事件由点到面实现历史场景可视化、虚拟化、立体化展示，使观众有种身临其境的感觉，增强观众参与感，让观众在革命历史事件中进行互动与交流，接受革命战火的洗礼。

5.3 加强统筹规划，深化红色档案资源整合联动发展

对于区域性的红色档案资源整合，需要加强前瞻性思考、战略性布局，以整体推进区域内各地档案数字化建设进程，为区域间数据共享、整合与开发提供全

面的、长远的工作重点与目标。[6] 区域红色档案资源整合联动发展主要有两方面，一是整合主体的联动发展，是指保存有红色档案资源的部门主体，主要有档案馆、纪念馆、文物馆、博物馆、文化馆、陈列馆、党史研究室等，对其保存的红色档案资源制定区域整合战略，建立协同发展、资源共享的联动机制，以实现区域红色档案资源保护与传承。二是整合资源的联动发展，是指区域内红色档案资源与其相关联的红色文化资源、历史文化资源、自然生态资源等资源联动开发，优化重组，不断丰富红色档案资源的类型和数量，构建合理的区域红色档案资源体系。在总体统筹规划的前提下，通过强化机构间协作，融合、聚类、重组异构资源系统，实现信息互通和共享平台开发应用，将分散的红色档案资源整合为结构优化、配置合理的有机体。[7]

5.4 引入社会化参与模式，助力区域红色档案资源整合

社会化参与模式是指个体或者群体以自发性、非官方组织的方式参与到区域红色档案资源整合工作中来的一种模式。在信息化时代，社会公众参与到区域红色档案资源整合工作中来成了可能，主要有以下几种参与形式。一是为区域红色档案资源整合献计献策，提供智力支持，如对整合策略、相关标准的制定提供建议，确保红色档案资源整合工作科学性；二是使社会公众参与红色档案信息资源的著录、建立索引、添加标签以及添加描述等档案信息组织活动中来，以便促进区域红色档案资源的优化配置；三是社会公众主动分享或上传到红色档案共享平台上自己收藏的红色档案资料，如年代日记、红色照片、影音资料等等，对于区域红色档案资源的内容和结构进行合理补充。基于公众在区域红色档案资源整合过程中的三种参与形式的作用，需要在传统资源整合方式的基础上引入社会公众力量，助力区域红色档案资源整合。

6. 结语

区域性红色档案资源凝聚着独特的地域革命奋斗精神，在开展地方党史教育、传承红色基因与理想信念宣传教育等方面有着重要价值。对区域红色档案资源整合应该在遵循科学保护、协同合作、便于操作、效率兼顾效益原则的前提下，不断创新整合方式方法，形成区域性全面、完整、系统的红色档案历史链条，最大限度地提高资源利用效率和保护工作的实施效果，进一步促进红色档案资源的保护和传承。

注释及参考文献

[1] 王娅，王向女. 我国红色档案资源研究综述[J]. 兰台世界，2019(2):34-37

[2] [7] 胡仁浩. 跨区域红色档案资源协作开发利用实践与研究——以川渝地区档案馆为例[J]. 档案学研究,2023(2):87-94

[3] 熊伊凡,陈艳红. 基于图情档协作的红色档案资源开发利用研究——以雷锋档案为例[J]. 图书馆, 2021(9):92-96

[4] 王玉珏. 档案文化创意服务的理论与实践[M]. 武汉:武汉大学出版社,2017:187-188

[5] 王向女, 姚婧. 长三角地区红色档案资源整合探析[J]. 浙江档案,2020(2):30-32

[6] 周林兴,崔云萍. 区域性红色档案资源的协同开发利用探析——以长三角区域为分析对象[J]. 档案学通讯,2021(5):4-13

红色档案整理与鉴定成果创新赋能公共利用思路探析

益阳市档案馆　李　幸

摘　要：面对公众红色档案需求呈现的多元化发展趋势，档案部门在推出红色档案资源整理与鉴定成果的同时，还应当结合档案信息化与有关科技手段将成果积极赋能公共利用，主动向公众问计问需，以促进档案有效编展开发。本文以益阳市档案馆为例，探讨如何利用红色档案资源更好更优服务公共利用，以此为档案事业现代化提供一种具体实践思路。

关键词：整理与鉴定；赋能；红色档案；公共利用

1. 爱国主义教育基地以红色档案资源成果为基底

1.1　档案馆红色档案资源成果与公共利用互为支撑、互为助力

档案馆作为爱国主义教育基地，在发展进程中，一方面依托自身资源优势，作为主体场域，为档案利用、编研等学术研究或人才培养提供资源支撑；另一方面积极探索档案挖掘与保护，进行编展开发，助推档案公共利用服务高质量发展。红色档案是指革命历史时期形成的各类档案，包括反映这一历史时期形成的纸质、音像、口述记忆等，其成果是服务于公共利用的重要方面，需要运用信息化手段让档案利用更为便捷有效。档案馆作为红色档案资源的主要供给端，从主动服务的角度出发，不仅要找准档案微观切入点，还应在宏观领域精准对接新时代新成就国家记忆工程等，通过红色档案资源成果，与新时代同频共振。

1.2　作为公共利用窗口和载体的爱国主义教育基地

红色档案资源的供给，不仅来源于最重要的主体档案馆，还来源于相关文

博、史志等部门，民间档案也通过口述、图片等形式丰富供给。爱国主义教育基地作为面向需求主体公众的窗口和载体，是供给端到达需求端的“最后一公里”，怎样延伸链路让红色档案资源整理与鉴定成果精准到达公众需求，则有赖于信息的有效提取，赋能编研展览，让其可视化呈现、互动化传播和沉浸式体验。在红色档案资源成果的编研展览开发成果中，需要分析公众多元化需求层次(实体层次→信息层次→行为层次)，并进行转译与转化，让成果可持续发展，主动回应时代之变、中国之进、人民之呼。

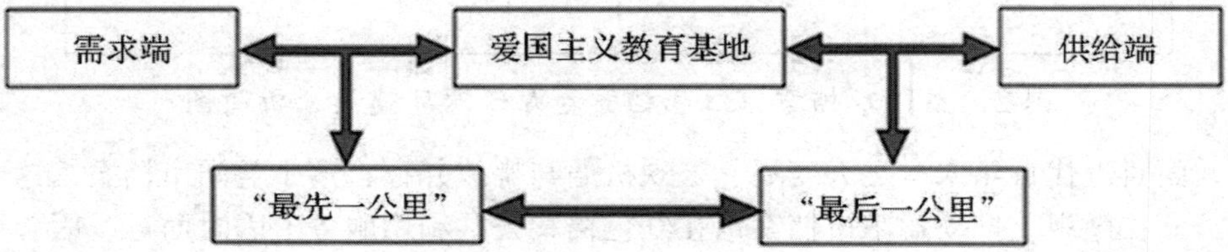

图1 爱国主义教育基地作为窗口和载体

1.3 为爱国主义教育基地搭建红色档案资源库基底

红色档案资源在需求与供给中转递，既作为重要联结纽带，也随着编研与开发完成自我升华。爱国主义教育基地以档案馆红色档案资源作为支撑，在服务党、国家、人民中具有直接性、主动性。在红色档案编展与开发过程中，爱国主义教育基地利用固定展与流动展、线上展与线下展等形式，联动相关编研主题，用新颖的形式、有厚度的内容充分联结历史与现实、档案与公众，其亲民性和展示性可以压缩档案在民众心中的陌生感和距离感，让其可知可感，以此缩小档案公共服务差距。以爱国主义教育基地为红色档案编展与开发极核，联动红色档案资源库，同时铺展城市文化、城市记忆、档案记忆的受众面，从而成为档案编展高质量开发和受众文化环境高品质构筑的交融空间。

2. 益阳市档案馆红色档案资源成果现状

2.1 益阳市档案馆红色档案资源专题库建设优劣分析

益阳市档案馆红色档案资源较为丰富，编研有《益阳百年岁月掠影》《益阳古碑辑录》等编研资料，为《益阳红色基因文库》《益阳老照片集》《曾三传》等已出版编研文献提供第一手红色档案资料，现正在着重进行红色档案专题库建设，积极赴中央档案馆、山西兴县、延安档案馆等地征集曾三同志有关档案。虽然目前红色档案资源专题库建设已有一定成果，但现有形势下，存在一定程度的困境，使红色档案利用服务发展进程缓慢。

长板	曾三同志档案挖掘利用工作成果显著	短板	利用成果缺乏针对性
	与“互联网+”政务服务交互对接		编研成果未转化为利用服务现实
	部分红色档案已完成信息化		没有与受众需求形成互动机制
	已有部分红色档案编研成果		局限于基础信息化查询方式

图 2　益阳市档案馆红色档案资源专题库建设分析简图

面对近代百年未有之大变局，宏观机遇与挑战并存，落于益阳市档案馆这个点，又在微观上推动益阳市档案馆在红色档案公共利用服务上因时而进、因势而新。我们既要看到宏观的机会与威胁，又要着眼于微观的优势与劣势，扩充红色档案资源深度与广度，联结档案馆、红色档案资源建设体系，让红色档案资源真正为今所用。

2.2　红色档案利用现状微观数据解析

提取益阳市档案馆近三月间红色档案利用数据，其中：网络及电话利用查询数据为零，利用受众皆到馆查档。4—5 月间随机连续 100 份档案利用样本中，76%为基本层次需求（民生主题），仅有 4%为精神层次需求（红色档案主题），其他补充层次需求量为 0，红色档案总体利用率较低。

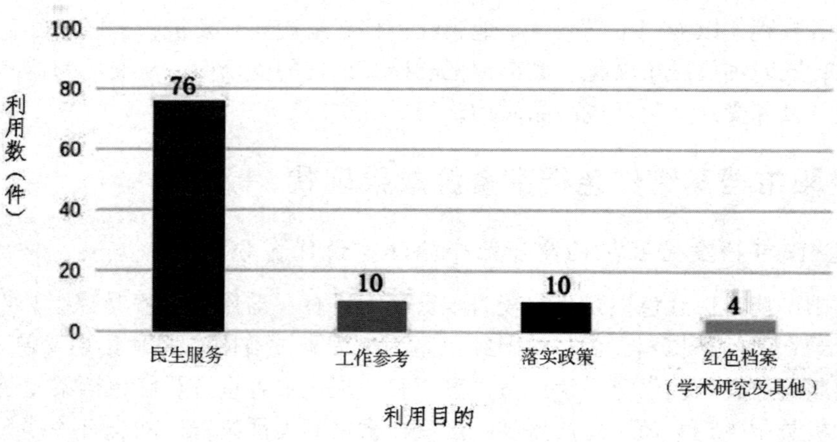

图 3　益阳市档案馆 4—6 月 100 份利用样本柱状图

2.2.1 现状原因解析

益阳市档案馆红色档案成果利用率不高，利用方式较为局限，主要基于两方面原因：一是从利用受众方面看，利用受众在红色档案需求方面需求明显不足，他们不明档案馆藏红色档案资源，也不清楚利用方式，缺乏利用动力；二是档案馆方面，红色档案馆藏资源编研、开发力度不够，可供利用成果及形式较为匮乏，在公共利用服务网络化、便捷性、智能化等方面缺乏钻研。

2.2.2 非良性循环

受众不明档案馆资源内容和覆盖面给红色档案利用造成很大阻力，即使一小部分受众能够通过网络了解到档案馆红色档案资源，其利用方式目前也较为局限；档案馆在看到红色档案利用量缺乏的情况下，误认为需求不足，持续开发动力不强，双向积极性减低不利于档案馆与受众之间的良性互动，也无益于均衡发展。大数据环境下的档案馆建设，亟待所有档案工作者寻找分析档案服务创新路径，以破解现有的红色档案利用局限与困境。

3. 一种红色档案资源成果系统构建思路

3.1 基底：要素丰富的馆藏配备

3.1.1 馆藏资源整理与鉴定

益阳市档案馆成立于20世纪80年代，因历史原因是成立时间较晚的档案馆，截至2022年共有馆藏192939卷、42628件。亟待进行红色档案资源的全面清理与保护，对现有资源与珍贵档案保护现状与信息化等工作动态结合起来，在资源保护基础之上进行下一步红色档案资源挖掘。现有红色档案资源整理已基本清点完成，但鉴定工作较为繁重，主要是馆藏红色档案有部分涉及“土改”等敏感词信息，仅依靠人工进行鉴定，限制了整理鉴定工作的准确性和全面性。

3.1.2 红色档案信息化关键词抓取需把握的关键

在红色档案资源专题库建设中，需要把握以下几个关键词：精准、全面、清晰。以精准为首要要求，为全方位展示红色革命历史、全景式传播红色文化奠定基础。因为红色档案的分类与鉴别工作量较大，可以选取时间区间（比如分段为1921—1949年，1949—1978年，1978年至今）来进行有效信息化整理，按人物、时间、事件等建立红色档案信息简表以及台账，此项工作可以结合数字化档案以提高检索和整合效率，从而达到全面的要求。清晰化主要是使整理资料具有可视、易观的方式，呈现红色档案资源。

3.1.3 硬资源与软支撑

红色档案资源的挖掘是档案公共利用服务的重要方面，而信息技术的引入与运用也是极其重要的辅助。益阳市档案馆目前三个业务科室分别为接收保管科、信息技术科、编研展览科，档案的编研、信息化、接收保管归根结底是为了档案利用，因此，现在馆藏数据的数字化为红色档案利用提供了相应技术支撑，亟待引入更加完备的数字信息系统助力实体资源开发。

当需要对红色档案进行整理和鉴定时，普遍存在繁体及手写字迹难以识别的问题，而容易产生遗漏及错误。一方面，有赖于档案专业人员提高专业知识多方查找和证实，以求对这部分红色档案人工识别和整理；另一方面则要求功能匹配的数字化信息系统，如科大讯飞的文字、语音识别软件和系统，先进行批量预处理，再进行人工审核。利用者的需求也极大促进了信息技术软件和系统的开发与研究，同红色档案公共利用服务功能互相推动，促使智慧软件更新能够跟得上利用者需求。

3.2 骨架：利用者参与互动

红色档案利用者如有学术研究、历史溯源、个人需求等原因进行档案利用时，进行利用者登记审核，档案馆就利用者申请提供对应的公共利用服务，但由于利用者群体难以估计、需求数量大等原因，查询利用过程较一般需求而言较长，为此，档案馆亟待与利用者双向沟通，并及时进行档案利用数据提取，可以提升公共服务效率。

3.2.1 红色档案关键 KPI 指数运用

根据多地图书馆关键 KPI 指数引入（一本书的入选价值=知识价值×社会需求量），通过定期跟踪图书借阅情况，若一本书借阅指数较高则持续置于架上，若一段时间内借阅数值为零，则考虑从常用下架。对应到红色档案公共利用服务上，红色档案利用最终的目的是使用，受众需要的才是重要的。参照图书馆做法，将所利用红色档案进行对应的调阅数据统计和数据分析，对使用频率较高的红色档案进行系统标记，或者进行重新编号统计，并录入数字化系统，得出利用频率由高到低排序，基于此能够更好分析档案利用数据，并与大数据进行比对和参考，更好挖掘红色档案背后的价值，此举还可以极大提高利用效率。

3.2.2 需求点单理论的运用

不同于传统档案利用渠道，现代档案利用方式的改进与普及，促使档案工作者思考新的公共利用服务路径与模式，以改进现状，完成数字化、智能化迭代需求。作为红色档案利用者，在到达档案馆查询利用之前，将使用互联网对档案馆资源以及自我需求进行盘点，而往往利用者对自我需求的理解程度也没办法达到与档案馆资源相匹配的程度。基于此种现象，档案馆将整理出的馆藏红色档案进行分门别类的资源整合与盘点，列出资源条目，以供利用者参考，利用者根据需求项目单则更容易寻找到与需求相匹配的资源。

1. 曾三同志 1921—1927 年资料目录
2. 益阳市地区 1937 年抗战烈士名录
3. 山西魏县南下干部档案目录
…

图 4　益阳市档案馆红色档案需求点单目录

基于需求点单，利用者更容易了解自我需求，并迅速找到对应档案资料，也更容易纳入大数据分析及整合，便于档案馆接续发展。在此基础上，档案馆可以根据利用需求制定服务清单，结合需求点单，动态管理和利用受众需求数据，进一步实现利用者参与互动的运用，提升公共利用服务水平。

3.2.3　靶向理论的运用

档案公共利用服务，归根到底是面向档案利用者，作为红色档案利用者之一的档案馆，在档案编研、展览、利用等方面需要针对档案进行靶向利用，集中力量进行红色档案公共利用服务探索。当红色档案内容维度是按时间、地点、人物、重大事件等进行归类时，则可有针对性地为利用者进行利用服务。同一份档案，可以归入不同档案分类名录之下，而将其进行多向链接、靶向归类，使同类名录下的档案能够完全、精准，这就要求档案工作者在掌握不同名录档案归属的前提下，灵活运用大数据系统，其资源整合时不只局限于本馆，而是联动他馆、民间资源，全面呈现红色档案个性与底蕴。

3.3　内容：成果服务公共利用创新与辐射

档案馆的红色档案公共利用服务，亟待呼吁多维度展示、多学科叠加、多引擎引领的创新发展与成果辐射。当全面引入理论维度且运用于实践时，将为利用服务注入新鲜血液。

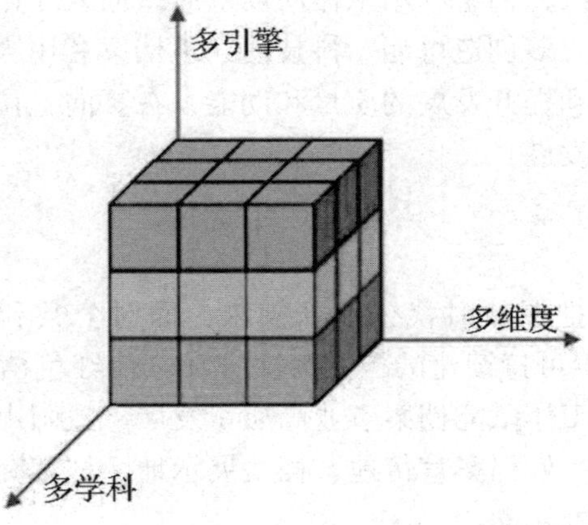

图 5　多维度、多学科、多引擎促进公共利用服务效能几何级增长

当多维度、多学科、多引擎集合发力时，其应用效能使档案公共利用服务多向累加，达到乘数效应，使总体效能呈几何级向上增长趋势。

3.3.1 横向多维度展示

红色档案的保护利用，需要多方挖掘利用，其存在形式使文字、声像、口述记忆等囊括在内，而要优化红色档案活化利用路径，达到利用者需求，则要求公共利用服务必须是全方位、多维度展示红色档案。例如：湖南省馆红色档案展厅设计有四折幕、触摸屏、通电玻璃、沉浸影像等，使红色档案搭载声像图示，让受众能够如身临其境。曾三同志档案陈列馆，目前正在进行改造和扩建，将着手进行“数字展馆”制作以丰富红色档案编研“故事”形式。“数字展馆”的制作目前正在进行前期规划阶段，在把控可行性和可操作性前提下，赴中央档案馆、湖南省档案馆等地再次调研，进一步扩充曾三同志以及红色档案展陈资源，以求能够提供高质量红色档案公共利用服务。

3.3.2 纵向多学科叠加

在多学科叠加视角下，要强化新文科的数字化认知、数字化理念，使档案工作者具有数字化的视角，才能不断推动纵向上新文科建设与红色档案公共利用服务的大融合。例如：将红色档案利用与教育学结合、与文创产业耦合、与计算机与智慧化融合，使红色档案公共利用服务融入多重武器，激发动能，拓宽平台。多学科叠加效应促使红色档案探寻多重利用可能，新文科与档案学科能够互嵌式发展。

3.3.3 竖向多引擎引领

新时代档案利用主体除了与图书馆、博物馆等机构和平台进行馆际交流和融合实现共赢之外，同时还需要不同专业人才共同发力，实现共通共融，传统与现代的交响，使红色档案利用服务能够更为精准。现代科技使得数化万物、智能网联，大数据共享推动红色档案利用主体向前发展，而人才作为重要引擎也拉动红色档案利用主体释放更多创造可能。科技使红色档案利用服务跟得上日新月异的时代进步，人才保证和提升发展的质量和动能，在竖向上拉动和推动红色档案公共利用服务的跨越式发展。

4. 结语

档案工作者充分把握新时代公众新需求，面对公共利用服务的“小切口”“具体化”需求，提出可持续化的档案解决方案，使红色档案真正流动起来，让整理与鉴定的基础性工作赋能档案事业高质量发展。益阳市档案馆需要建设成为最有特色最有亮点的一处档案宣传地、档案展示地、档案交流地，充分激活本土资源，让档案力量处处跃动。

注释及参考文献

[1] 蒋冠,周持等. 档案部门培养档案工匠的路径探析[J]. 浙江档案,2020(2) :52-53.

[2] 王玉珏. 我国档案文化创意服务发展策略研究[J]. 档案学研究,2018(6) :95-100.

[3] 牛力,曾静怡,等. 数字时代档案创新开发利用的几点思考[C]. 2019 年海峡两岸档案暨缩微学术交流会论文集,2019 :50-54.

[4] 王向女,姚婧. 长三角地区红色档案资源整合探析[J]. 浙江档案,2020(2) :30-32.

[5] 黄霄羽,管清潆. 国外档案馆公共文化服务的类型、特点和成效[J]. 档案学研究,2020(2) :121-128.

[6] 祁天娇,王强,等. 面向知识赋能的档案数据化编研:新逻辑及其实现[J]. 档案学通讯,2022(1) :45-52.

[7] 慎一虹. 深入开发地方文献资源的若干探索[J]. 浙江档案,2021(1) :64-65.

“档案+”视角下毕节红色档案资源的开发和利用新路径探索

贵州省毕节市档案馆　孙云红

摘　要：红色档案资源的开发和利用对于坚定信仰、培育社会主义核心价值观、加强爱国主义教育、弘扬革命精神以及传承红色基因具有至关重要的意义。以毕节红色档案资源为研究对象，从“档案+”的角度深入探索其开发和利用之路，以实现档案和红色资源的有机融合。深入探究“档案+红色文化”发展的现状和面临的问题，并提出相应的对策，以推动其进一步蓬勃发展。此外，建立“红色档案联盟”，为红色资源的挖掘和应用注入全新的创新元素。

关键词：档案资源；毕节；红色档案；开发利用；新路径

1. 引言

红色档案资源是中国共产党在革命历史时期与社会主义建设时期于中国革命、发展建设实践中形成的具有保存价值的文字、图像、声像等不同形式的原始记录[1]，是红色精神、红色文化的承载物，也是开展爱国主义教育的生动素材。习近平总书记高度重视红色资源的保护、管理和运用，多次指出要利用好红色资源、发扬好红色传统、传承好红色基因。红色档案是红色资源的重要组成部分，是中国共产党百年重大成就和历史经验最直接、最客观、最形象的历史凭证，承载着党的初心使命、彰显着党的优良传统、展现着党的奋斗精神。

目前，学界针对红色档案资源开发利用方面的研究主要集中在资源建设、价值发挥、开发策略等方面。如朱丽娜（2022）认为，红色档案以其原始性、真实性的本质属性而凸显独特的价值。用红色档案讲述红色故事，传播红色文化，档案的优势得以彰显[2]。陈书怡（2023）提出，“了解用户需求，明确开发逻辑”“融入多元主体，构建动力体系”“开拓技术应用，优化通道生态”“深挖内容精髓，树立质量优势”的开发路径，以期发挥红色档案资源在新时代的文化引领作用[3]。黄明嫚（2016）指出红色档案资源保护已经迫在眉睫，目前已经出现断层情况[4]。申灿（2021）对红色档案的资源开发进行深入研究，她发现现在红色档案资源开发存在大量问题，缺乏规划、利用率较低等，并提出对应的解决策略，如整合红色文化资源、拓展资源保护手段等[5]。栾晓静（2023）探究红色文化在档案知识服务中的作用。指出充分挖掘红色文化资源，为用户提供多样化的知识服务，有助于增强档案事业的社会价值和影响力[6]。李君、王芬（2022）认为对红色档案资源进行开发与综合利用，成为推动其价值得以展现的重要抓手。对红色档案资源进行保护，重点在于地域性和文化性，对红色档案资源进行利用，重点在于立体化和亲民化。从时代发展大势出发，依托多个维度，探析红色档案资源的有效保护与开发利用路径[7]。赵雪芹、李金璐（2023）指出从现有综合档案馆红色档案资源开发现状来看。从征集渠道、开发主体、开发形式以及宣传方式四个方面总结了新媒体环境下红色档案资源开发存在的问题与不足。提出了解决的优化路径，以期为红色档案资源开发工作的开展指明方向[8]。本文将以毕节红色档案资源为研究对象，从“档案+”视角深入探究其开发和利用现状，并探索新的路径，以推动红色档案资源为经济社会发展服务。旨在将红色档案资源转化为具有教育价值和文化内涵的珍贵资源，提供有力支撑完善地方文化。通过调查和分析红色档案联盟以及开发利用工作，发现问题并提出建议，促进经济社会和谐发展。此外，将红色档案资源转化为具有经济价值和旅游价值的资源，提升地方文化软实力。

2. 建立“红色档案联盟”，创新红色资源开发机制

加强红色档案资源的开发和利用，有助于传承和弘扬伟大的爱国主义精神，推动社会主义核心价值观的培育和发展。然而，毕节所拥有的红色档案资源种类繁多，内容丰富，形式多样，由于其分散的特点，缺乏统一的规划，致使红色档案资源的开发缺乏系统性和整体性。因此，在新的历史时期，需要打破单一机构开发红色档案资源的模式，建立“红色档案联盟”，以整合不同部门、不同层级、不同类型的红色档案资源为目标，由专业机构主导统筹规划，并将其纳入各级政府的重要议程。通过建立“红色档案联盟”，以政府主导、部门协作、社会参与为核心的全新红色档案资源开发模式得以实现。在整合的过程中要遵循以下原则：一是要突出重点，建立“红色档案联盟”要以各级党委政府和各部门为核心主体；二是要注重实效，建立“红色档案联盟”要充分考虑到地方经济社会发展水平和实际情况；三是要整合资源，“红色档案联盟”要坚持资源共享、优势互补、相互协作的原则；四是要强化考核，建立“红色档案联盟”的考核评估体系，将其纳入各级政府重点工作和部门工作绩效考核体系；五是要加强监

管，确保“红色档案联盟”实施过程中的规范运行和有效管理。

2.1 建立“红色档案联盟”，可以弥补红色档案资源分布分散的不足

毕节的红色档案资源分布广泛，时间跨度大，类型多样。然而，不同类型的红色档案之间缺乏联系，档案主题较为零散，系统性较弱。红色档案资源的利用者关注度不高，存在着缺乏明确主题和丰富内容的问题。建立“红色档案联盟”可以解决这些问题，实现更全面的档案管理。通过整合不同地区、不同级别、不同类型的红色档案，建立“红色档案库”，可以更好地保存红色文化遗产，促进文化旅游产业的发展，并推动区域经济社会协调发展。此外，通过构建“红色档案联盟”，还可以保护革命旧址、名人故居和其他历史文物，推动毕节文化旅游产业的快速发展。

2.2 建立“红色档案联盟”，可促进红色档案资源的共建共享，从而推动档案事业的可持续发展

在历史进程中，中国共产党孕育出了红色档案，不仅承载着重要的政治、历史和社会价值，更是党和国家珍贵的精神财富。建立红色档案联盟是一个很好的思路，可以解决红色档案资源分散、重复利用低效等问题。红色档案联盟可以通过联合多个部门、单位和地区，共同整合和开发红色档案资源，实现资源的共建共享。建立红色档案联盟需要明确合作机制和协作方式，可以通过签署合作协议、共享数据平台、定期举办联盟会议等方式来促进合作与交流。在联盟合作中，各个单位可以共同制定规范和标准，建立统一的档案管理体系，确保红色档案资源的质量和可持续利用。此外，还可以利用现代信息技术手段，建立一个统一的红色档案数据库，方便公众查询和利用。通过建立红色档案联盟，可以最大程度地发挥现有红色档案资源的价值，扩大其开发和利用的范围，推动红色档案事业的现代化发展。

建立“红色档案联盟”确实可以解决红色档案资源分散、重复利用低效等问题，实现资源的整合和协同发展。通过红色档案联盟，不同部门之间可以共享红色档案资源，避免资源重复建设和利用率不高的问题，提高资源开发利用效率。地方党委政府在红色档案联盟中的参与可以提供领导力和统筹力，推动红色档案资源的开发利用。此外，通过红色档案联盟还可以加强红色档案资源的保护和管理，制定统一的标准和规范，确保红色档案的完整性和可持续性。建立红色档案联盟还有助于促进红色档案资源的国际交流与合作，提升中国红色文化的国际影响力。总之，建立红色档案联盟是推动红色档案资源开发利用的重要举措，对于推动红色档案事业的可持续发展具有重要意义。

2.3 建立“红色档案联盟”，有利于充分发挥革命传统教育基地的作用

红色教育在各级党委政府和各部门中扮演着至关重要的角色，作为革命先辈理想信念和优良作风的载体，其教育意义不可小觑。在新时代条件下，对广大党员干部进行党史国史学习教育是加强党的建设，提高党员干部思想政治素质的必然要求。通过将毕节各级党委政府和各部门打造成具有革命传统教育意义的红色档案基地，可以充分挖掘这些珍贵的红色档案资源，为未来的革命事业奠定坚实的基础，培育社会主义核心价值观、推进社会治理创新和促进经济社会发展中的作用。以毕节七星关为例，素有“西、南部最佳山头”之称的七星关，是红军当年渡过大渡河、泸定桥的主攻地之一，在历史上具有突出的历史地位。将以“红色档案联盟”为基础，不仅打造成毕节红色教育基地，还将开发成“七星关—首行岭上”红色旅游精品线路，形成中国特色毕节地区乃至贵州“第一行岭南之巅”红色旅游新格局。

3. 强化“红色档案”宣传，打造红色旅游品牌

红色档案是在革命战争时期形成的具有史料价值的珍贵记录，承载着党的奋斗历史和宝贵精神财富，是党员干部和广大群众了解党史、国史的重要参考资料。毕节所拥有的红色档案资源，以其独特的优势在宣传和传承方面独树一帜。因此，加强毕节红色档案宣传，打造红色旅游品牌，不仅有利于树立毕节良好形象，还有利于促进毕节经济发展。

为解决当前红色档案宣传力度不足的问题，需积极挖掘地方特色文化，挖掘红色档案资源，打造成毕节独具特色的红色旅游品牌。将红色文化与现代文化相融合，需创新宣传形式，利用新媒体平台如网络、微信、微博等，发布与“红色档案”相关的文章、图片、视频等内容。

3.1 加大开发力度，建立红色旅游文化产业

红色旅游在毕节具有重要的发展潜力和意义。通过挖掘和利用红色档案资源，可以打造独具特色的红色旅游产品和线路，吸引更多游客前来参观、学习和体验，推动旅游业的发展，促进经济增长。同时，红色旅游也是一种重要的教育形式，可以通过参观红色革命遗址、了解红色历史和红色文化，向游客传递爱国主义精神和革命精神，培养社会主义核心价值观，增强民众的政治意识和文化素养。通过红色旅游的开展，可以实现红色文化的传承和弘扬，激发爱国热情，加强民族凝聚力和社会稳定。同时，红色旅游也有助于推动地方文化产业的发展，提升地方形象和知名度，吸引更多的投资和资源，促进经济社会的全面发展。因此，加强红色旅游的开发和宣传，对于毕节来说具有重要的战略意义和发展前景。

3.2 创新宣传形式，提升红色文化的影响力

为了让红色档案资源得到更广泛的传播，档案宣传工作必须紧跟时代潮流，不断创新宣传形式。目前，毕节已有相关部门建设了红色档案网站，但内容大多为图片、文字等静态宣传资料，缺乏动态的影视资料。因此，有必要制作一系列专题影片、专题片、微电影等影视资料，通过新媒体平台向广大受众宣传红色档案资源。除此之外，还应利用网络平台进行广泛传播，如通过微信公众号发布相关文章、图片等内容，加大红色文化宣传力度。与此同时，在毕节各个乡镇和街道也可以建立红色文化宣传站（宣传栏），通过张贴海报、悬挂标语等形式宣传红色文化。通过多种形式的宣传活动使红色档案资源能够得到广泛传播和传承。

3.3 整合红色资源，发展红色旅游经济

红色档案资源的整合和开发利用是推动红色旅游经济发展的重要举措。毕节拥有丰富的红色档案资源，可以通过整合不同类型的档案资源，打造独具特色的红色旅游产品和线路。首先，针对革命历史类档案，可以充分挖掘其中的历史内涵和精神实质，通过举办红色主题展览、演讲讲座、红色教育活动等形式，向游客传递红色文化的价值和意义。其次，针对红色旅游类档案，可以选择具有代表性的红色旅游景点和遗址，打造精品线路，提供全方位的旅游服务，吸引更多的游客前来参观和体验。最后，针对革命老区类档案，可以通过加强红色旅游发展，推动老区经济的转型升级，提升当地居民的生活质量和幸福感。通过整合和开发利用不同类型的红色档案资源，可以促进红色旅游经济的发展，推动地方经济的繁荣。

4. 深挖红色档案资源，彰显革命精神的光辉

红色档案资源是承载着革命精神的重要载体，对其进行开发和利用，不仅有助于坚定理想信念和培育社会主义核心价值观，更能够加强爱国主义教育。

一是加强对红色档案的宣传推广，以提升其知名度和影响力。二是要强化红色档案宣传工作机制。加强对红色档案资源的挖掘和利用的宣传推广，提升社会公众对红色档案资源的重视程度。同时要注重发挥社会组织在开发利用红色档案资源中的作用，引导社会各界共同关注、支持红色旅游发展。利用新兴媒体平台，如新闻媒体、网络新媒体和短视频等，广泛宣传和报道红色档案资源的开发和利用相关信息，以进一步加强对革命精神的宣传。整合各种红色档案资源，建立起“大党史”数据库。加强对革命历史文化资源的整合，以进一步提升其影响力和价值。三是加强革命历史文物保护工作，进一步完善红色旅游设施建设。将当地的革命历史文化产品与红色档案资源相融合，打造出具有独特地方特色的文化产品。利用革命历史博物馆、纪念馆、烈士陵园等机构的资源，联合其他部

门，对毕节的红色档案进行深度挖掘和系统整理。

4.1 挖掘红色档案资源，充分利用馆藏红色档案资料

利用大数据技术对毕节红色档案资源进行开发利用是一个非常有效的方法。通过收集、整理和分析红色档案资料，可以建立一个方便公众获取和查阅的红色档案资源数据库。利用大数据技术可以对红色档案资料进行全面梳理和分析，提供准确、全面、系统的信息服务。此外，将挖掘出来的信息通过数字化技术呈现，可以方便社会公众进行查阅和使用。这种方法可以充分利用现有的档案机构设施和设备，提高红色档案资源的开发利用效率，也可以解决红色档案资料真伪难辨、版本不一等问题。总之，通过大数据技术的应用，可以推动毕节红色档案资源的开发利用工作，提高资源的整合利用效率，更好地传承和弘扬红色文化。

4.2 利用现代信息技术，打造红色档案资源宣传新模式

随着互联网和新媒体的发展，红色档案资源的宣传方式也需要与时俱进。利用网络新媒体和短视频等平台，可以将红色档案资源推送给更多的人，并吸引年青一代的关注。通过微信、微博等社交媒体平台，可以发布与红色档案相关的文章、图片、视频等内容，增加宣传的覆盖面和影响力。同时，短视频平台也是一种有效的宣传方式，通过制作精彩的短视频，可以生动地展示红色档案资源中的故事和价值，吸引更多人了解和关注红色文化。

此外，利用现代信息技术构建数字化的红色档案资源数据库也是非常重要的。通过数字化整理和开发，可以将珍贵的红色档案资料保存在数据库中，方便人们进行查阅和学习。数字化的红色档案资源数据库可以提供更便捷、全面、准确的信息服务，有助于保护和利用红色档案资源。同时，数字化的数据库也便于数据的管理和更新，提高了红色档案资源的可持续利用性。

总之，积极探索并应用现代信息技术，构建全新的红色档案资源宣传模式，是更好地保护和利用红色档案资源的重要途径。通过新媒体平台的宣传和数字化的数据库建设，可以提高红色档案资源的传播效果和利用效率，推动红色文化的传承和弘扬。

4.3 推进红色档案资源的数字化和网络化进程，以推动红色档案资源的共享和利用，进一步提升数字化和网络化水平

通过数字化和网络化的手段，可以推进红色档案资源的开发和利用。首先，将红色档案资源数字化，建立起一个集中存储和管理的数据库。通过数字化处理，可以更好地保存和保护红色档案资源，同时也方便了人们的查询和利用。其次，利用互联网技术，将红色档案资源进行网络化展示。可以建立一个在线平台，供社会公众浏览和搜索红色档案资源，同时也可以通过社交媒体等渠道进行

宣传和推广。此外，还可以运用新兴媒体平台，如短视频、微信公众号等，对红色档案资源进行宣传和报道，吸引更多的人关注和支持红色旅游发展。最后，通过整合各种红色档案资源，建立起一个全面的“大党史”数据库，以更好地传承和弘扬红色精神。同时，加强革命历史文物的保护工作，完善红色旅游设施建设，打造具有独特地方特色的文化产品，提升红色档案资源的影响力和价值。

5. 结语

“档案+”模式利用互联网、大数据等现代信息技术手段深度挖掘和高效利用红色档案资源。建立全面的红色档案数据库方便查询，利用大数据分析挖掘关联性和价值，展示红色档案资源通过虚拟现实和全息投影等技术手段，通过社交媒体宣传推广。结合教育领域的教育活动和课程，培养和传承红色精神和爱国主义情感。借助现代信息技术的力量，将红色档案资源与“档案+”模式相结合，发挥其在核心价值观建设和爱国主义教育中的作用，推动社会进步和发展。

注释及参考文献

[1] 陆伟华,邓素媛. 广西红色档案资源的开发应用研究[J]. 山西档案,2017(1):85-87.

[2] 朱丽娜. 彰显档案价值 讲好红色故事——南京红色档案展的策划及推广[J]. 档案与建设,2022(3):73-74.

[3] 陈书怡. 文旅融合视域下湖南红色档案资源开发路径研究[J]. 档案学刊,2023(4):49-55.

[4] 黄明嫚. 论口述类红色档案资源的传承性保护——以百色起义红色歌谣为例[J]. 山西档案,2016(1):85-87.

[5] 申灿,李瑶. 红色档案信息资源的开发利用研究[J]. 档案管理, 2021(4):17-18.

[6] 栾晓静. 新时代档案事业现代化逻辑及其内涵分析[J]. 兰台内外,2023(21):72-74.

[7] 李君,王芬. 红色档案资源的保护与开发研究[J]. 档案管理,2022(1):71-72.

[8] 赵雪芹,李金璐. 新媒体环境下红色档案资源开发优化路径——以31个省级综合档案馆为例[J]. 档案与建设,2023(2):54-57.

红色校史档案资源体系建设实践研究

武汉科技大学档案馆　李　祎

摘　要：红色校史档案对传承高校红色基因，赓续红色血脉具有重要价值。高校红色校史档案资源体系建设存在宣传手段单一、数字化建设滞后、区域性共享利用模式有待完善等问题。武汉科技大学从构建区域性互联共享综合利用模式、加大红色档案征集保护力度、构建红色校史资源保护长效机制、多元提升宣传效应，汇聚红色文化宣传合力等方面开展实践探索，构建以红色校史资源为支撑的档案资源体系，拓展了大学生德育教育的创新路径。

关键词：红色校史；红色教育；资源体系；实践研究

挖掘红色校史资源，开展红色校史教育，讲好红色校史故事，保护红色校史档案，筑牢红色校史记忆，是高校传承红色基因、赓续红色血脉、守好党的阵地的内在要求，是培养时代新人的应有之义，是推进大学生德育教育的创新路径。习近平总书记指出："红色资源是我们党艰辛而辉煌奋斗历程的见证，是最宝贵的精神财富。"[1]《"十四五"全国档案事业发展规划》（以下简称《规划》）要求："深入挖掘红色档案资源，建立"四史"教育专题档案资料库，传承红色基因，充分发挥档案在理想信念教育中的重要作用。"[2] 随着红色档案重要性的日益凸显，发挥红色校史档案的思政育人功能、利用红色校史档案讲好高校红色故事，让收藏在高校校史馆、档案馆、博物馆里的红色档案"活"起来，是新时代高校档案工作者的历史使命和责任担当。

中共中央关于党的百年奋斗重大成就和历史经验的决议对"赓续党的红色血脉，弘扬党的优良传统"[3] 提出了明确要求。湖北是红色资源大省，既有口口相传的红色故事，也有已载史册的红色遗址等，留下了丰富的珍贵红色档案资源。坐落于红色资源大省的武汉科技大学从 1958 年建校（原武汉钢铁学院），开展本科教育开始，就承担着培养国家"冶金高层次人才"的光荣使命，作为新中国创办的第一批钢铁特色高校，武汉科技大学始终与党同呼吸、共命运，将党的信仰、宗旨和追求融入中国特色社会主义大学赓续不断的红色血脉之中。本文以习近平总书记重要讲话精神和党的二十大精神为指导，结合学校校史校情和学科特色，把用好红色校史档案资源、传承红色基因，将红色校史元素融入校园文化建设，更好树立教育自信，发扬科大精神，活化馆藏作为重大政治责任和重要育人任务，推动学校红色校史教育常态化长效化。

1. 红色校史档案资源体系及其价值体现

1.1 红色校史档案资源的定义

档案是历史的原始记录，“红色档案”是在特定时期由中国共产党领导的机关、组织和个人在各种对敌斗争和政治活动中形成的具有保存价值的不同载体形式的原始记录[4]，是红色资源中最为原始、最为客观、最为真实的档案资料。红色校史档案资源则是指在中国共产党领导下，学校进步师生为民族解放开展革命斗争的历史记录[5]，以及由红色档案事业和红色档案工作自身对学校发展产生的各种作用和影响因素的总和。

1.2 红色校史档案资源的来源与载体构成

高校红色校史档案资源主要来源于中国共产党革命时期，在高校发展的特定历史时期广大师生校友进行革命活动形成的各类红色档案。具有思想教育价值、历史凭证价值、科教文化价值等多重价值，其价值的核心是蕴藏在红色档案里带有深刻进步意义的革命精神和初心使命。红色校史档案资源内容丰富，按其载体形式可划分为纸质档案、石质档案、口述档案、声像档案、实物档案，包括各种会议记录、领导人手稿；革命报刊、革命先烈遗墨、照片；革命旗帜、建筑砖瓦、印章、基建图纸等等。武汉科技大学红色纸质档案如1926年学校第一个教工党支部成立会议记录；声像档案如杰出校友、革命党人许白昊照片；口述档案有《回忆郑位三》访谈录；实物档案如武昌起义十八星旗、中央农民运动讲习所旧址所用汉阳砖瓦、从中共地下工作者到武汉钢铁学院院长路璠的毕业证书……目前学校档案馆藏有红色档案2个全宗共69卷档案资料；照片234幅、革命文物126件；校史馆收藏了227件红色校史文物，118幅图片、题词6幅、实物103件。这些丰富多彩的红色档案，为学校红色校史档案资源体系的建设提供了丰富的物质基础，是研究科大红色故事的重要载体。

1.3 价值体现

红色校史资源是中国共产党创办新型高等教育奋斗历程的见证，开发和利用红色校史资源，一是红色校史研究有助于揭示党办大学的百年历史之脉，树立教育自信[6]。红色校史构成了中国共产党在百年奋斗中领导创办高等教育事业的一根红线，对红色校史的呈现，有助于从党百年奋斗的历史自信中汲取智慧力量，深刻认识党的领导是中国特色社会主义最本质特征、最显著优势，进而增强建设中国特色、世界一流大学的自信。二是通过红色校史资源进行文化赋能。红色校史档案的文化属性进一步推动了地域红色文化的传承与发展，1919 年五四运动爆发，在这场反帝、反封建的伟大运动中，湖北甲等工业学校（武汉科技大学前身）的师生高扬爱国主义旗帜，舍身取义、勇赴国难，谱写了学校历史上的光辉篇章……红色文化精神浸润每一位武汉高校学子，发挥红色校史立德树人效果。三是通过红色校史资源进行价值引领。从党领导创办红色教育的历史之脉中，着力反映党百年奋斗的伟大历程、光荣传统、优良作风、伟大精神、辉煌成就和宝贵经验。学校从建校之初提出培养国家“钢铁人才的摇篮”，并将“钢铁品质”融入高素质人才培养中，成为武汉科技大学人才培养的一个鲜明特色。武汉科技大学通过杰出革命校友许白昊的革命事迹，成立“许白昊班”，正如许白昊在文章《鹃血》中写下的诗句：“应留有用的精神，为众生而努力，为众生而牺牲，我愿淌干眼泪，我愿洒尽碧血……”深化红色记忆、进行价值引领、凝聚时代发展内生动力的现实价值与时代意义。

2. 红色校史档案资源建设现状与不足

2.1 红色校史资源传播宣传手段单一

红色校史根植于党的红色血脉之中，宣传红色精神内涵，助力高校红色高等教育，是红色校史资源开发的一项重要职责。当前各高校红色校史宣传还是以传统展陈和出版编研成果为主，尽管各高校红色校史编研成果丰硕，但形式单调、受众面窄。信息时代，红色校史档案资源的价值内涵需要全新阐释，呈现形式需要与时俱进，传播宣传渠道需要全面拓展。数字媒体的发展，为红色校史资源宣传带来新的发展空间。然而，很多高校利用互联网、微信小程序、手机 APP 等进行红色档案宣传的内容不多、深度不够，大多是将宣传编研成果名称放在网站，但未能够实现全文查阅红色校史档案，且存在更新慢、宣传影响力有限的受限局面，且趣味性和互动性不足，使得红色校史资源宣传效果不明显。

2.2 红色校史资源数字化建设滞后

《规划》要求创新档案工作，加快全面数字转型和智能升级，加强大数据、人工智能等新一代信息技术在数字档案馆建设中的运用。由于制度建设不完善等因素，红色校史档案数字化建设缺乏统一分类和著录标准，且存在系统性专题目录不全、资源数据库建设滞后、数字化程度不均衡等问题，缺乏成熟的线上管理和利用体系。因此，根据红色校史档案不同载体进行整理、分类、编目等工作，需要依照《纸质档案数字化标准》《录音录像档案数字化规范》等相关的档案数字化标准开展工作，统一各机构之间的工作标准，以便解决在数据化建设中出现的问题，为红色档案数据库的搭建夯实标准基础。

2.3　红色校史资源区域性共享利用模式有待完善

当前区域性高校间红色校史资源开发利用资源联系较弱，缺少指导性共享制度和协作共享机制，各高校红色校史资源建设各自为政，未形成一个相互联系、共享互通的有机整体。区域性红色档案作为地区红色文化的重要载体，承载着地区红色集体记忆，是传承红色基因的关键[7]。红色档案中记录的历史事件与人物相互关联、不可分割，例如，新民主主义革命时期，武汉是中国共产党人领导人民群众开展革命斗争活动的重要地区之一。湖北高校红色校史资源折射出独特的地域性红色文化底蕴，地缘相近、文脉相融，特别是为中国革命的重要舞台，形成了数量丰富的红色资源，如武汉科技大学杰出校友赵师梅既有在武汉科技大学（前身为湖北中等工业学堂）学习、投身革命，绘制辛亥革命起义十八星旗的经历，又有在武汉大学、华中科技大学、武汉理工大学革命任教的经历[8]。因此有必要对湖北地区红色校史资源区域性共享进行挖掘和整合，彼此支持，既是时代的必然，也是提升湖北高校间红色文化价值的教育需要。

3. 红色校史档案资源建设的实践路径

3.1　资源应用层面：构建区域性校际、馆际互联共享综合利用模式，畅通知识传递渠道

首先，加强校际、馆际红色档案资源之间的联通和协同，共享红色资源，内容深度联动。区域性红色档案资源蕴含独特的革命精神，对其挖掘弘扬是对中国革命历史整体红色记忆与红色精神的丰富与发展[9]。红色档案资源协作开发旨在广泛利用档案传播红色文化，唤醒独特红色集体记忆，促进身份认同，进而服务社会主义核心价值体系建设[10]。湖北红色文化是中国共产党在创建、发展和壮大历程中形成的具有地域性特色的文化形态，湖北地区的大量红色档案资源，见证了中国共产党创建历程、党组织建设与党带领人民群众进行艰苦抗战、改革创新的红色历史，推进该区域高校校际、馆际互联共享红色基因的传承，对于高校学生的爱国主义情怀具有高度凝聚价值。例如武汉早期工人运动领袖许白昊、聂洪钧，求学革命于湖北甲等工业学校，学校办学地址在武昌昙华林[11]，经历湖北洋务运动、辛亥革命、五四运动、湖北党的早期活动、五卅运动等重大历史事件。刘光烈出生在黄陂，参军到黄埔军校，毕业后参加过北伐，曾任叶挺独立团连长。参加“八一”南昌起义后奉命回乡担任黄冈县农民自卫军参谋，参与

组织领导了“黄麻起义”。现存于黄陂区档案馆的刘光烈日记再现了刘光烈在武昌中华大学中学部学习期间的生活、学习、社会活动情况，字里行间彰显出其爱国热忱和进步思想[12]。湖北省立甲等工业学校是武汉科技大学前身，武昌中华大学则与武汉大学、中南财经政法大学、华中师范大学有校史渊源。因而将湖北区域红色档案资源进行整合共享，将历史史实串联起来进行完整呈现，这不仅有利于深入了解革命时期的红色历史，而且能够协同多方力量使红色文化更成体系。

其次，打通数据壁垒，优化红色资源服务内容。一是加快联通区域间红色档案数据库，构建统一的红色资源信息库与共享平台，建立互认互通的红色档案数据标准体系，通过实行联合编目、统一检索、统一标准等措施打破红色档案资源建设各自为政的孤立状态，搭建高效、安全的红色数字资源共享平台，实现红色数字资源协同服务。二是构建红色校史资源慕课联盟，实现高校间线上线下红色教育的“无缝对接”[13]，满足学生的需求和兴趣，将红色校史知识的分享、扩展与传播形成链条，线上线下教育深度融合，实现教育过程的全面信息化，从而充分凸显资源共享、信息互通、协作共进的优势。武汉科技大学根据开设红色校史经验，已实现慕课在第二课堂中的良好运用，有的放矢地开展各种红色校史主题活动，如“科大往事”“科大榜样”“校史文化创意大赛”等。

3.2 资源文化挖掘层面：加大红色档案征集保护力度，打造高校建党历史资源呈现高地

首先，做好学校红色档案资源挖掘保护，摸清红色档案家底，加大红色档案抢救保护征集力度。一是学校根据红色校史档案的特殊性及学校工作实际，按照书籍、照片、实物、声像电子等档案资料，依据档案分类方案，制定符合红色校史档案材料的收集范围和档案保管期限表之间的有机联系，编制红色校史档案“三合一”制度，进而更好地规范和指导红色校史档案的收集整理相关工作。

其次，开展多途径的征集工作。一是全力聚焦红色档案征集工作。2021 年是中国共产党成立 100 周年。为深入贯彻习近平总书记关于“让历史说话、用史实发言”的重要指示精神，用好用活学校档案资源，讲好党的百年故事，学校开展了“庆祝中国共产党成立 100 周年”红色档案资料征集活动。通过网站、报刊等媒介、省内外校友会向社会各界开展建党 100 周年档案资料征集活动，共征集到各类红色档案 349 件，征集工作取得新突破。二是积极开展专题红色档案征集工作。围绕武汉科技大学百年校史，联合武汉市摄影家协会，学校摄影协会、校友会，2022 年开展了“武科大 124”摄影作品征集展示活动。受到社会各界和广大师生校友，特别是摄影家们的积极响应，共征集到照片 1124 张。作品内容涵盖学校历史文化、校园风貌、重大事件、发展成就、师生生活等各个方

面，从档案角度记录和展示武汉科技大学发展变化历程，并从中精选出的 400 余件优秀摄影作品在校史馆向师生展出。三是稳步推进学校杰出校友和民间档案的征集工作。学校在征集工作中，注重加强对外联系，通过发布征集公告、深入社会调查、重要线索登门拜访等多种方式，充分摸清杰出校友档案的线索，广泛征集散存在民间的档案资料。经过不懈努力，接收到学校杰出校友、共产党人许白昊侄孙许振斌等捐赠的家书、书稿等红色档案资料 127 件。

3.3　资源保护层面：构建红色校史资源保护长效机制，提升保护主观能动性

习近平总书记对档案工作做出重要批示，“要把蕴含党的初心使命的红色档案保管好、利用好”[14]，学校在技术与人文融合中实现保护工作目标，构建红色校史资源保护长效机制，提升保护的主观能动性。

首先，深化自身红色校史资源技术性保护建设。红色校史档案属于“高龄档案”，由于形成时期特殊，保护不当，出现如字迹模糊不清、载体残缺易损、录像画质模糊、涉及信息机密等，这就对红色档案内容价值的挖掘与开发造成困难。学校长期致力于档案史料及校史馆文案和原始资料的收集、分析、甄选及保护工作，根据湖北地区夏季高温多雨、冬季潮湿阴冷的气候条件，进行手工仿真修复保护研究。并根据各类珍贵档案展陈探索出一套可行的仿真修复工作方案，进一步提升红色校史档案资源修复保护技术与现实价值，助力传承红色基因。学校近些年对校史馆一至三级可移动文物分期进行了仿真修复、保护工作。前期完成校史馆藏品 1-3 级可移动文物有：光绪二十四年三月二十六日清朝重要人物张之洞上奏给光绪皇帝的奏折复制件《设立农务、工艺学堂暨劝工劝商公所折》修复、1938 年（民国 27 年）湖北省联合中学《平面测量学》使用教材修复、准考证修复，1950 年湖北省武昌高级工业学校学生毕业证明书修复、录取名册修复、基建图纸修复，油印档案、名人手迹等馆藏修复工作，并总结出一套可行的快速有效的传统印刷类档案及印信手工复制方法，抢救修复馆藏档案 43460 页。

其次是加大数字化保护力度。一是按照“存量数字化，增量电子化”总体要求，全面推进红色档案数字化。学校通过 2021 年档案数字化项目验收，持续开展 2022 年馆藏档案数字化工作，并专门投入经费加大了本馆红色校史档案和红色增量档案资源的数字化工作，已完成第一期、第二期共计 348 万页的数字化任务，目前正在进行第三期数字化工作。二是在数字化工作基础上，进一步完善红色档案校史人物、校史藏品专题目录和数据库建设工作，并于学校化工学院、信息学院合作，根据红色校史藏品保护对象的历史价值、等级、损害程度等制定合理规划，确立数字化保护的优先次序，提升优化管理和风险管控相结合，整体保护与精准保护相适宜的精准保护策略意识，不断增强数字化保护的主观能

动性。

3.4 资源宣传层面：多元提升宣传效应，汇聚红色文化宣传合力

首先，持续深耕红色校史编研成果，深挖红色校史故事。武汉科技大学在红色校史编研成果方面取得了较大成绩，先后出版了《武汉科技大学校史沿革》《武汉科技大学十年发展史（2008—2018）》《湖北高工百年纪念集》《武汉科技大学校友师生回忆录》《武汉科技大学老照片》《群星璀璨：武汉科技大学校史人物（1898—1949）》《百炼成钢——校史馆藏故事》……展现了立体可感的武汉科技大学红色历史，以校史馆珍藏红色档案，推送红色珍档故事，如《文物里的红色故事——武昌起义十八星旗与首义三剑客》《路璠院长签署的毕业证书——从中共地下工作者到武汉钢铁学院院长》等。此外，师生发表多篇红色校史研究论文，如《建党前后湖北省立甲种工业学校进步学生的成长》《铁血之校：辛亥革命时期的武科大》《建党前后湖北早期进步学生的成长道路——以湖北省立甲种工业学校为例》《荆楚红色文化融入思政课教学研究——以武汉科技大学"校史进课堂"为例》《中共早期工人运动领导人许白昊述论》《董必武廉政思想及其现代价值》等，被新华网、长江云、辛亥革命网、武汉科技大学学报等媒体发表，并被人民网、光明网、中国新闻网转载200余次。

其次，开发红色校史文化宣传，创新策展形式。武汉科技大学红色校史文化宣传主要以线上+线下相结合的方式展出校史红色珍档，一是系列红色校史文化活动在学校有序开展，相关报道在校园网、武汉教育电视台播出，收到良好育人效果。二是校史馆与学校艺术学院合作，在线上线下同步举办推出《美术经典中的百年党史》，用艺术的形式展示百年党史，整个展览就是一部生动形象的党史学习教科书。

最后，加大红色基因传承教育实践的内生创新动能，推进"大思政课"建设。

把红色校史融入大思政课，重在实践。武汉科技大学在红色文化进课堂方面，以校史教育为核心，以"中国近现代史纲要"课程教学为主要载体，取得了丰硕成果。武汉科技大学有着125年的办学历史，自清末以来，见证了中国近现代百年历史的巨变，也见证了中国近现代教育的发展，是中国近现代史的一个缩影。挖掘、利用校史资源，将其运用于"中国近现代史纲要"课程教学之中，正是乘势而为的教学改革的探索之一。比如第七章解放战争，讲授校友郑位三领导中原突围的历史，可以收到很好的教学效果[15]。从2018年至今，已连续6年在全校一年级本科生、留学生中开展"校史进课堂"活动，实现了学生校史文化素养课堂"全覆盖"。校史馆志愿讲解员180人（次），累计为800多个班30000多名学生讲解校史。在课堂与课外的结合上，学校组织学生参观县华林学

校旧址，帮助学生巩固课堂学习效果，提高了红色教育的德育功能。

4. 结语

武汉高校红色档案资源折射出独特的地域性红色文化底蕴，蕴藏着中国共产党坚如磐石的初心使命，是开展党史学习教育、汲取信仰力量、赓续红色血脉的重要源泉。红色文化不仅能够为大学生拥护中国共产党领导、坚持走中国特色社会主义道路打下坚实的思想基础，而且对坚定文化自信起到重要作用。在新时代、新征程上，高校档案馆校史馆要在红色档案资源开发利用中创新协作手段，形成区域性全面、完整、系统的红色档案历史链条，让红色档案文化更好地助力湖北建设，凝聚地缘文化共识，守护集体记忆。同时，高校红色档案文化一定能够在大学生思想政治教育中展现它的育人作用，也必将成为高校教育者培养社会主义合格的建设者和接班人所使用的宝贵精神资源。

本文系湖北省教育厅哲学社会科学研究项目“红色档案修复保护研究”（项目编号：22Y025）、武汉科技大学教改项目“专业认证视角下高校教学档案信息化管理研究”（项目编号：2021X058）研究成果。

注释及参考文献

[1] 习近平. 用好红色资源 赓续红色血脉 努力创造无愧于历史和人民的新业绩[J]. 求是,2021(19):4-9.

[2] 中国政府网. “十四五”全国档案事业发展规划[EB/OL]. [2023-6-7]. http://www.saac.gov.cn/daj/toutiao/202106/ecca2de5bce44a0eb55c890762868683.shtml.

[3] 求是网. 中共中央关于党的百年奋斗重大成就和历史经验的决议[EB/OL]. [2023-6-12]. http://www.qstheory.cn/yaowen/2021-11/16/c_1128070038.htm.

[4] 陆伟华，邓素媛. 广西红色档案资源的开发应用研究[J]. 山西档案,2017(1):85-87.

[5] 论高校红色校史档案的开发宣传——以苏州大学档案馆为例[J]. 档案与建设,2023(3):69-71.

[6] 耿化敏. 红色校史资源与中国人民大学“大思政课”建设[J]. 教学与研究,2022(5):30-34.

[7][10] 周林兴,崔云萍. 区域性红色档案资源的协同开利用探析——以长三角区域为分析对象[J]. 档案学通讯,2021(5):4-13.

[8] 张继才,高春雪. 群星璀璨——武汉科技大学校史人物(1898—1949)[M]. 武汉:湖北人民出版社,2018:61.

[9] 王向女,姚婧. 长三角地区红色档案资源整合探析[J]. 浙江档案,2020(2):30-32.

[11] 张继才. 建党前后湖北早期进步学生的成长道路——以湖北省立甲种工业学校为例[J]. 决策与信息,2021(4):23-30.

[12] 张顺生. 红色档案讲述江城往事[J]. 湖北画报,2022(8):76-80.

[13] 王海波. 慕课背景下理工院校人文课程线上线下教学模式构建[J]. 教育评论,2018(4):137-141.

[14] 中华人民共和国国家档案局网. 国家当局印发《通知》要求认真学习贯彻习近平总书记对档案工作重要批示[EB/OL]. [2023-6-20]. https://www.gov.cn/zhengce/zhengceku/2022-03/29/content_5682219.htm? eqid=c8873a120005b92400000002645b435a.

[15] 李曼,张继才. 荆楚红色文化融入思政课教学研究——以武汉科技大学"校史进课堂"为例[J]. 文教资料,2020(16):212-214.

全媒体时代档案馆红色文化传播的实践路径

辽宁大学信息资源管理学院　曹　宇　杨斐越

摘　要：红色文化是坚定文化自信、提升国家文化软实力的强大思想武器。充分利用红色档案传播红色文化，引导公众树立正确核心价值观成为档案馆的重要工作方向。以“理论解析—现实审视—路径探析”为脉络，借助全媒体生态优化档案馆红色文化传播路径：借全息媒体助力红色文化资源多元叙事、借全程媒体助力红色文化传播介质多样、借全员媒体助力红色文化传播主体“翻转”、借全效媒体助力红色文化传播精准覆盖，以期实现档案馆红色文化传播走向智慧，助力档案传播高质量发展。

关键词：全媒体生态；红色文化；档案文化传播；档案馆；路径探析

“坚持和发展马克思主义，必须同中华优秀传统文化相结合”[1]，大力传播中华优秀传统文化已是新时代文化建设题中应有之义。红色档案作为红色文化的重要传承载体，是中华优秀传统文化最鲜亮的底色。如何用好红色档案、盘活红色资源成为档案馆传播红色文化的关注焦点。

当前信息技术的高速发展推进了全媒体生态系统的建立与完善，也为档案馆红色文化传播带来强劲助力。回顾已有文献，早在 2012 年已有学者将全媒体概念应用在档案学领域，虽提出理论指导却未能真正将“全媒体”融入其中[2]。此后档案界依然关注全媒体概念的引入，但相关研究不多。2019 年，习近平总书记发表重要讲话，强调“加快推动媒体融合发展”[3]。2021 年，时任国家档案局局长陆国强同志表示，要“用档案讲好中国共产党为什么能、马克思主义为什么行、中国特色社会主义为什么好的故事”[4]。政策导向加之全媒体生态的建构与完善，借全媒体概念助力红色档案传播成为顺应时代之必然。目前，学界关于红色档案传播的研究主要集中在红色资源开发与利用[5][6]、深入探讨某一特定传播方式或途径，如档案展览[7][8]和基于抖音平台的传播[9]、课程思政视域下的红色文化传播[10][11]以及对传播效果的调查分析[12]。这些文献为红色档案传播提供诸多经验与启示，但仍表现出一些不足：第一，从研究主体角度，现有研究主要聚焦于某一特定类型红色资源的开发与利用，综合性整体性研究较少；第二，从跨学科融合角度，学界关于全媒体概念应用于红色文化传播的研究深度相对不足。有鉴于此，本文旨在借助全媒体生态优化档案馆红色文化传播路径，助力档案馆打造“资源集约，结构合理，差异发展，协同高效”的全媒体传播格局[13]，推动档案馆红色文化传播走向“智慧”。

1. 理论支撑：全媒体生态与红色文化传播的内在逻辑关系

要完成新形势下“宣传思想工作举旗帜、聚民心、育新人、兴文化、展形象的使命任务”[14]，探讨如何利用全媒体生态提升红色文化传播影响力是传承红色血脉、继承红色基因的重要课题。因此，厘清全媒体传播生态与红色文化传播之间的内在逻辑关系成为进一步探析的首要环节和关键一步。其内在逻辑关系，如图1所示。

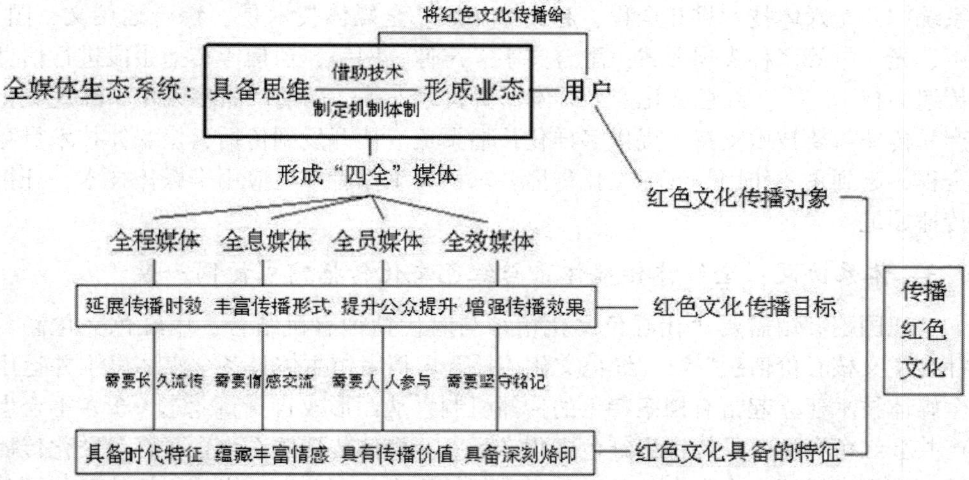

图1 全媒体生态与红色文化传播的内在逻辑关系

1.1 理念契合：“四全”特征与红色文化传播目标高度契合

早在2019年，习近平总书记就提出“四全媒体”概念，即全媒体就是“全程媒体、全息媒体、全员媒体、全效媒体”，从时间、介质、主体和影响的角度[15]建立起全媒体传播体系的四个重要维度。笔者参考了胡正荣[16]先生和王天民[17]等的观点归纳得出：全程媒体指信息可在任何时间任何地点进行传播，人也可在任何时间任何地点获取信息；全息媒体要求综合运用各种媒体介质进行传播，同时传播的信息“能够触达人所有感官，使人有完整体验”；全员媒体指的是人人皆媒体，任何人都可通过任何媒体介质传播信息，强调参与主体多元性；全效媒体强调通过大数据、人工智能等数字技术“实现各种场景效果”，这些场景效果所达到的影响具有深广性。

结合“四全”特征重新定义红色文化并挖掘两者的动态关联，有利于厘清全媒体传播生态与红色文化传播理念的内在逻辑关系：红色文化是具有时代特征，需要广泛持久地传播下去的先进文化；是包容兼蓄、蕴藏丰富情感，需要人多感官参与并进行情感交流的先进文化；是中国共产党团结带领人民创造的，需要人人参与、共同弘扬的先进文化；是深刻印刻在中华儿女骨子里，需要铭记坚守的先进文化。红色文化的传播目标与全媒体“四全”特征高度契合，红色文化传播致力于延展传播时效、丰富传播形式、提升公众参与、增强传播效果。

1.2　过程嵌入：全媒体技术广泛应用于红色文化传播过程

怎样才能做到真正意义上的“四全”，“需要从思维、技术、用户、产品、业态以及机制体制等方面全面推进”[18] 建立一个智慧化全媒体生态系统。在此系统中，全媒体技术贯穿全程，起支撑作用。全媒体技术是“综合运用文、图、声、光、电等多种表现形式，融合文字、声像、网络、通信等传播手段进行信息传递的技术”[19]。红色文化产品开发需要技术支撑，以期产品多元化。红色文化产品传播需要技术支持，提供多样化传播渠道。从开发到传播，全媒体技术贯穿全程，起到重要作用。红色文化传播要求档案工作者广泛应用全媒体技术，开拓传播领地。

1.3　体系协同：全媒体传播体系与红色文化传播需求协同一致

我国档案馆需要“让红色文化精神与时代精神有机结合，用红色文化涵养社会主义核心价值观”[20]。红色文化传播要求档案馆主体具备全媒体思维并运用全媒体技术建立起富有档案特色的传播机制，从而形成自身新业态，于多平台生产共享红色资源，最终推出红色文化产品。全媒体传播体系包含了红色文化传播的所有需求要素，也致力于提升红色文化传播力。因此，全媒体传播体系与红色文化传播需求协同一致。

2. 现实审视：“四全”特征助力审视档案馆红色文化传播现状

档案馆承载着不可计数的红色档案资源，更应肩负起“坚定文化自信，建设社会主义文化强国”[21] 的责任。在全媒体时代，数字技术的颠覆性变革重塑了旧有传播格局，“四全媒体”成为媒体发展的结果导向，档案馆迎来了前所未有的发展时机。如何乘时代之机进行自我变革成为当前档案馆的重要工作。然而，档案馆仍未形成一套智慧化场景化的红色文化传播生态。

2.1 资源基础：不胜枚举，未达“全息”

档案馆推出的红色文化产品是传播行为的实施对象，是传播红色文化的资源基础。档案馆重视红色档案资源开发，先后推出红色档案图片展、视频展、汇编红色故事、拍摄红色档案文献纪录片等红色文化产品，形式之多，不胜枚举。档案工作者积极响应国家号召，大力开发红色文化产品，但与智慧全媒体生态中产品要求存在差距。全息媒体要求产品“能够触达人所有感官，使人有完整体验”[22]，此要求强调两点：人所有感官都可被调动，人的体验将被完全触发。对应当前档案馆红色文化产品开发现状：第一，产品内容缺乏趣味性，忽略用户多感官调动需求。以用户身份调查各省级档案网站红色档案在线展览情况可知，红色文化产品虽依托各省特色档案资源进行内容挖掘，但推出产品内容略显枯燥。其次，产品类型缺乏多元性，忽略用户互动体验需求。笔者详细调查了当前各省级档案馆红色档案在线展览的形式，结果显示其主要以图文和视频为主，三维全景展厅为辅，如图 2 所示。在信息技术颠覆当下传播环境的今天，此类呈现形式无法满足社会公众对更精彩更丰富产品类型的需求。

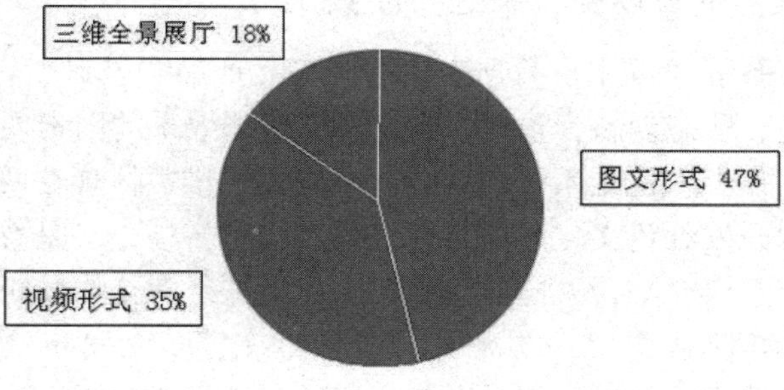

图 2 红色档案在线展览的呈现形式[23]

2.2 传播媒介：本固枝荣，未达“全程”

档案馆重视红色文化传播，通过多种传播媒介对红色产品进行“多次导流”：以档案网站和微信公众号为主，报刊、广播电视此类传统媒介和微博、人民日报、学习强国此类新兴媒介为辅。例如，河北省档案馆与河北省广播电视台联合推出《青春档案》微视频系列作品[24]，其播放途径为河北省档案网站及其微信公众号和河北省广播电视台新闻联播。然而全程媒体强调“任何时间节点、任何空间所在”都可进行传播，要求成为“能够覆盖人与信息交流全程”[25] 的媒体。档案馆的传播媒介选择显然未达“全程”：第一，媒介类型缺乏多样性。档案馆在互联网环境中仅依托上述平台进行传播，传播媒介类型单一，未满足红色文化传播资源云端化和产业智能化需求。第二，内容搭载缺乏差异性。档案馆基本实行“一个内容多次导流”原则，忽略媒体平台本身的受众差异性。

2.3 参与主体：坐拥资源，未达“全员”

红色文化传播参与主体为档案馆和用户。就档案馆而言，我国档案馆积极参与红色文化传播工作，不仅开发出不同类型红色产品还对其大力传播推广。档案馆“拥兵自重”，但仍存在各自为战、架构分散现象，未能与智慧全媒体生态的先进理念相融合。第一，创作过程缺乏与其他文化机构通力合作。全员媒体要求“实现所有人、所有物、所有资金、所有信息连接”[26]，加之红色资源本身分散各地，档案馆仅依靠自身馆藏资源推出红色文化产品不利于产品内容高质精质，也不利于用户群扩大。第二，传播宣传缺乏与其他媒体平台通力合作。目前大部分省份仅依靠档案网站和微信公众平台展出其红色作品，忽视通力合作和介质融合。就用户而言，档案馆在传播红色文化产品时采用“灌输式”传播方式，忽略了全员媒体“所有连接点都贡献信息”的要求。档案馆聚焦不同用户群体进行传播有所欠缺，以“我”为主开展红色文化传播工作的思维逻辑与全媒体时代“以用户为中心”的智慧全媒体生态服务体系背道而驰。

2.4 传播效果：策驽砺钝，未达“全效”

全媒体生态系统“以用户数据为核心、多元产品为基础、深度服务为延伸、多个终端为平台、业态创新为重点”[27]，影响传播效果的因素便在于全媒体思维的建立。档案工作者未建立系统的智慧化全媒体思维，体现在两方面：一是忽视借助现代化技术开发红色文化产品，并进行多终端传播；二是忽视对用户群精准画像，并合理配置媒介平台。同时，档案工作者缺乏对全媒体矩阵的建构与智慧化运用。全媒体矩阵强调“一次采集、多种生成、多元发布”[28] 的运行模式，而当下档案馆传播方式单一、传播渠道老旧、传播思维局限，导致档案馆红色文化产品几乎无人问津，红色文化传播效果杯水车薪。

3. 实践路径：全媒体生态助力红色文化传播走向智慧

在技术创新背景下，全媒体生态的功效将助力档案馆开辟全新传播空间，档案馆传播生态建设需要借助自身优势充分整合红色档案资源，实现“信息内容、技术应用、平台终端、管理手段共融互通”[29]，提升自身红色文化传播影响力、竞争力，最终走向智慧。

3.1 条修叶贯：全息媒体助力红色文化资源多元叙事

全息媒体旨在依托前沿信息技术促进产品多元，增强用户体验。全媒体时代互联网基础设施基本搭建完成，5G 技术、大数据、云计算等前沿信息技术与全

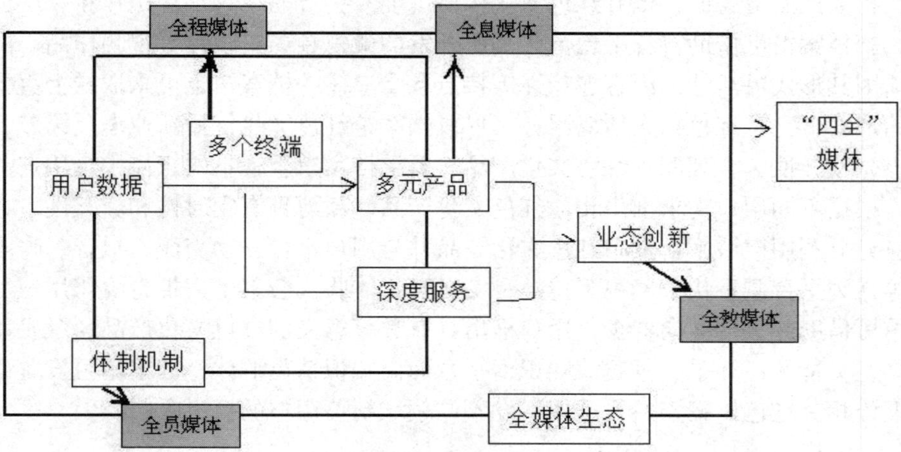

图 3　全媒体生态助力档案文化传播达到“四全”

球供应链条相互交织，共同构建形成一张庞大的社会传播网络。技术为档案馆红色文化传播创造机遇，助力档案馆红色文化产品实现“全息”。第一，增强红色文化产品趣味性，充分调动用户感官。红色档案记载了革命先烈的英勇事迹，档案工作者在客观描述档案记录的同时，亦可采用趣味性语言描写人物心理并对其人物形象进行描写，既能凸显人物色彩也能达到用户共情的效果。第二，打造多元红色文化产品形式，充分触发用户体验。档案馆应加大红色故事挖掘，实现红色档案场景化、可视化，触发用户体验，可借助新兴媒体技术寻求创新性表达方式，例如 H5 作品、可视化技术、互动体验活动、游戏、剧本杀等。中国丝绸档案馆推出《第七档案室追踪者的倒计时》实景解谜剧本杀，“密室逃脱+剧本杀”的模式符合当下青年流行趋势，深受年轻人喜爱。档案馆亦可借助红色档案中气势磅礴、惊心动魄的红色故事建构情感导向红色剧本杀，加强用户的动态互动体验、深刻其对英雄事迹的共情。

3.2　固本开新：全程媒体助力红色文化传播介质多样

全程媒体强调打造“垂直化、场景化、智能化的智慧全媒体产品服务体系”[30]，多样化的媒介选择能够推动档案馆红色文化产品走向“全程”。全媒体时代催生了各类媒体平台，如短视频平台、社交性平台和视频直播平台等，为档案馆传播红色文化提供了多样化介质选择，助力档案馆红色文化传播实现“全程”。第一，开拓新的传播领地，扩大红色文化产品覆盖面。“两微一端”为档案馆提出了全媒体时代三大基础媒介，然而利用高流量强传播力的抖音、微博、哔哩哔哩、学习强国、今日头条等新兴媒体平台成为当下档案馆传播媒介拓展的必由之路。档案馆应将红色文化产品进行“一次内容，多次导流”，分别上传至不同传播平台，扩大产品覆盖面，提升红色文化传播广度。抖音短视频平台用户年龄层分布较广，档案馆可借助抖音平台上传其所开发的微视频、纪录片等视频作品。网络直播因其形式灵活性、内容趣味性等特点备受追捧，档案馆也可采取线上直播互动的形式，完善红色档案传播服务，形成档案馆红色文化传播新业态。第二，尊重媒介差异性，合理配置红色文化产品。要求档案馆重视不同媒体平台用户差异性，根据不同用户需求推出相应红色文化产品。微博具有实时性和交互性，档案馆应充分利用微博平台发布红色文化产品并与用户进行互动交流；抖音、哔哩哔哩等视频平台侧重快节奏视听传播和实时互动体验，会聚了大批青少年用户，档案馆可借助此平台面向青少年用户推出具有教育意义的红色文化产品，激发用户爱国主义情怀；知乎、豆瓣等知识型平台面向知识精英群体，档案馆可设置话题并上传相关红色档案资料，从而引发不同领域精英用户的探讨吸收。

3.3 反行两得：全员媒体助力红色文化传播主体“翻转”

全员媒体旨在实现“所有人连接、所有信息连接”，全员参与成为全媒体时代信息传播的必然要求。门户网站时代追求用户数与点击量，而如今媒体融合更加重视体验性和社交化，要求传播主体通力合作，传播对象参与其中。第一，加强与其他文化机构的通力合作。红色档案实体资源分散于各地区机构、部门之间，“呈现出分散化建设、叙事碎片化的弊端”[31]。这样的资源局限要求档案馆加大与其他文化机构的通力合作，创作高质量精质量红色文化产品并借助多样媒体终端进行传播，积极落实“全员”生产、“全员”传播。档案馆亦可以地区为资源圈，综合各地区红色档案实体资源进行汇编，比如东北地区资源圈、华北地区资源圈。第二，转变传播思维，实现红色文化传播主体“翻转”。全媒体生态赋予用户自我表达的权利，倡导“人人都有麦克风”。用户不再是信息的被动接收者，而是信息生产者和反馈者，能够广泛参与到传播过程的任意环节。档案馆可通过抖音平台实现红色文化传播主体“翻转”，档案馆借助热点话题引导用户“反客为主”，依据档案馆红色文化产品拍摄相应情景剧、诗朗诵等。青岛西海岸新区档案馆、大丰区档案馆等各地档案馆举办“喜迎二十大 档案颂辉煌”诗朗诵活动，通过亲身参与获得情感体验。档案馆可负责编研红色档案资源并面向中小学生组织诗朗诵活动，学生可根据红色英雄及其事迹自行创作诗歌进行演绎。再者，可将小学历史课堂与档案馆红色档案资源现场教学相结合，用引人入胜的故事向学生传授历史知识，并发起情景剧挑战，学生参与红色故事演绎可获得档案馆周边文创产品。

3.4 渐入佳境：全效媒体助力红色文化传播精准覆盖

全效媒体致力于达到“万物皆媒”，更加强调产品服务。全媒体不仅是传统意义上的新闻、娱乐信息的功能性传播载体，而且是“传播数据—达成连接—

提供服务”的融合服务型平台。互联网业态发展至今，智能场景时代更加重视垂直细分和个性消费[32]。第一，具备全媒体思维，建构全媒体生态系统。全媒体思维要求档案工作者处理红色文化产品智慧化、打造红色文化产品传播场景化。思维模式的建立能够更好地引领档案工作者传播有效性，通达全部传播过程。只有具备系统的全媒体思维，才能更加全面地建构出一整套行之有效的全媒体生态系统。要求档案馆实现“两微一端”融合，并以技术创新和模式创造为重要抓手，活化整个全媒体生态的动态循环：不仅要开发创新多元红色文化产品，还要“一个内容多次导流”借助多个媒体平台发布传播，从而形成业态创新，助力红色文化传播走向“智慧”。第二，实现用户与产品精准对接，促进精准服务多终端覆盖。全媒体时代，个性化、社交化已是各传播主体、媒介平台的必然趋势。“四全媒体”要求档案馆面向不同用户群进行分众化配置，实现用户与产品精准对接，促进精准服务多终端覆盖。报刊、广播电视此类传统媒体用户群长期稳定且主要集中为中老年群体，面向此类群体定制特色红色文化产品，更易激发老一辈人对时代的回忆与感慨，达到共情效果。传统报刊、广播电视这类媒介平台受众群稳定且年龄层分布统一，档案网站、微信公众号此类平台主要面向专业领域人士，不同媒体平台受众具有差异性。

4. 结语

国家高度重视意识形态工作，高度重视红色文化传播传承。档案馆作为传播红色文化的主力军，更应该依托其丰富的馆藏红色档案资源借全媒体之势，大力弘扬红色文化。信息技术的发展变革为档案馆传播工作带来前所未有之机遇，全媒体生态系统将成为档案馆文化传播之助力，不仅可以应用于本文的研究主体——红色文化上，更可以广泛应用于档案馆文化传播各个领域。

注释及参考文献

[1] 人民网. 坚持和发展马克思主义必须同中华优秀传统文化相结合［EB/OL］.（2022-12-23）［2023-04-15］. http://theory. people. com. cn/n1/2022/1223/c40531-32592324. html.

[2] 毛天宇,常杰. 全媒体时代档案宣传的新思路——以 BTV“档案”栏目为例[J]. 档案管理,2012(4):39-41.

[3] 新华网. 习近平:推动媒体融合向纵深发展 巩固全党全国人民共同思想基础［EB/OL］.（2019-01-26）［2023-04-15］. http://www. qstheory. cn/yaowen/2019-01/26/c_1124046672. htm.

[4] 陆国强. 推动档案事业在高质量发展轨道上迈出坚实步伐——在2020年全国档案局长馆长会议上的报告[EB/OL]. (2021-01-17)[2023-04-15]. https://www.saac.gov.cn/daj/yaow/202101/2d00d00de2c54e9b87bd429843ba98b2.shtml.

[5] 聂勇浩,牟胜男. 场景传播视角的红色档案资源开发与传播[J]. 浙江档案,2022(7):29-32.

[6] 陈向阳. 让红色血脉永远赓续——江苏红色档案资源的开发与传播[J]. 档案与建设,2021(11):4-9.

[7] 崔晓苗,王毅. 红色档案展览的情感传播向度研究[J]. 山西档案,2022(4):69-75.

[8] 胥林誉. 基于"5W传播模式"的红色档案线上策展研究[J]. 档案天地,2022(5):38-41,54.

[9] 曹彬彬. 基于抖音平台的红色档案文化传播探究[J]. 档案学刊,2022(2):56-62.

[10] 黄彬,于勇. 红色档案资源在新时代高校思政课中的协同开发利用——基于泰州市红色文化协同研究中心建设的探讨[J]. 档案与建设,2023(1):77-78.

[11] 赵彦昌,冯嘉然. 高校课程思政视域下红色档案文化传播路径研究[J]. 北京档案,2023(2):31-34.

[12] 许瑶. 地方红色档案资源"微"传播效果调研分析——以江苏省地级市档案馆微信公众号为考察对象[J]. 山东档案,2022(1):11-14.

[13] 求是网. 构建引领时代的全媒体传播生态——深刻领会习近平总书记"1·25"重要讲话精神[EB/OL]. (2019-02-14)[2023-04-15]. http://www.qstheory.cn/zhuanqu/bkjx/2019-02/14/c_1124113756.htm.

[14] 人民网. 新时代党的宣传思想工作的根本遵循——学习习近平《论党的宣传思想工作》[EB/OL]. (2021-01-04)[2023-04-15]. http://politics.people.com.cn/n1/2021/0104/c1001-31987394.html.

[15] 央视网. 习近平在中共中央政治局第十二次集体学习时强调 推动媒体融合向纵深发展 巩固全党全国人民共同思想基础[EB/OL]. (2019-01-25)[2023-04-15]. http://news.cnr.cn/native/gd/20190125/t20190125_524494294.shtml.

[16] [18] [22] [25] [26] [29] [32] 胡正荣. 融媒体中心建设与智慧全媒体生态[J]. 北方传媒研究,2019(2):4-8.

[17] 王天民,郑丽丽. 全媒体时代"大思政课"建构的审视与优化[N]. 北京航空航天大学学报(社会科学版),2024(1):151-157.

[19] 曹猛. 全媒体时代高校党建质量提升研究[D]. 湖北:华中师范大学,2021.

[20] 邢佳妮. 红色文化传播力提升策略探析[J]. 文化强国论坛,2019(6):108-112.

[21] 习近平. 坚定文化自信,建设社会主义文化强国[EB/OL]. (2019-06-15)[2023-04-15]. http://www.qstheory.cn/dukan/qs/2019-06/15/c_1124626824.htm.

[23] 杨斐越. 省级档案网站红色档案在线展览现状调查与分析[J]. 兰台世界,2023(4):20-24.

[24] 河北省档案馆. 微视频“青春档案”[EB/OL]. [2023-04-15]. http://www.hebdag.org.cn/channel/list/245.html.

[27] [30] 胡正荣,李荃. 深化融合变革,迎接智慧全媒体生态[J]. 传媒,2020(03):9-11,13.

[28] 丛楠. 全媒体矩阵构建下档案文化传播力提升:价值、机理及实现路径[J]. 档案天地,2023(3):18-24.

[31] 周耀林,张丽华,刘红. 叙事传输视角下红色档案资源社会共建模式与实现路径研究[J]. 档案学研究,2023(1):82-90.

基于社会参与理念的红色档案信息资源开发路径研究

广东省核工业地质局档案馆　廖丹丹

摘　要：本文基于社会参与理念，研究了不同社会主体在红色档案信息资源开发中的参与模式以及红色档案信息在不同空间下的适应方式。通过探讨个体、社区和公众在红色档案信息资源开发中的积极参与和合作，分析他们在决策制定和资源开发中的作用和贡献。同时，针对物理空间、社会空间和意义空间的特点和要求，研究了红色档案信息的筛选、传播和展示活动的优化。通过深入探索基于社会参与理念的红色档案信息资源开发路径，旨在全面了解其社会意义和实践策略，促进红色文化的传承与发展。

关键词：社会参与；红色档案；信息资源；资源开发

1. 引言

红色档案信息作为记录中国革命历史的珍贵资料，不仅具有文化遗产的保护和传承价值，更体现了红色文化的丰富内涵和时代意义。然而，过去的红色档案信息开发主要依靠专业机构和有限的研究者，缺乏广泛的社会参与和共享。随着社会参与理论的兴起和社交媒体的普及，越来越多的个体、社区和公众对红色档案信息的关注与参与日益增加。本研究旨在基于社会参与理念，探索红色档案信息资源开发的路径，突出红色文化的重要性，促进红色档案信息的传承和社会价值的发挥。通过研究个体、社区和公众在红色档案信息资源开发中的不同参与模式和在物理空间、社会空间和意义空间的适应方式，深化对社会参与理论在红色档案学领域的应用和理解。研究结果将为红色档案信息资源的开发、传播和利用提供实践策略和建议，同时丰富对红色文化的认知，推动红色文化的传承与创新。

2. 基于社会参与理念的红色档案信息资源开发理论分析

社会参与理论强调个体、社区和公众在决策制定和资源开发中的积极参与和合作，以实现社会的发展和共同利益[1]。在不同主体参与下红色档案信息资源开发思路如表1所示，个体以其独立的专业知识和兴趣，推动红色档案信息的深入研究和挖掘。社区作为一个集体，通过组织活动和资源共享，促进红色档案信息的传播和社会联系。公众作为更广泛的参与者，通过观看、参与和反馈，加强对红色档案信息的认同和社会意义的体验。

表1 不同主体参与下红色档案信息资源开发思路

不同主体	参与内容
个体参与	信息资源筛选
	研究和评估红色档案信息
	利用创新技术和方法进行信息整理和展示
	通过个人网络传播红色档案信息
社区参与	组织红色资源传播活动
	利用社区共享的红色文化活动进行传播
	收集反馈信息
公众参与	组织化红色信息展示活动
	利用社交媒体和网络论坛进行非组织化传播
	利用公共艺术表达方式呈现红色信息

同时，在社会参与过程中，红色档案信息的适应需要考虑不同空间的特点和要求，与社会参与理论中关注不同参与主体和环境的适应性相一致。如表2所示，物理空间适应强调提供适合红色档案信息存储和展示的环境，以满足个体和社区对信息资源的需求。

表2 社会参与过程中不同空间下红色档案信息资源适应方式

不同空间	适应方式
物理空间	优化红色档案信息资源的展示和存储环境
社会空间	建立和拓展红色档案信息资源的社会网络
意义空间	塑造红色档案信息的文化认同

社会空间适应强调建立和拓展红色档案信息的社会网络，促进参与者之间的交流和合作。意义空间适应则强调通过红色档案信息的传播和展示活动，塑造文化认同和社会价值，以提升红色档案的吸引力。

个体、社区和公众的不同参与模式和适应方式为红色档案信息资源的开发提供了多元化的视角和动力[2]。个体的专业知识和兴趣使其成为红色档案信息的研究者和推动者，为资源开发提供了深度和广度。社区的组织能力和资源共享机制促进了红色档案信息的传播和社会联系，为资源开发提供了集体智慧和协同效应。公众的参与和反馈强化了对红色档案信息的认同和共享，为资源开发提供了广泛的社会认可和影响力。

因此，社会参与理论在红色档案信息资源的开发中为不同社会主体提供了指导和框架。个体、社区和公众在资源开发中扮演着不可或缺的角色，通过“共建共享共治”[3]，推动红色档案信息的传承和社会价值的发挥。同时，适应不同空间的要求和特点，确保资源开发与社会需求和环境的契合，是实现社会参与理念的红色档案信息资源开发的关键。

3. 不同社会主体视角下的红色档案信息资源开发

通过详细解读个人、社区以及城市公共空间层面的开发模式，分析社会参与如何推动红色档案信息资源的开发模式，从而提出社会参与有效推动红色档案信息资源的开发和利用的方式。

3.1 个体参与模式下的信息资源筛选

个体作为历史的参与者和见证者，在红色档案信息资源的筛选过程中扮演着重要的角色。个体参与模式的目的不仅仅是满足个体兴趣和需求，更重要的是为了推动社会的发展和红色档案信息资源的传承。

个体层面的参与可以通过增强历史意识和专业知识来实现。个体可以通过深入阅读历史书籍、参观红色文化遗址等方式，提升对红色历史的了解和认知，从而对红色档案信息资源有更深刻的理解和兴趣[4]。此外，个体可以运用创新的技术和方法，例如数字化技术、人工智能等，对红色档案信息进行筛选、整理和展示，以优化信息资源的利用效果。另外，个体还可以参与志愿者活动，如参与红色档案的整理和数字化录入等实际行动。通过这样的参与，个体为红色档案信息资源的开发和保护做出贡献，促进红色文化的传承和推广。

个体参与模式的意义在于通过个体的努力和行动，将红色档案信息资源带入更广泛的社会群体中。这种参与不仅能够丰富红色档案的多样性和价值，还能够增强社会对红色历史的认同感和归属感。因此，个体参与模式在红色档案信息资源开发中具有重要的作用和意义。

3.2 社区参与模式下的红色资源传播

社区参与模式下的红色资源传播涵盖了社区共享的红色文化活动和社区中的红色档案资源开发。这种参与模式能够有效促进红色档案信息的传播和共享，丰富社区成员对红色历史和文化的理解和认同，推动红色档案信息资源的开发和利用。通过社区共享的活动和社区成员的参与，红色档案信息得以更广泛传播，并在社区中发挥其历史、文化和社会的影响力[5]。

在社区参与模式下，红色档案信息资源的传播可以通过社区共享的红色文化活动来实现。这些活动包括讲座、展览、电影播放、研学等，能够以生动、直观的方式呈现红色档案信息给社区成员[6]。这些活动以生动、直观的方式呈现红色档案信息给社区成员，并鼓励社区成员的参与和互动。

同时，社区成员的反馈和参与不仅是活动成功与否的关键因素，也是推动档案资源开发深入进行的重要动力。通过问卷调查、讨论会等形式，了解社区成员对活动内容、组织形式以及红色档案信息的认知和理解程度，从而不断优化和改进活动策划和实施。同时，鼓励社区成员提出自己的建议和想法，促进他们的参与和共创，使红色档案信息资源开发更加符合社区需求和期望。

3.3 城市公共空间下的红色信息展示活动

在城市公共空间中，红色档案信息的展示活动具有重要意义。一方面，组织化的红色信息展示活动通过有效利用城市公共空间，实现了红色档案信息的大规模展示和传播。活动策划应结合具体档案信息，设定适当的主题和目标，如举办红色主题展览、邀请专家讲座等，以吸引公众参与并加深对红色历史的理解。活动内容的设计和展示形式应精心策划，包括视觉呈现和多媒体元素，通过媒体宣传和社交网络分享扩大影响力。另一方面，非组织化的红色信息传播依赖于个体自主参与和信息技术支持。个体可以利用移动设备收集红色档案信息，并通过社交媒体、网络论坛等平台分享给更多人。这种自由开放的传播方式能够吸引更多人参与红色档案信息的开发，并通过信息技术实现数字化、网络化，提高传播效率。同时，公共艺术作为红色信息资源开发的创新方式，以雕塑、壁画、公共装置等形式将红色主题呈现给公众。公共艺术的互动性和开放性使公众成为主动参与者和体验者，丰富城市公共空间，并提升公众对红色文化的认知和历史记忆。通过结合信息技术的力量，如虚拟现实和增强现实技术，红色信息资源的公共艺术表达能够以更生动、真实的方式展现给公众，提升其互动体验和影响力。因此，通过组织化的红色信息展示活动、非组织化的红色信息传播和红色信息资源的公共艺术表达，城市公共空间成为红色档案信息的重要传播平台，为公众提供丰富多样的红色文化体验，并推动红色档案信息资源的传承和发展。

4. 社会参与过程中不同空间下红色档案信息的角色适应

社会参与过程中，如何优化物理空间、社会空间和意义空间，以提高红色档案信息资源的开发效率和社会影响力。

4.1 被动性融入：对红色档案信息资源开发的接纳

4.1.1 物理空间：红色档案信息资源的空间适应

红色档案信息资源在物理空间的接纳和适应，关键在于其空间分布的策略和实施。首先，对红色档案资源的物理空间分布应考虑其原始的地理环境，以保留和恢复历史事件的实地特征。例如，可以在原有的红色历史遗址，如旧址、纪念馆等，设立红色档案的展示和阅览空间，使公众在浏览的同时，更加深入地理解和体验历史事件。其次，红色档案信息资源的空间分布还可以考虑与当地的城市规划相结合。例如，将红色档案的展示空间设立在人流密集或交通便利的地方，或者设计成城市的特色景观，以提高公众的接触机会和参与度。最后，随着科技的发展，数字化和虚拟化也为红色档案信息资源的空间分布带来了新的可能性。例如，通过建立虚拟的红色档案馆，可以实现无限的空间扩展，让公众在任何时间和地点都能访问和使用红色档案信息资源。

4.1.2 社会空间：红色档案信息的社会网络适应

在红色档案信息资源的社会网络适应中，关键在于建立和拓展与社会网络的联系，以促进红色档案信息的传播和影响力的提升。通过与社会网络建立合作伙伴关系、积极参与社交媒体平台、组织相关活动和建立志愿者网络等策略，红色档案信息资源可以适应并影响社会网络结构，进而实现红色档案信息的广泛传播和有效影响。一是建立与社会网络的合作伙伴关系。与学校、图书馆、博物馆等机构合作，可以通过合作项目、展览活动等形式，将红色档案信息融入教育和文化活动中，从而扩大信息的受众群体[7]。二是积极参与社交媒体平台，利用其广泛的覆盖和互动性，将红色档案信息传播给更多的人。通过建立专门的红色档案社交媒体账号，定期发布相关信息、故事和互动活动，吸引更多的用户参与讨论和分享，进而扩大红色档案信息的影响范围。三是组织红色档案信息主题的线下和线上活动。例如，可以组织专题讲座、研讨会、展览和座谈会等，邀请专家学者、红色档案的相关人士和公众参与，通过交流和互动促进红色档案信息的传播和交流。四是建立红色档案信息资源的志愿者网络，提高社会网络适应。志愿者可以通过组织和参与各类红色档案信息活动，积极传播红色档案信息，与公众互动，进一步扩大红色档案信息的影响力。

4.1.3 意义空间：红色档案信息对于文化的贡献

红色档案信息对于文化的贡献在于丰富历史文化资源，激发居民的参与和归属感，促进凝聚力和社会联系，以及推动创造力和创新能力。通过利用红色档案信息，组织丰富多样的文化活动，如红色文化展览、演出、讲座等，将社会打造成一个具有红色文化特色的社交空间。这些活动不仅能够吸引居民的参与，增强他们的归属感，还能够促进居民之间的交流和互动，加强凝聚力和社会联系。同时，通过研究和利用红色档案信息，开展创意设计、艺术创作等活动，将红色文化元素融入建设和环境美化中。这不仅可以提升形象和文化品质，还能够激发居民的创造力和创新意识，推动红色档案的可持续发展。

4.2 主动性适应：红色档案信息资源开发的多维适应

4.2.1 物理空间：红色档案信息资源的空间优化

通过建立高效的存储和管理系统、优化空间布局和展示设计、注重环境舒适度和易用性，以及加强物理空间与虚拟空间的连接，可以有效优化红色档案信息资源的物理空间，提高其开发效率和利用效能，有助于更好地满足用户的需求，推动红色档案信息资源的发展和应用。一是建立高效的存储和管理系统。通过建立专门的档案存储设施和信息管理系统，可以确保红色档案信息资源的安全存储和快速检索。采用数字化技术，将红色档案信息进行数字化处理和存储，可以节省物理空间，并提高信息的可访问性和利用效率。二是优化空间布局和展示设计。在红色档案信息资源的物理空间中，合理规划空间布局，设计合适的展示陈列，以最大限度地展示红色档案的内容和意义。通过合理的展示方式和多媒体技术的应用，使观众能够更加直观地了解红色档案信息，增强信息的传达效果。三是加强物理空间与虚拟空间的连接。将物理空间与虚拟空间相结合，通过建立在线平台和数字化展示，将红色档案信息资源扩展到虚拟环境中，使更多的用户可以通过网络进行访问和利用。这种结合可以充分利用数字技术的优势，拓展红色档案信息资源的传播渠道和受众范围。

4.2.2 社会空间：红色档案信息的社会网络重构

在红色档案信息资源开发过程中，社会空间的重构是实现信息传播和社会网络形成的关键因素之一。通过社会空间的重塑，人们能够更好地参与红色档案信息的交流、分享和合作，从而促进信息的广泛传播和共享。社会空间的重构可以通过建立红色档案信息交流平台来实现。这些平台可以是在线社区、专门的社群或论坛，吸引对红色档案感兴趣的人士加入。通过这些平台，人们可以共同讨论、分享和交流红色档案信息，促进社会网络的形成和发展。社会空间的重塑需要重视社交互动和合作。通过组织定期的研讨会、座谈会、展览等活动，邀请专家学者、研究者和社区居民参与讨论和合作，推动红色档案信息的共享和传播。这种社交互动和合作将有助于形成更紧密的社会网络，加强红色档案信息资源的开发和利用。社会空间的重构还需要注重社区参与和意识的培养。通过组织培训课程、分享会和志愿者活动等形式，提升社区居民对红色档案信息的认知和参与度。培养社区居民的参与意识和能力将有助于形成积极的信息共享和合作氛围，促进社会网络的形成和发展。

4.2.3 意义空间：红色档案信息文化认同的建构

意义空间是指个体和社会共同赋予事物的符号意义和文化价值的空间。通过对红色档案信息的文化认同建构，可以创造一个意义空间，其中红色档案信息成为文化认同的象征和集体记忆的代表。构建红色档案信息的意义空间促进文化认同有以下路径：一是通过文化活动和艺术表达，构建红色档案信息的意义空间。通过举办红色文化节、艺术展览、纪念活动等形式，将红色档案信息融入社会文化生活中，使其成为公众共同关注和传承的对象。这样的文化活动和艺术表达能够激发公众的情感共鸣，加深对红色档案信息的认同和理解[8]，进而促进意义空间的建构。二是通过教育和传媒渠道，推动红色档案信息的意义空间建构。在学校、社区和传媒中，加强对红色档案信息的教育和宣传，提升公众对其文化价值和意义的认知。教育和传媒的参与可以扩大红色档案信息的影响范围，培养更多的文化参与者，共同构建红色档案信息的意义空间。

5. 结语

基于社会参与理念的红色档案信息资源开发路径的研究，为深入理解红色档案的社会意义和开发途径提供了重要的启示。通过个体、社区和公众的积极参与与合作，红色档案信息得以更好地保护、传承和应用，为社会发展和共同利益做出贡献。同时，考虑不同空间的特点和要求，能够更好地适应红色档案信息资源的存储、传播和展示需求，从物理空间、社会空间和意义空间的角度促进红色文化的认同和文化价值的塑造。在未来的研究和实践中，应进一步探索社会参与理念在红色档案信息资源开发中的应用，积极推动红色文化的传承与创新。

注释及参考文献

[1] 赵丽，陈建. 社会力量参与档案事务的内涵特征、理论依据与机制构建[J]. 山西档案，2021(6)：61-69.

[2] 孙大东，杨子若. 社会角色理论视域下社会力量参与档案事业的角色失调与调适[J]. 北京档案，2022(12)：11-14.

[3] 常大伟. 合作治理视域下档案社会参与能力建设研究——以新修订档案法第七条为中心的思考[J]. 浙江档案，2020(8)：10-12.

[4] 岳文丽. 信息时代下红色档案资源整合利用路径探析[J]. 兰台内外,2023(21):7-9.

[5] 陈海玉,赵冉,彭金花. 新《档案法》背景下社会力量参与档案事业的推进策略[J]. 北京档案,2021(9):18-21.

[6] 陈建. 适度可控与合作互动——社会力量参与公共档案管理的多元主体分析[J]. 档案管理,2020(5):16-19.

[7] 常大伟,马怡琳. 新《档案法》实施背景下社会力量参与档案事务的路径选择与制度保障[J]. 档案与建设,2021(3):15-18.

[8] 陈建. 社会力量参与公共档案管理的风险及控制机制研究[J]. 浙江档案,2020(8):21-23.

红色档案资源整合研究

河北省邯郸市复兴区人力资源和社会保障局　段旭岩

摘　要：红色档案资源记录了党的奋斗历程和伟大成就、党的光荣传统和优良作风、党的历史经验和实践创造。红色档案资源整合对弘扬民族精神，更好地促进社会发展具有重要意义。本文深入解读了红色档案资源的概念和红色档案资源整合的重要意义，全面剖析了当前红色档案资源整合工作中存在的问题，详细阐述了推进红色档案资源整合工作的有效路径，为红色档案资源整合工作提供参考。

关键词：红色档案；红色资源；资源整合

1. 引言

习近平总书记指出："红色资源是我们党艰辛而辉煌奋斗历程的见证，是最宝贵的精神财富，一定要用心用情用力保护好、管理好、运用好。"新时代保护和开发利用红色档案资源需要借助现代信息技术对其进行整合，形成红色档案资源数据库，实现红色档案资源数字化，从而更好地传播红色文化、赓续红色血脉。

2. 红色档案资源的内涵和整合的重要意义

2.1　红色档案资源的概念

所谓"红色档案资源"，特指在新民主主义革命时期，由中国共产党领导的机关、组织和个人在各种对敌斗争和政治活动中所形成的具有保存价值的文字、图表、音像及其他各种形式和载体的历史记录。红色档案资源是中国共产党在革命和社会主义建设过程中产生的，属于原始资料。它真实反映和记录了中国革命和建设的艰辛历程[1]。红色档案资源作为国家和精神文明建设的重要资源，具有历史凭证价值、教育文化价值和经济价值等多重价值，可以在传承优秀中华文化、弘扬民族精神、进行爱国主义教育、构建和谐社会等过程中发挥重大作用。

2.2 红色档案资源整合的重要意义

一是红色档案资源蕴含丰富的文化财富与精神财富，它可以促进红色革命文化和中国传统文化的传承和发展。在一定程度上，红色档案资源蕴藏的价值代表着我国先进文化的发展方向，可以弘扬民族精神，增强民族凝聚力[2]。红色档案资源体现着我国优秀的民族精神，是我国宝贵的精神财富，有长征精神、井冈山精神、延安精神等。这些高尚的精神都是先辈们从艰苦奋斗的革命工作中摸索形成的，具有极强的时代意义和现实意义。它将奉献精神、民族大义以及艰苦奋斗的优秀传统文化和精神完整地保存了下来。通过使用先进的现代化技术，对红色档案资源进行信息建设、资源整合，能够将革命时期涌现的优秀中华文化更好地传承下来，为红色档案资源注入源源不断的生命力。

二是红色档案资源从根本上说是红色精神力量的凝聚，它对社会主义核心价值观有巨大的滋养作用，蕴含丰富的教育价值。它的教育价值主要体现在教育方式以及教育对象上，在大中小学校的思政教育中引入红色档案资源，能够改变传统的“教条”式教育方式，进一步丰富思政教育展现形式以及教育素材。在党群干部教育课堂中引进红色档案资源，实现对党员干部的理念教育，可以激活干部职工的正能量。

三是作为我国所特有的一种档案资源，红色档案资源具有丰富的经济价值。可以丰富旅游资源，促进经济发展。中共中央曾在2004年印发了红色旅游的纲要，对红色旅游产业的发展思路和布局进行了规定，在全国确定了多条红色旅游线路、多个重点旅游区。对红色档案信息资源进行整合，可以促进红色旅游特色化和品牌化，拓展旅游产品的形式，形成旅游项目的多样化。首先，在纪念品设计中融入红色精神，使红色档案资源衍生巨大的经济价值。如在红色旅游地区、红色档案展览馆等地方设计一些带有红色标识、红色意义的纪念品等为景区创造经济价值。其次，将红色档案资源融入各种艺术创作中，如将红色档案资源与小品、舞台剧、戏剧、话剧、影视剧等有效结合起来，这样不仅能实现红色档案资源影响力的扩大，还能带来相当的经济收益。再次，结合国家大政方针将红色档案资源转化为辨识度较高的红色文化旅游资源[3]，如积极开展关于红色遗址、红色旅游示范基地等实践活动，既教育了干部职工不忘初心，又能为老区的振兴做出贡献。

3. 红色档案资源整合中存在的问题

3.1 缺乏统筹规划，存在“信息孤岛”情况

我国红色旅游资源丰富，“红色旅游经典景区”有100个，“红色旅游精品线路”有30条，“重点红色旅游区”有12个。这些红色旅游区大部分是革命战

争时期留下来的，对教育后代、传承红色基因意义重大。由于红色档案资源大部分集中在革命老区，受地域性、经济发展的约束，不同地区的红色档案资源沟通较少，相互独立，信息封闭，无法实现资源共享，未能形成完整的资源体系。在红色档案资源的利用上，我国还未建设完善、系统的发展规划方案，资源联系较弱，共享程度较低，受到技术、机制、体制、环境等因素的影响，存在“信息孤岛”问题。这就造成红色档案资源共享度低，其丰富的历史凭证、教育文化、经济等价值不能被充分挖掘出来。

3.2 整合手段单一，整体成效缓慢

红色档案资源的整合工作一直处于不断革新进步之中，但整体成效较为缓慢。在红色档案资源管理上，不少管理机构存在着一个共性问题，即重保管，轻利用。在开发、利用红色档案资源的过程中，一般以展览、借阅为主，展览多为文字图片，音频视频展示空缺，并且缺少体验感强的互动性项目。这种静态的利用方式无法使参观者产生较为强烈的共鸣，难以充分发挥红色档案资源的教育作用。在实际红色档案资源整合的过程中，档案管理人员在收集和利用红色档案资源方面，思路不够开阔，对先进技术手段缺乏深入应用，没有针对性地开发红色档案资源综合利用系统和专用 APP。社会大众对红色档案资源知晓度低、参与度低，不利于红色档案资源的有效保护和深度利用。

红色档案属于“高龄档案”，脆弱易损，由于形成年代久远，具有字迹模糊不清、载体残缺易损、录像画质模糊等特点，这就增加了红色档案资源整合的难度。虽然数字化技术的运用为红色档案资源整合提供了便利，但能够实现全文检索的红色档案资源占比较小，红色档案资源的利用仍以到馆查阅为主。这些都影响了红色档案资源资政育人功能的充分发挥。

3.3 资源受众有限，资源利用率偏低

利用红色档案资源的群体中多是因政府部门组织参观学习、中小学专题教育学习而来，自主前来学习参观的人数较少。随着个性化定制在各个行业的普及，利用者对所需档案信息产生了更具针对性和个性化的要求，红色档案资源的利用在这个层面上缺少吸引力。再者，档案部门给公众的形象往往是严肃且神秘的，档案工作的保密性原则也决定着其对公众的开放程度较低。随着互联网时代的到来，新媒体在互联网技术的支持下迅猛发展，开放程度较低不仅影响公众对档案工作的认知，也在一定程度上影响红色档案资源的整合与传播。

3.4 管理人才缺失，整体素质有待提高

现行档案管理队伍中“半路出家”人员不在少数，档案管理人员以档案学专业背景为主，掌握网络、信息和档案现代化管理等现代化技术的复合型人才较

少，无论是管理手段还是管理内容都无法与先进的技术和知识进行有效融合。现如今，对红色档案资源进行整合，需要既深入了解档案管理又熟练掌握新媒体技术的复合型档案管理人才，而当前很多档案从业人员都缺乏熟练掌握新媒体技术的能力，同时与公众互动的意识欠缺，导致宣传工作不到位。复合型档案管理人才的缺乏制约着红色档案资源整合的深度与广度。

4. 推进红色档案资源整合的有效路径

4.1 拓宽渠道，加大对红色档案资源征集力度

一是加大对征集特色红色档案资源的宣传力度，加强与党史、文化、广电等部门的沟通与合作，进一步提升宣传征集红色文化的影响力。通过开展专题教育、举办主题展览、微信公众号发布等形式开展全方位的宣传，结合重大活动做好征集红色档案资源的宣传工作。二是扩大对特色红色档案资源的征集范围，加强地方珍贵史料征集力度。建立档案征集网络，通过多种形式向社会公开征集地方史料，鼓励支持个人、企业等向档案馆捐赠、寄存红色档案原件，或进行有关珍贵红色资源的复制工作。三是拓宽征集渠道，通过口述征集、寄存、捐赠等形式，从个人到社会组织，抢救性地征集珍贵革命历史档案，以填补馆藏的空白。如对健在的老红军或者老红军的子女等开展口述档案征集，充分挖掘革命历史事迹和红色档案资源信息。四是积极争取上级主管部门、当地党委政府的支持，给予政策引导。与地方财政部门统筹协调，申请经费，为征集特色红色档案资源提供经费保障，从而切实保证红色档案资源建设不断地推进。

4.2 联合新技术，提高信息共享度

基于异地管理红色档案资源的需求，应加大对大数据技术、云计算技术的应用，通过构建共享平台，实现安全性高和低成本管理红色档案资源的目的。档案管理机构应根据自身发展情况，加大对平台的开发力度，通过搭建门户网站、多媒体展厅以及微信公众号、小程序等方式，建立一个更加有序的资源传播平台，最大程度地对红色档案资源进行整合，实现对红色档案资源信息的立体化保护和开发利用[4]。在具体开发利用工作中，可以通过联合应用大数据技术如访问控制技术、数据加密技术等高度保密管理红色档案资源，还能降低建设红色档案馆的成本，为用户提供更加个性化的服务。

4.3 加强机构间联合，提高红色档案资源利用率

4.3.1 建立全方位的红色教育架构

在红色档案资源的整合工作中，要注重高校、馆藏机构这些主要的应用和管理阵地。首先，针对各个地区以及高校的发展情况给予高度关注，在这个基础上

做好顶层设计工作。党和国家应出台相应政策，充分发挥红色档案资源育人功能。具体来说，高校、馆藏机构应积极整合包括相关企业、科研机构、政府部门等在内的教育资源[5]。尤其是高校，应关注思政教育并且在课程内容中有效融入红色档案资源，将其精华提炼出来，编写具有特色化的校本红色课程，在红色文化的引领下有效展开思政工作。与此同时，在整合红色档案资源上，各个机构应针对红色文化教育资源的经费投入不断加大力度，为高校开发和利用红色档案资源夯实经济根基，为红色文化的融入"保驾护航"，也为馆藏机构提供良好的软硬件设施，在这个基础上构建完善的、系统的红色教育架构。

4.3.2　建立基地和高校双方联动机制

在整合红色档案资源的具体工作中，以馆藏机构、高校为代表的阵地应加强联合，建立良好的联动机制。例如，高校应利用自身优势扩大宣传，结合实际情况不断扩大红色档案资源覆盖面，基于合理角度有效融合学生的思政教育与红色档案资源[6]。在红色课程的开设上，高校应合理分配实践课程与理论课程，特别要关注实践课程设置，如建设校外红色实践基地，让基地转化为现场体验的场所，在实践教学基地中，学生可以充分感受红色文化魅力，如参观红色革命馆藏，可以让学生充分了解并直观感受革命先烈精神，以此实现对学生的心灵洗礼和精神熏陶。高校学生的创造力比较强大，所以高校在思政教育中融入红色档案资源时应注重对学生的个性化教育，结合时代特色以及专业优势适当改进红色档案资源，通过吸收新鲜元素有效提升文化活力。除此之外，红色基地可以为高校学生搭建良好的文化利用平台，如设置人才培养项目，还可以定期与高校人员访谈，深入了解大学生对社会热点的关注情况，在这个基础上针对红色档案资源服务方式进行改进，并且不断丰富红色档案资源服务内容，双向提升红色档案资源的经济文化效益。

4.3.3　建立良好的校园文化教育模式

高校在红色档案资源整合上有得天独厚的优势，尤其在思政教育上。因此，高校应结合习近平总书记提出的课程思政要求以及协同育人理念积极利用红色档案资源，以红色文化为引领，在思政教育过程中不断优化教学环境、丰富教学资源。例如，学校可以根据实际情况建立红色文化宣传社团，而教师在其中扮演担当角色，实现红色资源向教学资源的转化，形成良好的红色文化氛围。与此同时，高校可以借助广播、学校网站、微信公众号等平台积极宣传红色文化，如定期广播革命文学作品、播放红色歌曲等，在潜移默化中实现对高校学生的精神教育[7]。

4.4　实施数字化战略，建立红色档案资源数据库

4.4.1　摸清红色档案资源底数

摸清红色档案资源底数是进行保护和整合的前提。可以按照其不同的信息类

型进行数据化，形成目录库、全文库、专题库等多种数据库。如果将红色档案资源比喻为一棵大树，目录库是树根，全面汇总红色档案资源的标题、主题、年代、作者、收藏地等基本信息；全文库是树干，完整记录文字、图片、音视频等信息资源原貌；专题库是枝干，按照红色人物、历史事件等主题汇聚目录和全文[8]。建立这样的数据库，就能对红色档案资源的基本情况做到心中有数。

4.4.2 持续加强珍贵红色档案资源保护工作

无论是文物、遗址、建筑等实物红色档案资源，还是档案文献等信息类红色档案资源，都会因为年代久远、环境变迁等原因，出现残缺破损等情况。红色档案资源数据库不仅可以纳入通过扫描、转录红色档案资源形成的数字化成果，还可以纳入通过 3D 建模、虚拟现实、数字孪生技术对革命文物、遗址等实物资源进行全景记录形成的数字化成果，从而为利用数字修复、仿真等技术在数字空间对红色档案资源进行历史还原提供依据，实现珍贵红色档案资源的可持续保护。

4.4.3 繁荣发展相关学术研究

红色档案资源不仅是宝贵的精神财富，也具有极高的历史价值和学术价值。红色档案资源记录了党的奋斗历程和伟大成就、党的光荣传统和优良作风、党的历史经验和实践创造，亟待深入研究。数字时代，知识生产方式已经从人工读写走向数据驱动，数据库成为哲学社会科学研究的基础设施。建立红色档案资源数据库，可以为中外学者提供可靠可信的研究文献，促进红色档案资源的学术利用。

4.4.4 实施红色文化产业数字化战略

从红色档案资源数字化采集开始，积极对接国家文化大数据体系，实现一次采集多次使用，可以有效促进红色文化资源保护和开发，助力红色文化产业数字化发展[9]。通过图书馆、档案馆、博物馆等多馆联动，资源提供者、管理者和开发者通力合作，形成全面共享、重点集成、多库配套的红色档案资源数据库系统，实现各地区各部门红色档案资源数据库逻辑关联、快速链接、高效检索，有利于开展红色档案资源的智能化加工、体系化开发和产业化利用，能够更好发挥红色档案资源的数据要素价值，为优化升级红色文化产业链注入数字动力。

4.5 多管齐下，加强红色档案资源整合队伍建设

红色档案资源整合离不开高素质人才的培养和储备。建议通过组织专业培训或引进第三方专业机构的方式组建一支高水平复合型的专业人才队伍，如定期举办红色档案文化讲座，邀请专家、学者为全市从事红色档案保护利用的工作人员授课，切实提高其业务能力。不断提升档案工作者的政治素养、强化政治理论学习，坚定政治信念，增强政治敏锐性和政治鉴别力，不仅要学习档案业务知识，更要注重传统文化知识、历史知识的学习。不仅要了解中国历史，也要了解世界历史，尤其要精通中国共产党党史，学会用历史的眼光分析档案的价值，从而提

炼档案所蕴含的思想观念、人文精神和道德规范。加强与各高校历史学专业、档案学专业师生的交流合作，联合开展关于红色档案的教学实践活动，利用课题研究推动专业人才的培养和锻炼。不断创新档案工作方式，多方招集优秀人员[10]。实行聘请研究员工作制，积极推动成立民间红色档案资源协作组，将民间红色档案收藏者、研究者凝聚起来，使其加入红色档案资源的研究队伍中来。

5. 结语

红色档案资源是历史发展的重要见证，通过红色档案资源整合，我们可以感受到革命先烈为祖国事业无私奉献的精神，认识到红色革命精神的伟大力量。社会各个主体应联合起来，共同探究红色档案资源整合的发展之路，依托现代化信息技术，努力推动红色档案资源数字化建设，更好地发挥红色档案资源的时代意义。

注释及参考文献

[1] 陈娜娜. 开发档案资源 传承红色基因[J]. 中国档案,2020(8):44-45.

[2] 孙静,孙晓霞,郁齐麟. 发挥档案优势 提供精神食粮[J]. 中国档案,2021(4):32-33.

[3] 季红军,李舟. 以红色档案打通“红色脉搏”——打造富有南京特色的红色档案文化品牌[J]. 中国档案,2021(1):44-45.

[4] 王向女,姚婧. “互联网+”时代长三角地区红色档案资源开发与利用的新方向[J]. 档案与建设,2020(8):4-8.

[5] 潘坤,王继红. 红色档案助力高校思政课教学刍议[J]. 学校党建与思想教育,2021(2):57-58.

[6] 鄢嫦. 红色档案教育价值的实现路径研究[J]. 山西档案,2020(6):158-163.

[7] 周海涛. 红色档案经典在讲好中国故事坚定文化自信中的作用评析[J]. 档案管理,2020(6):118-119.

[8] 陈忻,房小可,孙鸣蕾. 社会记忆再生产:北京香山红色档案编研成果的细粒度挖掘研究[J]. 山西档案,2021(1):80-87.

[9] 刘越男. 推动红色档案文献数字化[EB/OL]. [2023-02-09]. http://gd.people.com.cn/n2/2023/0209/c123932-40294669.html.

[10] 李光铣. 中央苏区红色档案文献建档保护开发利用体系建设初探[J]. 办公室业务,2020(9):65-66.

围绕四条主线穿起红色档案珍珠链

连云港经济技术开发区档案馆 胡卫星

摘 要：红色档案是镌刻中国共产党人初心使命最直接、最具体的历史印迹，是我们党艰辛而辉煌奋斗历程的真实见证，是最宝贵的精神财富。文章对红色档案的定义和时限进行探讨，提出红色档案是具有生命力的活档案，时间界限应伴随中国共产党的成长发展而拓展延伸。围绕红色人物、红色故事、红色教育基地、红色精神四条主线，加强红色档案收集整理，提出收集与征集并重、馆内挖掘与馆际协同开发利用思路，并介绍了连云港市红色档案资源建设创新举措。

关键词：红色档案；收集；整理；实践

红色档案是中国共产党百年辉煌历程的真实记录，是中国共产党初心和使命的历史见证，是弘扬伟大建党精神、赓续红色血脉的重要载体，是开展爱国主义教育、革命精神教育和党史学习教育最有说服力的教科书。2021 年 6 月，中共中央办公厅、国务院办公厅印发的《“十四五”全国档案事业发展规划》提出：深入挖掘红色档案资源，建立“四史”教育专题档案资料库，传承红色基因，充分发挥档案在理想信念教育中的重要作用。[1] 这是档案部门心怀“国之大者”，深入学习、贯彻习近平总书记“把红色资源利用好、把红色传统发扬好、把红色基因传承好”[2] 重要指示精神做出的积极响应。

1. 厘清红色档案的概念

1.1 红色档案源于中国共产党奋斗历史，具有天然的红色属性

2009 年，程巧首次对“红色档案”的概念进行了定义，认为红色档案是在革命年代围绕着“红色人物和红色革命事件”所形成的革命历史档案，其本身与革命历史档案的外延有交叉。它是指在革命历史档案中那部分能够反映革命传

统和革命爱国精神的档案。[3]

红色象征着革命，代表着中国共产党。党的十八大以来，习近平总书记到地方考察，瞻仰对我们党具有重大历史意义的革命圣地、红色旧址、革命历史纪念场所，多次强调“要把红色资源利用好，把红色传统发扬好，把红色基因传承好”，要赓续红色血脉。红色档案资源是红色资源的重要组成部分。红色档案承载着中国共产党和广大人民群众英勇斗争、艰苦创业、顽强拼搏、砥砺奋进的光辉历史，见证着中国共产党人践行“为中国人民谋幸福、为中华民族谋复兴”的初心和使命，蕴含着独特的红色基因、红色精神和红色文化，具有不可替代的重要作用。因此，档案工作者必须提高政治站位，始终牢记“档案工作姓党”的政治属性，把握红色档案资源建设的正确政治方向，积极发扬历史主动精神，紧密联系新时代新征程党的使命任务，做好红色档案资源的守护、开发和传播。

1.2 红色档案是具有生命力的活档案

部分学者认为红色档案特指在新民主主义革命时期（1919—1949），中国共产党领导在对敌斗争和政治活动中有价值的历史记录[4]。笔者认为，红色档案不能仅仅局限于新民主主义革命时期，还应包括社会主义革命和建设时期（1949 年 10 月至 1978 年 12 月党的十一届三中全会召开）、改革开放和社会主义现代化建设新时期（1978 年 12 月至 2012 年 11 月党的十八大召开）、中国特色社会主义新时代（2012 年 11 月至今）三个时期。

红色档案是蕴含中国共产党革命传统和奋斗精神的档案，有百年历史的中国共产党，必须有百年红色档案来完整、系统记录中国共产党的辉煌历史，红色档案的时间界限必然伴随中国共产党的成长、发展而拓展延伸。因此，《“十四五”全国档案事业发展规划》要求：深入挖掘红色档案资源，建立“四史”教育专题档案资料库。即党史、新中国史、改革开放史、社会主义发展史教育专题档案资料库。红色档案概念由狭义到广义，时间界限由新民主主义革命时期延伸到中国特色社会主义新时代的变化，这是时代进步的要求和历史发展的必然。

2. 红色档案亟需系统化整理

中国共产党百年奋斗史波澜壮阔、气象万千，中共党员数量从 1921 年建党时的 50 多名，到今天已有 9804 万名，红色革命根据地“星火燎原”到解放全中国，中华民族伟大复兴进入了不可逆转的历史进程，中国共产党和中国人民正信心百倍推进中华民族从站起来、富起来到强起来的伟大飞跃。面对分散各处，状如满天繁星、不可胜数的红色档案资源，国家档案主管部门可以借鉴国家文物局第一次全国可移动文物普查成功经验，“各级地方政府以县域为单元，对行政区域内文物资源进行普查登记，全面掌握文物资源状况、收藏单位数量和行业分布，建立各级文物资源目录和文物资源地图。普查实现了国有单位的全覆盖，国民经济统计的 20 个行业划分中，除国际组织外，19 个行业均有收藏文物的单位。人民解放军、武警部队独立开展普查，认定军队系统文物 92449 件/套。普查还对我国驻外使领馆收藏保管的文物进行了全面调查登记。西藏、青海、浙江、四川等省区对重点宗教场所保管的文物开展了认定登记。普查打破原有行业系统条块分割局限，将文物资源统计从文物系统拓展到全国各行业领域”[5]。国家档案主管部门应抓住契机，对国内档案馆、图书馆、博物馆、纪念馆、美术馆等机构及个人收藏的红色档案进行一次全面彻底的普查，摸清家底，了解现状，建立各级红色档案资源目录。

在红色档案资源挖掘收集上，应围绕红色人物、红色故事、红色教育基地、红色精神四条主线，加强红色档案收集和系统化研究整理，用四条主线穿起红色档案珍珠链。

2.1 红色人物

红色人物是为中国共产党建立、巩固、发展做出重大贡献的老一辈革命家，为建立、捍卫、建设新中国英勇牺牲的革命先烈，为改革开放和社会主义现代化建设英勇献身的革命烈士，是新时代涌现出的英雄人物、先进模范等。“天地英雄气，千秋尚凛然。”红色人物具有坚定的信仰、爱国主义精神、革命英雄主义气概、先进的思想觉悟、高尚的道德品质等，为民族存亡和新中国的建设献出了宝贵生命，为社会主义探索和中国特色社会主义发展奉献了青春年华。由于人物的成长求学、工作变迁，需要多地多方携手互动，共同挖掘、完整呈现人物一生全貌。如抗日先烈赵一曼，她出生成长四川宜宾，黄埔军校第六期学员，1927 年赴苏联莫斯科中山大学学习，1932 年被派到抗日斗争的最前沿的东北地区，1936 年 8 月被日军杀害于黑龙江省珠河县（今尚志市）小北门外。对于这些红色人物，需要多方、多地，共同发力，去挖掘、收集、整理、保护，才能全面、完整、系统地反映先烈的英雄事迹。

2.2 红色故事

习近平总书记指出，红色江山来之不易，守好江山责任重大。要讲好党的故事、革命的故事、英雄的故事，把红色基因传承下去，确保红色江山后继有人、代代相传。[6] 不言而喻，党的故事、革命的故事、英雄的故事就是红色故事。党的十八大以来，习近平总书记多次深情讲述长征途中三名红军战士给老百姓分剪“半条被子”的故事，并亲自踏访故事发生地——湖南汝城县沙洲村，深入阐释中国共产党不懈奋斗的制胜法宝，生动阐发党与人民群众风雨同舟、命运与共的历史逻辑，不断丰富升华这一故事的精神内涵与价值意蕴，在全党全社会进一步焕发起走好新时代长征路、奋力实现中华民族伟大复兴的强大力量。这些鲜活感人的红色故事，如果没有人去做及时收集整理，真实的历史就会随着时间的流逝和当事人的离世而淹没于历史长河中。

2.3　红色教育基地

随着红色旅游的兴起，各地纷纷以新民主主义革命时期、社会主义革命和建设时期、改革开放和社会主义现代化建设新时期形成的纪念遗址和标志性建筑为载体，以革命历史、革命事迹和革命精神为内涵，打造的红色教育基地。如中共一大会址纪念馆、井冈山革命遗址、遵义会议纪念馆、西柏坡中共中央旧址和西柏坡纪念馆、红旗渠红色教育基地、焦裕禄纪念馆等。

2.4　红色精神

红色精神是指中国共产党领导中国人民在革命、建设、改革各个时期所形成的伟大革命精神。习近平总书记在党史学习教育动员大会上的强调，在一百年的非凡奋斗历程中，一代又一代中国共产党人顽强拼搏、不懈奋斗，涌现了一大批视死如归的革命烈士、一大批顽强奋斗的英雄人物、一大批忘我奉献的先进模范，形成了井冈山精神、长征精神、遵义会议精神、延安精神、西柏坡精神、红岩精神、抗美援朝精神、“两弹一星”精神、特区精神、抗洪精神、抗震救灾精神、抗疫精神等伟大精神，构筑起了中国共产党人的精神谱系。我们党之所以历经百年而风华正茂、饱经磨难而生生不息，就是凭着那么一股革命加拼命的强大精神。[7]

3.　红色档案的征集鉴定与资源整合

3.1　收集与征集并重

建党百年，红色档案的总量也是浩如烟海，不仅散藏于各级国家档案馆、图书馆、博物馆、纪念馆、美术馆，更有许多被民间个人所收藏，在来源上要做到收集与征集相结合，特别是向民间机构、烈士遗属、革命老前辈和民间收藏者征集，实现红色档案资源的整合。

要进一步加大宣传力度，广泛宣传红色档案的意义和内涵，提升社会各界对红色档案的认识，积极主动开展征集活动。红色档案的征集，要围绕红色人物、红色故事、红色教育基地、红色精神四条主线，去寻找亲历、亲见、亲闻者，他们可以是革命老前辈、烈士近亲属，也可以是亲眼所见、亲耳听闻的普通群众，也可以是抽丝剥茧、深入研究的专家学者和民间收藏者。要提供必要的经费保障，对捐赠者、提供者、收藏者给予一定的精神和物质奖励。

针对已经进馆的红色档案资源，要加强研究考证，不能人云亦云，出现张冠李戴、以讹传讹现象。对于一些红色照片、革命手稿、家书和红色资料等，由于个人保护条件有限，出现变色、发霉、残缺和腐烂、锈蚀情况，必须尽快开展红色档案的抢救、保护和数字化工作，要修旧如旧，尽量保持历史原貌。

3.2 馆内挖掘与馆际联合

各级档案馆应全面摸底调查馆藏红色档案资源，积极开展红色档案资源建设，围绕当地发生过的革命重要事件、重大活动和重要人物等进行深度挖掘，去梳理挖掘档案史料。如，2011 年南京市档案局历时 4 年对 200 多万张民国户籍卡进行鉴定整理，从中找出了 130 多位民国名人的户籍卡，包括周恩来、吴有训、蒋经国、戴季陶、傅斯年、宋美龄等，其中周恩来、邓颖超、李维汉、廖承志 4 人的民国户籍卡完整再现令人啧啧称奇。从 1946 年 5 月到 1947 年 3 月，以周恩来同志为首的中共代表团战斗在南京梅园新村，与国民党当局展开和平谈判，出色完成了所肩负的重要使命。这张周恩来同志的个人户籍卡是那段历史的见证。再如焦裕禄逃荒到江苏宿迁县的往事，这些都是通过挖掘馆内既有档案，发掘出来的红色档案资源。

馆际联合的新探索。2022 年重庆市档案局下发《关于开展全市红色档案资源摸底调查的通知》，对全市红色档案资源分布情况、保管利用情况进行调查摸底。全面摸排建党以来各个历史时期的红色档案资源，重点盘点体现中国共产党人初心使命、伟大建党精神以及伟大历史成就的红色档案资源，系统梳理党和国家领导人在重庆的档案和重庆历史上重大活动、重要事件、重要人物、重要时间节点的各种载体形式的红色档案资源。

长期以来，红色档案资源分散保管在档案馆、图书馆、博物馆、纪念馆、美术馆和党史研究中心等多个部门，档案部门要积极作为，开展征集活动，主动与各部门单位沟通交流，共同做好红色档案资源建设。

2021 年由中央档案馆、国家档案局指导，上海、江苏、浙江、安徽三省一市档案局与档案馆联合主办“建党百年 初心如磐——长三角红色档案珍品展”。2023 年由中央档案馆、国家档案局指导，上海、江苏、浙江、安徽三省一市档案局和档案馆再次联合主办的“书信家国 尺牍情深——弘扬伟大建党精神 · 长三角档案联展”。展览汇集长三角地区 70 余家档案及文博部门珍藏的 170 余件家书、日记等手迹档案和近 200 张珍贵历史图片，以“见人见事见精神”的展示理念诠释伟大建党精神的丰富内涵。作为档案工作者，我们要以习近平新时代中国特色社会主义思想为指导，自觉用党的创新理论武装头脑、指导时间、推进工作，破除思想的藩篱和区域的限制，通过这种联合办展的方式，聚沙成塔、集腋成裘，将片羽吉光穿缀起来，共同发力去展示红色档案资源。

4. 连云港市红色档案资源建设

近年来，连云港市档案工作深入贯彻落实党的二十大精神和习近平总书记对档案工作重要批示精神，秉持“在中心中找使命、在大局中找位置、在发展中找价值”工作理念，锚定“全市有示范、全省走前列、全国有位置”目标追求，扎实推进红色精神馆、文脉展示馆、数字智慧馆、主题教育馆、标兵示范馆“五馆共建”，切实构建大档案、一盘棋、高质量、创特色、走在前崭新格局。

4.1 红色档案收集方面，创新开展“为好人建档，让德者留芳；为名家建档，让尊者留名；为乡贤建档，让贤者留世”“三为三让”档案征集工作

先后征集“人民楷模”王继才、“时代楷模”钟佰均等“两模人物”、港城名家珍贵档案3000余件。2022年在“人民楷模”王继才逝世4周年之际，王继才的妻子，全国“时代楷模”、最美奋斗者王仕花向市档案馆捐赠了一批珍贵档案资料，主要为王继才同志守岛期间使用过的国旗、守岛工具以及衣物等实物。这批实物档案，是王继才家人珍藏多年的王继才生前物品，弥足珍贵、意义深远。这是连云港市档案馆坚持“资源首责、开发首义”，推进名人、院士、“两模人物”档案征集及院士馆、“两模”人物展陈馆建设的成果，为党史学习教育常态化长效化推进，进一步加强广大党员、干部“四史”教育提供了更加翔实的生动教材。

4.2 在资源整合上，在全国创新开展红色档案开发教育

实施“红色馆际联盟、红色先锋讲述红色档案故事、红色兰台编撰”“三大行动”，推进“红色档案开发教育基地”馆际联盟建设，命名两批共18家红色档案开发教育基地。开展“红色先锋讲述红色档案故事”活动，邀请“人民楷模”王继才的妻子、全国“时代楷模”、最美奋斗者王仕花等以第一视角讲述先锋模范红色事迹。编撰《牢记嘱托——连云港市打造“一带一路”标杆示范项目印迹》《新时代 新支点 新发展——连云港市“一带一路”强支点建设十年印迹》等书籍，以翔实图文记录反映中国式现代化连云港新实践的奋斗历程。

注释及参考文献

[1] 中办国办印发《“十四五”全国档案事业发展规划》[EB/OL].[2021-06-09]. https://www.saac.gov.cn/daj/toutiao/202106/ecca2de5bce44a0eb55c890762868683.shtml.

[2] 程巧. 红色档案的开发与红色旅游的可持续发展[J]. 兰台世界，2009(20)：34-35.

[3] 习近平. 在视察南京军区机关时强调贯彻全军政治工作会议精神扎实推进依法治军从严治军[EB/OL].[2014-12-15]. https://www.gov.cn/govweb/xinwen/2014-12/

15/content_2791542. htm.

[4] 黄明嫚. 红色档案资源立体化开发研究[J]. 兰台世界,2010(8):40-41.

[5] 国务院第一次全国可移动文物普查领导小组办公室,国家文物局. 第一次全国可移动文物普查工作报告[EB/OL]. [2017-04-07]. http://www. ncha. gov. cn/art/2017/4/7/art_1983_139402. html.

[6] 习近平. 把红色基因传承下去,确保红色江山后继有人、代代相传[EB/OL]. [2022-08-24]. http://politics. people. com. cn/GB/n1/2022/0824/c1001-32510333. html.

[7] 习近平. 在党史学习教育动员大会上的讲话[EB/OL]. [2021-03-31]. https://www. gov. cn/xinwen/2021-03/31/content_5597017. htm? eqid=e46238a80001c92a00000003645cd455.

新时代红色档案资源的开发利用研究

山东省聊城市技师学院　张秋丽

摘　要：红色档案资源作为历史的真实记录，见证了中国共产党领导人民不断奋斗，不断从黑暗走向光明的光辉历程。本文通过解析新时代红色档案资源开发利用的重要意义、红色档案资源开发利用的现状、不足，对拓宽开发利用途径和措施进行了深入研究，为红色档案资源开发利用工作提供了现实参考。

关键词：红色档案；资源开发；利用研究

1. 红色档案资源的定义

“红色档案”，指在新民主主义革命时期，由中国共产党领导的机关、组织和个人在各种对敌斗争和政治活动中所形成的、具有保存价值的文字、图表、音像及其他各种形式和载体的历史记录。红色档案是我党革命历史的重要见证，记录了党带领人民所进行的艰苦卓绝的奋斗历程。红色档案资源作为党的发展历程的重要记载，它真实反映和记录了中国革命和建设的艰辛历程，红色档案资源作为国家和精神文明建设的重要资源，具有历史凭证价值、教育文化价值和经济价值等多重价值，可以在传承优秀中华文化、弘扬民族精神、进行爱国主义教育、构建和谐社会等过程中发挥重大作用，成为档案学界研究的重要课题。

2021 年 7 月 6 日习近平总书记对档案工作作出重要批示：“档案工作存史资政育人，是一项利国利民、惠及千秋万代的崇高事业……特别是要把蕴含党的初心使命的红色档案保管好、利用好，把新时代党领导人民推进实现中华民族伟大复兴的奋斗历史记录好、留存好，更好地服务党和国家工作大局、服务人民群众！”红色档案不仅让革命精神代代传承，还见证了近现代中国共产党领导中国人民抵御外辱、不屈不挠、艰苦奋斗的光辉历程，包含了改革开放以来解放思想、奋发向上、励精图志的时代精神，开发利用红色档案资源意义非凡、责任重大。

2. 红色档案资源开发利用的重要意义

2.1 赓续红色文化、传承红色基因

2021 年 5 月 16 日，习近平总书记在《求是》杂志发表重要文章，强调要用好红色资源，传承好红色基因，把红色江山世世代代传下去。历史是最好的教科书，而红色档案又是对中国共产党带领中国人民进行革命、建设、改革的伟大实践的历史记录，是红色基因的重要载体。红色档案对提升党员领导干部政治理论水平具有重要作用，对于弘扬红色传统、传承红色基因、赓续红色血脉有着重要价值，档案工作者要注重且善于挖掘利用红色档案的重要价值，更好地服务党的中心工作、服务国家发展大局，切实发挥档案工作存史资政育人的作用。传承红色基因是档案部门的职责使命。

2.2 弘扬民族精神，增强民族凝聚力

民族精神和民族凝聚力是一个民族生存发展的重要支撑，民族精神中所蕴含的高尚的精神品格是该民族立足于世界的根基，而红色档案信息资源正体现着我国优秀的民族精神，是我国宝贵的精神财富。习近平总书记始终心系党和国家的前途命运，“不忘初心，方得始终”“初心易得，始终难守”，习近平总书记反复强调，要深刻认识红色政权来之不易，新中国来之不易，中国特色社会主义来之不易；把红色基因传承好，确保红色江山永不变色。档案馆是保管红色档案的重要部门，档案工作者必须用心用情用力把红色档案保管好、利用好，深入挖掘红色档案背后的故事，讲好党的故事、革命的故事、英雄的故事，切实履行好为党管档、为国守史、为民服务的神圣职责。各级档案部门要把红色基因传承发展工作效果作为检验其政治能力的重要指标之一，尽职尽责，实现红色档案的有效利用，更好地服务党和国家、服务人民群众。

优秀的中华文化是社会发展的基础和源泉，是中华民族生生不息、不断发展的动力，而红色革命文化则是中华文化的。在一定程度上，红色档案蕴藏的多元化价值代表着我国先进文化的发展方向，它将奉献精神、民族大义以及艰苦奋斗的优秀传统文化和精神完整地保存了下来，通过观看、查阅红色档案资源，能够了解到当时国家形势的严峻以及中华民族不屈的脊梁。因此，通过使用先进的现代化技术对红色档案资源进行信息建设、开发和利用，能够将革命时期中涌现的优秀中华文化更好地传承下来，为红色档案注入源源不断的生命力。

2.3 丰富旅游资源，促进经济发展

星星之火可以燎原。在我国革命时期，涌现出许多优秀精神，有井冈山精神、延安精神等，而这些高尚的精神品格都是先辈们从艰苦奋斗的革命工作中摸

索形成的，具有极强的时代意义，对于新时代我国进行社会主义改革和建设也具有极强的指导意义。

红色档案信息资源中包含了红色革命精神和文化，可以以此为基础开发红色旅游项目。中共中央曾在 2004 年印发了红色旅游的纲要，对红色旅游产业的发展思路和布局进行了规定，在全国确定了多条红色旅游线路、多个重点旅游区，对红色旅游的发展进行了明确的规划，促进了我国红色旅游产业持续发展，带动了各个地区经济的发展，进一步实现了红色革命精神的传承和发展。对红色档案信息资源进行开发和利用，并以此为基础形成红色档案旅游特色化和品牌化、旅游产品和旅游项目创新化。

3. 红色档案资源开发利用的现状和不足

3.1 缺乏统筹规划，开发形式较为单一

近年来红色档案资源的开发利用取得了重大进展，拥有重要红色档案资源的档案馆、博物馆、纪念馆等单位积极挖掘特色红色资源，以自己独特的方式开展活动，举办展览，开发各种形式的成果。然而由于经济、人力、经验等所限，红色档案资源的开发利用境况并不尽如人意。拥有特色红色档案资源的部门存在“保密深藏”“画地为牢”的封闭式管理现象，档案部门处于一己之力的“孤军作战”状态，红色档案资源的开发挖掘深度不够，开发成果缺乏生动性和生命力。

3.2 资源整体开发固化，受众群体不足

我国各个地区在对红色档案信息资源进行开发利用过程中，往往过于注重红色资源的保存，而开发利用的过程相对被弱化了，并没有进行深化、全面的价值挖掘。服务方式大多数以展览、借阅为主，展览多为文字图片，音频视频展示空缺，展示内容极为有限，并且缺少体验感强的互动性项目。这种静态的利用方式无法使参观者产生较为强烈的共鸣，这对红色档案信息资源的教育价值形成较为严重的限制

红色档案资源近年来越来越被党和国家所重视，特别是博物馆、纪念馆开放利用程度更高，利用效果也更加明显。然而囿于开发的不足状况，特别是档案馆的传统开放模式，现代化的技术手段不能有效用于资源开发，大众参与体验模式未被广泛用于参观展览，人文环境营造不够，文化氛围情境缺失，展览馆受众群体少。

红色档案资源服务的方式主要是红色教育基地，教育服务的对象更多是党员干部、学生群体，虽然越来越多的红色档案资源与红色旅游相结合，扩大了服务人民群众的范围，但由于档案开发形式较为单一，多以图片、文档的形式向参观

者展示，开发力度不高，不能与周边配套资源相融合，旅游价值及观赏性不高。

4. 拓宽红色档案资源开发利用的途径

4.1 立足文化传承，坚守“以人民为中心”的开发理念

立足文化传承，要把握好红色档案资源的文化内涵，要准确把握红色基因的深刻内涵和凝结于其中的党性民心，通过赋予红色档案以新的时代内涵和现代表达形式，激活其生命力，实现红色档案与红色基因的精准对接，充分利用红色档案的事实说服力、思想穿透力和精神感染力，实现历史与现实的共振共鸣，把思想教育变成与干部群众的情感对话。

新时期红色档案资源开发利用，需要重新审视红色档案资源的基本特质。红色档案资源的开发利用，需要坚守“以人民为中心”的开发理念，坚定“以人民为中心”的服务方向，构建“协同发展”资源开发新模式，开发“人民满意”的红色经典产品，创新贴近“百姓生活”的传播形式。

习近平总书记多次强调人民的力量，并从不同方面对此问题作了深刻阐释。他指出鄂豫皖苏区能够28年红旗不倒，新四军能够在江淮大地同敌人奋战到底，刘邓大军千里跃进大别山能够站住脚、扎下根，淮海战役能够势如破竹，百万雄师过大江能够气吞万里如虎，根本原因是我们党同人民一条心、军民团结如一人。红色档案资源记载着党同人民齐心革命建设的故事，人民群众始终是故事的主角，开发红色资源理应坚守“以人民为中心”的理念。

4.2 挖掘红色资源，构建“协同发展”资源开发新模式

在如今讲究“跨界”的时代，档案工作中的许多问题已经不是档案部门自身的问题，而是需要各个行业互相配合、互相融合，共同研究解决。红色档案资源的开发不是档案馆等部门单枪匹马凭一己之力就可以完成的，需要探索“协同发展”模式。

统筹规划整合红色档案信息资源，进行开发利用的整体规划。红色档案信息资源往往留存于我国各地的档案馆以及博物馆等，由于经济、地理环境等各项因素的影响，无法实现红色资源的共享和管理。因此，各地相关档案部门应发挥自身的领导作用，积极结合信息技术，突破时间和空间的限制，对红色档案信息资源的结构进行科学整合，构建极具地方特色的红色档案信息资源体系。应提高对网络技术的重视，尤其是云计算技术、大数据技术和区块链技术，要运用多种数据科学技术手段进行相对全面的信息资源收集与整理，在一定规则下整合的基础上组建权威、全面、专业的红色档案信息资源数据库。

要形成认同公众参与并支持公众参与的组织文化，鼓励公众以多种方式参与到红色记忆的共建过程中，并建立长效的激励机制满足公众的绩效期望，满足其

拓展知识、享受乐趣和自我实现的愿望。协同发展不仅要拥有同类红色档案部门的协作，党史部门、文博单位的合作，还要联合高校历史专业、设计专业等专家学者建立专门的研究团队，加强与多方机构、生产企业、社会团体的合作共建。要探索与其他行业、领域的价值观念、文化观点的交流与渗透方式，高度集中资金、创意、人才等要素，对红色文化资源整合，文本挖掘，深度编研，开发出公众喜闻乐见的创意性红色文化产品。

以人民满意为中心是“以人民为中心”思想的最终归宿。红色档案资源开发产品利用的效果要以“人民是否满意”为检验的标准。2015 年，溧水区档案部门充分挖掘利用 100 余件馆藏珍贵革命历史档案、上百张图片资料以及 20 世纪 80 年代征集进馆的反映新四军在溧水抗战的大量档案资料以及粮草票、税收凭证等实物档案，牵头开发建设红色李巷。如今，李巷已成为红色血脉的传播地、红色旅游的热门地、脱贫致富的增长地，产生了显著社会经济效益，形成了特色显著的江苏档案品牌，成为以档案服务群众的鲜活案例。

4.3 转变开发利用理念，完善开发智能时代新的技术手段

网络技术的不断发展要求红色档案信息资源的开发与利用人员应积极转变自身的管理理念、调整自身的管理思路，切实把握不同群体的需求，并以此为基础开展红色档案信息资源的开发与利用工作。应树立“互联网+”思维，具体而言，相关机构和管理人员应积极完善数据资源平台功能，增设在线浏览功能，通过结合云储存技术，对红色档案信息资源进行远程利用。同时，根据浏览痕迹，把握不同群体的实际需求，并对其进行分析和记录，为后续红色档案信息资源的开发和利用工作奠定基础。要通过建立共享数据库的形式整合数据资源，形成系统化、有序化的资源传播平台。应在以往平台的架构上对管理路径进行创新，例如，可以开设微博公共账号、微信公众号以及使用短视频软件等，进而提高对红色档案信息资源的开发和利用。

当今“信息化浪潮”激发数字中国“新动能”，运用好大数据、云计算、人工智能、5G、VR/AR 等新一代信息技术，更有利于红色档案资源的深度开发和传播。光典信息发展有限公司应势而动，以“红色档案资源+开发+宣传+教育+5G+新媒体”的多维组合，进行红色档案资源开发与利用，帮助用户保管好、利用好红色档案资源，讲好红色文化故事。通过信息化技术，建设完善的红色档案资源库。对立体实物档案进行平面数码照片采集、三维扫描并建模，或是对平面实物档案、图书、期刊等进行平面扫描，实现红色文化见证物的数字化保存、研究和展示；对爱国主义教育基地进行全景数字资源采集，实现在线虚拟展示。对红色档案资源库中的内容进行深度开发和整合，打造专题栏目。通过深度挖掘红色档案资源，创建知识图谱。实现档案目录、元数据和原文的在线浏览，能够通

过关键字实现档案目录检索，并可对档案资源进行深度挖掘，构建知识图谱，发现档案资源之间的有机联系。采用 VR/AR、直播等新媒体技术，实现线上+线下联动。将档案馆实体展厅与线上云端展示相互融合，通过 VR/AR 导览带给观众沉浸式体验，更好地回顾历史，感受红色文化。

山东省聊城市技师学院运用精心打造的“追寻红色印记”教育云现场，开发红色档案资源，用户足不出户就可参观全国红色经典纪念馆，追寻红色印记，打卡红色地标。在线可以参观中国国家博物馆、中共一大会址、南湖纪念馆、井冈山革命历史纪念馆、遵义会议旧址纪念馆、毛泽东等老一辈革命家纪念馆，雷锋、孔繁森等英模人物纪念馆，庆祝中国共产党成立 100 周年特展，庆祝改革开放 40 周年大型展馆，中国抗日战争纪念馆，三大战役纪念馆等 60 余个红色经典纪念馆。教育云现场基于 VR 技术，通过视觉、听觉和其他三维应用，以虚拟现实技术为手段，以虚拟现实设备为载体，真实再现红色经典纪念馆的学习平台。足不出户就能参观全国红色经典纪念馆，让人有种身临其境的感觉，开启沉浸式红色档案资源体验，深受好评。

5. 结语

新中国是无数革命先烈用鲜血和生命铸就的。档案部门要通过广泛征集红色档案，传承好红色基因，建立健全档案系统内跨层级、跨地域协同以及系统外单位协同，形成大区域内共意识、同步伐、结硕果的良好局面，为建构中华民族红色精神谱系贡献档案力量。

注释及参考文献

[1] 申灿,李瑶. 红色档案信息资源的开发利用研究[J]. 档案管理, 2021(4):19-20.

[2] 陈晓媛,吴卫丰. 高校智慧档案馆建设的思考[J]. 兰台世界,2022(8):73-75.

[3] 欧阳慧芳. 高校智慧档案馆建设对档案从业者的要求[J]. 黑龙江档案,2021(4):122-123.

[4] 周喜青. 智慧校园背景下高校智慧档案馆建设研究[D]. 湘潭:湘潭大学,2021.

整合档案资源　汇聚磅礴力量

——理论指引下提升红色档案管理质效的应循之路

新疆军区档案馆　**朱佳煊　杨　静**

摘　要： 红色档案是中国共产党百年来奋斗历程和辉煌成就的重要印记，是红色基因得以代代相传的重要凭证。近年来，党和国家高度重视红色档案保护，档案学视野下红色档案管理作为行之有效的方法，有利于助推红色档案焕发新活力。本文在对红色档案范围进行再界定的基础上，从全宗理论、文件生命周期理论、档案价值鉴定理论分析了实现红色档案资源整合的可行性。提出活用鉴定原则、补充口述档案和隐性知识显性化等三个方面措施，实现整合红色档案资源，提升红色档案管理质效。

关键词： 档案学理论；红色档案；管理质效

习近平总书记对档案工作做出重要批示，强调“要把蕴含党的初心使命的红色档案保管好、利用好，把新时代党领导人民推进实现中华民族伟大复兴的奋斗历史记录好、留存好，更好地服务党和国家工作大局、服务人民群众”。如何发挥红色档案的作用是新时代赋予档案人的历史责任。迫切需要档案工作者创新思维，强化责任意识，实现红色档案体系整合，更好服务国家和社会大局。

1. 红色档案范围的再界定

“红色档案记载着党的百年奋斗历程和辉煌成就，传承着党领导人民在革命、建设和改革进程中铸就的伟大精神和宝贵经验。”可见，红色档案是中国共产党在革命历史时期、社会主义革命和建设时期、改革开放新时期、中国特色社会主义新时代所形成的具有重要历史价值和教育意义的文字、图表、声像及其他各种形式和载体的历史记录。从其概念看，红色档案的形成主体是中国共产党，形成时期是革命历史时期和社会主义建设时期。从其形成特点看，红色档案重点反映了共产党人为实现民族解放和国家复兴前赴后继、流血牺牲的奋斗历史，是党和国家的宝贵财富。提升红色档案管理质效是贯彻习近平总书记重要批示的重要举措。

2. 以档案学理论为支撑，实现红色档案整合

2.1　以全宗理论为基础，设置红色档案客体全宗

长期以来，社会红色档案保护意识不强，相关部门和社会大众不够重视，所以红色档案馆藏数量较少，一般从属于其他的全宗之中进行保管。这种做法不利于红色档案服务利用工作开展。为此，红色档案设立客体全宗的任务迫在眉睫。然而，设立红色档案客体全宗需要在统筹把握的前提下针对不同情况具体分析处理，红色档案客体全宗必须满足“质量统一”要求，全宗档案不仅要具备一定的数量，形成相当的规模，而且必须具有独立完成一个或多个特定社会功能的能力。

2.1.1　确保全宗的唯一性

一个红色档案项目有且只有一个全宗，凡属于该红色档案项目的文件材料均应属于这一客体全宗，同时各级档案馆也应将这一全宗作为“红色档案”的第一层分类和管理单位。

2.1.2　保证全宗的互斥性

每一个红色档案客体全宗在全面覆盖本红色档案项目相关文件资料的同时，必须做到界限清晰，即同一红色档案项目的文件资料必须集中于同一个全宗，不得分散保存，也不应重复保存，从而维护“红色档案”的历史真实面貌。

2.1.3　确保全宗的完整性

红色档案客体全宗内的文件资料完整齐全，全宗内形成有机联系、相互支撑的档案系统，使该全宗成为材料齐全完备、内容紧密联系、结构系统完整的独立的档案文件体系，进而确保“红色档案”项目的完整继承和弘扬。

2.1.4　保证全宗的稳定性

要求“红色档案”档案客体全宗必须保持长期稳定，一经确定在一定时间内不宜轻易更改，而要一以贯之。如此方可使同一红色档案项目的文件材料在收集和管理的过程中保质保量，为红色档案项目的保护和传承创新提供资料基础。

2.1.5　组成全宗汇集予以补充

对于一些相关文件资料数量较少的红色档案项目，在设置客体全宗时，出于便于管理和节约人力物力的考虑，可以通过组织全宗汇集的方式来形成一定规模的全宗。同时，红色档案客体全宗在保持相对稳定的基础上，也必须随时代和具

体条件的变化进行调整来适应新的情况，与时俱进。这些同样适用于主体全宗，只是在过去的红色档案保护过程中设置主体全宗，围绕客体全宗的设置来展开论述。红色档案的主客体全宗应相互补充、互为印证，使红色档案得到最为完善的保护与传承。

2.2 以文件生命周期理论为原则，实现科学管理红色档案

文件生命周期理论为文件的全过程管理、阶段式管理和前端控制提供了科学原则和理论指导，红色档案的形成和管理过程中也需要利用文件生命周期理论来提升其效率和科学性。

2.2.1 坚持从源头出发实现红色档案管理

在红色档案项目前期研究和酝酿期间，档案部门应关注该项目的文件资料和进展情况，对项目全方位熟悉了解。在红色档案项目启动之时即应按照文件生命周期理论相关原理，及时建立该项目的档案管理机构并将管理向前延伸到文件管理之中，使档案管理的触角能够延伸至该项目的各个环节和机构，从根本上提升红色档案项目文件档案管理的质量，为红色档案的传承创新提供坚实基础。

2.2.2 坚持全过程管理和前端控制的协调统一

红色档案文件在形成之时，其完整性、真实性和准确性就直接影响档案材料的质量，而文件一旦形成就不宜更改，必须在源头进行管理。同时，必须将前端控制纳入全过程管理之中，在整个文件生命周期中贯彻全过程管理，通过二者的有机结合保证红色档案项目文件资料的齐全、完整和准确。

2.2.3 兼顾“红色档案”项目文件的阶段式管理

红色档案项目酝酿期间，对相关的文件资料要总体了解并进行前期规划；红色档案项目申请过程中，有关的文件资料要全面收集并进行科学地鉴定分析；红色档案项目确立之后，所形成的文件资料已经转化为档案，即要按照档案管理方式进行保存、编研和利用等。

2.2.4 顺应时代建立红色档案数字档案馆

红色档案在数字化时需要顺应时代潮流，与时俱进，通过利用现代科学技术，建立专门的红色档案数字档案馆，使红色档案的管理和利用更加便利，使社会对红色档案和红色档案的关注度增强，进而促进红色档案的保护和传承。

2.3 以档案价值鉴定理论为指导，确保红色档案去伪存真

在红色档案价值鉴定的过程中，借鉴档案价值鉴定理论选择具有重要价值的红色档案进行保存和传承，宏观上需要遵循一定的鉴定原则，微观上采取多种具体措施，保证鉴定工作以及后期相关工作的质量和效率。

2.3.1 坚持全面与辩证分析的原则

红色档案的鉴定既要求在总体上全面地了解遗产及相关文件资料的有关情

况。同时，还要求针对不同价值形态的红色档案具体问题具体分析，科学地判定不同遗产的特定价值，有区别地进行保护和管理。

2.3.2　坚持功能至上原则

每一项红色档案都有其特定的功能需求，可以满足不同的价值需要，在鉴定内容及其相关档案的过程中必须重视满足社会和公众的需求，将遗产和档案的作用发挥至最大。

2.3.3　坚持兼顾文化功能原则

红色档案不同于其他档案之处是其具有更加明显的文化性，是重要的历史文化财富，在传承历史、推进文明的过程中发挥着重要作用。

2.3.4　坚持“突出典型”原则

红色档案的形成和发展具有渐进性和阶段性，每一发展阶段都有一些典型的成果和文件资料，在档案保护的过程中必须选取有代表性的典型档案进行保护和管理，如此才能以最小的成本完整准确地将红色历史真实面貌保存下来，提高性价比。

3. 以整合红色档案资源为抓手，提升红色档案管理质效

3.1　活用鉴定原则实现红色档案高质量发展

3.1.1　加强对红色档案来源单位的调查研究和指导监督

将红色档案的收集与鉴定工作结合起来，从档案的收集阶段就重视档案的鉴定工作，并通过对红色档案形成的前期控制，从源头提高鉴定工作和红色档案的质量。

3.1.2　定期开展红色档案价值鉴定工作

对于没有价值的档案要敢于果断销毁，对价值重大的档案要有针对性地重点保存，不要机械地遵循传统的“就高不就低”的鉴定理念。通过分阶段开展鉴定工作减少鉴定工作的强度和压力，从而间接提高红色档案鉴定工作的质量。

3.1.3　积极开展红色档案价值鉴定理论的研究工作

我国的档案价值鉴定工作因起步较晚而缺少经验，针对红色档案的鉴定工作更是无从借鉴，因此必须加强相关理论的研究和探讨，将在实践中得到的经验和教训及时转化为理论，并开展前瞻性的理论研究，用科学正确的理论为红色档案再保护提供强有力的引领和支撑作用。

3.1.4　培养高水平的红色档案价值鉴定的组织力量

高水平红色档案鉴定组织力量不仅要具有丰富的档案专业知识、一定的业务能力和新型鉴定理论和工具的掌握能力，还要具有戒骄戒躁及平和稳定的心态。高素质的鉴定人员能够使红色档案价值鉴定工作的质量和效率都得到相当的保证。

3.2　用口述档案弥补红色档案资源不足

随着红色档案保护工作的不断深入，口述档案成为红色档案保护的重要形式之一，也是红色档案项目传承和研究创新的一种重要媒介。运用口述档案理论进行红色档案的再保护需要从宏观和微观两方面推进。

3.2.1 宏观上要求档案部门注重保持红色档案传承人口述档案的特性

具体包括：①原始记录性。这一特性不仅是档案的根本属性，也是红色档案传承人口述档案可以作为档案保存的根本原因，要求其在形成过程中必须是收集第一手的资料，没有经过后来的加工修改，具有重要的凭证价值和情报价值。②活态性。红色档案传承人口述档案在形成后并不是一成不变的，而要随着红色档案的继续发展传承不断地进行增加和丰富，同时随着红色档案传承人的代代相传，相关口述档案也要更新换代。③针对性。红色档案传承人口述档案并不是对传承人个人生平事迹的普遍记录，而要针对与红色档案有关的记忆和技术等来记录保存。从而可以使红色档案传承人口述档案与普通的人事档案区分开来。

3.2.2　微观上要求采取必要的措施保障红色档案口述档案质效

具体分为以下几个方面：①形成一定的口述资料采集梯队。优先对高龄和年老体弱的红色档案传承人进行口述资料的采集，从重要的核心人开始，通过访问来进行查漏补缺的丰富内容。②多方比对访问所得资料。红色档案口述档案最明显的弱势之一就是其真实性和准确性难以保证。为此，在面向红色档案传承人收集资料的同时，要多方面进行资料采集，通过多方资料的比对来提升口述档案的真实性。③规范红色档案口述档案的建档流程。不仅需要相关领导部门出台有关标准和指导意见，从宏观上规范建档流程，还需要将红色档案口述档案的建档工作进行细分，从微观上明晰建档流程的阶段性、细节性。④加强红色档案口述档案的宣传和研究工作。吸引更多的主管部门注意和社会关注，从而获得较多的公众支持和资金扶持。此外，大力开展相关理论研究，为该项工作提供强有力的理论支持和实践指导。

3.3　借鉴隐性知识显性化理论实现红色档案外化物质再现

红色档案偏重于以非物质形态存在的精神领域的创造活动及其结晶，往往无法触摸，难于把握，容易被忽略，甚至易受到损坏而不被觉察。为此，将红色档案从“非物质”到“外化物质再现”非但可能而且必要。档案可以被视为是显性知识的一种典型代表，档案界有着丰富的显性知识管理经验，但对隐性知识的管理经验较为缺乏，涉及隐性知识显性化的相关工作则更是缺少理论指导和实践经验。为此，借鉴隐性知识显性化理论实现“红色档案”的外化物质再现。

3.3.1　建立扁平化的红色档案管理结构

红色档案“档案化”管理要把垂直管理变为扁平化管理，打破横向结构的壁垒，减少纵向结构的层次，从而形成扁平化、分布式的档案管理结构，促使红色档案管理各部门和各成员对有关知识的占有和交流均等化，便于各部门、成员之间的社会合作。同时，将零星的知识加以整合，有效的交流合作更能促进红色档案实现隐性知识的显性化。

3.3.2　创建具有特色的学习型红色档案管理组织

在创造扁平化的管理结构的同时，还应将红色档案部门建设成为学习型组织，使部门成员不断学习进步，进行知识更新，从而为红色档案的隐性知识显性化创造良好的氛围。依靠单个档案人员的努力是无法实现红色档案隐性知识的显性化的，必须要形成团队合力，通过整个部门的共同努力来弥补个人工作的不足。

3.3.3　以现代科学技术助力红色档案隐性知识实现显性化

现代信息技术（如互联网+、区块链以及人工智能等）的广泛运用，极大地促进了隐性知识的创造传播及其显性化的速度和质量。红色档案管理部门要根据自身的任务和目标，统筹考虑技术和资金等条件，利用不同的专家系统和通信网络建立红色档案隐性知识数据库等新兴辅助管理工具，提升隐性知识显性化的速度。

注释及参考文献

[1] 张海涛. 让红色档案汇聚奋斗的力量[J]. 人民论坛,2017(30):138-139.

[2] 林子. 红军文化遗产保护利用与民族地区脱贫攻坚新路——以贵州省为例[J]. 贵州民族研究,2018(1):179-183.

[3] 文雯,史怀昱,贾梓苓,王崇旭. 新中国的曙光从这里升起——米脂县杨家沟红色历史文化名村保护的智慧内涵探析[J]. 城市发展研究,2021(9):1-6.

[4] 刘建平. 新农村建设中红色档案法律保护的经济学分析[J]. 经济地理,2008(6):1049-1052.

[5] 邓凌月. 加强红色档案保护地方立法研究[J]. 理论学刊,2018(4):93-100.

[6] 王治涛. 洛阳红色档案的分类和保护[J]. 地域研究与开发,2014(1):68-71.

[7] 刘乃美,张建青. 高校外语教师学习共同体中隐性知识显性化研究[J]. 外语教学,2016(4):51-55.

活用本土红色档案资源延展学校德育工作路径

——以杭州市萧山区为例

杭州市萧山区教育考试中心　林　业

摘　要： 红色档案是中华民族在中国共产党领导下在长期的革命斗争和国家建设中不断发展壮大的精神财富，蕴含着丰富的革命精神内核和宝贵的先进文化内涵，是红色文化和红色基因的重要载体，有着不可替代的育人价值。中小学生是中国特色社会主义事业的建设者和接班人，是民族的希望、祖国的未来。在新时期，活用本土红色档案资源，多维度融入中小学德育，科学延展学校德育工作路径，让青少年多途径接受厚重红色文化的滋养，赓续红色血脉、传承革命精神、厚植爱国之情、点燃信仰之灯，实现红色档案在中小学德育工作中的价值最大化，力促他们能够成长为担当民族复兴大任并实现伟大中国梦的时代新人。

关键词： 红色档案；提升；德育工作

红色档案，是指中国共产党在领导革命、建设和改革的历程中留下的历史遗迹遗址、实体文物和人物的精神等珍贵资源，包括一些文字、图表、音像实物等原始的历史记录，具有重要的保存价值和历史意义[1]。

习近平总书记在中央政治局第三十一次集体学习会议上强调，要用好红色资源，赓续红色血脉，努力创造无愧于历史和人民的新业绩[2]。借助红色档案在中小学开展德育工作，让学生感受中国共产党历经风雨，领导中华儿女英勇抗战，并不断成熟和壮大的艰辛历程，是塑造青少年优良品质并激励其健康成长的需要，对培养青少年树立远大理想和坚定信念、树立正确的人生观和价值观、传承和弘扬优秀传统文化起到事半功倍的成效。

1. 红色档案资源融入中小学德育工作的现状分析

充分认识和分析红色教育在中小学德育工作中的现状，是实现红色档案资源育人价值最大化的前提。

1.1 红色教育氛围不浓

受传统教育观念的影响，一些家长、学生，甚至有的老师只是重视学生分数的高低，认为只有成绩好才是硬道理，他们普遍忽视了对学生人格品质的塑造。殊不知，思想品德教育是素质教育发展的基础和灵魂，而红色文化教育恰是品德教育的重要组成部分。但是，相当多的学校对此认识不足，未能充分认识到红色文化的教育意义和重要价值。再加上现在的学生基本都是“00 后”，有的甚至是“10”后，他们从小就生活在优越的家庭环境之中，很难真正体会到革命战争年代的艰辛以及革命志士磐石般的信念，对于红色文化的认同感很低，更谈不上传承红色基因，赓续红色血脉了。

1.2 红色教育内容匮乏

在萧山，有不少学校，他们的红色教育内容仅仅来源于思想政治课教材或是历史课教材。这类教材是面向全国范围内的学生，内容不够丰富，更不具备地域特色。因而学生便会觉得课本上所载述的红色革命历史及红色精神与他们的生活相去甚远，导致学习的热情不高，甚至可能会引起反感，不利于红色革命文化的弘扬与红色基因的传承。

1.3 红色实践形式单一

萧山大部分学校的红色教育依然局限于让学生聆听红色讲座、诵读红色故事、传唱红色歌曲方面，无法让学生多层次、多角度、多方位地感知红色优秀传统文化，红色优秀传统文化不能实现落实于行、融入于心。[3] 红色实践也仅限于一年一次的清明节烈士陵园扫墓、参观革命烈士纪念馆以及学校的三会一课等形式，年复一年，千篇一律地简单重复着。并且，学生们在参加此类活动时，与场馆内工作人员的互动交流也较少，难以产生精神上的冲击和心灵上的震撼，导致广大学生对红色教育的共鸣度与认同度不高，难达成红色育人的目的。

1.4 红色资源挖掘不深

尽管萧山红色档案资源十分丰富，且呈一定的时间连续性，包括建党初期、革命战争时期、新中国改造和建设时期等不同年代的档案。但这些红色档案未能得到充分挖掘和整合，也未能将红色元素深度融入学校的德育教育中去，不少红色档案的价值和内涵不能得到很好地呈现。从屈指可数的已开发利用的红色档案课程资源来看，也还存在着资源利用效率低、优势发挥不充分、育人功能被削弱的现象。

2. 红色档案融入中小学德育教育的重要意义

红色档案资源作为一种客观存在，记录着中华民族波澜壮阔的历史，展示了建党百年的峥嵘岁月，流淌着红色基因的价值意义。[4] 这些红色档案是历史的见证，是红色文化和革命精神的物质载体，具有着得天独厚的育人价值和实践功能。在中小学德育工作中融入红色档案内容对学生传承和弘扬优秀传统文化、树立正确的民族精神、形成健全的人格都具有积极的推动作用。

2.1 有助于增强中小学生的理想信念

以史为鉴，可知兴替。中国共产党能在长期的革命和建设中历经万千磨难、经受层层考验后得到成长和壮大，就是因为党和人民坚定的信念。借助红色档案，中小学生接受红色文化的熏陶，聆听本土先烈的英雄事迹，传承红色基因，有利于培养爱国主义情感，增强对党、对国家和家乡的认同感与归属感。使青少年树立正确的家国观、民族观、文化观和历史观，帮助学生树立心怀家国天下的远大理想信念[5]。

2.2 有助于树立正确的社会主义核心价值观

红色文化是社会主义核心价值观的来源之一，红色基因在道德育人方面本质上又与社会主义核心价值观是一脉相承的。然而，西方某些敌对势力不断通过“毒教材”和网络空间向我国青少年灌输动摇其人生信仰和价值取向的信息与内容，对他们的人生观、价值观和世界观产生了强烈的冲击。因此，将红色档案融入中小学德育中，弘扬以伟大建党精神为源头的中国共产党人精神谱系，用好、用足红色档案资源，推行爱国主义理想信念教育制度化、常态化，持续抓好党史、新中国史及改革开放史的教育，引导青少年学生学史爱党、知史爱国，有助于他们树立正确的社会主义核心价值观，重拾我党的一些好思想、好传统、好品质、好作风，努力成为有理想、有追求、有情怀、有责任、有担当的时代青少年。

2.3 有助于传承和发展中华优秀传统文化[6]

中华优秀传统文化是中国共产党和中华民族的根与魂，红色文化又是传统文化中最精华、最有价值的部分。中小学生是传统文化的继承者和弘扬者，在中小学开展红色教育，就是在尊崇中华优秀传统文化、尊重中华民族的历史根脉与精神追求的同时，在红色档案中发掘先烈的奋斗历史，以爱国主义精神厚植家国情怀，从而让中华优秀传统文化在中小学生身上焕发出勃勃生机，使源远流长的中华优秀传统文化得以薪火相传、生生不息。

2.4　有助于中小学生建立高度的文化自信

习近平总书记在党的二十大报告中强调，“推进文化自信自强，铸就社会主义文化新辉煌[7]”。文化自信自强是一个党派、一个民族、一个国家在发展前行中最基本、最深沉、更持久的隐形力量。青少年是党和国家的希望与未来，中小学校承载着培养学生建立高度的文化自信与文化自强的历史使命。红色文化在形式与内容上有着特定的物质载体与独特的精神内涵，其在历史导向、文化传承、记忆建构及价值引领等方面与培养中小学生文化自信和文化自强高度契合。红色档案作为红色文化的物质载体，主体先进性孕育着价值先进性，能够在最大程度上激发学生的家国情怀与爱国热情，是增强中小学生文化自信自强的力量源泉。

3. 红色档案推动中小学德育工作的策略与途径

杭州萧山是八千年跨湖桥独木舟文化的发源地。在这片美丽富饶的萧然大地上，留存着大量的红色记忆——衙前农民运动纪念馆、河上中美合作抗战纪念馆、义桥革命历史纪念馆……在这片热土上流淌的红色精神血脉，理应生生不息、代代相传。

3.1　敞开校门，把红色档案中的红色精神请进校园

一是邀请区内健在的抗战老兵进校作报告。据不完全统计，萧山健在的抗战老兵不下 20 人，他们就是一卷卷活的“红色档案”。如果能有幸邀请到抗战老兵现身说法给在校学生口述抗战传奇故事，对学生而言，这无疑是一道道回味悠长、撼动心灵的精神大餐。通过老兵的口述，这段红色历史的韵味将更加厚重，所呈现的精神力量也更加令人信服，无形中增添了德育工作的实效。二是举行红色档案里的记忆专题讲座。邀请本土党史专家学者以诸如“萧山党史百年”“衙前农运红色档案挖掘”“中美合作抗战档案背后的故事”等为主题开展系列红色讲堂，深挖萧山本地红色档案蕴藏的革命精神与教育价值，加深学生对家乡革命历史文化的了解，让学生系统接受红色精神感染，推动红色教育的持续发展。三是举办红色档案进校展览。邀请萧山档案馆、革命历史纪念馆等来校举办红色档案史料展。结合现代多媒体信息技术，通过声、光、电等手段，使档案展览更加逼真、生动，进一步开阔学生视野，激发学生爱国爱家爱校的情怀，帮助学生扣好人生的“第一粒扣子”。

3.2　走出校门，把红色档案中的红色基因融入生活

“纸上得来终觉浅，绝知此事要躬行。”同样，在中小学德育教育活动中，要想让红色文化真正融入学生的心田，只靠理论讲解、口头传授是不够的，而是需要在实践活动中来落实、渗透，实现红色文化的内化、吸收。[8] 首先是走出

校门开展红色主题纪念活动。如利用重大革命历史事件纪念日以及建党、国庆等法定和传统节日，开展"追忆革命先烈、踏寻革命圣地，重温红色党史"为主题的团队活动[9]。每逢清明，萧山很多中小学都会组织学生到位于北干山麓的革命烈士陵园扫墓，缅怀革命先烈的丰功伟绩，感受先辈的革命精神，体验战争年代革命志士的忠诚和信仰，找到为党为国和社会主义事业奉献青春与热情的初心。其次是利用暑假举办诸如"六个一"的军事夏令营活动。通过"重走一次红军路，体验一顿红军餐，学唱一首红军歌，观看一部红军影片，聆听一堂党课，模拟一次入党宣誓"的体验式教育，寓红色教育于丰富生动的活动载体之中，走进革命英烈的精神世界，接受灵魂的洗礼。再次，可打造爱国主义教育基地。根据萧山本土特色，发挥地域优势，利用各种纪念馆、博物馆、省法纪教育萧山基地等，因地制宜设置和开辟现场教学点，把红色资源整合到德育教育中。如围绕某一陈列主题结合现场讲解，在声光电技术的配合下，还原当时的历史全貌，让学生置身其中，在与革命先烈的时空对话中得到精神的净化。引导学生在红色场馆里实地研学，让学生在特定的时空环境中，从"游中学"、在"学中做"，从而实现"做中传"，达到寓教于游、润心无声的效果。

3.3　注重宣传，利用红色档案讲好家乡发展的故事

一是成立红色文化宣传社团。在德育教师的指导下提炼与校园文化相契合的红色标语，充分利用学校的每一面墙、每一道廊、每一步台阶，通过张贴红色标识，绘制红色画卷的形式，融入红色文化，让学校的建筑物都能开口说话，并不定期更换，达到红色校园环境育人的目的。二是设立学校的红色节日。在设定的节日里开辟红色档案宣传专栏，开展丰富多彩的红色主题活动，如唱红歌、诵经典、演红剧、感党恩等，营造红色文化氛围，力求把红色文化打造成为校园的主流文化。三是演绎红色文化经典。设立红色广播站及电台，利用课间及午间，在校园广播或电台播放红色题材歌曲及革命文学作品、革命人物传记等，宣扬红色经典中所蕴含的对理想和信念的坚守、对光明和自由的向往，以及革命志士身上所体现出来的爱国主义、甘于奉献的崇高精神，让学生在红色经典中受到启迪和感染；开设《启封红色档案，追忆红色历程》直播访谈栏目，不定期邀请校外专家或选派党员教师走进直播间，以讲述、访谈、互动的方式把零落的档案史料串联起来，将萧山革命历史事件融入访谈节目中；组织师生通过舞台剧的形式，演绎鲜活的革命故事，让红色文化潜入学生的耳朵里，浸润到心田里，打通党史普及教育的"最后一公里"，使红色基因"声"入人心，让学生在潜移默化中实现对红色精神的参悟，促进红色精神的内化和吸收。

3.4　挖掘资源，结合课改把红色档案谱入德育教材

课堂一直是红色教育融入德育工作的主阵地。但是，不经整合提炼的红色档

案资源必定是一盘散沙，其育人价值和育人效果都将大打折扣。萧山有着悠久的革命历史传统和鲜明的革命抗争精神，其红色文化品质纯正且独具特色，是本土学校开展爱国、爱党和爱家乡教育的宝贵物质财富和精神财富。据统计，萧山的革命历史文物、旧（遗）址共有46处，覆盖了全区15个镇街。因此，各中小学可以与区委党史研究室、区档案馆合作，邀请研究萧山红色文化方面的知名学者和德育专家，根据萧山的红色文化特点，挖掘本土红色档案资源，选择符合学生身心发展特点的史料，撰写适合本校的红色文化德育教材。让学生在学习先辈们为争取革命胜利和人民自由而前赴后继的英雄事迹中吸取精神力量、传承革命遗志，勇担新时代赋予的使命与重任，好好学习，以便将来在为党、为国家、为家乡奋斗的事业中绘就好自己出彩人生的路途中不断积蓄力量。

3.5　利用网络，延伸红色档案优质资源的教育触角

新时代，利用现代网络科技手段让红色资源“活起来”是传承红色资源的有效路径。[10] 在这种理念的指引下，让红色档案资源插上互联网的翅膀，能够产生意想不到的效果。其一是可以创设红色档案网上展厅。让学生利用周末，在紧张的学习之余，足不出户便可以便捷地进入展厅吸取红色养分。如果再结合虚拟技术，将萧山的革命历史遗址、遗迹以与场馆等资源搬上网络，让学生产生身临其境的感觉，在不知不觉之中便能补充到精神之“钙”。其次是创建红色档案微信公众号、抖音号。不定期推送红色档案资源信息，包括视频、音频、图片及文字等形式，主要是党史学习、读档解档、听唱红歌等，突破时间和空间的限制，使得学生在互联网平台上思维得到最大化的拓展和延伸，并取得大量的红色文化知识的积累，感受到以往课堂教学中难以体会到的红色革命文化精神。再次，可以策划推出移动端党史知识竞赛、清明网上祭英烈等形式的活动。帮助学生在活动中感受先烈的高贵品质和英雄气概，引导学生培养爱国主义精神、树立远大理想，将社会主义核心价值观内化于心、外化于行，提升中小学生德育教育的实效。

4. 结语

利用本土红色档案资源延展中小学德育工作路径是一项长期而复杂的系统工程。学校和教师务必积极探索并不断创新优化红色档案与德育教育相融合的各种途径，精心设计，精准实施，将红色基因与学校校情、学情有机融合，建构出具有校本特色的全方位、多层次的“红色德育”教育体系，进一步形成全员、全程、全方位的育人新格局[11]。

注释及参考文献

[1] 宋平. 红色档案与大学生思想政治教育有效结合探究 [J]. 档案管理, 2015 (7):92-93.

[2] [4] 宋立峰. 红色资源用于思政课实践教学的价值、路径与原则[J]. 中学政治教学参考,2023(11):33-36.

[3] [8] 魏治业. 如何将红色优秀传统文化融入学校德育教育[J]. 学周刊,2023 (1):97-99.

[5] 甘维新. 革命文化融入中小学德育的多维功能[J]. 教书育人, 2022(11):26-28.

[6] 李育文,李少珠. 红色教育在小学德育教育中的应用实践研究[J]. 新课程导学, 2021(1):71-72.

[7] 习近平. 习近平著作选读:第一卷[M]. 北京:人民出版社,2023:35.

[9] 陆慧芬. 传播红船精神提升育人实效——谈“红船精神”在中小学党史教育中的继承与宣传[J]. 黑龙江史志,2014(7):314-315.

[10] 朱钰,马会仁,陈伟. VR 视角下红色资源的传承与应用[J]. 电脑知识与技术, 2022(32):103-105.

[11] 陆国良. 构建构建“四雅四雅”模式模式,打造打造“红色德育红色德育”——浙江省桐乡市高级中学“红色德育”课程开发的实践探索[J]. 教学月刊 · 中学版,2022 (10):31-34.

数字时代红色档案资源开发利用策略研究

山东省菏泽市鄄城县凤凰镇人民政府　刘继敏

摘　要：为加大数字时代下红色档案资源的开发及利用力度，现对红色档案资源开发及利用工作的发展目标进行归类分析，并围绕工作目标制定有利于推进红色档案资源开发及利用的技术策略、工作策略。对此，本文旨在发挥多元化技术及集中化管理工作模式的优势，探索红色档案资源的开发利用工作体系，最终得出结论，数字时代下的红色档案资源开发利用策略可以分为技术策略与工作策略，两项策略的同步落实与规划，才能够发挥红色档案资源的价值。

关键词：档案资源开发技术；档案资源利用；数字化技术集；档案管理；档案资源服务

1. 引言

红色档案资源作为地方文化的典型代表，对于弘扬地方文化特色、发展红色资源产业具有重要作用。现如今，各地区红色档案资源的开发利用方法与途径欠缺，造成红色档案资源的价值无法在地区发展的道路得到充分体现，对此，各地区需要发挥数字时代下的技术及工作模式优势，打造出能够适用于现阶段红色档案资源开发的技术方案。在此过程中，数据挖掘技术、云技术、互联网及媒体技术等与红色档案资源开发工作的适配性较强，值得在各地区档案局的档案资源开发中得到广泛应用。

2. 数字时代红色档案资源开发利用目标分析

2.1　实现档案资源管理集中化

档案资源管理集中化是发挥红色档案资源价值的前提条件，将整合各地区红色档案资源作为新时代档案工作的新目标，能够进一步丰富档案资源开发及利用的工作成果，其主要依据有：首先，数字时代下的档案集中化管理能够突破旧时代打开人工管理的局限，将档案资源分散、档案资源缺失等一系列问题一一解决，从而利于红色档案资源的传播及学习。其次，数字时代下将红色档案资源实现集中化管理，有利于相关部门进一步挖掘红色档案资源中潜在的红色文化及历史，从而在利用红色档案资源发展社会的同时，赋予红色档案资源开发工作相应的信息依据及途径。因此，数字时代下，实现档案资源管理集中化是一项关键的工作目标。

2.2　提升档案资源收集广度

为加强红色档案资源的完整性、实际上，现阶段需要各地区发挥数字时代下的媒体及网络技术优势，不断提高红色档案资源的收集力度以及扩大征集广度，才能够避免红色档案资源出现大量流失的现象。可参考的依据有：成武县等多个地区在红色档案资源开发上迎来资源残缺的挑战，即收集的红色档案资料及信息并不全面，内容完整的档案资源项目数不足 60%。在这样一种背景下，数字时代下的红色档案资源开发，更需要关注档案资源内容的完整性，这就要求各地区以提升档案资源收集广度为目标，利用多元化的信息及网络技术获得更具价值及完整性的红色档案资源。

2.3　展现红色档案资源潜在价值

红色档案资源具备潜在的文化价值及经济价值，在数字时代下，通过多样化途径对红色档案资源进行宣传与推广，才能够使更多的人认识并了解红色档案资源，继而发挥出红色档案资源的实际价值。以展现红色档案资源潜在价值为目标，有效实施红色档案资源的开发及利用工作，是现阶段应当关注的工作要点之一，主要的依据有：在数字时代下，红色档案资源实现产业协同化是一项全新的发展趋势，据不完全数据统计，东明等地区 2022 年的红色档案资源协同产业经济相较以往增长 13.7%，红色档案资源在各行业中的普及率增长约 6.4%，这样一种发展趋势标志着：红色档案资源在助推现代化发展及社会建设的道路中仍具有潜在价值，因此，数字时代下，红色档案资源开发应当以挖掘资源潜在价值为目标。

3. 数字时代红色档案资源开发技术策略

3.1　数字化加工的应用

利用数字化加工技术能够实现红色档案资源内容的有效收集与处理，在新时代的发展背景下，只有通过红色档案资源加工，将当前各地区已有的红色档案资源进行有机整合，并且逐一转化为影视、图像、文件等类型的档案资源，才能够使红色档案资源逐渐应用到多个行业中。而在开发红色档案资源的过程中，可使用的典型数字化加工技术有 OCR 技术，该技术能够用于红色档案扫描、建库、采编等，将现阶段已有的纸质红色档案资源转化为数据及文件，使红色档案资源能够以数据的方式应用到更多的领域当中。可使用 OCR 技术进行红色档案资源加工的依据有：济南市档案馆采用的档案处理技术为 OCR，通过该技术对旧式红色档案资源进行归档与采编，以一式一份的形式将红色档案资料进行归档分类，便于各部门调取红色档案资源开发城市文化项目，并且取得修复红色历史文件 36 份、新增红色档案文化项目 80 余项等工作成果，为当地红色档案资源的开发与利用树立了良好的开端。

3.2 数据挖掘技术的应用

数据挖掘技术能够用于红色档案资源的开发工作，帮助相关部门捋清红色档案资料的关系及发展脉络，并整合为红色档案资源集，便于研究与利用。能够用于红色档案资源开发的数据挖掘技术有 Data mining，即 DM 技术，该技术能够通过网络及应用服务器等多个途径，对各地区红色档案资源进行归纳与分析，形成可视化的红色档案资源模型，并根据分类、聚类等筛选方式，将一些未能统计在案的红色档案信息通过网络的途径进行补充，以便于相关部门开发出更多具有价值的红色档案资源。如：临沂地区基于 DM 数字挖掘技术，对红色档案当中的“红色村落及地名册信息”等资源进行调查与挖掘，并根据已有的红色档案资料描述，获取共计 103 项符合当地红色村落档案信息的文件内容，在众多文件资源的补充下，有关红色村落与地名册信息的档案资源内容有效补齐，成为该地区红色档案资源开发工作的又一成果。

3.3 语义网技术的应用

语义网技术可以作为红色档案资源开发的关键技术途径，帮助相关部门进行红色档案资源的开发与录入。主要的做法为：相关部门运用语义网开发红色档案资源的管理系统，利用管理系统中的 RDF+chema 层将网络当中具有价值的红色档案数据内容、结构进行分开显示，并且通过对红色档案资源的逻辑推理，整合其中具有关联的红色档案资料，最终得出的红色档案资料能够形成完整的资源构架，使用到各个领域当中。具体案例有：日照市通过发布红色档案征集公告，获得共 721 份红色档案的口述资料，其中，语义网技术将 721 份红色档案资料进行整合，并且构建出档案资料中涉及的人物关系、事件脉络，并且通过口述档案当中的人物、时间以及地点等因素，统一档案资料中的零碎信息资源，得出完整的红色档案文件共 300 余项，成为该馆红色档案资源开发工作的新成果。

3.4 云平台技术的应用

云平台技术能够作为连接红色档案资源及各行业领域的桥梁，使红色档案资源能够利用到各个领域当中，助力开发更多的红色文化项目，从而发挥出红色档案资源的价值。借助云平台技术发挥红色档案资源价值的做法有：打造地区红色档案平台，形成地方红色文化特色；打造数字化文化产业平台，利用红色档案资源开发文创产品……具体的案例有：菏泽地区基于市档案馆收藏的红色档案资源《冀鲁豫日报》《郭心斋同志工作笔记》等，打造出《山东省珍贵革命历史档案文献遗产名录》，为突出这一些红色档案资源的价值，相关部门通过打造革命历史档案服务平台，配合 VR、AR 等技术进行红色遗址、文集资料等的还原，而大众可以通过参观数字化云平台的方式，观摩并欣赏这些珍贵的红色档案资源，真切地感受其中的红色文化传承，并且提高了该地红色档案资源的利用效率。

3.5 新媒体技术的应用

宣传与继承是利用红色档案资源的一种重要方式，通过加大红色档案资源的宣传力度，能够帮助地方树立典型的红色文化形象，并且提高地方红色档案资源融入产业的可能性。为此，各地区应利用新媒体技术来发扬红色档案资源的价值，例如，济宁地区借助新媒体技术，实现线上线下协同利用红色档案资源，并且将档案资源对接各大新媒体平台，从而利用红色档案资源来获取更多的效益。典型的做法有：济宁红色档案馆开放公众号、短视频、直播以及新闻等媒体，与当地档案馆、红色资源纪念馆、红色资源博物馆进行对接，于 2022 年 5 月至 12 月共打造 200 余项红色档案资源网络宣传项目，这些项目同时也与当地教育、商业等行业存在关联，有效地发挥出红色档案资源的经济价值及文化教育价值。据统计，通过应用新媒体技术加强红色档案资源的利用，使当地红色档案资源的媒体普及率提高 16.8%，以红色档案资源为主题的线上创意活动数量相较以往增加近 30%，成为当地红色档案资源开发利用的又一战略成果。

3.6 数字档案馆技术的应用

数字档案馆技术的应用能够丰富红色档案资源的展览形式，使公众能够更加轻易地认识并了解红色档案资源，从而提高地区红色档案资源的利用效率。以中共一大纪念馆采用的数字档案馆技术为例，该馆通过利用数字档案馆技术建设红色档案资源模型，代替实物展示的方式开展红色档案资源展览，体现了档案资源展览的创意与创新。典型的代表有：该馆红色档案资源《光荣之城》的展览项目借助数字档案馆技术中的虚拟现实技术、数字沙盘等，为公众描绘出一幅幅红色故事的画面与革命先烈的足迹，配合实景模拟的方式令人感到耳目一新。其次，通过在红色旅游项目中融入数字档案馆技术，将红色档案资源作为渲染旅游路途的素材，同样是利用红色档案资源的重要路径。该途径已然在当前的红色旅游开发中得到广泛应用，例如，聊城地区开展的红色旅游项目中，利用数字档案馆技术及光幕投射的方式，实景模拟出孔繁森为藏服务、刘邓大军强渡黄河战役等场景，使得参与红色旅游的观众被如此革命记忆所震撼，并且发挥出红色档案资源在红色旅游项目中的文化价值。

4. 数字时代红色档案资源开发与利用工作策略

4.1 建立数字化档案制度

为了更好地传播红色文化、传承红色档案，各地区需摸清红色档案资源的底数，为红色档案资源的开发与利用提供完善的前提条件。为此，建设数字化档案宣传工作制度的措施必不可少，相关部门需根据红色档案资源的开发与利用情况，制定有利于红色档案资源开发与利用的工作制度。以泰安地区红色档案资源的管理制度为例，其制度内容围绕一管二查三录进行详细规划，即管理并整合馆内红色档案资源；查验红色档案资源完整度，探查民间红色档案资源信息；红色档案资源录入数字系统，红色档案资源录入公众平台，红色档案资源录入统一档案馆。通过完善红色档案资源的数字化工作制度，该档案馆在 2022 年完成红色档案资源开发项目共计 106 项，并利用红色档案资源打造多项新型文创产品及文化项目，有效发挥出红色档案资源的价值。

4.2 开通数字化档案服务

为加快红色档案资源开发与利用，各地区采取的数字化档案服务可以围绕宣传红色档案资源、开发红色档案资源产业等环节进行规划，以保障数字化档案服务工作的便民性、社会性。例如，山东省档案馆联合印发《关于推进红色档案资源开发利用和宣传教育的工作方案》并且在方案的指导下，各部门联合组织红色档案思政课、强国奋斗有我宣教活动、国际档案日系列活动等，并为各项以红色档案资源为核心的活动配置专项服务，如：部门为红色档案宣教活动提供无纸化查档服务、红色档案检索服务，使无纸化查档率高达 76.3%，有效地发挥出红色档案资源的教育及文化价值，并且在数字化服务技术下实现了红色档案资源的高效利用。

4.3 档案宣传协同征集工作的落实

为了给红色档案资源开发与利用工作提供完备的工作条件，相关部门需提前做好红色档案资源的宣传及征集工作，保护早期红色档案资源及资料。例如，在红色档案资源的宣传方面，枣庄多个档案管理机构利用数字平台，如短视频平台、直播平台等，向公众宣传台儿庄战役、抱犊崮抗日等多项红色资源及故事，激起公众对了解红色档案资源的兴趣。在此基础上，多家档案管理机构同步实施红色档案资源的征集工作，接收多家单位的档案资源共 1000 余件，红色档案资源的入馆率更是达到 93.7%，并且完成 8000 余件红色档案重新整理上架的工作成就，为当地继续开发并利用红色档案资源奠定基础。

5. 结语

总的来说，通过同时制定并落实红色档案资源开发技术、开发工作策略，才能够使各地区红色档案资源更加完善，并且利用红色档案资源推动其他产业的建设，提高社会发展水平。结合本文所总结的红色档案资源开发及利用策略要点，数字时代下的档案开发及管理工作能够出现显著革新，形成逐渐完善的档案资源管理及应用模式，相信在不久的将来，各地区能够利用数字时代的技术及工作方法，在红色档案资源开发及利用工作中有所建树。

注释及参考文献

[1] 李军刚,修嘉瑜,范星亮. 红色档案资源数字化开发利用探析[J]. 黑龙江档案,2022(6):13-15.

[2] 李仁海. 数字人文与红色档案资源开发的深度融合[J]. 兰台内外,2022(30):58-60.

[3] 周林兴,姜璐. 红色档案资源开发中的叙事表达研究[J]. 档案学研究,2022(4):4-9.

[4] 陈艳红,陈晶晶. 数字人文视域下档案馆红色档案资源开发的时代价值与路径选择[J]. 档案学研究,2022(3):68-75.

基于网格化管理的红色档案资源整合策略研究

中山大学信息管理学院　陈晓真

摘　要：本文对红色档案资源的概念范畴进行梳理界定，从档案资源整合的研究现状出发，针对红色档案资源整合中存在的整合主体间缺乏合作、整合方式不够灵活、整合技术应用时效性差三个问题，从主体、方式、技术应用三方面提出基于网格化管理的红色档案资源整合策略。在主体上，从由谁整合出发提出进行网格化的组织建设；在方式上，从可以怎么做出发提出整合的行动选择；在技术应用上，从整合后效果如何出发提出利用技术支撑整合成果。

关键词：红色档案资源整合；档案资源整合策略；网格化管理

1. 引言

2023年6月2日，总书记在文化传承发展座谈会上发表重要讲话，要求以守正创新的正气和锐气，赓续历史文脉[1]。为进一步落实国家有关档案工作的重要决策部署，“深入挖掘红色档案资源，建立‘四史’教育专题档案资料库，传承红色基因”[2]，推动档案事业高质量发展，“红色档案资源”概念应运而生，并在实践中得到了广泛应用。

红色档案资源来源于中国共产党，是中国共产党诞生、成长、奋斗光辉历程的真实写照，但关于红色档案资源内涵的阐述不尽一致。倪丽娟[3] 认为红色档案有狭义和广义之分。狭义的红色档案指的是党领导下的革命事业形成的档案，包括革命年代党的领导机关形成的档案，党领导的革命政权形成的档案及革命人士形成的档案等。广义的红色档案则指党领导革命事业、新中国建设、改革开放、新时代中国特色社会主义建设形成的记录，以及反映党领导和推动民族解放、新中国建设、实现现代化和实现中华民族伟大复兴的奋斗历史的档案。在形成时间上，郑慧、农扬宇[4] 认为红色档案资源形成时间贯穿于中国共产党的发展过程，也就是自 1921 年中国共产党成立起至今，但也有研究提出红色档案资源产生于 1919 年马克思主义传入中国后，中国共产党领导中国革命、建设和改革社会主义时期至今。从形成来源上看，红色档案资源围绕中国共产党在经济、政治、文化、科技、军事、社会、生态文明、外事等方面展开已基本形成学术共识。从载体上看，红色档案资源的存在形态不仅包括传统的红色文献纸质档案、保存下来的红色标语等革命实物档案这些物化资源，还包括以红色歌谣、红色戏剧、红色故事等为代表的音像口述类资源，以及新时代以来产生的电子档案资源[5]。从档案种类来看，红色档案资源既包括革命历史档案，又有大量的现行档案。如以中共党史档案资源、新中国史档案资源、改革开放史档案资源以及社会主义发展史档案资源为代表的“四史”档案资源[6]。概括而言，红色档案资源不仅是与革命人物、事件密切相关的，能够反映革命传统和革命爱国精神的那部分革命历史档案[7]，也是中国共产党在革命历史时期与社会主义建设时期于中国革命、发展建设实践中形成的具有保存价值的文字、图像、声像等不同形式的原始记录[8]。因此，本文将红色档案资源界定为：一定时期内中国共产党领导的机关、社会团体及个人在革命、建设、改革过程中创造的，对国家和社会具有保存价值的各种文字、图表、声像等不同类型和载体的资源。

红色档案记载一个民族的历史，承载一个民族的集体记忆，被作为开展党史学习教育的生动教材。为充分发挥红色档案在新时代中的重要作用，对现有的红色档案资源进行整合，构建知识可信化的红色档案资源体系，本文从网格化管理的视角对现状分析后提出红色档案资源的整合策略。

2. 红色档案资源整合研究现状

为探究我国红色档案资源整合的现状，笔者以“红色档案资源整合”作为检索主题词在知网进行检索，检索时间不限。检索结果包括 1147 篇学术期刊、183 篇学位论文、62 篇会议。

在对检索结果进行筛选分析时发现，关于红色档案资源整合研究内容主要包括四个方面：一是档案资源整合的理论研究。在内涵上，戴志强[9] 提出档案资源整合是通过整理与组合，使之结构合理、配置优化的社会系统工程。在模式上，张艳菊[10] 指出档案资源整合分为将分散的档案集中管理的实体整合和利用信息技术建立档案目录中心或共享平台的虚拟信息整合两种模式。在整合机制方面，侍琴等[11] 提出应从红色档案资源的收集、整理、开发、宣传等方面，按照档案管理流程进行整合。安小米等[12] 提出构建信息资源管理协同创新机制是整合与服务的有效路径。二是档案资源整合主体研究。张卫东等[13] 分析基于图档博馆际合作的档案资源整合路径。王玉珏[14] 论述档案资源跨界合作主体要由图档博拓展到企业、媒体等。曹晓丽等[15] 从机构资源整合视角提出与政协、宣传部、党史办等单位交流，互通信息，征集多个部门的红色档案资源。三是档案资源整合方法研究。谭必勇[16] 从书目控制的思想出发，提出构建全国档案（文件）目录中心以实现对全国档案资源的“书目控制”。陈海玉[17] 提出基于 SOA 技术对异构的、不同格式的档案资源进行整合。梁楚晗等[18] 提出利用信息化管理手段整合馆藏并建立富有地方特色的红色档案资源信息资源体系。何振[19] 提出建立资源数字化、管理一体化、服务网络化的资源管理系统实现档案资源整合与共享。徐艳芬[20] 提出通过广泛征集与深入挖掘馆藏以整合红色档案资源。王向女[21] 引入众包模式，打破数据壁垒，实现内容深度联动和资源共享，进而对红色档案资源进行整合。四是档案资源整合标准研究。在元数据方面，杨文刚等[22] 从来源、事由、时间三个维度设计档案元数据核心集；宋欣等[23] 将元数据按照功能分为描述性元数据和管理型元数据；在本体数据方面，赵生辉等[24] 从逻辑框架、数据模板、数据规则和技术体系四个方面提出实现跨系统融合共享的档案数据基因系统；夏翠娟[25] 兼具两者，不仅利用元数据进行结构化数据储备，还通过本体数据兼顾了特定资源类型的个性化需求。

梳理可知，目前档案资源整合理论实践整体趋向于数字档案资源与知识资源整合方向，关于红色档案资源研究侧重于对主体、方法、标准等研究。首先是扩大参与档案资源整合的主体，侧重于吸收多元主体参与，整合主体由档案馆扩大至博物馆、图书馆、政府、社会组织、企业、公众、高校等。其次是重视信息技术在档案资源整合中的运用。通过在不同层次上运用信息技术解决档案资源整合中存在的资源分散异构、平台不一等问题。再者是关注档案资源整合标准机制的构建。档案资源整合标准通过规范元数据、本体数据等以维护档案资源整合的有序性、连续性以及真实性。已有研究对红色档案资源整合的讨论较少，多从档案资源建设的不同视角略有提及，尚未从理论层面对红色档案资源整合的本质、资源特点等基础理论进行系统性的学理概述。

3. 网格化管理视角下的红色档案资源整合

资源整合的本质是将各种不同类型的资源，如人力资源、物资资源、财务资源、技术资源等，进行有效地组合和利用，在资源之间建立有机联系和相互依存的关系，以实现更好的效益和综合效果。“网格化管理”最早来源于 2004 年北京东城区提出的数字化城市管理模式，并在最近几年疫情的精准防控中得到切实运用，其核心内容是将管理对象按照一定标准进行网格划分，使一定范围内的主体形成一个大网格，把网格内的职责事项按照目标梳理分类并适时更新，通过现代信息技术和网格间的协调机制，实现网格单元间的信息交流和资源共享，进而实现资源的整合和管理效率的提高[26]。

根据疫情时期的网格化防控方式得到的启发，从主体、方式、技术三方面对网格化管理方式实现红色档案资源整合的可能性进行学理分析：一是在不触及现有行政管理体制改革的前提下，破除红色档案资源碎片化管理。网格结构内部存在较强的可塑性机制关系，在主体上形成“党委领导、政府主导、部门协同、社会参与”的运行机制[27]，客体上依托各网格主体统筹管理能力实现可预测和可控制的资源整合，整体上走向管理与服务并重的发展轨道，高度契合资源整合的本质。二是以网格化信息系统为基础，实现信息共享和资源再造。目标取向的选择决定了网格化管理的功能特征[28]，如吴静雅等人[29]为实现健康档案的管理，采用了“以房管人，建立责任网格”的方法；李临[30]提出“工程档案管理有网，网中有格，格中定人，人负其责，责有标准”的工程档案网格化管理模式；向春玲[31]将党组织嵌入社区网格化管理提出“红色网格”。这些实践在不同层面实现资源再造，扩展了理论的应用边界，在方式上实现资源数据的挖掘和信息的整合。三是“纵向到底，横向到边”，全方位打通部门、层次和职能。网格单元的主体确认离不开网格划分，根据各地区红色资源的情况及实际工作需要，结合区域各部门总体分布特征及等级分布特征科学划分网络，分别从量上利用空间点格局技术精准识别单元格内可参与的部门数量，解决资源分散分布的问题，实现资源与区域对等；从质上依据各单元网格中整体部门层级进行分级赋值，解决区域经济不协调的问题，最大限度实现资源就地化管理，资源整合能力与财政匹配[32]，在技术支撑下实现红色档案资源精细化管理。因此，网格化管理视角下的红色档案资源整合有其合理性和适用性（见图 1）。

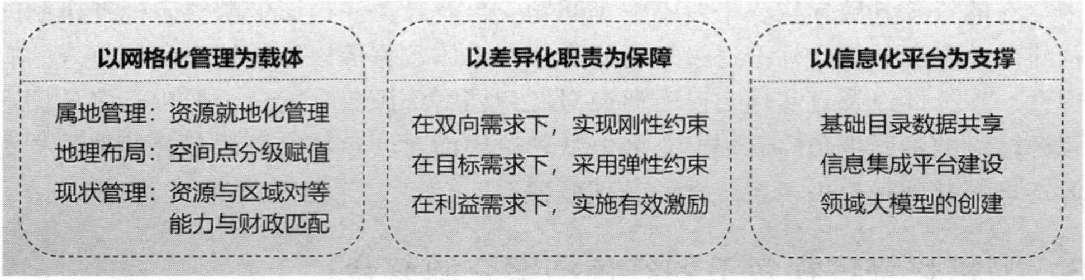

图 1　网格化管理视角下的红色档案资源整合

4. 目前红色档案资源整合存在的问题

目前红色档案工作稳步开展，红色档案资源的保管日益受到重视，但红色档案资源的整合主体大多局限于组织内部，在方式上缺乏深度挖掘和开发，对资源整合与服务目的不明确，在信息技术应用上较为保守，总体水平较低，开发成果形式有限。具体表现在以下三个方面：

4.1 主体之间缺乏合作

整合主体合作的深广度有待加强，开发主体协同不够，缺乏职责明确的工作机制。纵向上，各主体缺乏联动协作，多个主体各行其是，档案资源重复建设。即使有陆续开展合作，但主要以业务合作为主，涉及档案资源整合深层面的合作较少；横向上，跨区域和跨部门的档案资源整合尚未实现。主要是社会范围的部门间缺少必要的合作，区域间资源结构不够合理，整体配置不够优化。

4.2 整合方式不够灵活

整合方式滞后，整合视角狭窄，目标的明确度不清晰，开发内容延伸乏力。对于红色档案资源整合目标尚未厘清，缺乏明确的达标标准和主要用途。整合视角主要集中在革命斗争和爱国主义精神，忽视其他价值。整合过程侧重于集中呈现档案本体，缺乏对隐性与显性知识的挖掘和二次、三次加工重组，档案之间信息关联度不强，呈碎片化状态，难以全面揭示同一主题档案反映的历史全貌。

4.3 技术应用时效性差

整合技术应用程度浅薄，应用范围有限，缺乏统一规范的标准。主要是以数据库为组织形式的档案信息资源在存储格式、显示方式等方面存在着许多不同和不可互操作等特点[33]。在数字化处理缺乏运用信息技术挖掘和关联档案信息的整合应用；整合成果社会影响度不高，缺乏及时更新和维护，时效性不足。

5. 基于网格化管理的红色档案资源整合策略

为通过红色档案整合资源，实现资源的最优配置，提高资源利用率，增强综合竞争力，本文基于网格化管理从主体上的组织建设、方式上的行动选择、技术上的应用支撑三方面提出了红色档案资源整合策略。

5.1 主体上的组织建设

主体的参与始终是资源整合的核心议题。丰富参与主体是实现档案资源整合的首要任务。但现实中各参与主体在目标和利益两个维度存在不同程度的差异，主体之间的张力是影响参与的主要原因。在建设主体上，要求主体多元化，对应主体责任要差异化。一是在双向需求下，实现刚性约束。档案馆、博物馆等单位在组织目标和利益追求的维度上对资源整合的契合度较高，则可以将同一层级、区域较为集中的档案馆、博物馆等单位作为一个网格单元，通过协商灵活选定各代表负责人，设计相关制度明晰相关主体的权、利、责，由各单位或部门负责人统筹协商管理。网格化管理没有增加政府组织层级，也无扩大政府规模。各部门负责人由于是同一层级，资源的来源较为统一，加上地理位置上的相对集中可以避免活动范围泛化，负责人员流动大，在现实层面更具操作性。二是在目标需求下，采用弹性约束。对网格内的其他社会主体不强制参与，没有强制要求，而是采取自愿参与下的共建约束来强化参与动力，实现价值理念的统一。如在网格单元内的文化产业公司想要利用整合的资源，那么在目标需求下文化公司需以自身的能力、技术、资本等方式参与到资源整合的共建过程中来，形成一种弹性约束。再者也可以引导学校参与共建[34]。三是在利益需求下，实施有效激励。整合的资源可以随整随用，如文旅开发等，为网格单元内的主体带来现实可见的整合利益；其次，在资源整合过程中对发挥重要作用的网格单元、单位、企业、个人，给予表彰和鼓励，从激励的角度肯定各网格单元参与主体的付出，进而引导更多主体深度参与进来。

5.2 方式上的行动选择

从目标体系、信息分享、平台共建、资源统筹、机制运行五方面达成整合方式多样化、整合工作经常化、整合内容丰富化、整合主体多元化、整合程序规范化、整合成果效能化。首先是在目标上应确定红色档案资源整合要达到的目标和层次，再将该目标阶段性地、层次性地分解，形成明确可测地目标体系。其次，信息分享机制对整合各方信息具有重要作用。如各网格单元内的主体按照统一规范编制红色档案资源专题目录数据，实现数据的共建共享。紧接着将各网格单元的数据统一到信息集成平台，利用网格技术解决数字信息资源自身的分布、自治和异构问题。在打通各个网格单元的数据壁垒后，从需求视域下出发的红色档案信息资源整合就可以识别用户请求，然后进行动态的资源统筹调度，对所需的数据进行共享，协同解决问题，进行结果的反馈。甚至于可以建立领域性的大模型，利用大模型辅助红色人物故事创作、红色影片剧本的编写、红色文旅的开发等。大模型根据要求从整合的红色档案信息资源中生成有出处、可辨识、能溯源的自动式生成内容，把整合的成果最大化展示出来。

5.3 技术上的应用支撑

网格单元依据资源与区域对等，能力与财政匹配，从基础目录数据共享到信息集成平台的建设再到领域大模型的实现，可以最大限度地发挥出单元网格的优势。如对经济短缺的网格单元，其基础的红色档案资源目录数据的统计要实现。信息的共享在技术上可以依托企业微信、语雀等共享平台，以较低的成本摸清单元网格内的资源建设情况。对自身条件相对成熟的网格单元，在目录共享的基础上，还要实现信息集成平台的建设。技术上，在对集成平台的设计中应提前预留足够的兼容性端口，以便后续单元网格中其他端口的接入；在对数据的处理上，要解决好资源自身的差异性带来的数据异构等问题。如针对资源异构的本体整合技术、为解决资源自治的中介与封装技术以及利用跨库检索、网格技术解决资源分布问题[35]。对经济实力雄厚、龙头企业聚集、“多馆合一”所在的网格单元，则可以发挥自身优势，在实现目录共享、平台建设的基础上，依托第三方服务牵头建设红色档案资源大模型。

6. 结语

红色档案资源助力国家文化软实力提升，单元网格内的相关主体要合力加强红色档案资源的保护，深入挖掘红色档案资源，以喜闻乐见的方式实现对红色档案资源的整合开发利用。网格化管理视角下的红色档案资源整合是以网格化管理为载体，以差异化职责为保障，以信息化平台为支撑，根据属地管理、地理布局、现状管理等综合情况对资源整合主体进行网格划分，在目标、利益、双向需求导向下对不同参与主体实行差异化职责，借助基础目录数据的共享、信息集成平台的建设、领域大模型的构建等信息化技术保证资源整合的时效性和多元化应用，切实为历史研究、教育培养、文化传承和社会服务等提供有力支撑。

注释及参考文献

[1] 中国政府网. 习近平出席文化传承发展座谈会并发表重要讲话[EB/OL]. [2023-07-15]. https://www.gov.cn/yaowen/liebiao/202306/content_6884316.htm.

[2] 中华人民共和国国家档案局. 中办国办印发《“十四五”全国档案事业发展规划》[EB/OL]. [2023-07-15]. https://www.saac.gov.cn/daj/toutiao/202106/ecca2de5bce44a0eb55c890762868683.shtml.

[3] 倪丽娟. 红色档案资源开发与公民国家记忆培育[J]. 档案学研究，2022(4)：10-16.

[4] 郑慧，农扬宇. 红色档案：认知、交集与辨析[J]. 档案管理，2021(4)：19-21.

[5] 黄明嫚. 论口述类红色档案资源的传承性保护——以百色起义红色歌谣为例[J]. 山西档案，2016(1)：85-87.

[6] 翟乐，李金格. 数字人文视阈下红色档案资源的遴选、组织与开发策略研究[J]. 情报科学，2021(12)：174-178.

[7] 程巧. 红色档案的开发与红色旅游的可持续发展[J]. 兰台世界，2009(20)：34-35.

[8] 周耀林，张丽华，刘红. 叙事传输视角下红色档案资源社会共建模式与实现路径研究[J]. 档案学研究，2023(1)：82-90.

[9] 戴志强. 国家档案资源整合的涵义及其运作机制探讨[J]. 档案学通讯，2003(2)：4-7.

[10] 张艳菊. 档案信息资源的整合[J]. 黑龙江科技信息,2011(2):130-131.

[11] 侍琴,宋神恬,卞晶晶,等. 红色档案资源的保护与开发——以扬州市档案馆为例[J]. 档案与建设,2021(2):53-54.

[12] 安小米,宋懿,张斌. 国家数字档案资源整合与服务:概念、路径和机制[J]. 档案学研究,2018(3):81-88.

[13] 张卫东, 孙振嘉. 馆际合作视阈下我国档案文化资源整合路径研究[J]. 档案学通讯,2017(4):63-67.

[14] 王玉珏, 刘佳欣. 国外档案馆跨界合作模式及启示[J]. 档案学通讯, 2017(2):91-95.

[15] 曹晓丽,葛俊. 守护红色记忆传承红色基因——如东县档案馆探索推进红色档案保护与开发[J]. 档案与建设,2020(3):51-53.

[16] 谭必勇,王新才. 国家档案资源整合与共享的控制机制探讨[J]. 档案学研究,2006(4):17-22.

[17] 陈海玉,赵冉,万小玥,等. 基于 SOA 的少数民族档案资源整合及实现路径研究[J]. 档案管理,2020(2):53-55.

[18] 梁楚晗,梁洁. 红色档案信息资源的开发利用刍议[J]. 档案,2011(5):52-54.

[19] 何振,蒋冠. 试论电子政务环境下档案资源整合与共享的实现形式[J]. 档案学研究,2004(4):40-43.

[20] 徐艳芬. 加强地方红色档案建设刍议[J]. 广西民族师范学院学报,2012,29(3):145-147.

[21] 王向女, 姚婧. 长三角地区红色档案资源整合探析[J]. 浙江档案, 2020(2):30-32.

[22] 杨文刚,崔杰,田伟. 档案元数据核心集系统的设计研究[J]. 北京档案,2016(7):12-15.

[23] 宋欣, 鲁国轩. 贝叶档案数字化建设中的元数据研究[J]. 浙江档案, 2021(3):27-30.

[24] 赵生辉,胡莹. 档案数据基因系统:概念、机理与实践[J]. 档案学研究,2021(1):40-48.

[25] 夏翠娟. 文化记忆资源的知识融通:从异构资源元数据应用纲要到一体化本体设计[J]. 图书情报知识,2021(1):53-65.

[26] 竺乾威. 公共服务的流程再造:从"无缝隙政府"到"网格化管理"[J]. 公共行政评论,2012,5(2):1-21.

[27] 曹海军,侯甜甜. 我国城市网格化管理的注意力变迁及逻辑演绎——基于2005—2021 年中央政策文本的共词与聚类分析[J]. 南通大学学报(社会科学版),2022(2):73-83.

[28] 孙柏瑛,于扬铭. 网格化管理模式再审视[J]. 南京社会科学,2015(4):65-71.

[29] 吴静雅,张明君,朱舟娜,等. 健康档案网格化管理模式研究[J]. 中国全科医学,2011(2):224-226.

[30] 李临. 电网企业工程档案网格化管理构想[J]. 中国档案,2018(12):41.

[31] 向春玲. "红色网格":基层党建引领社会治理的新探索[J]. 科学社会主义,2018(5):107-113.

[32] 靖旭阳. 大连市医疗服务设施分布特征及网格化配置研究[D]. 辽宁师范大学,2022.

[33] 张轶洪. 电子政务环境下档案资源的整合研究[D]. 安徽大学,2007.

[34] 舒畅. 红色档案资源融入高校思政课教学的实践路径[J]. 档案天地,2022(11):29-32.

[35] 沈涌. 数字信息资源整合策略与服务共享模式研究[D]. 吉林大学,2009.

新时代高校红色档案开发利用的概念厘定、价值意蕴和实现路径

云南大学历史与档案学院 张铭信 李亚兰

摘 要：高校红色档案是新时代高校不可多得的宝贵财富，是高校档案资源的重要组成部分，对高校红色档案资源进行开发利用具有重要意义。本文对高校红色档案的概念进行了厘定，分析了高校红色档案开发利用的价值意蕴，针对目前研究和开发利用的不足，提出了相应的开发利用实现路径，以期进一步实现高校红色档案的价值。

关键词：高校红色档案；开发利用；价值意蕴；实现路径

2021年7月6日，习近平总书记对档案工作作出重要批示：要把蕴含党的初心使命的红色档案保管好、利用好。红色档案记录了中国共产党的百年光辉历程和重大成就，蕴含着中国共产党人为中国人民谋幸福和为中华民族谋复兴的初心使命，在党史学习教育、弘扬红色文化和传承红色基因具有重要意义。高校承担着为党育人和为国育才的重任，在党的领导下，高校红色档案见证了高校的出生、成长和壮大，记载了高校师生的艰苦奋斗和辉煌成就，蕴含了党的教育理念，积淀了历代师生的宝贵经验，是新时代高校不可多得的财富。本文通过分析当前高校红色档案的研究现状，梳理高校红色档案资源的育人价值，提出了高校红色档案资源开发利用策略。

1. 红色档案和高校红色档案的概念厘定

红色档案是指中国共产党从萌芽到成立至今，其机关、组织以及个人在政治、经济、文化、科技、教育、社会和生态文明等活动中直接形成的，对党、国家和人民具有保存价值的文字、图表、声像等不同形式的历史记录。

高校红色档案是指高校组织和师生在中国共产党的领导下，在人才培养、科

学研究、社会服务、爱国运动等活动中直接形成的，对党、国家和人民具有保存价值的文字、图表、声像等不同形式的历史记录。高校红色档案具有记忆、文化和教育属性，是高校红色记忆的载体和红色基因传承的媒介，是全校师生在特定历史背景下创造的红色文化，记录着与师生密切相关的历史事件和红色人物，是青年学生思想政治教育的生动教材。

2. 研究背景

本文以“主题”为检索项，以“高校红色档案”为检索词，以“中国知网”为检索平台，文献发表时间为2012—2023年，共检索到相关文献70篇，包括期刊69篇，国际会议1篇。根据检索，大部分文献与研究主题不符，如红色档案融入高校思政教育、红色档案助力党史学习教育、红色档案育人等。剔除无关文献后，只有20篇期刊真正反映了高校红色档案这个研究主题。

第一，从发表时间上看，高校红色档案研究起步于2019年冀静《新时代加强高校红色档案资源建设的意义》一文，此后数量一直呈上升趋势，2022年达到发文量的峰值12篇。需要注意的是，数据仅截止到2023年5月初，2023年的5篇并不代表本年的真实发文数量。因此，高校红色档案相关文献发文数量继续呈增加趋势。

第二，从研究内容上看，早期对高校红色档案的研究主要集中在资源建设和资源整合上，例如冀静《新时代加强高校红色档案资源建设的意义》和吕中元《高校红色档案资源的建设路径探析》；随着研究深入，部分学者开始探索高校红色档案育人和文化建设的路径，例如王调江《高校利用红色档案传承红色基因的探索与实践——以南京工程学院为例》和毕鹏瑶《文化自信背景下高校红色档案文化建设路径探析》；基于以上研究作为铺垫，当前研究开始逐步转向档案开发和利用方面，目前研究表现出两个趋势，一是高校红色档案的价值分析，二是高校红色档案的开发利用研究。

第三，从研究案例上看，目前研究案例只有四川大学、上海理工大学、安徽大学、山西农业大学和南京工程学院五所院校，相较于全国3000余所高等院校，研究数量较少，地域分布较为分散，研究分布不均匀。

第四，从研究成果来看，目前并未出版高校红色档案相关的著作；发表期刊层次较低，以专业普刊为主，核心期刊只有一篇；研究成果有待丰富。

综上所述，目前对于高校红色档案的研究才刚刚起步，研究成果较少，研究热度正在不断增加；当前研究地域较为分散，地区间、高校间的合作有待加强；我国高校众多且重视红色档案，对高校红色档案进行开发利用，发挥其思政育人的作用是今后的研究重点。

3. 高校红色档案开发利用的价值意蕴

3.1 高校红色档案开发利用有利于思想政治育人

思想政治教育是高校人才培养的核心任务。新时代对高校思政教育提出了新要求，充分挖掘好、利用好高校自身特色历史资源和红色文化资源有利于提升思政教育水平。高校红色档案承载着高校历史，记录着一代代师生追求真理、热爱祖国和维护正义的事迹，能够为课程思政建设提供丰富的素材，为教师发掘课程的思政元素提供更多思路，有利于弥补理论教学的不足，有利于进一步丰富高校思想政治教育的内容与方法。[1] 将高校红色档案与思政教育相结合，利用翔实的史料、感人至深的红色故事和鲜活的红色人物，将学校的优良传统和师生的宝贵经验传递给学生，有利于牢记初心使命，坚定理想信念；有利于培养正确的世界观、人生观和价值观。湖南大学马院"正红馆"依托关于早期马克思主义传播、社会主义建设、共产党与湖南大学等各时期或主题的红色革命实物资料为主体，构建思政课教学重要基地，创新开展移动党史思政课，以红色文化和百年党史感召师生。

3.2 高校红色档案开发利用有利于红色基因传承

习近平总书记强调，要用好红色资源，传承好红色基因，把红色江山世世代代传下去。从近代史看，高校是学生爱国运动的主阵地，高校学生开展了示威游行、请愿、罢课等多形式的爱国主义运动，有效促进了马克思主义在中国的传播与发展。近年来，各大高校加强对自身红色档案的开发利用，通过新建历史纪念馆、举办红色主体展览、拍摄影视剧和专题片等方式，加强对红色文化的学习研究、宣传推广，让红色资源"活"起来，促进了红色基因传承，如云南大学百年校庆之际，重建校史馆，充分发挥档案的重要价值，运用场景复原、沉浸式空间体验、体感互动屏等多种技术手段，集中体现云大教育救国、为国求贤、振兴边疆的办学成果和经验；修缮云南大学革命烈士纪念碑和李维恭烈士纪念碑，营造良好的红色校园文化，为传承红色基因塑造浓郁的红色教育氛围。

3.3 高校红色档案开发利用有利于文化自信自强

党的二十大报告中指出，推进文化自信自强，铸就社会主义文化新辉煌。高校红色档案植根于优秀的思想沃土，形成了追求真理、勇攀高峰的科学精神，不怕牺牲、甘于奉献的爱国精神和团结统一、爱好和平的民族精神，体现了对中华民族优秀传统文化的继承与发展，是当代社会主义核心价值观的重要组成部分，是实现文化自信自强的重要载体。[2] 档案触发历史、记忆、文化的情感共鸣，构成档案的情感价值。[3] 明确高校红色档案在文化自信自强中的当代价值，加强高校红色档案的开发利用，有利于实现师生的民族认同、国家认同和道路认同，推动早日实现社会主义文化强国的目标。哈尔滨工业大学档案馆在2021年“海洋高校档案里的红色故事主题展”中，展出了来自1980年国防科委发来的“贺电”，“贺电”表扬了合工大科研人员自力更生、艰苦奋斗的科研精神，展现了我国在航天和导弹发射领域的文化自信自强。

4. 高校红色档案开发利用的实现路径

4.1 协同联动，多元主体参与

高校红色档案开发利用涉及多主体、多部门、多学科，多元主体协同合作有利于提升开发成效。协同理论认为在整个大环境中，各个系统相互影响且相互合作，通过协调不同主体形成拉动效应从而推动整体共同发展。[4] 多元主体主要包括政府部门、地方高校、高校档案馆、校史馆、博物馆和高校师生等，明确各主体的功能和在开发利用大环境中的定位，建立多元合作机制，有利于实现高校红色档案开发效率和开发效益最大化。首先，政府部门是高校红色档案资源开发的掌舵者，政府部门应当发挥好统筹规划、协调管理和意识引导的作用，为高校红色档案的开发利用出台相关政策、制定长远规划、做好沟通协调和提供资金支持；其次，其他地方高校是高校红色档案开发利用经验的提供者，充分借鉴其他高校红色资源开发利用经验，有利于为本校红色资源开发利有提供新思路和新视角。再次，高校档案馆、校史馆和博物馆是高校红色档案资源开发的划桨者，档案馆、校史馆和博物馆基于丰富的馆藏资源和专业技术人才，整合人力、物力、财力资源，形成良好的三馆协同合作机制，可以组织开展“数字+红色档案”等数字人文项目，创新红色档案开发利用形式，也可以避免重复开发。最后，高校师生是高校红色档案开发的利用者，档案开发的目的就是利用，开发利用过程要以师生需求为导向，可以避免无效开发。同时高校师生也可以是开发者，将高校师生中优秀人才吸纳到高校红色档案开发的项目中，发挥其长处，用新视角探寻开发利用的新途径。

4.2 提炼特色，打造文化精品

高校红色档案的开发利用必须充分体现学校的特色和精神，打造红色文化精品。档案文化精品是对档案资源进行精心加工而来的。[5] 我国大部分高校办学历史悠久，文化底蕴深厚，在各自发展历程中形成了独具一格的风格和特色，例如学科特色、地域特色、时代特色等，特色资源正是打造红色文化精品的基础。学科特色明显的高校，可发挥自身学科背景优势，将学科特色融入校园文化建设中。北京航天航空大学基于校档案馆馆藏资源，结合空天报国的学科特色，打造了“北航脊梁”工程校园文化艺术品牌项目，创作演出了话剧《百年守锷》，演出覆盖线下观众6000余人，在线播放量近1400万，通过系列文化精品，切实加强了校园精神文化建设，让红色信仰根植于心。高校结合地域特色，也是高校红色档案开发利用的重要方向。延安大学坐落于革命圣地延安，是毛主席亲自命名、中国共产党创办的第一所综合性大学，延安大学发挥红色资源优势，采取文艺表演、志愿服务、经典诵读、读书分享等多种形式，打造校园优秀红色文化活动，如“小红专”网络思政微课平台、鲁艺艺术节、音乐舞蹈剧《延安》、“放飞梦想——延安大学青春歌会”、白求恩医疗队义诊活动等。此外，高校红色档案开发利用的受众群体以青年学生为主，如何吸引青年群体是亟待解决的问题。红色档案文创产品是传播红色记忆的重要载体，不仅有助于人们对档案的印象从传统的文字、视听领域向记忆领域转化，还深受青年群体的喜爱。因此，深度挖掘校园红色档案资源，将校园红色文化与文创产品深度融合，设计理念与时俱进，审美迎合青年需求，打造一系列红色文创精品，有助于吸引青年群体，实现高校红色文创产业的繁荣发展。

4.3 创新形式，强化教育功能

4.3.1 高校红色文化融入思政教育

高校红色档案蕴含着丰富的红色文化，将高校红色文化与思政课程相结合是发挥其教育功能的重要方式。加强红色档案资源融入高校思想政治教育，推动高校思想政治教育传承红色基因，本身就是新时代高校思想政治教育内容创新的题中之义。[6] 一是将校园红色文化编入思政教材，本校红色文化与学生的距离更近，容易引起的情感共鸣，高校应当利用好馆藏红色档案资源、红色档案专题库和相关编研成果，将本校红色人物、红色故事编入思政教材中。二是打造红色校园，利用好校园内的红色建筑、烈士纪念碑遗迹，组织学生定期参观、开展团日活动和红色教育活动，增强学生的参与感和体验感，也有助于增强思政教育实效。还可以通过设立红色文化角、红色文化长廊、命名校园道路和广场等方式将红色校园文化全方位地贯穿于学生的生活之中，树立独特的校园红色文化形象，打造“立体式”的思政课堂。上海交通大学有史穆烈士墓、杨大雄烈士纪念碑、五卅纪念柱和革命烈士群雕，闵行校区南北向道路分别以叔同路、元培路、学森路、文俊路和文治大道命名，结合校训“饮水思源、爱国荣校”命名的思源门、思源湖和饮水思源石碑。

4.3.2 构建高校红色文化专题数据库

开展高校红色文化专题数据库建设，可以整合散存在档案馆、图书馆、博物馆和师生个人手中的档案资源，建成系统化、完整化的数据库，为后续档案展览、校史编研等多种形式的开发利用和发挥爱国主义教育基地作用奠定基础。一是数字化建设，利用数字化技术采集不同形式的红色档案资源。如宁夏大学档案馆启动的“口述档案”采集工作，利用图片、录音和视频等多种方式记录25名老领导、老教师的求学、教学、科研和管理经历。完善红色档案数字化组织标准化建设，采用统一的标准对红色档案进行归类、记录和标引，准确地揭示红色档案资源。二是数据库建设，结合多主体资源共建共享高校间红色档案数据库，实现多源异构红色档案的融合。在此基础上建造红色资源研究平台，为广大师生和其他研究者提供交流、创造的空间。如延安大学档案馆贾翠玲负责组织实施了《延安时期红色文献数字研究平台》，目前已经完成了《延安时期中共中央机关报全文数据库》《中共中央机关报全文数据库（1922.9—1947.3）》19934版面，9466万字，12万多篇文章的录入、校对和分类标引工作。为弘扬延安精神，服务教育、教学和科研做出了积极的贡献。

4.3.3 搭建高校爱国主义教育基地

高校应当充分利用好校史馆和校档案馆，有效发挥其爱国主义教育基地的重要作用。馆藏资源是物质基础，档案馆要加强红色资源的征集力度、扩大征集范围，挑选特色资源，突出教育重点，规划设计展厅，开展红色档案专题展览，以绘画、雕塑、浮雕、场景、模型等表现手段为主，运用LED矩阵屏、AR增强现实、沉浸式体验空间、体感互动屏、互动魔墙、U形屏、大型弧幕等技术手段。积极运用微信公众号、抖音和小红书等新媒体平台，开展线上爱国主义教育，从而吸引更多的师生主动走进来，把档案馆爱国主义教育基地的教育最大化。此外，通过建立健全教育基地管理办法、运行办法等制度，确保爱国主义教育长期有效。例如：延安大学通过《延安大学红色经典艺术教育示范基地建设方案》《延安大学红色经典艺术教育示范基地管理办法》等制度建设，建立了红色经典艺术教育长效机制，确保教育活动能够长期坚持下去。

注释及参考文献

[1] 耿硕. 高校红色档案资源融入课程思政的路径研究[J]. 兰台世界，2023(5)：91-94.

[2] 张运磊. 沂蒙红色档案价值开发与传承[J]. 北京档案,2022(10):36-38.

[3] 徐拥军,张丹. 论北京奥运档案的遗产价值[J]. 档案学通讯,2022(1):4-14.

[4] 李杨,陆和建. 协同创新视阈下图书馆档案馆博物馆联盟建设探讨[J]. 图书馆建设,2017(6):82-86.

[5] 田雪,颜祥林. 档案文化建设内容及特征[J]. 浙江档案,2020(11):30-31.

[6] 苗军,谢雨,金娅琳. 红色档案融入高校思政的价值意蕴、内在逻辑与现实路径[J]. 档案与建设,2022(12):61-63.

红色档案资源整合实践与思考

——以淄川区“红色档案五部曲”为例

中共淄川区委党史研究中心　孙　哲

摘　要：红色档案资源整合是红色文化延续和传承的重要步骤，对传承红色基因，赓续红色血脉具有重要意义。淄川区先后整理出版《红色千峪》《红色太河》《红色淄西》《红色矿区》《红色淄川》五部档案书籍，笔者结合亲身实践，以“红色档案五部曲”为例，对红色档案资源整合中的突出问题进行归纳，并提出用现代化、系统化、创新化、数字化、复合化思维推进红色档案资源整合的对策建议，以期为开展红色档案资源整合工作提供借鉴参考。

关键词：红色档案；资源整合；淄川区

习近平总书记强调，在五千多年中华文明深厚基础上开辟和发展中国特色社会主义，把马克思主义基本原理同中国具体实际、同中华优秀传统文化相结合是必由之路。这是我们在探索中国特色社会主义道路中得出的规律性的认识，是我们取得成功的最大法宝。[1] 中华优秀传统文化是我们党创新理论的“根”，红色文化作为中国共产党在革命战争年代带领下创造的具有中国特色的先进文化，是中华优秀传统文化的传承与创新。而红色档案作为红色文化的主要载体和历史见证，蕴含着中国共产党的初心和使命。因此，做好红色档案资源整合对传承红色基因，赓续红色血脉具有重要的教育意义、警示意义、现实意义。本文作者结合工作实践，以编研出版红色档案书籍为例，对红色档案资源整合工作进行研究与思考，以期为更好开展红色档案整理等工作提供借鉴与参考。

1. 淄川区红色档案资源整合现状及做法

1.1　整合编纂出版“红色档案五部曲”

淄川区位于山东省淄博市中部，区内革命历史悠久，红色资源丰富。对此，淄川区依托革命历史人物、战争事件等红色资源，整合编辑出版发行多部档案书籍，赓续红色基因，传承红色档案文化。2013 年 6 月，印刷发行了 40 余万字的《红色千峪》，以第一手资料记录了众多革命前辈在千峪村抛头颅、洒热血的光辉业绩。2014 年 6 月，由中共党史出版社出版发行了 50.9 万字的《红色太河》，重点记述了太河人民支援革命队伍、奋起抗日、打败反动派的辉煌篇章。2015 年 6 月，由中共党史出版社出版发行了 48 万字的《红色淄西》，详细记述了淄川人民成功开辟清河、胶东通往鲁中根据地的新交通线，巩固壮大淄西抗日根据地的伟大革命事迹。2016 年 6 月，由中共党史出版社出版发行了 47.5 万字的《红色矿区》，突出记述了淄川矿区工人首举鲁中抗日义旗，积极组织抗日武装、参军参战，奋勇支援前线的英雄业绩。2022 年 6 月，由中国文史出版社出版发行了 43.4 万字的《红色淄川》，情景再现了中共淄川地方组织在新民主主义革命时期不惧风险挑战，浴血奋斗、曲折前行的光辉历程，全面回望 28 年来的革命斗争史。历经十年笔耕不辍，淄川区从不同角度、不同领域对辖区内重点特色红色档案资源进行整合编研，并最终全部完成出版发行，在社会引起巨大反响，称为淄川区“红色档案五部曲”。[2]

1.2 红色档案资源整合的主要做法

淄川区坚持统筹谋划、一事一议，突出地方特色，合理确定档案红色档案资源整合内容，以高度责任感、使命感高质量完成红色档案资源收集、编纂、校稿、出版等系列工作。

第一，实行分层次分区域整合红色档案资源。淄川区结合区内红色资源现状，坚持重点突出、统筹兼顾原则，分层次分区域挖掘整合红色档案资源，大力推动红色档案动起来、活起来。淄川区“红色档案五部曲”，按照村、镇、区域、工矿区、全域范围的形式依次整合形成档案资源，既完成红色史料档案征集研究，也进一步挖掘红色档案中的历史启示和经验教训。

第二，实行线上+线下同步整合红色档案资源。淄川区在红色档案资源整合中，坚持线上、线下同步并进。注重“线下”多渠道收集整合，在用好已有红色档案资源的基础上，与档案馆、党校等有关部门协调配合，互通有无，完善红色档案资源数据库。同时，加大与民间团体、学者的交流力度，多渠道收集整合红色档案资源。注重“线上”征集搜集，充分利用网络、微信公众号等，发布档案史料征集启示，收集整合相关红色档案资源。

第三，实行路径优化整合红色档案资源。淄川区在完善红色档案资源管理、收集登记、资源分类、总结等制度，形成工作闭环流程的同时，注重路径结合，保证档案史料齐全准确，主要采用查阅现有文献档案资料、举办专家学者座谈交流会、到各级档案部门查证资料等方式，并对过去有些档案资料中表述不准确的内容，一并进行勘误改正。[3]

2. 红色档案资源整合中存在的突出问题

2.1 红色档案资源集中度较分散

通过工作实践来看，淄川区在区直部门层面，档案、党史、退役军人、文物等部门都有职能业务涉及红色档案资源，但没有明确清晰的主管或牵头单位，只能具体情况具体分析，大多数是各自为战，存在“多龙治水”情况，致使有些档案资源比较分散，各单位自成体系“闭门造车”，存在重复收集、重复整合、记述不一致等情况，浪费人力、物力等资源。在镇、村层面，对档案工作重视程度有限，缺乏有效的整理、保护措施，随手丢弃、保管混乱等情况时有发生，致使红色档案资源流失严重，更谈不上档案资源整合。加之，有的红色档案资源流落在民间、社会，存储散存于个人手中，不愿共享共用，相关部门不能及时掌握相关档案资源信息。种种因素叠加，造成红色档案资源呈现“点状”分散状态，没有“聚点成面”，实现最大化最优化的资源整合。

2.2 红色档案资源整合方式较固化单一

通过工作实践来看，淄川区在红色档案资源整合过程中，整合的工作对象大多是静态的文字、图片、实物等，整合方式多以画册、书籍编辑出版为主，给人以枯燥乏味的感觉，没有太多吸引力、代入感，缺少应用现代化信息技术、虚拟技术等高科技手段，用喜闻乐见、老少皆宜的方式融合整合红色档案资源，整合方式形式较为固化，大多千篇一律，整合时没有与新时代内涵紧密结合，没有延伸挖掘深层次价值意义，没有突出地方独有特色，单纯为了档案资源整合而整合。在红色档案资源整合中还停留在使用电话调度、走访调查、座谈协商等传统收集整合方式上，整合形成的红色档案资源拼凑痕迹明显，存在“拿来主义”情况，甚至在整合中还存在“数据打架”、史料失实、表述混乱等情况，致使红色档案资源整合成效大打折扣。

2.3 红色档案资源整合信息化程度不高

红色档案作为革命年代形成的具有强烈时代感的档案，基本与信息化、现代化没有太多关联。在信息化大数据时代，红色档案资源在整合过程中需要档案工作者一页一页、一张一张、一幅一幅地扫描成照片、文字、影像等，淄川区在面对档案基数较大、任务繁重的情况下，红色档案资源整合信息化总体起步较慢、进程较为迟缓，除了一些极其重要的或急需的档案能够及时数字化外，其余大量的宝贵档案资源正“躺在”库房中休息，还没有实现数字化，红色档案资源数据库建设更是无从谈起，档案资源消失、损毁等风险日益加大。即使在使用已经实现数字化的档案资源时，也存在数据无法读取、格式不兼容、不匹配等情况，“让数据多跑路”的愿景没有实现，有时候甚至起到相反作用。在红色档案资源整合中，档案工作者在使用短视频、区块链、无人机等新媒体、新技术方面还不熟练，受条条框框的约束较多，工作中仍小心翼翼乃至有些保守。

2.4 红色档案资源整合人才较为短缺

通过工作实践来看，淄川区从事红色档案工作的人员构成较为复杂，年龄相差较大，人员“断层”情况比较严重。有经验的老同志已经或即将退休，难以继续贡献力量或不能适应使用新技术等；通过考试新录用的人员，没有实际工作经验，需要慢慢从头学起；有的是岗位调整后新接手工作的，还处在适应学习过程中，多种因素叠加致使专业人才青黄不接，没有形成合理的人才梯队。有时尽管红色档案人才队伍不断壮大，“老中青”三代人才梯队也已逐渐形成，但在具体运转过程中存在人员频繁流动、调动等情况，而红色档案资源整合投入大、见效慢、周期长，致使工作出现脱节、不连续的“无奈局面”。更是有的工作者在红色档案资源整合过程中沦为文字、图片“搬运工”，“拿来多、产出少”，习惯沿用老套路、老办法，走过场应付了事，缺乏专业创新的职业素养。

3. 做好红色档案资源整合的建议对策

3.1 用现代化思维推进红色档案资源整合

党的二十大报告明确指出：“中国式现代化，是中国共产党领导的社会主义现代化。”档案事业作为党和国家工作中不可或缺的基础性工作，也是中国式现代化的重要组成部分。而红色档案作为记录中国共产党领导全国各族人民实现中国式现代化的真实记载，起着举足轻重的作用，这就要求档案部门、档案工作者，要进一步深入学习领会习近平总书记对档案工作的重要批示，强化政治责任和政治自觉，树立现代化思维观念，增强现代化的工作意识、责任意识、时代意识，学会用现代化思维推进红色档案资源整合，真正把红色档案整合好、保管好、利用好，把新时代党领导人民推进实现中华民族伟大复兴的奋斗历史记录好、留存好，更好地服务党和国家工作大局、服务人民群众，让红色档案资源发挥自身应有价值作用。

3.2 用系统化思维推进红色档案资源整合

无论是党史还是档案部门作为研究整合红色档案的重要部门，要提高对红色档案资源的认识，走出红色档案资源整合工作是“一家之事”的认识，要转变思维观念，跳出“档案”看档案，树立系统化思维推进红色档案资源整合。要深入学习贯彻习近平总书记关于“把红色资源利用好、把红色文化传统发扬好、把红色基因传承好”的重要指示要求，秉持档案多元化治理理念，建立领导管理挂帅机制，明确相关部门职责分工，畅通运行体系，统筹抓好红色档案资源整合工作。要积极构建“大红色档案”工作体系，摒弃“单兵作战”，强化“多军联合”，加强宣传、党校、党史、文旅、退役军人、档案等部门之间的交流配合协作，开展多元化合作，共同建立红色档案资源数据库，整合形成高品质红色档案资源，实现数据共享共用，避免重复浪费。

3.3　用创新化思维推进红色档案资源整合

红色档案数量的多少，决定着档案资源整合的丰富程度。因此，档案部门要创新思维，拓宽红色档案收集方式。比如，结合中共中央办公厅、国务院办公厅《关于实施革命文物保护利用工程（2018—2022 年）的意见》《山东省红色文化保护传承条例》等文件要求，开展红色遗存调查活动，摸清红色文化遗存的资源底数、保存状况和管理情况等，为红色档案资源整合提供数据支撑。档案、党史、退役军人事务局等联合开展红色档案资源“揭榜挂帅”活动，组建工作专班，开展红色专题人物、事件研究。档案工作者要在用好手头已有资源的基础上，深度挖掘散存于社会各界的各类红色档案资源资料，加大民间收集力度，拓宽档案接收、征集范围，改变以往被动等待方式，在下村入户、实地考察、借助已有网站、微信公众号建立专门红色档案资源征集栏目等现有方式的基础上，实行“点对点”“人对人”方式向全社会进行专题定向收集，加大工作知晓率覆盖面。同时，要扩大对固态红色档案资源的深入挖掘，多维度、多层次收集相关史料档案，不断充实丰富红色档案资源。

3.4　用数字化思维推进红色档案资源整合

在快速发展的数字信息时代，数字化已成为主流趋势，推进红色档案资源整合数字化任务更为艰巨紧迫。档案部门要通过信息化技术推动红色档案向电子化、数字化方向发展，大力应用云计算、大数据、区块链、物联网等技术，把现有红色实体档案资源转化为数字信息，建立红色档案信息资源数据库、档案信息化系统等，以大数据的形式呈现红色档案资源，以数据平台方式共享红色档案，实现提高红色档案资源价值的目的，使红色档案资源能够为社会提供及时、方便、快捷的服务。要打造全流程电子化工作模式，档案工作者要熟练使用扫描仪、多媒体、录像机等多种设备，从录入、查询、维护等各个环节，全方位实现工作闭环。要探索建设红色档案数字展陈展馆，采用声、电、光、影、图等现代技术，通过 3D 拍摄、VR 技术等，打造“掌上观展”项目、构建红色档案资源地图等，多角度、多视野、沉浸式再现“革命年代战火硝烟”，让红色档案有影、有音、有形，进一步动起来、活起来、亮起来。

3.5 用复合化思维推进红色档案资源整合

做好红色档案资源整合工作的关键在人，专业人才是必要基础。档案等相关部门要注重人才因素的协调和整体的放大效应，要树立复合化思维，多培养复合型人才。要在原有“传、帮、带、练”的基础上，拓宽红色档案人才培养渠道，定期组织开展档案整理业务工作培训、课题研究、研讨会、技能比武等活动，协调引入高层次红色档案资源整合培训项目，邀请行业专家专题授课，开阔档案工作人员视野，提升专业素质素养。要与相关高校开展合作共建活动，在对现有人员进行专题培训，大力培养专业定制人才，尤其是与计算机、信息化、历史学、党史学等学科相结合，实现学用统筹共进。档案工作者自身也要对照工作目标和新时代要求，开拓工作思路，找出工作薄弱环节，采取针对措施，进行专门强化提升，积极发扬兰台工匠精神，全力做好红色档案资源整合工作。

注释及参考文献

[1] 新华网. 习近平总书记在文化传承发展座谈会上的重要讲话[EB/OL]. [2023-06-02]. http://m. news. cn/2023-06/06/c_1129674586. htm.

[2] 孙哲. 地方红色档案资源保管利用研究——以山东省淄博市淄川区为例[J]. 中国档案,2022(4):44-45.

[3] 孙哲. 坚持“一二三四五”工作法 充分用活用好红色档案[J]. 山东档案,2022(2):81-82.

“档案+”视角下红色档案的开发与利用新路径探析

山东省青岛市城阳区自然资源局　赵德章

摘　要：积极加强红色档案的开发与利用，有利于厚植红色历史传承及进一步促进中国式现代化社会建设。档案事业是国家文化遗产的重要组成部分，是保护历史文化遗产、服务社会发展的重要力量。文章以“档案+”视角下红色档案的开发与利用新路径探析为条例方向。对红色档案概念、特点及概念进行分析与研究后，论述了基于“档案+”视角下的红色档案的开发与利用路径，旨在为我国红色档案开发与利用提供理论指导与帮助。

关键词：“档案+”；红色档案；开发与利用；路径探析

1. 引言

“档案+”视角实现了红色档案内容和使用价值得到进一步丰富，相对于以往陈列和展示模式，将红色档案与其他方面知识融合形成更多内容，有利于体现出其自身价值。同时，依托红色档案与其他产业融合，充分发挥红色档案文化、教育价值的同时，可为档案领域自身及其他产业发展带来新红色生机。因此可以看出，“档案+”作为符合时代及顺应时代要求的重要特征，基于“档案+”视角下红色档案的开发与利用，有利于推动档案事业发展。据此，文章以“档案+”视角下红色档案的开发与利用新路径探析，旨在为红色档案工作提供新思路和方法。

2. 红色档案概述

2.1　红色档案的概念

红色档案泛指某一时期内由共产党领导机关、组织及个人，在对敌斗争及政治活动过程中所形成具有保存价值的历史记录。红色档案载体涵盖文字、图像、音视频、实物等多种形式。作为中国共产党诞生、成长、奋斗、践行初心与使命的重要载体，红色档案不仅是一份珍贵党史资料，更是鲜活、真实的历史教材及精神财富。

2.2 红色档案资源的特点

从本质角度来看，红色档案资源包含不同时期、不同地方、不同层次的红色文化资源，可为不同层次、不同类型的主题教育提供丰富素材。改革开放至今，现代化及信息化技术为我国社会经济发展提供了有力支撑，其中信息技术的发展为档案管理工作提供了有力支撑，如电子档案、音像档案的产生。红色档案资源馆藏单位出版发行刊物、举办专题展览、网络平台上发布专题录像资料等，为公众提供多种选择。

2.3 红色档案价值分析

2.3.1 加强党的建设的有力武器

新形势下，如何有效开展红色档案工作已逐渐成为当前党建工作中亟待解决的问题。随着时间的推移，面对的形势及问题也发生了巨大改变，诚然，红色档案资源中的理想信念及革命传统精神对于党政治建设、思想建设都有着非常重要的作用。从 20 世纪 90 年代"学习、政治、正气"，到 00 年代"保持共产党员先进性"，再到"十八大"以来"不忘初心，牢记使命"，以及 2021 年"党史学习"，都是以"四史"为核心，不断地向外输出正能量。习近平总书记指出，"中国革命史是我们学习马克思主义最佳良药"。红色档案作为加强党的建设的有力武器，依托红色档案文化载体可从根本上增强自我净化、自我完善、自我革新和自我提高，通过持续地从红色档案中挖掘政治价值，持续地提高党的政治建设、思想建设水平，从而实现党的建设高质量发展。

2.3.2 承载红色历史的重要记录载体

长期以来，档案作为记录庞大且复杂的历史事件及重大事件的主要载体，习近平总书记在浙江时曾对档案工作提出过"继承历史、总结经验、把握规律、推动各项事业发展，这一切都要靠档案工作来完成"的评价。中国共产党奋斗历程、中国人民解放军 95 年建军史及无数革命烈士英勇事迹，都是通过档案资料方可事先精心记录、保存和生动阐释。红色文化传播视域下，红色档案作为重要载体，依托浓重红色文化，纪念革命先辈，并对当前社会重大问题产生深刻认识。此外，习近平总书记不止一次强调过，充分发挥红色资源及弘扬红色传统，是培养红色精神及讲好红色故事，实现红色基因传承的重要推动力。如沈阳抗美援朝烈士陵园中的圆形英雄碑写着 197653 位烈士名字，战士们为保护人民利益牺牲自己生命，而相关真实数据也通过图书馆档案得到证实，使得红色教育充满爱国精神和革命英雄主义精神变得更加具有感染力、影响力。

2.3.3 传承红色文化的重要倚仗

改革开放至今，我国社会经济跨越式增长，国民生活逐渐朝向多元化趋势发展的背景下，不良思想入侵及兼容并包形成主流，如何在红色教育面临巨大挑战的背景下加强思政教育，逐渐成为当前社会讨论的现实问题。而依托红色档案，积极拓展宣传方式及载体，利用红色档案政治性和历史严谨性以及资源丰富性，是实现加强红色教育说服力和感召力重要途径。如中国共产党成立100周年时候，中央档案馆公开一批非常有价值档案，其中最吸引人眼球，就是李大钊与陈独秀在莫斯科讲话视频，这份视频是俄罗斯档案馆所提供，经过数码还原可清晰地看到两个重要历史人物。又比如《信仰力量——英烈家书朗诵会》，河北省退役军人事务厅和河北电台联合举办用一封封温暖而又充满感情家书，让观众重温革命前辈们英勇事迹，感受到军人“舍生忘死”的爱国精神。

2.3.4 搞好红色教育的重要资料来源

从本质角度来看，红色教育作为我国社会发展的重要组成部分，从遵义会议手稿到红军战士们使用的灯笼，再到中共缔造者李大钊亲自翻译《共产党宣言》，无论物质载体如何，都是可以证明革命先辈奋斗和成长过程的重要组成部分，而相关事项、记录都会被记录在红色档案，作为爱国主义教育、革命传统教育素材，红色档案具有跨越历史、跨越时空感召力、穿透力、影响力，既可把中国革命伟大历史以最生动、最鲜活形式呈现在世人面前，也可使人们深刻地体会到革命艰辛及美好生活来之不易。这些才能更好地认识到中国共产党是中华民族先锋，增强整个国家文化自信，切实实现以习近平同志为核心的党中央为中心，凝聚起民族复兴的磅礴力量。

3. “档案+”视角下红色档案资源开发和利用的新路径

3.1 “档案+”视角下红色档案资源开发

3.1.1 “红色档案+新平台”

目前，我国与红色档案有关的资料并未得到充分发掘，也尚未以公众所接受的方式展现。因此，基于档案+视角下建立和完善红色档案信息网络设想，进一步丰富与拓展红色档案资源平台，对于红色档案资源开发与利用具有促进意义。如扬州红色档案平台的“幕后”“扬州节令”“乡野之行”“俗尚扬州”“珍档”“档案日常”等。通过公众号的形式进行宣传，其内容相对丰富，通过图片呈现进一步加强了红色档案资源的开发利用。诚然，图片作为固态形式，在宣传与开发上较视频而言存在一定差异，对此，档案馆可通过建立新网络媒体平台，让广大市民在闲暇时间里，通过平台上进行学习和交流，从而增强档案馆与公众之间互动关系。如近期推出《援藏援疆志》的栏目，在援藏援疆工作中涌现出许多感人故事，这些人都具有"老西藏"精神，爱国、无私奉献、艰苦奋斗、开拓进取，这些都是值得我们学习和记载。所以，可将"无名英雄"们故事拍成短片，既能起到宣传作用，又能引起社会广泛关注，引起广泛讨论，从而把故事传播到更多人身上。

值得注意的是，由于红色档案保存与开发具有较高专业性。因此，在对其进行管理过程中，应对其进行培训及梯队建设。组织红色档案管理人员加强党史、革命史学习和档案管理专业技能，将史料研究人员有机充实到红色档案管理队伍中，培养精通档案管理与通晓党史知识复合型人才，进一步明确项目研究方向，增强红色档案挖掘研究力量。充分发挥红色档案资源"知历史，育人资政"功能。构建综合性红色教育体系，应从顶层设计入手，健全红色文件教育工程实施计划。在国家层面上，应该积极制定相关政策，以发挥红色档案育人功能。各级档案管理机构应与有受教育需要部门，如政府部门、企事业单位、科研院所、学校等密切接触。就拿高等院校来说，要把红色档案信息资源与课程内容相结合，要提炼出适合高等院校思政教育发展需要红色教材，在红色文化引导下，对高等院校进行有针对性思政教育。要增加对红色文化教育资源投入，积极建设高校红色文化教育实践基地，为教师进行红色文化研究提供科研经费，使红色文化更好地融入日常工作中形成完整红色教育架构。

3.1.2 "红色档案+主体联动"

加强红色档案共同开发与利用及实现红色档案共建与共享中，应组建"档案联盟"，各部门单位在完成红色资源建档后对红色档案资源征集和保管利用情况进行调查，对红色联盟单位档案保管、保护、整理状况，按照事由、人物、年代对红色资源档案进行分类整理并形成目录。严格遵守有关档案工作标准，认真做好红色档案资源整理（数字化）、归档工作。完整收集并对其进行整理和数字化，对文书档案、相片档案、磁性载体档案进行整理时应严格根据国家法律规定进行。红楼整理完毕后，将其编入该单位全宗档案，按上述规定，向市档案馆提交"红色档案"电子版本和目录。对红色档案按事由、人物和时间进行分类，编制目录，对有特殊价值红色档案，采用"一件一档"等办法，加大对档案定级力度。档案工作是一项综合性工作，红色档案在全国范围内主要保护对象是烈士陵园、纪念馆和档案馆。此外，高校作为开展红色教育的主要对象，应进一步加强二者良性互动。一方面要强化烈士陵园等红色教育主阵地，并强化学校之间交流，利用"请进来，走出去"的方式，开展红色教育课堂讲座、展演红色剧目等形式，以扩大红色教育覆盖面和影响力。如晋冀鲁豫烈士陵园，通过在与河北理工大学"共建共育"基础上成立"三位一体"思想政治教育基地。陵园先后两次组织宣传和"初心剧社"演职人员到学校表演《牺牲与理想》，得到学生一致好评。另一方面，高校也可通过开设相关红色教育课程，并开展相关纪念教育活动，将爱国主义教育、革命传统教育“润物细无声”地传递给同学，让广大青年学子自觉地接受革命传统和革命精神教育洗礼，并在此基础上加深“强国有我，时代在我”的责任担当，从而使学生能够成为合格的社会主义接班人。

3.1.3 “红色档案+新技术”

不同地区对档案资源进行异地检索的需求存在一定差异，通过建立具有高安全、低开销红色档案资源共享平台，可进一步提高红色档案管理效率。档案局可利用“云”技术，建立“红色档案信息共享平台”，各馆藏单位可将各自馆藏红色档案信息共享到该平台中供社会共享。同时，红色档案管理人员在开发和利用红色档案时候要敢于创新，要注意到不同利用群体需求，利用大数据技术来匹配资源利用者需求，保证管理模式精细化，为公众提供个性化服务，方便公众进行远程操作，从而提升服务效率。在对用户需求进行划分时候，要做到有针对性，如可在目录中设定不同方式进行选择，将对红色档案资源需求分为科研、文化休闲等类型。此外，大数据、云计算、图像编辑等新技术普遍应用，使得红色档案广泛传播变得有可能，同时也为对其进行开发和利用带来崭新思路。在具体实施中，要针对不同群众特点和需求，运用数据挖掘等方法，为其提供个性化红色宣传服务。利用网上浏览和数据云等技术，构建并完善文献信息融合平台，达到文献信息“精准化”。广大人民群众可根据自己要求，在网络上查询有关红色文件。同时，利用虚拟现实和三维建模等技术，把红色档案从烈士陵园、纪念馆等地方“搬出来”，并对其进行创新，使更多人能够在远程网络中，身临其境地感受到红色档案魅力。利用新数字化媒介技术对历史事件、历史场景和历史人物进行网上还原，使红色文件“活过来”；借助增强虚拟现实（VR）技术，观众可穿越时空与革命先贤展开对话，接受理想信仰荡涤。因此可以看出，依托红色档案资源信息化建设可让红色基因更加生动、真实、直观和富有感染力，进而营造出庄重、浓厚又接地气红色教育宣传效果。

3.2 “档案+”与红色档案利用

3.2.1 红色档案+共建共享，提高档案效能

为实现红色档案与其他平台融合达到“档案+”的目的，应规范地整合、组织和管理红色档案，不断提升其效率，方便其多种方式使用。因此，还应将共建思想引入档案发展中，并与外部共同努力，使红色档案得到更好利用与传播。为此，应制定档案资源共享技术规范，并将其落实到具体工作中，使档案资源利用最大化。

3.2.2 红色档案+新媒体运营，树立文化自信

随着中国经济持续发展，中国在世界上地位日益突出，促进红色文化传播，

建立文化自信，抵制历史虚无主义，是建立和谐新媒介环境的关键。新媒介是红色文化载体，在对红色文化进行宣传过程中，馆藏主体可利用微博、微信平台上文字视频形式吸引更多观众前来参观。此外，还可采用“档案+新媒体运用+传统展览”立体文化宣传模式，这样可以让群众更好地接收到红色信息。

3.2.3 构建全方位红色教育体系，提高开发利用水平

各地红色档案信息机构要根据当地教育、经济发展状况，在党和国家有关政策指导支持下做好顶层设计，充分发挥红色档案信息资源教育作用并对其进行持续改进以提高其思想政治教育效能。红色档案馆藏机构要以链条式方式整合本地教育资源，融合当地政府教育机构、科研机构等，建立全面红色档案教育体系。

此外，红色档案资讯资源收集单位，可将其所收集到资讯资料中精华部分，并根据思想政治教育培养目的，组织专业科研人员对大学思想政治教育教学辅导书进行编撰，经过教育、出版等有关部门审批，再向大学发放，成为大学思想政治教育教材，从而推动大学思想政治教育工作。因此，红色档案信息资源馆藏机构要加强对本馆软硬件设施资金投入，以及对科研经费审批，积极运用多媒体、新媒体、AI 技术等方法，提升参观者和网络平台用户体验，激发他们爱国主义情怀和民族自豪感，使红色文化教育实践基地真正成为社会主义特色文化发展强大推进器。

3.2.4 红色档案+产业渗透，推动经济增长

利用“档案+”概念，将红色文化融入各个行业，形成一条产业链，让红色文化扎根于时代，创造出全新文化盈利模式。在文化旅游产业方面，要加强对红色档案开发和利用，为旅游地旅游产业注入文化底蕴，凸显出当地红色旅游特色，从而推动当地旅游更好地发展。从目前国内红色旅游现状来看，对革命老区红色档案资源开发利用还不够深入。因此，革命老区应该以红色档案为主要依托，充分挖掘当地红色精神和革命事迹，采取行之有效的方式吸引人流，并结合当前流行休闲旅游新模式，打造红色旅游景点让游客在旅游中陶冶情操。

4. 结论

综上所述，红色档案作为中国革命和民族奋斗重要历史见证，对其进行有效保护，是使其在政治、文化、教育等方面价值得到最大程度体现。红色档案管理保护相关主体应该与社会各方面力量进行良好互动，团结各方力量，共同寻找最好途径来保护并实现红色档案资源价值。与此同时，要与新时期档案工作新要求、新形势相适应，加大档案管理信息化力度，在观念更新、宣传强化、管理模式、人员素质上下足功夫，最大限度地发挥红色档案优势，使其得到最大程度发挥，并在此基础上进行系统规划，使其达到更高水平。

注释及参考文献

[1] 胡仁浩. 跨区域红色档案资源协作开发利用实践与研究——以川渝地区档案馆为例[J]. 档案学研究,2023(2):87-94.

[2] 费鸿虹,王金兰. “三全育人”视角下高校红色档案资源建设及开发利用研究[J]. 兰台内外,2023(9):9-11.

[3] 王凝萱. 论高校红色校史档案的开发宣传——以苏州大学档案馆为例[J]. 档案与建设,2023(3):69-71.

[4] 苏安娜. 文旅融合时代红色档案赋能地方红色旅游的开发现状、多重困境与突围路径[J]. 档案天地,2023(3):43-46.

[5] 陈瑾. 党史学习教育背景下河源红色档案育人机制研究——以高校党史学习教育阵地为例[J]. 黑龙江档案,2023(1):74-76.

[6] 赵雪芹,李金璐. 新媒体环境下红色档案资源开发优化路径——以31个省级综合档案馆为例[J]. 档案与建设,2023(2):54-57.

数字人文视角下红色档案开发策略研究

——以南宁三街两巷文化街区为例

南宁职业技术学院　滕增强　钟鑫铭

摘　要：红色档案资源的开发利用一直是档案学界研究的热点。红色档案记载着中国共产党领导人民群众艰苦奋斗的革命历史，是鲜活的爱国主义教育素材，是中国共产党百折不挠革命精神的时代象征，红色档案的开发能够赋予新时期档案行业全新的机遇与活力。位于南宁市中心的“三街两巷”始建于宋朝，是南宁市区唯一保留下来的清代至民国时期的居民群。本文立足于数字人文视角下南宁三街两巷文化街区发展模式，详细分析南宁红色档案的开发策略，希望可以为后续相关研究提供参考。

关键词：数字人文；红色档案；开发策略；南宁；三街两巷

1. 引言

习近平总书记曾在不同场合多次强调“把红色基因传承好”“让红色基因代代相传”。南宁作为中国革命的重要历史城市，拥有丰富的红色档案文化遗产。这些红色档案印刻着南宁人民在漫长革命道路上的奋斗与牺牲，是南宁文化记忆的重要组成部分。南宁三街两巷文化街区是传承南宁市红色文化的重要街区，街区内有数量众多的历史文化遗迹及红色文化场馆，为了传承和弘扬这一宝贵的文化遗产，开发三街两巷的红色档案成为一项重要的任务。本文立足于数字人文视角下的南宁三街两巷红色档案开发策略，通过深入研究数字人文技术支持下红色档案的开发、与访客互动、结合数字科技手段的市场推广，力求实现红色档案的成功开发与传承，让南宁的红色档案文化更加深入人心。

2. 红色档案概述

红色档案是指在新民主主义革命及社会主义建设时期，形成的与革命、国家建设相关联的有研究、保存价值的档案资料。[1]

2.1　研究现状

以“红色档案”作为关键词在知网、维普、万方等网站进行检索，共有上千篇相关文献，使用数据可视化加以分类，能够得到“数字人文”“档案文创”“开发策略”等多种标签，这些文献充分反映了红色档案开发研究的现状及方向。研究表明，在红色档案开发的过程中，通过科技手段的形式将红色档案中蕴含的历史故事和文化内涵展现出来，逐渐成为研究热点。红色档案的开发不仅要注重档案蕴含的丰富历史文化，还要考虑深度开发及利用。如何通过技术手段，将红色档案中的珍贵资源与时代发展主旋律相结合，形成具有时代特色和文化内涵的红色档案资源，是今后红色档案开发的重点。

2.2　开发必要性

红色档案作为红色精神、红色记忆、红色教育的命脉，在继承与发扬南宁精神方面发挥着重要作用。从宏观的角度来看，红色档案的传承和发展有助于增强全国人民对党使命担当的认同，塑造党的集体记忆。红色档案记录了中国革命的光辉历程和英勇奋斗的革命先烈，通过研究和传播红色档案，可以让更多的人了解和认同党的理论和实践，进而激发起对党的事业的热爱和担当。从微观的角度来看，红色档案可以唤醒南宁人民内心深处的红色记忆，让他们感受到穿越时空的革命情怀。通过挖掘和传承红色档案，可以让南宁人民更加深入地了解和感受红色革命的伟大意义，激励他们为实现中华民族伟大复兴的中国梦而努力奋斗。在高校思想政治教育方面，将红色档案作为“养料”注入教育课堂，可以建立集立体化、真实化、故事化于一体的表现形式，使学生更加直观地了解和感受党的精神和峥嵘记忆。通过深入研究红色档案，学生可以更好地理解党的领导和中国革命的伟大历程，增强爱国主义情感和责任意识，培养担当民族复兴大任的精神品质。

2.3　开发内涵

红色档案资源作为珍贵的历史文化遗产，蕴含了丰富的历史故事和文化价值，是创作的基础。通过数字人文的技术体系支持，可以为红色档案的开发提供丰富的素材和创作灵感。

南宁市三街两巷街区是传承南宁市传统建筑文化和反映老南宁历史文脉的重要街区，“三街”指的是指兴宁路、民生路和解放路三条街道；“两巷”是指金狮巷和银狮巷两条明清时期的古巷，在这一街区内有丰富的红色档案资源：自治区级文物保护单位——邕州知州殉难遗址、广西高等法院旧址；市级文物保护单位、南宁市区唯一的清代至民国时期民居群——金狮巷民居群；历史文化场馆：

南宁城隍庙忠勇文化纪念馆、邓颖超纪念馆、南宁府署大堂、南宁建制博物馆、中华大戏院。

近年来，随着南宁市旧城改造、城市更新等政策的推动下，“三街两巷”已成为一个集文化创意、休闲旅游、爱国教育等多功能于一体的南宁文化旅游亮点，新发展建功新时代：在南宁市创建国家历史文化名城的重点项目获批后，2019 年 1 月入选自治区人民政府公布的第三批自治区级历史文化街区名单，2021 年 10 月入选自治区文化和旅游厅公布的第一批广西旅游休闲街区名单，2021 年 10 月入选文化和旅游部公布的第一批国家级夜间文化和旅游消费集聚区名单。[2] 对南宁三街两巷文化街区档案资源进行深入研究，挖掘其中的历史背景、故事情节和文化符号，可以打造出更加具有南宁特色和文化内涵的开发模式。

3. 数字人文视角下红色档案开发路径

3.1 数字人文技术为红色文化传播开辟新路径

数字人文技术与红色档案资源的深度融合数字人文的技术体系主要包括数字化技术、数据管理技术和数据分析技术、可视化技术、VR/AR 技术、机器学习等技术。数字人文技术在红色档案资源开发利用的运用主要是通过技术更新和优化，提升开发的质效[3]。红色档案资源种类繁多，包括革命时期的手稿、信件、会议材料，革命先烈的奖章、战斗使用过的物品，革命亲历者的口述材料、珍贵的历史影像、照片等，三街两巷街区内的红色档案多以实物形式存在，加以一些历史文献材料，开发利用以实地展示为主。以实物和文献形式存在的红色档案，随着保管技术和条件的变化而变化，一些保存条件较差、保管技术落后的档案，随着时间推移，会逐渐破损甚至消失。红色档案承载着珍贵的国家和城市记忆，数字人文技术为红色档案资源的保管和利用提供了新的载体和平台，红色档案的展示、利用形式，可以逐步脱离实物，向虚拟化、数字化的、VR 动态影像化形式转变，通过更多形式展示红色档案。

2017 年，《南宁市三街两巷历史街区策划及城市设计（深化）》获南宁市人民政府批复，标志着南宁市档案部门对三街两巷历史街区建档保护的进一步加强。档案部门可以与网络流行的短视频平台合作，说好红色档案背后故事，展现革命记忆，激发社会的共同记忆。短视频的优势在于不到一分钟的视频，就能展现故事及其历史背景，同时，透过数字人文技术延展照片及实物档案蕴含的丰富故事，既能丰富人们对精神文明的追求，也能提高红色档案资源的利用价值，弘扬革命精神和红色传统超越空界限。

3.2　有利于发挥红色档案资政育人职能

在三街两巷，拥有众多历史文化场馆，其中邓颖超纪念馆是广西爱国主义教育基地和广西廉政教育基地、南宁市廉政示范教育基地和南宁市爱国主义教育基地，众多典型并且具有鲜明红色档案资源的场馆承担着资政育人的责任。档案部门可以通过数字化、信息化的形式，开发好、利用好街区内丰富的红色档案资源，开展各种形式的爱国教育主题活动。通过组织参观、实地虚拟体验让更多人感受到革命精神和爱国主义。同时，高校的思政课程以及一些专门研究党史的部门可以结合实际情况，将邓颖超纪念馆作为一个实践基地，把实践、操作结合起来，赋予红色场馆新的使命。

4. 数字人文视角下南宁红色档案开发策略

4.1　深度挖掘红色资源，积累创意素材

南宁市中心的“三街两巷”文化街区保存了大量的红色资源，这些资源是南宁市的历史遗产，具有重要的文化记忆意义，在红色档案开发策略中，深度挖掘红色资源、积累创意素材是非常重要的步骤。以南宁的“三街两巷”文化街区为例，详细说明：首先，深度挖掘红色资源是指对南宁的红色历史进行深入研究和挖掘，了解其历史背景、故事和人物。南宁的“三街两巷”文化街区曾经是中国共产党的革命活动和抗日斗争的重要场所，留下了许多珍贵的红色档案和历史文物，通过对这些档案和文物加以研究，了解其中的故事和人物，为开发红色档案资源提供丰富的创意素材，提供开发基础。其次，积累创意素材，通过深入研究和理解红色资源，收集和积累与之相关的创意素材。在南宁的“三街两巷”文化街区中，可以收集到许多与红色历史相关的素材，如历史照片、文字记录、口述历史等，通过收集这些素材，可以挖掘出红色历史中的细节和特点，用数字人文技术提炼加工。如：通过数字人文技术开发红色历史的主题游戏、虚拟场景，让人们亲身参与其中，感受红色历史的震撼和感动。通过深入研究和了解南宁的红色历史，结合到数字人文技术中，不仅可以传承和弘扬红色文化，还可以吸引更多的人了解和关注南宁的红色历史，推动地方经济和旅游业的发展。

4.2　完善档案馆建设，助力红色档案资源开发

完善档案馆建设是南宁红色档案开发策略中的重要一环，它可以为红色档案的开发提供丰富的素材和资源，助力红色档案开发和利用。完善档案馆建设是指建设一个专门的档案馆，用于收藏、保护和展示与南宁红色历史相关的档案和文物，这个档案馆可以是一个专门的红色档案馆，也可以是一个综合性的历史博物馆。通过完善档案馆建设，可以集中保存和保护南宁红色历史的珍贵档案和文

物，确保其不受损坏和丢失，档案馆也可以作为一个开放的场所，向公众展示和介绍红色历史，吸引更多人了解和参与红色档案的开发，例如通过档案馆中的历史照片和文字记录，设计红色历史的主题书籍、展览和影像作品。此外，档案馆中还可以展示红色历史的实物文物，如红军服装、革命道具等，可以作为红色档案文创产品的原型和参考。充分利用档案馆的资源和设施，举办红色历史主题的讲座、展览和活动，吸引更多的人参与其中，推动红色档案推广和传播。

4.3 利用数字人文技术，打造特色红色档案文创产品

文创产品是指文化创意产品，指对文化领域物质、非物质产品加以创造、提升，通过开发、运用其文化基因，利用现代科技、科技手段而产出的高附加价值产品。档案文创产品是以档案中的历史人文数字化、信息化为基础，依托物质载体形式彰显档案内涵的一种物质资料。[4] 档案文创产品不仅具备一定的精神属性、文化属性，其商品属性更是档案馆发展的强有力助推器。数字人文视角下红色档案文创产品要注意以下几个方面：第一，对红色文化的深入挖掘。红色档案作为中国革命历史的重要见证和记录，具有丰富的历史和文化内涵，开发红色档案文创产品需要对这些档案进行深入研究和理解，挖掘出其中蕴含的历史故事、英雄人物和精神价值，以此为基础进行创意和设计。第二，对艺术表现形式的研究和创新。红色档案文创产品不仅要传达红色文化的精神内涵，还需要通过艺术形式来呈现，这需要创作者在设计中融入艺术元素，如绘画、雕塑、摄影等，以提升产品的艺术性和观赏性。第三，对市场需求的研究和把握。虽然红色档案具有独特的历史价值，但作为文创产品，还需要考虑市场的需求和消费者的喜好。因此，在开发过程中，需要进行市场调研，了解目标消费群体的需求和趋势，以此为依据进行产品设计和定位，确保产品能够符合市场需求，具备市场竞争力。第四，如何在数字人文技术下将红色档案文创产品表现出来。产品的开发最终要通过技术手段实现，红色档案文创产品只求开发，要通过数字人文的技术手段表现出来，通过与新的平台实现开发与利用的结合，才能更有影响力、生命力。

5. 结语

通过数字人文技术，我们可以将南宁红色档案的文化记忆传承下去，吸引更多人参与其中，推动红色文化的传播和发展。希望在不久的将来，南宁的三街两巷文化街区可以成为一个重要的红色文化旅游目的地，吸引更多人前来参观和体验，同时让三街两巷的文创产品能够彰显出南宁厚重的文化底蕴，让南宁三街两巷在公众的记忆中焕发出全新的生命。

注释及参考文献

[1] 陆伟华，邓素媛. 广西红色档案资源的开发应用研究[J]. 山西档案，2017(1)，85-87.

[2] 南宁日报. 浓缩一城古韵的“坊巷文化活态博物馆”[EB/OL]. [2021-11-13]. https://baijiahao.baidu.com/s?id=1716240006796776716&wfr=spider&for=pc.

[3] 宋敬娜,数字人文视角下红色档案资源开发利用研究[J]. 兰台内外,2023(12):21-23

[4] 黄楚怡,崔佳德,张小燕. 基于红色档案文化的文创产品开发策略研究[J]. 机电兵船档案,2023 (1):71-74

资源整合视野下的革命类博物馆、档案馆合作策略研究

——以梅园新村纪念馆、南京市档案馆展览合作为例

南京市博物总馆　沈利成　杨学功

摘　要：革命类博物馆、档案馆作为公共文化服务机构，在挖掘馆藏及地方文化资源有着广泛的合作空间，梅园新村纪念馆与南京市档案馆通过展览的形式实现馆际合作，整合不同特质的文化资源，取得了一定成绩。但在协同机制、成果转化和数字化开发方面也存在不足，需要在制度、政策等方面做进一步探索。

关键词：革命类博物馆；档案馆；展览合作

当前，随着经济发展水平的提高，公众在物质需求得到满足的同时，对精神文化需求日益增长。档案馆、博物馆作为公共文化资源的主要保管结构，如何通过资源整合的方式让公众更加便捷地获取文化资源成为当前研究的重要课题。特别是革命类博物馆与档案馆在地方红色资源利用方面有着广泛合作的空间。目前学界主要在合作模式内涵阐释和数字化资源整合等层面做了一些探索，具体个案研究还不够深入。

近年来，作为南京地区的公共文化机构，梅园新村纪念馆与南京市档案馆深入合作，联合其他相关职能部门，紧抓时间节点，通过专题展览的方式整合南京地方红色文化资源，将无序、分散的文化资源转化为优质的文化产品，得到了观众的好评，实现了共赢。但在实际合作中，也存在双方级别不对等、缺乏协同机制、过于依靠个人的现象，在可持续合作方面遇到瓶颈，亟需从宏观政策保障、数字资源共享、协同机制等长效合作方向作进一步探索。

1. 革命类博物馆、档案馆合作的可能性

1.1 内容上的同质性

革命类博物馆是博物馆体系中比较特殊的类型，内容上由于其近时性的特征，大量与其主题有关的人物、事件资料散见于各档案馆中。档案馆的支持与配合为革命类博物馆的筹建与后续发展提供了支撑，大量档案文献不仅补充了历史细节，还增强了叙事的权威性。如在梅园新村纪念馆筹建中，党中央和中共代表团来往的电文以及代表团与其他地方党组织电文散见于中央档案馆和各地档案馆，有关中共代表团与国民政府来往的电文则存在于中国第二历史档案馆，这些档案对于梳理南京谈判的时间点和主要事件起到了重要佐证作用。还有江苏档案馆馆藏渡江战役人民支前特别是苏北地区如何动员民工、船工的档案为渡江胜利纪念馆提升改造提供了力证，用事实档案文献论证了渡江战役胜利是人民用小船划出来的真理。一些新建场馆甚至由当地档案部门牵头建设，如溧水区红色李巷。

1.2 功能的互补性

关于档案和文物内涵，从主体特点来看，档案侧重的是信息遗存，文物主要体现为物质遗存。符号记录是档案的主体，实物记录是文物的主体。[1] 所以，档案馆、博物馆在馆藏资源上相互印证、地方文化资源保护利用上可以合作开发，各取所需。虽然也存在档案和文物难以区分的情况，如刻字木简、青铜器等，但不占主流，而且还可以相互补充。如以民国时期南京户籍卡为例，早在20世纪50年代纪念馆筹备初期，梅园新村纪念馆从南京市公安局敌伪档案中征集到部分原代表团工作人员的户籍卡，并被定为国家一级文物。后来随着市公安局的移交，南京市档案馆开始对这批档案进行开发，并将剩余原中共代表团工作人员的户籍卡与梅园新村纪念馆进行交换，丰富了各自双方的馆藏，深化了对代表团历史的研究。

1.3 符合现实需要

档案的查询、解读对于借阅人的个人文化素质有一定要求，特别是一些还未系统整理的档案对于档案借阅人来说只能通过多次借阅才能获取到足够的信息，而且还有诸多借阅规则进行约束，耗时耗力。而博物馆提供的则是系统整理过的文化资源，且已经转化为更加符合公众习惯的语言文字，形式也比较多样，还有讲解员或者其他讲解辅助工具予以辅导。所以，同样作为公共文化服务结构，博物馆、档案馆受众主体差异比较大，数量亦然。虽然一些档案馆也在馆内建立了陈列馆，如江苏省档案馆陈列馆，但从知名度和实际参观人员数量来说，还有进

一步提升的空间，而且其布展和讲解质量需要提高。所以在档案馆暂时无法做进一步深入改变的情况下，双方各自发挥优势，共同开发馆藏以及地方文化资源，将其系统梳理成专题展览等形式向公众进行展示成为现实迫切的需要。同时，借助纪念馆展览的渠道，也可以引导更多公众了解档案信息。

2. 梅园新村纪念馆与南京市档案馆展览合作特点

展览是整合文化资源向公众进行展示的重要手段，是传播文化最直观的方式。自 2018 年来，梅园新村纪念馆与南京市档案馆紧抓重大时间节点，以举办专题展览的形式对文化资源进行整合，得到社会公众的欢迎。

展览合作信息

序号	展览名称	主承办单位	时间	地点	备注
1	我们的四十年——庆祝改革开放 40 周年专题展	主办单位：南京市文化广电新闻出版局、南京市档案局(馆)、南京市总工会、南京市地方志编纂委员会办公室、中共南京市委党史工作办公室、南京市博物总馆 承办单位：中共代表团梅园新村纪念馆	2018.11.20—2018.12.20	梅园新村纪念馆	2018 年度江苏省“弘扬中华优秀传统文化、培育社会主义核心价值观”主题展览省级重点推介项目
2	国家记忆·南京长江大桥建成通车 50 周年档案史料展	主办单位：江苏省档案馆、江苏省政协文化文史委、中铁大桥局集团有限公司、南京市档案局(馆)、南京市文广新局、南京市博物总馆 承办单位：中共代表团梅园新村纪念馆	2018.12.26—2019.3.26	梅园新村纪念馆	2019 年江苏省馆藏文物巡回展项目
3	心向党 正青春——中国共产主义青年团南京史料展	主办单位：共青团南京市委员会、南京市文化和旅游局、中共南京市委党史工作办公室、南京市档案馆、南京市博物总馆 承办单位：中共代表团梅园新村纪念馆	2022.4.28—2022.12.10	梅园新村纪念馆	2022 年度江苏省“弘扬中华优秀传统文化、培育社会主义核心价值观”主题展览省级重点推介项目

2.1 紧抓时间节点 挖掘地方资源

在重大时间节点，举办相应的展览活动，不仅能够扩大文化的传播力和影响力，还能够吸纳各方力量参与其中。特别是具有地域特色的文化资源能够引起社会公众的认同和代入感，传承地域文化。以“国家记忆 · 南京长江大桥建成通车 50 周年档案史料展”为例，2018 年是南京长江大桥建成通车 50 周年，但由于南京长江大桥是机密工程，当年建桥时的施工及档案资料保存在中铁大桥局集团有限公司和个人手里。虽然有一些资料照片在外流传，但一直未系统对外公开，导致在社会上也流传着一些错误言论。如南京长江大桥是苏联援建的，大桥南堡附近的桥墩是苏联专家试验所用等。虽然一些相关单位曾经通过书籍、纪录片等形式展示过，但相对于展览的展示形式来说，这些形式缺乏直观性，导致宣传效果不佳。鉴于此，梅园新村纪念馆与南京市档案馆决定通过展览的形式充分展示南京长江大桥建设全过程，弘扬南京长江大桥精神。此外，2018 年的“我们的四十年——庆祝改革开放 40 周年专题展”和 2022 年“心向党 正青春——中国共产主义青年团南京史料展”皆为立足地域文化，纪念重要时间节点而举办。

2.2 借助民间收藏 增添展览活力

中国自古以来就有收藏的传统，特别是改革开放以来，民间收藏愈来愈热。尤其是反映新中国成立以来的收藏，成为众多收藏家关注的对象，许多反映社会和民众生活变迁的见证物都收藏在民间收藏家手里。在“国家记忆 · 南京长江大桥建成通车 50 周年档案史料展”中，从民间收藏者那里借到的带有南京长江大桥符号的收音机、瓷杯、邮票等展品让展览更加接地气，更有活力。同时，还推出“我和我的大桥”照片征集活动，征集到许多个人和家庭与南京长江大桥合影背后的故事，让尘封在家里的照片动起来。“我们的四十年——庆祝改革开放 40 周年专题展”从重要事件、行业发展、家庭变迁三个层面去讲述南京地区改革开放 40 年以来的发展变化，特别是家庭变迁部分，从南京市档案馆评选出的家庭档案中选择比较有代表性的家庭，并登门拜访选定展品进行展出，一些特别的展品如粮票、儿童玩具、老电视机、唱片等引起了观众的强烈共鸣。“心向党 正青春——中国共产主义青年团南京史料展”不仅从收藏家手中征集中国青年杂志、团章、团代会入场券等藏品，还同步开展“你的青春模样”照片征集活动，按照时间分成三大板块，展示时代青年奋斗的模样。民间收藏成为拉近展览与民众距离的重要方式。

2.3 联动多个机构 实现合作共赢

展览是一个综合性工程，需要许多其他机构力量的协助，才能充分整合资源，举办一个比较成功的展览，实现共赢。如“我们的四十年——庆祝改革开放40周年专题展”行业发展部分，只有通过南京市总工会组织召开会议的形式才能够与代表性的公司进行现场对接联系，找出相应的展览资料，该展览也作为南京市总工会年度工作亮点。在“国家记忆·南京长江大桥建成通车50周年档案史料展”筹备中，通过查找才发现很多原始档案资料在江苏省内无法找到，很多资料可能保存在武汉中铁大桥局集团有限公司总部，最后江苏省档案馆与其达成开发战略合作协议，对资料进行专业的档案开发，才将这段鲜为人知的档案系统梳理，并编纂出版，展览也成功举办，实现了共赢。“心向党 正青春——中国共产主义青年团南京史料展”筹备中，由于共青团南京市委人员流动比较快，内部保留的资料比较缺失，很多资料已经移交给南京市档案馆。为此，与其商谈后，得到其授权后前往南京市档案馆查询青年运动史和团史资料，梳理出比较清晰的脉络，作为展览的主线。该展览筹备展出不仅使共青团南京市委得到了一批经过梳理过的档案资料，还为一些专家学者和社会公众研究南京地方团史提供了线索。该展览成为共青团南京市委、南京市委党史办、南京市档案馆、南京市文旅局等多家单位庆祝中国共产主义青年团成立100周年的重要活动，作为一个集体智慧的结晶，广受社会好评。

3. 问题与对策

3.1 合作主体不对等 缺乏协同机制

自2018年机构改革后，以南京市为例，市档案馆属于市委办公厅直属事业单位，参照公务员法管理，市委办公厅加挂市档案局牌子，体现党管档案的特点。而革命类博物馆一般属于文旅、民政等系统，极少数属于宣传部下属事业单位，不参照公务员法管理。所以从行政级别来说，革命类博物馆级别是低于档案馆，处于从属地位。但从实际展览工作实施中，革命类博物馆一般又承担着资金、内容大纲撰写、形式设计、布展施工、讲解接待等具体工作。同时，在合作方式上，革命类博物馆一般与档案馆的下属部门合作，无法调动整个场馆资源用于筹办展览。在梅园新村纪念馆与南京市档案馆的具体合作中，一般与南京市档案馆宣传教育处合作。在没有政策支持和协同机制的情况下，在人力和资金上无法投入更多资源，在资源进一步开发和宣传方面一般无法进一步深入，出现一些缺憾。此外，还存在因人成事的现象。对此，应建立持久的合作机制，为长远合作提供依据，而非单个项目的合作。

3.2 成果转化未开展 持续利用不够

对于展览来说，利用多种方式将成果进行转化惠及更多观众是其意义所在。展览的成功举办不代表一个展览的结束，后续的跟踪调查、持续推广、扩大利用是展览生命力所在。如以“国家记忆·南京长江大桥建成通车50周年档案史料展”为例，展览展出了大量弥足珍贵的建桥的照片，但在照片人物解读和后续跟踪报道上未能持久跟进。在南京地区生活着众多曾经参加南京长江大桥建设的建桥工人和相关人员。如果将这批档案开发继续下去，相信必然能够开发更多鲜活的故事。同时，在对外巡展方面力度不够，方向也不明确，仅仅在文博系统进行巡展。而且时间较短，未能结合实际，有目的地在一些特定的地方巡展，如在被周恩来称为新中国两大奇迹之一的河南红旗渠展出等。此外，在学术研究方面也未能充分吸收现有学术成果，在南京长江大桥与南京城市的关系上未作深入研究，展览结束后也无书籍或者图册进行总结，展览结束即为结束。所以，应该在展览的持久利用上做更多努力。

3.3　数字化开发不足 档案建设乏力

在文化资源开发中，建立数据库，将其转化为数字档案是优化资源、实现共享的重要手段。特别是在展览中，由于资金、场地等硬件设施的限制，一些文化资源无法展示给公众。通过数字化方式，将其转化为数字档案可以进一步丰富文化资源的存在形式，为未来开发利用提供档案支撑。如“国家记忆·南京长江大桥建桥通车50周年档案史料展”“心向党　正青春——中国共产主义青年团南京史料展”虽然开发了线上展览，但还仅仅是实体展览的线上展示。实际上，可以按照文化资源类别，建立改革开放、南京长江大桥、南京青年运动史数据库，成为拥有持久生命力的数字档案，而且这些资源包括民间文化资源已经系统梳理，逻辑紧密，可以成为公众持续利用的公共文化资源。数据库的建立可以让受众不再局限于部分人群，而惠及更多人群，实现共享。

总体来说，革命类博物馆、档案馆在文化资源开发方面具有广阔的空间，特别是展览作为直面公众的文化产品，是公共文化机构公共性的重要体现，双方通过展览合作开发文化资源方面具有持久的生命力。档案部门作为具有行政属性的公共文化机构应牵头成立跨行业的协调结构，打破部门藩篱，建立切实可行的合作机制，避免因人成事，对档案馆与博物馆甚至是图书馆的合作进行组织、管理和监督。同时，整合多方优势，对地域文化资源进行数字化整合，建立地域性专题性数据库，尤其对新中国成立以来的数据档案包括民间档案进行数字化整合，满足公众的现实需求。而且，要充分利用时事热点，在重要时间节点举办相应的展览，并进行广泛的巡展和宣传工作，吸引公众对文化资源的兴趣，让公众享受更完整、更便捷的文化产品。

注释及参考文献

[1] 丁海斌，方鸣，陈永生. 档案学概论[M]. 沈阳：辽宁大学出版社，2012：25.

招商局红色档案的整理与评析

中国第二历史档案馆　梁丽婷

摘　要： 红色档案是中国共产党艰辛而辉煌奋斗历程的见证，是宝贵的文化遗产，具有存史、资政、育人的重要价值。本文以中国第二历史档案馆所藏招商局历史档案中的红色档案为例，从红色档案的界定、招商局红色档案评析、整理工作实践等方面进行了论述，认为招商局红色档案未来的开发利用应充分利用“互联网+”新思维，构建适应时代需求的新模式。

关键词： 红色档案；招商局；整理编目

1. 引言

招商局肇端于1872年。作为中国民族工商业的先驱，招商局组建了中国近代第一支商船队，举起了打破外轮垄断、振兴中国航运业的旗帜，在中国近现代经济史和社会发展史上具有重要地位。1949年5月，中国解放军上海市军管会主任陈毅、副主任粟裕发布军管令将招商局收归国有。9月，招商局“海辽”轮冲破国民党海上封锁，从香港驶抵大连，成为新中国第一艘悬挂五星红旗的海轮。新中国成立后，招商局积极配合国家港航政策的实施，为新中国的港航事业奠定了基础。

典藏于中国第二历史档案馆（以下简称“二史馆”）的招商局红色档案，不仅记载了招商局自身在社会主义革命时期的经营情况和发展方向，也反映了在中国共产党的领导下，这一时期我国的政治、经济、社会的发展，具有重要的存史、资政、育人价值。

2. 红色档案的界定

近年来，红色档案的保护、整理、开发、利用逐渐成为学界关注的热点课题。在中国知网中国学术期刊网络出版总库以“红色档案”为篇名检索词进行搜索，最早一篇为发表于1987年的《苏联〈红色档案〉介绍》，介绍了苏联十月革命胜利后，俄罗斯联邦中央档案馆于1922年创办的《红色档案》杂志。此后，直到2001年，才有以“红色档案”为篇名的论文发表。自2001年至2018年10余年间，每年发表论文最多不过10篇。至2019年以后，论文数量开始增多，2021年直线上升，发表论文篇数陡然增至100余篇，说明研究热度在急剧增加（详见表1），从研究的内容看，也比之前丰富具体了许多，说明研究者的视角更加广阔，研究更加深入。

表1　2001—2022年期刊论文发表情况

年度	2001	2002	2003	2004	2005	2006	2007	2008	2009	2010
篇数	2	1	0	1	2	1	2	1	5	2
年度	2011	2012	2013	2014	2015	2016	2017	2018	2019	2020
篇数	10	4	5	9	4	5	5	4	22	24
年度	2021	2022								
篇数	108	148								

目前我国学界对于红色档案的概念仍在讨论之中，虽然至今没有形成定论，但学界普遍认为，红色档案是在特定时期由中国共产党领导的机关、组织和个人在各种对敌斗争和政治活动中形成的，具有保存价值的历史记录，其载体包括文字、图像、音视频、实物等多种形式[1]。

《上海市档案管理条例》对“红色档案”进行了明确界定：“本条例所称的红色档案，是指中国共产党领导下，在新民主主义革命时期、社会主义革命和建设时期、改革开放和社会主义现代化建设新时期、中国特色社会主义新时代所形成的具有历史价值、教育意义、纪念意义的档案。”这是目前唯一对“红色档案”进行界定的法规类文件。

本文所称“红色档案”，采用该条例的界定，主要为1949年5月之后招商局军管时期的档案，1949年5月之前招商局档案中涉及中国共产党活动的相关档案，本文不进行分析。

3. 招商局红色档案评析

根据二史馆《接收档案原目登记表》记载，招商局档案主要接收于20世纪60年代，来自上海铁路总局等相关单位，另有部分档案来自交通部、公安部、武汉航运管理局等单位。后经整理编目，成为二史馆馆藏中颇具特色的档案全宗。馆藏招商局历史档案 1 万余卷，约 100 万页，时间跨度为 1872—1958 年，全面展示了作为中国民族工商业先驱的招商局的经营发展轨迹，具有较高的档案文献价值和历史研究价值。其中新五全宗主要为招商局军管时期档案，时间跨度为 1949—1958 年，本文所分析的招商局红色档案即为新五全宗档案。

3.1 招商局红色档案内容

馆藏招商局军管时期档案共 600 余卷，经过数字化前整理、数字化扫描、数字化文件级著录，共 1.6 万余件，内容生动，种类繁多。

3.1.1 局务类

办理清点接管手续的文件，制订的各种章则、办法，会议记录、工作计划与报告等，是研究招商局经营体制演变的重要材料。

（1）《招商局轮船股份有限公司通知》（1949 年 5 月）

该档案记载了中国人民解放军上海市军事管制委员会对招商局在清点接管、财务、收发文等方面的指示，是招商局进入新时期的见证档案。

（2）《招商局轮船股份有限公司第一次业务会报记录》（1949 年 6 月）

解放后该公司第一次业务会报，记录了总经理报告、各部室报告办理移交情形、客运部报告等内容。

3.1.2 运务类

承运军队、军用物资、煤炭、粮食、盐、汽油等文件，恢复、增辟航线的文件，调整各航线客货运输价格的文件，客货运输统计表等资料。其中运输煤炭、粮食、盐等重要物资的文件，反映了解放后招商局在冲破敌人封锁、保障上海物资供应方面作出的贡献。

（1）《招商局复航计划》（1949 年 6 月）

上海解放前夕，招商局 1000 吨以上的船舶几乎全被国民党带走，所残留下来的不是已被沉没就是需要修理或是吨位较小的船舶。该档案记载了招商局拟从修复船舶、恢复解放区的分公司、恢复上海至汉口线等航线几个方面来尽快恢复航运业务的计划。

（2）《中国人民解放军华东区运输司令部与招商局轮船股份有限公司签订运输合同》（1949 年 6 月—7 月）

上海解放前，煤主要从秦皇岛甚至印度运来，需求量很大，每月消耗须 15 万吨以上。上海解放后，存煤量一度少到只有 5000 吨。因此，当时摆在上海市人民政府面前最紧急的任务就是粉碎敌人封锁，保证上海的物资供应。为此，解放军华东区运输司令部 3 次与招商局签订运煤合同，招商局员工集中一切力量抢运煤斤，分别运输了 6500 吨、6480 吨、50520 吨煤，有力地保障了上海的用煤供应。

(3)《上海解放后招商局业务总结》(1949 年 10 月)

该档案详细记述了上海解放后招商局员工冒着被轰炸的困难，努力修复船舶，运输煤炭、食盐、纱布等重要物资，支援第二、四野战军前进等情况，内含运量及运用船舶统计表及相关说明。

3.1.3　船务类

船舶接收、修理、检丈、打捞等方面的文件，报告轮船工作动态的文件，船舶吨位、调配情况等统计材料。

代表性档案为《招商局船舶统计表》(1949 年 6 月—10 月)，内含《招商局解放后接收各机构船舶统计表》《招商局现有船舶总表》《船舶调配情况统计表》等，根据档案记载，截至 1949 年 9 月 30 日，招商局原有船舶 274 艘，从中华拖驳公司、中国邮轮公司等机构接收了 132 艘，总计 406 艘。

3.1.4　海事类

招商局轮船被炸、相撞、漂失、触礁等海事的交涉、营救与善后处理的相关文件等。

代表性档案为《招商局轮船有限公司南京分公司致该公司呈》(1949 年 7 月)。1949 年 6 月 29 日，招商局“郑和”轮装载第四野战军军用物资等物品从南京驶往九江，7 月 3 日遭遇敌机空袭。该档案详细报告了“郑和”轮被炸沉没及处理情形。

3.1.5　财务类

财产清点清册和调查表，清偿银行借款、债务的文件，制订的财务章程、办法，预算、决算和业务费收支的报表，财务工作总结报告等。军管时期的财务类档案反映了招商局这一时期的经营状况。

(1)《上海市军事管制委员会通知》(1949 年 5 月 31 日)

该通知由中国人民解放军上海市军事管制委员会主任陈毅、副主任粟裕发布，规定了统一处理各被接管单位金银、外币、伪币及有价证券的处理方法，是上海解放后党中央领导的“经济与金融战”的见证性档案。

(2)《招商局财务状况及其管理》(1949 年 6 月—10 月)

该档案记录了上海解放以来，招商局在中国人民解放军上海市军事管制委员会领导下的财务状况，并附有《航运处招商局收支统计表》《招商局轮船航运成本分析表》《招商局轮船单位航运成本比较表》等文件。

3.2　招商局红色档案的价值

作为一种具备记忆功能的“物质客体”和“象征符号”，红色档案具备鲜明的历史性、教育性和时代性，具有存史、育人、资政等重要价值。[2] 招商局红色档案是招商局员工在党的领导下艰苦奋斗的有力见证，具有巨大的潜在研究价值和利用价值。

3.2.1 客观的历史凭证价值

历史研究必须有史料作为研究基础。招商局红色档案是客观形成的，是确凿的原始材料，能够为重大历史问题研究提供客观的史料支撑。

1949年5月27日，中国人民解放军解放上海，上海市成为中央直辖市。5月28日，上海市人民政府正式成立。上海解放这一重大的历史事件背后有着无数党史故事，招商局在这一时期的一系列档案，特别是办理清点接管手续的相关档案、会议记录以及制订的各种章则、办法，为这一重大历史事件提供了第一手的丰富翔实的史料和独特的研究视角。

3.2.2 生动的“四史”教育价值

红色档案反映了中国共产党领导的革命的艰巨性和正确性，蕴含着强大的正能量，具有正本清源、铸魂育人的功能，是构建“四史”记忆无法替代的要素，为一些以档案素材为基础的党史故事注入了历史温度与人文关怀，能够为“四史”教育提供独特的切入点、鲜活的事例和优质的资源。

上海解放之后，敌人对上海进行了封锁，上海物资供应一度极为紧张。招商局员工冒着敌机轰炸的危险，运输军用物资和煤炭、粮食、盐等重要的民用物资，为稳定上海物价、保障物资供应作出了重要贡献。这一时期的招商局红色档案中记载的许多生动鲜活的事例，有利于拓展“四史”教育形式、丰富“四史”教育内容。

3.2.3 宝贵的治国理政价值

“见出以知入，观往以知来。”红色档案是中国共产党领导的不同时期的革命与建设的见证，展现了我国人民伟大的创造力和马克思主义不竭的生命力，是文化强国建设的动力源泉。

以史为鉴，方知兴替。上海解放后，中国共产党在上海金融战线进行了惊心动魄的革命斗争。招商局的相关档案展现了中国共产党有效接管建立金融秩序的过程，对新时期我国的金融管理等领域具有一定的参考价值，仍能为当前经济与金融发展及其风险防范提供宝贵的历史启示。

4. 招商局红色档案的整理工作实践

2019年，二史馆与招商局集团开展合作，联合对馆藏招商局档案进行了系统完整的整理、数字化及文件级著录工作，历时2年。这项工作对于填补招商局历史档案空白和加强招商局档案体系的完整性有着重要意义。

4.1 粗放型案卷级整理编目

馆藏招商局红色档案主要分布在新五全宗，此外，在四六八、四六八（2）

全宗中也有一些，数量相对较少。这几个全宗在 20 世纪 80 年代经过了初步整理，但受时代局限性和当时保管条件所限，档案状况较差：一是案卷厚薄不一，有部分案卷没有细分；二是部分档案处于零散状态；三是大量档案存在破损情况，程度不一，部分案卷边缘破损，相当数量案卷破损程度较大，粘连、霉变、虫蛀等现象比比皆是；四是案卷虽然基本都有原始标题，但标题存在一定问题，有的案卷标题缺少责任者，如“呈请发还码头”等，有的标题过于笼统，如“法令章则”“招商局杂项事务卷”等；五是大部分案卷缺少时间项；六是存在多宗和缺号的情况。这些情况都提高了整理编目工作的难度。

2019 年 5 月，二史馆对新五全宗开始进行案卷级整理。经过调卷、分卷顺号、整理、编目、编页、质检等工作流程后，档案组卷合理、厚薄适度、排列有序、标题准确、封面整洁、包扎整齐，整体情况较好，6 月底进入扫描环节。

4.2 精细型文件级目录著录

2020 年 7 月，开始对扫描好的新五全宗电子画幅进行文件级著录工作，工作流程主要是培训、分件、著录、外包公司质检、部门质检、馆方质检、移交等，历时 2 个月。

与粗放型的案卷级整理编目相比，文件级目录著录是一种精加工，能够在较深层次上揭示馆藏档案的内容信息，为后续的其他业务工作，如利用、编研以及保管等，带来便利，但是工作难度也更大，更具挑战性。二史馆制定了《中国第二历史档案馆档案文件级目录著录细则》，规定了档案文件级著录的分件标准、著录项目、著录项目拟写要求等各项规则，以期尽可能准确、详细地揭示档案信息。著录项目共有责任者、题名、时间、关键词等 13 项，分为必填项目和选填项目。

5. 构建“互联网+招商局红色档案”开发利用模式

2021 年 7 月 6 日，习近平总书记对档案工作作出重要批示：“要把蕴含党的初心使命的红色档案保管好、利用好，把新时代党领导人民推进实现中华民族伟大复兴的历史记录好、留存好，更好地服务党和国家工作大局、服务人民群众！”[3] 作为档案资源中传承与发扬红色基因的独特部分，红色档案是党艰辛而辉煌奋斗历程的见证，是宝贵的文化遗产。对红色档案进行开发利用，无论是对存史资政育人而言，还是对推动经济社会发展来说，都是一项利国利民的重要事业。

近年来，互联网等信息化技术的发展推动档案事业完成信息化转型和全流程升级。一方面，信息化是一种技术趋势，它将档案资源转化为标准化、非线性、开放性数据，可实现实时跟踪和在线共享；另一方面，互联网彰显了一种结构转型趋势，它为档案部门提供了一套创造新价值的工具、技术和流程，使之演化为数据驱动型组织。[4] 招商局红色档案的开发利用应充分利用“互联网+”新思维，构建适应时代需求的新模式。

5.1 开发主体多元化

根据招商局红色档案的实际情况，依据角色和职能差别，确立“档案部门主导+社会协助”多元主体协同开发的模式。作为档案主管部门的二史馆，应发挥“舵手”的作用，通过与招商局集团的协同合作，深入开发利用招商局红色档案。近年来，通过合作，二史馆对馆藏招商局档案进行了系统的整理、数字化及文件级著录工作，有利于延长档案原件的保存寿命，较好地解决了档案实体管理与数字化档案存储利用等问题，使后续的深入开发利用招商局档案具备了良好基础。

5.2 数据资源共享化

多方协同建立招商局红色档案共享资源数据库。组织人员对二史馆、招商局集团档案馆等存档单位的各类招商局红色档案资料开展摸底清查，进行整合，建设一个全面、系统、科学的招商局红色档案资源数据库。在数据库中，将已经数字化采集和扫描过的档案资源以图片等形式进行存档、归类，既可以快速便捷地查找到相关资源，也可以随时添加、删减、补充、修改资源信息，导入导出这些档案资源，实现数字化档案与实体档案同步管理查阅，让招商局红色档案资源的数据得到合理、有效、永久的保存和科学化、系统化的管理，并打破传统档案时间、空间和环境因素的制约，以便后期进一步实现红色档案资源的共建共享和广泛传播。[5]

5.3 传播体系融合化

“互联网+”思维为红色档案的传播构建了与传统不同的场域——去中心化、开放共享的网络关系。可以利用招商局历史博物馆这一线上、线下双平台，运用VR（Virtual Reality，虚拟现实）、AR（Augmented Reality，增强现实）等技术强化互动、视觉效果，通过文字、图片、音视频、虚拟场景等唤醒受众的历史记忆，让受众能够深切感知招商局的红色历史。

注释及参考文献

[1] 王娅，王向女. 我国红色档案资源研究综述[J]. 兰台世界，2019(2)：34-37.

[2] 刘念，陈浩然，施威. “互联网+”视域下红色档案开发模式构建研究[J]. 档案与建设，2022(10)：42-45.

[3] 伊部. 国家档案局印发《通知》要求认真学习贯彻习近平总书记对档案工作重要批示[N]. 中国档案报,2021-07-29(1).

[4] 施威,杨琼. “互联网+科普”理论与实践研究[M]. 北京:中国科学技术出版社,2019:26.

[5] 许丽. 红色文化资源数字化保护与创新发展路径[J]. 人民论坛,2021(1):139-141.

“青马工程”建设中红色档案资源的有机嵌入路径分析

广东省佛山市南海区自然资源档案馆　陈智杰

摘　要：“红色档案资源”作为一种融历史性、革命性、客观性和洗礼性等多元属性于一体的特殊教育资源，在“青马工程”中具有非常多元的嵌入渠道，可以为“青马工程”质量的提升提供精神营养。“青马工程”建设有这样几个面向，一是着眼于从思想上更好地掌握青年，二是着眼于青年的全面自由发展，三是着眼于青年的文化价值整合。“青马工程”建设中的青年群体具有“主体性属性和主体性意识强烈”“公民意识和权利意识愈发强烈”“亚文化圈影响青年正确的政治认知”等时代属性。“青马工程”建设中红色档案资源的有机嵌入路径具有多样化的特点，可以优先尝试嵌入青年群体的“第二课堂”当中、嵌入青年群体的“现实需求”中、融入青年群体的“消费娱乐”中。

关键词：“青马工程”；红色档案资源；档案治理现代化

1. 引言

为了不断培养和造就一大批青年马克思主义工作者，我国共青团中央于2007年5月在北京市启动了“青年马克思主义者培养工程”（简称“青马工程”），该工程主要定位于面向高校青年大学生骨干、各系统共青团干部、各行业青年知识分子等群体，以马克思主义中国化最新理论成果为指导，培养堪当民族复兴重任的优秀时代新人。经过16年的发展，“青马工程”为中国特色社会主义事业输送了大量优秀青年后备人才，并且在新时代、新阶段、新征程中也面临着深化改革、新旧动能转换的命题。在当前阶段，在互联网等媒介因素深度介入之下，我国青年群体的思想动态、生活方式、消费习惯、精神信仰、知识学习方式等都发生了深刻的变化，“青马工程”在培养和塑造青年群体方面需要借力一些新的教育资源。“红色档案资源”作为一种融历史性、革命性、客观性和洗礼性等多元属性于一体的特殊教育资源，在“青马工程”中具有非常多元的嵌入渠道，可以为“青马工程”质量的提升提供精神营养。因此，通过对红色档案资源的整理与鉴定等方式，有甄选性地将其整合到“青马工程”中，是一种红色档案资源内在的发展逻辑。

2. “青马工程”建设的几个主要面向

党的二十大报告指出，青年工作是党的一项战略性工作，在各项青年工作开展过程中必须“用党的科学理论 武装青年”以及“用党的初心使命感召青年”，这正是新时代“青马工程”走向深入的指导纲领。在这里，“红色档案资源的整合与鉴定”构成了党的科学理论的重要来源，可以充任感召青年的重要教材、素材。从马克思主义中国化、大众化、科学化的角度来看，“青马工程”具有这样几个方面的核心面向。

2.1　着眼于从思想上更好地掌握青年

马克思主义大众化理论认为，在互联网加持下，当代的青年群体已经不再纯粹是被动的思想政治教育接受者，而是逐步成为思想政治教育的消费者、评价者、享受者，因而思想政治教育的大众化理论适时地提出，我们的教育应该更加“注重学生的差异和多样性”，通过“做青年朋友的知心人、青年工作的热心人、青年群众的引路人”，最终实现在意识形态领域牢牢掌握住对青年群体的向心力、吸引力。因此，“青马工程”的具体实施路径应当充分应用、大胆运用、巧妙运用类似于“红色档案资源”这样的隐性教育资源，通过类似于“红色档案资源的整合与鉴定”这种教育手段，努力贴近青年实际、贴近青年生活、贴近青年大众、贴近青年实践。

2.2　着眼于青年的全面自由发展

“青马工程”传承的是马克思主义，是中国化的马克思主义，因此内在地坚持的是马克思主义人学理论。马克思主义关于人的全面发展理论是马克思主义人本主义、马克思主义人学观在关于人的认识问题上的集中体现。广义上的马克思主义人学理论思想不仅仅包括马克思、恩格斯所创立的辩证唯物主义实践观指导下的人学观，还包括其继承者们所创立的人学理论体系。内在性地来讲，马克思主义人本思想的主要内涵在于“作为个体的个人须与他人建立以物质交换为主的普遍联系”“个人关系的全面发展是人大全面发展的必备”“个人的需求结构具有多层次的属性”“个人能力与事业的发展取决于其社会实践程度”。因此，在中国特色社会主义新时代，“青马工程”虽然坚持马克思主义，但是在具体的教育内容上并不唯“马克思主义”，而是以大学生的全面自由发展为依归，以帮助大学生解决更为迫切的"生存需求""生活需求""精神需求"等具体问题为现实导向。

2.3 着眼于青年的文化价值整合

"青马工程"的实施是一个系统性的工程，涵盖了价值理念层面、运行机制层面、制度体系层面、物质保障层面和技术条件层面、行为实践层面等，但是归根到底是一个有针对性的"文化价值整合"过程。"文化价值整合"可以归纳为"用什么吸引青年形成价值共鸣?"。"青年的文化整合"作为思想政治教育的一个重要突破口，认为面对新形势、新媒体常态下青少年呈现出来的独立、自主、创新等个性特征，应当从"维护青年利益""实现青年的政治社会化""加强传媒对青年的政治整合""促进青年组织集聚"等多方面着手开展。那么这种"文化整合"应当从哪些方面寻找知识依据呢?党在不同的历史时期形成的红色档案资源"整合与鉴定"很大程度上则回应了这个问题。从党史、新中国发展史、改革开放史、新时代中国特色社会主义发展史等不同的历史时期的红色档案入手进行知识资源的整合，有利于我们加强对青年的"思想文化整合"经验汲取。

3. "青马工程"建设中青年群体的时代特征

"青马工程"在育人导向上以造就"信仰坚定、能力突出、素质优良、作风过硬的青年政治骨干"为目标，因此一切教育方式、教育资源的展开应当着眼于"青年群体"的时代特征而展开。红色档案文化资源作为"红色文化"的一种符号和物质载体，其融入"青马工程"必须克服传统的"灌输式思路"，转而寻求尊重青年群体工作的客观规律展开。

3.1 主体性属性和主体性意识强烈

在马克思主义实践哲学看来，"主体性"指的是主体从"前主体性"状态中解放出来回归"人之所以为人"命题的一种主观能动性。在主体性的意义上，较为典型的范式转换先后经历了"前主体性、主体性、主体间性、共同主体性"这样几个发展阶段，与之相对应的"人的活动性质"则分别是"群体性、个体性、互动性、公共性"。当代以大学生群体为代表的青年群体"主体性的成长"比历史上任何一个时期都更为明显。例如，在以微博、微信、抖音、快手等代表的新媒体社交及生活媒介能量场中，传统的大众媒体之下信息传播、公民新闻的表现模式是"要我传播"，而新媒体则赋予了大学生等一般大众"我要传播"的功能。现代的新媒体网络向受众们提供了更为个性化的服务，用户基于自身的需要、自身的需求和爱好完全可以自我定制相关的娱乐服务等，从而使"我的日报""我的电视"成为一种常态。青年群体对于公共生活、公共事件、公共舆论、公共利益的关注越来越具有成熟的"主体性"特征，而不是被当成一种

“前主体性”。

3.2　公民意识和权利意识愈发强烈

青年群体主体性意识的发育，在涉及公共生活和政治生活方面最典型的表现就是“公民意识”和“权利意识”的发育。依据马克思主义政治理论，“市民社会”指的是一种“私人利益的体系”或者特殊的私人利益关系的总和，它主要包括了“非国家生活的一切领域的秩序、结构和过程”。例如，当国内外发生热点、焦点舆论事件或政治事件、新闻舆情等状况时，当代的青年群体大多会基于互联网新媒体第一时间获取事件信息，并基于“公民视角”和“权利视角”开展某种独立性的分析和见解，可以说公民意识和权利意识已经成为衡量现代国家发展水平和层次的重要风向标之一，也是当代青年群体展现给“青马工程”一个最基本的面向。例如，在网络生活空间、城市基层社区空间、大学校园社区空间等诸多公共生活领域，以大学生为代表的青年群体具有极强的参政议政意识，想要通过一定的对话渠道、协商渠道与政策主体开展“合作对话”。

表1　几条关于公共事务治理的途径

分析的角度	政府管理的途径	公民社会的途径	合作网络的途径
分析的对象	政府与市场力量的关系	公民社会(第三部门)与政治国家的关系	多中心的公共行动体系
关系的特征	掌舵与划桨	自治与认同	相互依存
行为假设	理性经济人	利他的、人道主义的	具有反思理性的“复杂人”
政策方案	私有化、工商业手段	授权社团、公民；自我服务与管理	建构公共服务供给的合作网络
政策过程的特征	运用市场机制执行政策	通过公共讨论发展自己的政策	以信息、资源和目标的互动共同规划并执行政策；共同学习
成功的标准	政策目标的实现	自组织的自由	联合行动的实现
失败的原因	目标模糊；缺乏资源；监控不力	缺乏资源；沟通的阻塞；得不到政治认可	缺乏集体行动的动机；利益、目标和策略上的冲突
失灵时补救的措施	加强协调和监控	提高公民组织的动员能力和管理能力	加强网络管理；优化公共行动者互动的环境

3.3 "亚文化圈"影响青年正确的政治认知

前文提及，"青马工程"并不是一项普通的、单纯的素质教育或高等教育工程，而是一个政治属性明确、意识形态属性鲜明的教育工程。当代大学生等青年群体基于互联网新媒体的社会交往存在着一些典型的"朋友圈亚文化圈"，比如QQ、微信、微博、人人网社区、天涯论坛、豆瓣社区等，甚至包括借助于"翻墙"软件接触国外的"负面信息"，这些独特的亚文化圈文化构成了大学生情感、知识、文化、理想信仰、兴趣爱好等聚集的一个典型的交流平台。在组织管理中，组织文化按照边际可以被分为"主文化圈"与"亚文化圈"，组织文化的传承与创新很大程度上取决于主文化圈与亚文化圈之间互动的结果。如果亚文化圈成为阻碍主流文化圈发展的一个障碍，那么"青马工程"就很难说走向真正的成功。因此，"青马工程"建设过程中亟需借助红色档案文化资源开展一定的创新。

4. "青马工程"建设中红色档案资源的有机嵌入路径建议

红色档案资源作为一种传承红色文化基因的教学资源，天然地与"青马工程"存在着深度耦合之处。以"红色档案资源的整合与鉴定"为切入点，将红色档案资源与"青马工程"深度整合是一个具有显著的正外部性的档案治理实践。基于现阶段我国"青马工程"面临的新特点和实践经验，以下几条嵌入路径对现实中"青马工程"的提质增效具有一定的借鉴意义。

4.1 嵌入青年群体的"第二课堂"当中

在当代青年的学习、工作、生活"三位一体"格局中，一个重要的生存法则即青年们不仅仅满足于或止步于"四十五分钟课堂"（我们称之为"第一课堂"），还会在"产学研合作"格局中借助于各种形态的"第二课堂"活动（如就业辅导类实践活动、教学学术类实践活动、志愿服务类实践活动、实践拓展类活动、网络互动活动）拓展自身的职业素养、社交素养、专业素养等。因此，教育主体在开展相关的"红色文化档案资源"植入方面，可以与大学生比较关心的这种"亚文化"或者称为"生活文化"结合起来。例如，在大学生"三下乡"活动、"挑战杯"活动等科研类"第二课堂"中，活动组织者可以设置"红色文化档案资源如何与区域红色旅游开发相结合"之类的课题项目，有意识地引导大学生"主动挖掘红色文化档案资源""主动思考如何开发红色文化资源""如何在市场化条件下更好传播红色文化品牌"等，在这种"产学研一体化"的"第二课堂"建构中实现对青年群体的"政治整合"。对于其他类型的红色文化档案资源，也可以借助这样的课题式、自学式"第二课堂"引导青年群体在"红色游学"中探究中华民族自强不息的历史，并在这种学思中形成对中国特色社会主义道路的价值认同。

表 2　红色文化档案资源的类型

分类标准	具体的类型
1. 按照红色档案资源的持有或保管主体划分	可以分为“官方红色档案”“民间红色档案”和“海外红色档案”
2. 按照红色档案的表现类型划分	可以分为“物质类红色档案”(泛指一切以物质形式存在的红色档案)、“精神类红色档案”(指的是以精神财富存在的红色档案,如红旗渠精神)、“社会行为类红色档案”(如某种红色方言、语言、口述史料等)、“电子类红色档案”(指的是以视频、音频、电子图片、胶卷等具有存储功能为形式存在的红色档案)

4.2　嵌入青年群体的“现实需求”中

在当前“青马工程”的推进中，青年群体借助于技术赋权、知识赋权、“自我赋权”等手段，已经从话语权的“被时代”走到了“我时代”，这既是数字化时代相较于工业时代的进步，也暗含着大学生人格异化的风险与隐忧。尤其是在社会主义市场经济条件下，青年群体对物质需求、情感需求的要求已经处于一种“显性”状态，这便是“人民对美好生活的需求同不充分、不均衡的发展之间的矛盾”的一个关键点所在。因此，我们对红色档案文化资源的渗透和嵌入思路就应当以青年群体的这种“需求侧”为导向，重视对红色档案文化资源的“分类开发、精准嵌入”。例如，针对青年群体可以按照不同的需求将其分类，针对青年群体的就业辅导、创业辅导、课题研究、社会实习、学术交流、心理咨询、贫困生救助、勤工俭学等，可以通过对红色档案文化资源的“滴灌式供给”进行嵌入。以“创业辅导”为例，可以将中国共产党在历史上不同时期的“创业案例”，例如“如何在一穷二白基础上依靠人民打败国民党反动派”，“如何在国内外封锁的背景下实现‘两弹一星’的创举”等，依据已解密的真实历史档案提炼出相关的“创业之道”，引导青年在这种“深度参与”中建立起对马克思主义、中国化的马克思主义的坚定信仰。

4.3　融入青年群体的“消费娱乐”中

在当前我国的教育环境下，“青马工程”所面临的一个重要挑战性因素就是“物质主义”“享乐主义”和“消费主义”，尤其是在西方“叛逆主义”“拜金主义”“泛娱乐主义”等不良文化思潮入侵、社会主义市场经济“伦理重构尚未完成”的背景下，青年群体或多或少都带有一定的“消费主义文化”。基于此，红色档案文化资源要借助于现代传媒技术、动漫技术等实现“符号化”“脸谱化”以及某种程度的“文化创意化”，从静态走向动态，从“严肃”走向“活泼”，从“灌输式传播”到“寓教于乐”和“平易近人”。例如，可以学习借鉴北京卫视《档案》栏目大胆引入“虚拟现实技术”的做法，在开展相关的红色档案解密、传播等社会化方面，可以营造出一定的“虚拟的真实情景”，让青年群体借助于特定的VR设备等“身临其境”地加入“虚拟的真实情景”中，从而形成一种可观、可感的“消费和娱乐”，脱离传统的那种“被动灌输者”的角色。又如，我们也可以学习借鉴中央电视台《典籍里的中国》栏目，针对特定的红色档案资源，将青年群体以班级为单位划分不同的小组，用“小组情景剧”的方式展现和再现“红色档案文化资源”是如何产生的，在这种“参与”中实现青年的红色价值认同。

注释及参考文献

［1］李永山. 以职业能力为导向加强高校辅导员专业人才培养——基于《高等学校辅导员职业能力标准(暂行)》的分析[J]. 思想教育研究,2015(9):101-104.

［2］王欣然. 新时代高校“青马工程”提质增效:逻辑理路、价值意蕴与实践进路[J]. 齐齐哈尔大学学报(哲学社会科学版),2022(12):61-65.

［3］朱士群. 政治存在、政治价值和政治话语——试论作为公共哲学的政治哲学[J]. 学术界(双月刊),2000(3):90.

［4］谭清华. 马克思公共性思想初探——基于阿伦特、哈贝马斯和罗尔斯的比较视角[J]. 中国人民大学学报,2013(3):47.

［5］张音广. 大学生“青马工程”标准化培养模式研究[J]. 黑龙江高教研究,2014(04).

［6］蔡琴,李泰昊,许瑞. 基于“青马工程”的青年人才培养体系构建[J]. 中国电力教育,2021(11):32-33.

［7］龚政,李倩,戈韶如. 筑梦“青马”不负韶华——国网电商公司以“青马工程”引领高质量人才队伍建设[J]. 中国共青团,2021(22) 37-39.

［8］郭湛. 从主体性到公共性——当代中国马克思主义哲学的走向[J]. 中国社会科学,2008(4):10-14.

探析航天企业红色档案建立模式的实践之路

北京无线电测量研究所　蒋国义　范好为

摘　要：红色档案具有十分高的学术价值和保存价值，是讲好党史的重要资源。航天企业红色档案是弘扬航天传统优秀文化，传承航天精神，开展爱国主义教育的生动教材。其红色档案具有区别于革命圣地出产的革命文物、革命遗址和革命人物的独特性质。本文从红色档案工作的重要意义开篇，论述了航天企业红色档案资源的特点以及其建立和利用红色档案的模式和方法，最后结合作者在单位从事红色档案的实际工作，对整个红色档案工作进行了完整翔实的介绍。

关键词：红色档案；探析；实践；红色档案画册

1. 红色档案工作重要意义

2021年7月6日，习总书记在中国第一历史档案馆新馆开馆之际，对档案工作作出重要批示："要把蕴含党的初心使命的红色档案保管好、利用好，把新时代党领导人民推进实现中华民族伟大复兴的奋斗历史记录好、留存好，更好地服务党和国家工作大局、服务人民群众！"

为深入贯彻习总书记对档案工作的重要批示指示，在国家档案局的带领和中国档案学会的帮助下，我们单位从2021年开始落实红色档案实体工作，从最初的学习领会红色档案工作的意义和要求，到2022年和2023年的红色档案具体收集归档工作的开展，已将红色档案工作逐步带入了良性发展轨道。随着一项项红色档案材料的收集归档，以及这些红色档案的有效利用，这些凝聚着浓浓航天报国情怀的红色档案正以各种宣传、教育方式，感染和鼓舞着所有航天人。尤其是航天战线上的年轻人，通过学习红色档案，发扬和传承航天精神，拼搏创新，不断攀登航天科技的高峰，攻克着一个又一个的技术难关！

2. 航天企业红色档案资源特点

航天企业具有一定的特殊性质，有健全的经营管理组织机构、成熟的科研生产流程和规范的档案收集归档制度，信息化程度较高，档案资源丰富。

在庞大的航天档案中，许多红色文化蕴含其中，这些红色档案又具有区别于革命圣地出产的革命文物、革命遗址和革命人物的独特性质。航天产品的建设有几代航天人的智慧、热血和汗水，也成就了许许多多的革命前辈、优秀党员、优秀专家、优秀人才。他们虽然没有在革命时期参加战争，但他们为推动国家航天事业创立发展默默奉献着，并为之奋斗终生，创造了不可磨灭的功勋。如何将其新产生的红色档案收集完整，如何将历史形成的红色档案从庞大的库存资源中挖掘提炼出来，并做好开发利用，档案部门任重道远。

3. 红色档案建立模式探讨

3.1 明确红色档案工作职责，确定多部门责任分工模式

红色档案的建立离不开单位档案部门，但如果没有单位其他部门的大力配合，红色档案工作也是很难得到有效的开展。正如其他档案的建立一样，所有的归档材料都是依靠材料产生部门完成第一手的收集和整理的，离开了这些部门的参与，红色档案就像无源之水，是无从抓起的。所以在策划红色档案建立的过程中，应明确各有关部门在红色档案工作中的收集、整理和归档等相关职责，以档案部门为牵头，统筹安排落实好各项工作。

3.2 建立红色档案专项归档模式

在单位的档案归档类别中建立专门的红色档案专题，设立独立的档案编号，并纳入单位档案目录检索系统，方便进行网上查询和阅览，提高红色档案的利用效率。

3.3 建立一套红色档案工作流程

通过制定规章制度，确定相关部门及人员的工作职责，编制具体工作项目的工作规范或工作细则，以及工作效果考核办法等，建立红色档案工作的一套工作体系流程，确保红色档案工作的长期性和稳定性。

3.4 强化红色档案专题计划，使红色档案工作得到有效落实

诸如单位的有关年度工作计划一样，应同样制定红色档案年度工作计划，明确年度工作内容和工作目标，确定有关红色档案项目的收集整理归档的责任单位和责任人，并明确有关考核奖惩措施。

3.5　重视红色档案的利用，充分发挥红色档案理想信念教育等方面的作用

充分利用网络宣传、纪念日教育活动、主题活动宣传、新人培训等方式，持续开展红色档案宣传教育活动，充分发挥红色档案宣传教育的堡垒作用，让一代又一代的红色精神不断传承发扬，把习总书记关于红色档案的有关重要指示精神真正落实好。

4.　红色档案收集和归档的实践活动

4.1　确定红色档案工作初次开展的两个方向

具体到一个单位的红色档案的收集实践活动，例如我单位，首先把红色档案的收集归档任务明确分为了两大类，一类是针对以前的工作，将属于红色档案的资料进行挖掘、收集，并整理、归档；另一类是针对今后的工作，确定红色档案的收集、归档办法，将红色档案收集归档工作制度化、规范化，确保红色档案内容及时保存归档，以避免今后红色档案资料的流失（见表1）。

表1　确定红色档案工作初次开展的两个方向

	活动内容	活动目标
方向一	针对今后出现的红色档案事迹，以新制定的红色档案工作规章制度为起点，在今后的工作中全面落实红色档案的收集归档工作	将红色档案收集归档的工作形成制度化和规范化，以确保今后红色档案工作有序进行，避免出现红色档案资料流失的情况
方向二	针对以往工作中的红色档案素材进行抢救性挖掘、收集和归档	对以往那些逐渐消失的红色档案素材进行抢救性挖掘和收集，最大程度地减少早期红色档案素材的流失

4.2　建立红色档案管理制度

为保证今后的红色档案工作能够得到规范有序地进行，单位必须建立红色档案收集和归档的规章制度，以确保红色档案工作步入正轨，并使红色档案得到很好的利用和传承，下面就以我单位的红色档案工作为例，简要总结一下有关红色档案制度建立的活动：

4.2.1　明确本单位红色档案收集归档的内容范围

首先，通过制度将本单位红色档案收集和归档的内容予以明确的规定，避免有关红色档案事迹出现遗漏。红色档案的收集归档的内容通常应包括：

(1) 单位的主要工作业绩或产品成果，对国家、国防事业的贡献；

(2) 先进模范人物事迹；

(3) 重要的党建团建及工会活动；

(4) 重要的工作会议资料；

(5) 重要的活动报道及有关资料；

(6) 工作表彰、产品获奖资料；

(7) 研发制造方面的能力资质进步材料；

(8) 正面反响和影响力突出的事迹材料；

(9) 单位及部门的工作总结；

(10) 单位新闻报道中的突出事迹等。

除了按以上内容对红色档案进行完整的收集和归档外，为了更好地利用红色档案，我们还对红色档案事迹和素材的整理或编研工作提出了要求，具体包括以下几点：

(1) 每年编制单位大事记；

(2) 定期编制单位红色档案画册；

(3) 定期编写新版所史；

(4) 整理及编制专题宣传展览教育的资料。

4.2.2 明确单位红色档案工作的职责分工

在红色档案的管理制度中，应明确规定有关领导及部门的管理职责，包括红色档案工作牵头部门（一般为档案管理部门）的管理职责，以及其他有关部门的管理职责，结合红色档案年度工作计划的逐级分解细化，能够做到每项工作都有相关领导负责，具体工作都能够落实到相应的部门和负责人。

4.2.3 规章制度中应确定红色档案工作的基本工作流程

一般包括：

(1) 制定年度红色档案工作计划。作为单位内红色档案工作的牵头部门，如档案资料室，每年年初应组织制定本单位全年的红色档案工作计划，确定本年度红色档案工作的具体项目和工作内容，以及规定的计划完成时间和完成形式等内容；

(2) 针对具体红色档案工作项目，要明确责任分工。包括具体工作项目的主负责部门和配合部门，具体的职责内容有哪些等等；

(3) 明确工作内容要求，及有关的工作方法等。使有关红色档案的一线材料收集人员能够清楚、正确、完整地做好红色档案的收集整理工作；

(4) 红色档案工作过程中的审查把关。明确红色档案收集、整理及归档过程中的审核、评审及批准等要求，确保红色档案材料的真实、准确和完整；

(5) 明确规定红色档案必须严格按照统一的归档程序执行，完成每一份红色档案材料的归档入库工作，确保红色档案材料规范、合规；

（6）按计划执行好红色档案的利用工作，充分发挥红色档案的作用与价值；

（7）及时总结红色档案工作，单位有关各部门都要对红色档案工作要进行年度总结，单位每年对红色档案工作的完成情况都要按规定进行奖惩。

4.2.4 规定红色档案工作总结考核要求

制定红色档案工作总结及考核奖惩办法。办法中明确规定每年要对照本年度的红色档案工作计划，单位各有关部门都应于每年年底或第二年年初对全年的红色档案收集、整理、归档和利用等各项工作的完成情况进行认真的总结，并按照考核奖惩办法进行表彰和处罚，以确保每年的红色档案工作得到认真有效的落实。

4.3 老一辈的红色档案收集

针对以往工作中形成的红色事迹，尤其是像我们一些建立时间比较早的航天单位，由于一些历史原因，早期的很多事迹资料保存得不是很好，归档的内容有限，距离现在的红色档案保管要求有很大的距离，需要补充收集、整理和归档一些老的红色档案材料。但现在几十年前工作的老同事们已经越来越多地联系不上了，时间紧迫，需要我们立即采取行动，对时间比较久远的红色档案材料开展抢救性挖掘、收集工作，尽最大努力减少以往红色事迹素材的流失。

针对这项工作，我们首先采取了积极的宣传引导工作，针对离退休人员居住分散、难以集中管理的情况，档案部门与离退办部门密切配合，将红色档案的宣传教育活动通过结合其他活动的时机面对面对离退休人员进行宣传沟通，用真情和耐心换来老同事们对红色档案工作的理解和支持，使收集工作开了个好头。

为方便老年同事们红色档案的捐助工作，档案人员采取了开辟红色档案收集绿色通道、上门登记收集等多种工作方式，以提高工作效率。对于一些老同事们想保留的一些红色档案材料，采用了归档复印件或归档照片的办法，来满足他们的愿望。对收集上来的红色档案材料加大宣传力度，并给予奖励，也发挥了很好的效果，不少濒临消失的、有价值的老一辈红色档案材料得到了及时归档（见表2）。

表2 老一辈红色档案材料的收集工作

工作特点	抢救性挖掘收集，时间紧迫
前期准备	红色档案工作意义的宣传沟通
	有关工作方法的确定
收集内容	获奖证书、荣誉证书、奖章、奖杯、锦旗等
	工作日记、回忆文章、重大事件记录
	老照片、老物件
	手稿、学术著作、文献资料等

续表

收集方式	上门收集
	原件收集
	复印件收集
	拍照收集
	归档绿色通道

4.4 将红色档案的收集归档纳入日常工作中

只有将红色档案工作纳入每年的工作计划和工作考核中，把它作为一项长期的日常工作，并形成制度，才能保证红色档案工作得到长期有效的落实。

为将红色档案工作长久地作为一项日常工作加以落实，我们借鉴单位的主业工作模式，重点做好以下几个点：

（1）制定规章（详见 3.2 内容），确定相关部门关于红色档案的工作职责，并编写具体的工作规范或工作细则，形成红色档案工作的一套工作体系流程；

（2）通过执行年度红色档案工作计划将红色档案工作融入日常工作中；

（3）严格落实红色档案工作考核奖惩制度，防止红色档案工作流于形式。

4.5 红色档案画册

将红色档案事迹通过画册的形式予以集中展现，以照片素材为主，辅以文字表达，使红色事迹更加生动形象，会让读者印象更加深刻，能够充分体现红色档案教育人、感染人、鼓舞人的良好效果。

编制画册的时机和内容，一般可以根据本单位若干年内涌现的红色事迹多少，并结合其影响程度的大小来考虑，也可以结合单位成立多少周年等有意义的时间点来编制。例如我单位 2022 年编制了一本红色档案专题事迹画册，2023 年又以建所 65 周年为题材编制了一本纪念画册。

4.5.1 2022 年专题画册

（1）内容选取

因为是红色档案工作确定后首次编制画册，在画册内容的选取上，根据当时已有的归档材料和当年能收集到的红色档案素材，选择了建所和老院士这两个过去的专题，同时根据当时的工作内容，选取了几个有代表性的能够反映当年党建和科研攻关成果的红色事迹，特别是选取了具有时代特征的防疫抗疫工作的感人事迹，具体的专题内容详见表 3。

（2）收集方式

收集方式主要有两种，一是根据已有归档材料进行选取和整理，主要是针对建所和老院士这两个专题，主要由单位档案部门负责；二是按照确定的专题落实相关责任部门，并通过年度工作计划把红色档案画册的收集编制工作安排下去，让这些专题内容的工作部门收集整理自己的红色档案材料。

表3　2022年度红色档案专题画册的编制

	内容选取	收集方式
1	建所及建所初期的红色事迹	档案资料整理
2	老院士们的红色事迹	档案资料整理
3	党建活动专题	主管部门整理编写
4	下属公司完成某大型工程专题	下属公司整理编写
5	下属公司参与国家大型活动保障专题	下属公司整理编写
6	疫情防控·不误科研两手抓专题	主管部门整理编写
7	扶贫攻坚专题	档案资料整理，扶贫人员补充材料
8	所里几个有重要意义的型号专题红色事迹	项目团队整理编写

（3）效果

我们编制的2022年红色档案专题画册放到了所里的办公网络上收到了很好的反响，通过很多部门和员工的下载和使用，得到更广泛的宣传和教育应用，达到了我们用好红色档案的目的。

4.5.2　2023年的建所周年纪念画册

（1）内容选取

2023年是我单位建所很有意义的周年，为落实好红色档案的宣传教育工作，我们决定编制一本专题画册，来展现单位几十年来的发展历程以及涌现出的一批代表性的感人事迹，以鼓舞激励人们不忘初心，牢记使命，传承和发扬航天精神，不断取得更大的成绩。

画册选取的内容，包括了从建所到现在的各领域产品研发攻关的全部历程，还有党的建设、精神文化、成果展示以及多彩的职工文化活动等内容。

（2）收集方式

收集方式采用档案部门与画册有关内容对应的工作主管部门共同参与的方式，在已有归档内容的基础上，大量补充了基层部门掌握的红色档案材料，通过年度工作计划落实画册内容的职责分工和编制要求，并按评审要求做到层层把关，确保画册内容准确无误。

按照工作计划的安排，这本画册还在编制过程中。

4.6 红色档案的利用

红色档案工作的目的在于利用好红色档案，充分发挥红色档案教育人、感染人和鼓舞人的感召作用，使前辈们爱党爱国、自力更生、艰苦奋斗、一往无前的革命精神不断发扬光大，让后辈们不忘历史、不忘初心，不畏艰险，勇攀高峰，使我们的革命事业不断取得更加辉煌的成绩。

为了充分利用好红色档案，我们采取了多种形式，包括在适当的时机，如“五四”青年节、“七一”党的生日、国庆节、中国航天日、新人入所教育月、建所和建院纪念日等开展红色档案的宣传教育活动，利用办公网络、墙报专栏、专题宣传报道、专题期刊、老专家授课、视频播放、编制红色档案画册等方式，达到了很好的效果。

将红色档案材料纳入编研课题，可以有助于更好地利用红色档案。像上面提到的红色档案视频资料和红色档案画册，就是通过对红色档案材料进行分类选材、整理加工，通过课题研究的工作形式，使红色档案材料更加主题鲜明、效果更加生动，提升了红色档案的利用水平。

5. 结语

通过这两年本人在单位中红色档案收集、建立和归档的一系列活动，首先是被那些老一辈航天人艰苦拼搏的红色感人事迹深深地感动，也被他们取得的傲人功绩深深地鼓舞，更加深刻体会到红色档案的价值所在。

红色档案资源是动态的，在信息化时代高速发展的今天，我们必须适应其新特点，在利用好现代化技术的同时，努力实现红色档案活态化。通过不断创新，使航天红色档案活在当下，产生效用，真正做到“活下去，用起来”。发挥应有的作用，让这些珍贵的红色档案不断教育和鼓舞后来者们，将航天红色文化发扬、传承下去。